国家级一流本科专业建设 · 金融学教学用书
新形态教材

公司金融学

第 4 版

郭丽虹◎编著

上海财经大学出版社
SHANGHAI UNIVERSITY OF FINANCE & ECONOMICS PRESS
上海学术 · 经济学出版中心

图书在版编目(CIP)数据

公司金融学 / 郭丽虹编著. —4 版 . —上海:上海财经大学出版社,2024.7
国家级一流本科专业建设. 金融学教学用书
ISBN 978-7-5642-4323-4/F·4323

Ⅰ. ①公… Ⅱ. ①郭… Ⅲ. ①公司-金融学 Ⅳ. ①F276.6

中国国家版本馆 CIP 数据核字(2024)第 022454 号

公司金融学(第 4 版)

著 作 者:郭丽虹 编著
责任编辑:朱静怡
封面设计:张克瑶
出版发行:上海财经大学出版社有限公司
地　　址:上海市中山北一路 369 号(邮编 200083)
网　　址:http://www.sufep.com
经　　销:全国新华书店
印刷装订:上海华业装璜印刷厂有限公司
开　　本:787mm×1092mm 1/16
印　　张:23.5(插页:2)
字　　数:490 千字
版　　次:2024 年 7 月第 4 版
印　　次:2024 年 7 月第 1 次印刷
印　　数:98 501—106 500
定　　价:58.00 元

第4版前言

公司金融是关于公司财务决策的学科，几乎公司的每个决策都对应着公司金融某个方面的内容。公司财务决策的主要内容包括：公司的资源如何分配？公司投资资金的来源是什么？投资收益如何分配？公司资源分配问题是投资决策问题，公司必须决定如何将有限的资源分配到可选的投资项目中去。公司的投资资金可以是股东的资金（权益资金），也可以通过借贷得到（债务资金），总之，公司需要进行融资决策。对于公司经营获得的利润，也需要决定是将利润分配还是利用盈利进行再投资，这涉及股利决策问题。以上三点是公司金融的基本内容。

伴随金融市场发展和金融工具创新，公司收购、兼并、破产、垃圾债券、衍生金融工具的大量出现，公司能够使用的投资、融资、利润分配等决策工具也大量增加。相应地，公司金融的理论和实践也在快速变化。

在本教材的编写中，我们充分注意到公司金融的理论与实践的发展，不仅完整体现传统公司金融的内容，也体现当代公司金融理论和实践的最新发展，以及公司金融在中国的应用。通过介绍现代公司金融的理论知识和实践，使读者全面了解企业的各种融资机制和金融工具，为企业进行金融市场的投资、融资与风险管理服务。同时，将思政元素融入公司金融理论的介绍和实际运用中，使学生具备良好的职业道德和创新精神，培养学生解决实际问题的科学素养，做到客观公正、尽职尽责、诚实守信，并形成正确的财富观和价值观。

本书共分为十八章。第一章概述了公司金融的一些基本问题。第二章和第三章介绍了货币的时间价值和证券估值的基本原理，这是公司金融理论的基础。第四章至第六章详细讨论了资本预算决策方法，以及这些方法的应用范围和应用中的一些问题。特别讨论了特殊情况下的资本预算问题，即当公司面临有限的资源或者生命周期不同的投资项目时如何进行投资选择的问题。考虑到资本预算中的不确定性问题，还介绍了敏感性分析、盈亏平衡分析和决策树方法在资本预算中的应用以及资本预算决策中的实物期权概念。为了使读者更容易理解和掌握这些方法，我们在阐述了每一个概念的基础上，都会运用一个例题详细介绍资本预算决策的方法。第七章和第八章介绍了收益和风险、各种实用的融资成本的计算方法。

第九章详细讨论了公司的资本结构问题。在比较传统资本结构理论的基础上，考察了三种情况下的 MM 理论，讨论了财务困境成本的类型以及产生代理成本的根源，研究了公司确定最佳资本结构的步骤。由于杠杆企业的资本预算具有不同的特点，对这类公司资本预算的讨论在第十章。第十一章讨论了股利政策的不同理论和基本类型，以及如何确定股利政策的问题。这几章的内容既包含了丰富的公司金融理论，也涉及一些实用的方法，这些方法不仅可以运用于公司的资本预算分析，在公司估值分析中也可以得到广泛的运用。

第十二章至第十四章讨论了不同的融资策略，与传统的公司金融教材相比，我们在短期融资及其成本核算、资产定价和创新债券融资、租赁决策和项目融资等方面做了系统的介绍。关于新股发行价格的确定方法和定价分析，我们也做了充分的讨论。这部分内容的学习，对实务人员进行融资决策将有启发和指导意义。

第十五章和第十六章系统介绍了远期与期货、套期保值、互换、期权等金融衍生产品的概念，特别讲述了金融衍生产品在公司风险管理与资本预算中的应用、认股权证和可转换债券的定价分析，通过案例介绍了认股权证和实物期权在公司金融中的应用。

第十七章讨论了公司的长短期财务计划，第十八章介绍了营运资本管理的一些主题。

本书用通俗的语言、严谨的逻辑、丰富的实际案例系统介绍了公司金融的基本理论和最新发展与应用，同时力求将最新的金融工具全面地介绍给读者。这是一本适合大学金融专业本科生学习的公司金融教材，也可供研究生、公司财务管理人员、金融机构中专业人士、大学相关课程的教师做参考。

本次修订在内容上进行了以下更新：第二章增加了年百分比利率 APR 以及将 APR 转换成折现率的运用；第三章补充了长期债券和短期债券的信用等级划分及含义；第五章增加了项目的持续价值；第六章增加了盈亏平衡分析的运用；第八章更新了贝塔的计算数据和图表；第九章增加了债务抵税收益，更新了资本结构专栏；第十章增加了其他杠杆政策下的调整净现值；第十一章更新了我国上市公司的分红数据，增加了股利政策决策的例题以及专栏内容；第十二章增加了全面注册制改革后新股发行制度以及专栏内容，更新了我国资本市场的统计数据；第十三章更新了 2020 年《证券法》修订后的债券发行制度、债券市场的统计数据以及案例；第十四章更新了 2018 年《会计准则》修订后的租赁会计处理；第十六章更新了可转债市场的统计数据。此外，更新了各章例题，增加了一些课后思考题，并提供了详细的习题答案，以方便学生学习使用。

特别需要说明的是，依据国家教材委员会办公室《关于做好党的二十大精神进教材工作的通知》(国教材办〔2022〕3号)的要求，本次修订增补、调整了相关内容，坚持价值引领，体现国家和民族的基本价值观，将价值塑造、知识传授、人才培养融为一体，今后仍将以党的二十大精神为行动指南，持续地将育人元素和思政元素嵌入教材。

本书各章节的具体分工如下：郭丽虹撰写第一、二、四、五、六、八、九、十、十一、十二、十三、十四、十六、十七、十八章；王安兴撰写第三、七、十五章。本书在编写过程中参考了国内外同行的研究成果，具体见参考文献，在此谨向他们表示感谢。感谢使用本书之前几版的同行和同学提出的宝贵修改建议。

感谢上海财经大学出版社对本书出版事宜的一贯支持，感谢肖蕾老师、何苏湘老师以及朱静怡老师对本书第一版、第二版和第三版顺利出版所做的工作。特别感谢朱静怡老师的鼎力支持和辛勤劳动，使得本书第四版能够顺利付印。在本书编写过程中，我们力求避免差错，但难免尚存疏漏甚至错误之处，敬请读者批评指正。

编　者

2023年10月

微信扫码，进入“上财云津”本书专区，新形态数字资源动态更新、持续完善。

扫码加入QQ群，验证教师身份后获取教材配套课件、教学大纲等教学资源，亦可电话021-65904707、邮件273005832@qq.com联系。

目　录

第一章　导论

本章学习目的

理解公司金融的含义。

了解公司金融的基本工具。

了解企业的组织形式及其区别。

在企业生产经营活动中，财务管理者必须回答以下三个不同的重要问题：第一，企业应该实施何种投资项目？第二，如何为将要进行的投资项目筹集资金？第三，如何管理营运资本？

本章介绍有关公司金融的一些基本问题。企业的管理者代表企业进行生产活动和财务决策，通过投入现金或其他资本以期在将来产生利益，最终获得财富的增值。传统上，价值最大化就是指普通股股东的财富最大化。但是，股东同样也对管理者负有义务，那么，他们就不应希望管理者实施损害企业利益的项目。从这个角度来看，财务管理者的目标应该是在破产风险不是足够大的情况下使股东价值达到最大化。

第一节　公司金融的含义

狭义的公司金融通常是指与公司管理者所做决策有关的一些内容，而广义的公司金融包括所有影响公司财务的决策。例如，企业应如何在可替代的投资项目中做出选择？将要进行的投资项目应通过借款还是股权资金来完成？有没有一个最优融资组合既能使企业价值最大化又可以避免财务风险？概括地说，公司财务的决策包括三个部分：投资决策、融资决策、股利决策。

一、投资决策

大多数人认为投资是创造财富的主动力。在分析企业对投资机会的选择问题时，我们强调一个简单的事实：投资依赖于资金持有者放弃现在消费、节省资本、提供资金的意愿。同样，抑制现在的消费、进行储蓄、期望将来收益的上升等都会给资金持有者带来成本，即资金持有者牺牲现在消费产生的隐含成本。

在投资决策阶段，储蓄行为和对实物资产的投资行为是独立的，同时投资活动是由代理人来完成的。因此我们认为，投资决策不仅包括与创造收入和利润有关的决策，还包括与节约资源有关的决策。而且，维持多少存货或者持有哪些存货，是否向顾客提供信用或给予多少信用的决策也应属于投资决策。最后，关于市场进入和公司并购重组的决策都属于投资决策的范畴。一般而言，投资的方式主要有以下几个方面：

（1）流动资产投资，如现金、短期有价证券、商业信用、存货等。

（2）固定资产投资，如有形固定资产、无形资产等。

（3）长期证券投资，如企业发行的股票和债券、政府债券等。

（4）与公司扩张有关的投资，如兼并收购、重组清算、破产等。

二、融资决策

当公司做出投资决策后，就要确定如何筹集投资资金。通常是公司向其所有者筹集权益资金，或者从银行借入资金或发行企业债券。这两种融资方式的主要区别在于是否要承担还本付息的义务。另外，公司可以利用其中的任何一种方式，也可以将两种方式结合起来进行融资。但问题是公司是否存在一个最佳的负债权益组合，即最佳资本结构，如果有，这个最佳组合又是什么。当然，在讨论最佳资本结构时，必须要考虑资金的成本和收益。一般认为，借入资金的好处是能带来税收利益以及减少经营者与权益投资人即股东之间的冲突，但借入资金的增加也会导致预期破产成本的增加，并引起股东与债权人之间的冲突。

公司金融的理论不仅有助于公司决定是否借入资金，还为公司利用何种债务资金（短期资金还是长期资金、实行固定利率还是浮动利率、发行可转换债券还是不可转换债券）提供合理的建议。

总体来看，融资决策主要有：

（1）融资方式的选择，即利用留存收益还是利用银行借款或发行企业债券，还是发行股票，或者利用商业信用、租赁等。

（2）最佳资本结构决策。

（3）成本收益的权衡。

三、股利决策

公司金融所涉及的第三个问题是股利决策，股利在广义上是指公司给予其股东的任何现金回报。任何企业都必须决定其营业所得现金有多少用于再投资，有多少以股利和资本收益的形式退出经营，而且还应合理确定两者的比例。因为企业既要保证有足够的资金用于再投资，使其有能力取得较大的“预期增长”，又要给予股东较多的投资回报，以满足他们的现金需求。因此，股利决策就是确定公司再投资和回报股东的现金额度，具体内容包括确定留存收益与现金分配的比例、股利发放的方式和过程、股票回购等现金股利以外的其他股利政策等。

第二节 公司金融的基本工具与问题

一、现值

公司金融中最基本的工具是现值，它意味着任何一项资产的价值都是该项资产预期现金流量的现值。计算现值需要知道预期现金流量和相应的折现率。具有代表性的现金流量包括永续年金（永远持续下去的固定的现金流量）、永续增长年金（持续到永远且有固定增长率的现金流量）、年金（在某一特定时期内发生的一系列现金流量）以及增长年金（在某一特定时期内按固定比率增长的一系列现金流量）。另外，在确定采用何种折现率时，分离理论将很重要。分离理论认为，只要存在活跃的资本市场（投资者可以在该市场上以现行市场利率进行投资、贷出或借入资金），即使投资者具有不同的风险偏好特征，他们也只使用一个公认的折现率。

二、必要收益率

在进行储蓄以及为将来收益而牺牲现在消费时，需要将现在支出的价值与将来期望收益的价值进行比较。就像延期消费可能在将来产生更大的收益一样，将来某一时点所获得的更多的金融资源在今天也具有价值，即资金的时间价值。因此，资金持有者或投资者为获得将来收益而在现在进行投资之前，必须把将来收益的现在价值与实际资金成本进行比较。此时会涉及年折现率或年利率，利率或折现率就是投资者的必要收益率。通过把折现率应用到未来的期望收益中，我们就可以得到大于或小于实际资本成本的现在价值。很明显，没有投资者愿意支付超过估计的现在价值的资金。如果这样做，就意味着要减少投资者的期望收益，甚至意味着对真实资本的潜在侵害。

但如果估计的现在价值等于或大于投资项目的实际成本，那么投资者的财富将可能得到增加。

三、期权定价

在公司金融领域，期权定价理论具有较广泛的应用性。在投资分析中，公司将面临推迟、扩大或放弃某项目等多种选择权，或者要评估无形资产等的价值，期权定价理论为公司的这些投资决策提供了必要的方法。在融资决策中，该理论对于设计和评估认股权证、可转换债券、可赎回债券等具有选择权的证券非常有用。

四、风险对投资基准的影响

当然，投资项目的风险越大，投资者的必要收益率或者补偿额外风险的折现率就应该越大。由于不同的收益率可能来自于不同的风险项目，我们需要评价的是额外补偿，或者投资者因承担更大的风险而要求的额外利率。但投资者可能会持有几种不同投资品种构成的投资组合，包括不同企业的股票、国债、不动产或黄金。为了实现股东利益最大化，财务管理者必须根据他们为分散股东投资组合风险所做的努力来评估企业投资项目的风险。现代投资组合理论的实质是必须考虑特殊投资项目的个体风险对股东投资组合的整体风险的影响。这就意味着用于计算项目现在价值的折现率必须正确地反映吸收了特殊项目风险的股东投资组合的风险。

五、财务决策与公司价值

如果公司的财务目标是公司价值最大化，则公司价值必然与投资决策、融资决策和股利决策这三大财务决策有关。这是因为公司价值是公司未来现金流量的现值，而未来现金流量折算成现值时使用的折现率反映了投资项目的风险和投资资金的成本。投资者在预测未来现金流量时要考虑公司的未来成长率，而未来成长率又依赖于公司项目的质量和公司再投资的收益，即与投资决策和股利决策有关。融资决策通过折现率和预期现金流量来影响公司的价值。

六、公司治理

从传统角度理解，公司治理是研究如何解决管理者和股东的利益矛盾、实现企业和股东价值的一门科学，其核心是解决管理者对股东的代理成本（agency cost）。现代公司治理理论的研究范畴则扩展到解决包括大小股东、股东和债权人、股东和员工，乃至企业与供应商/经销商、企业与社会等围绕企业的各种利益相关者之间的利益矛盾。

由于公司存在的目的是实现股东价值最大化，投资和融资决策都以此为最终目标，因此，如果公司治理存在问题，企业的投融资决策可能根本不是为了实现股东利益最大化，而是为了实现管理者或其他利益相关者的利益。只有建立良好的公司治理体系，才能执行正确的投融资决策。

第三节　公司制企业

企业是组织众多个人进行经济活动的一种方式。为了实现经济活动，企业需要解决的一个基本问题是如何筹集资金。公司制企业，即把企业组织成为一个公司，是解决筹集大量资金的一种标准方法。

一、公司制企业的组织形式

（一）个体业主制

个体业主制企业是指由一个人拥有的企业，其主要特征包括以下几个方面：

（1）个体业主制是费用最低的企业组织形式，不需要正式的章程。

（2）个体业主制企业不需要支付公司所得税，企业所有的利润按个人所得税规定纳税。

（3）个体业主制对企业债务负无限责任。个人资产和企业资产之间没有差别。

（4）个体业主制企业的存续期受制于业主本人的生命期。

（5）个体业主制企业的投资属业主个人的资本，所以个体业主筹集的权益资本仅限于业主本人的财富。

（二）合伙制

两个或两个以上的人在一起创办的企业称为合伙制企业，其主要特征包括以下几个方面：

（1）合伙制企业的费用一般较低。企业必须缴纳营业执照费和存档费。

（2）一般合伙人对所有债务负无限责任，有限合伙人仅限于负担与其出资额相应的责任。

（3）合伙制企业要筹集大量的资金则十分困难。权益资本的规模通常受到合伙人自身能力的限制。

（4）合伙制企业的利润按照合伙人征收个人所得税。

（5）管理控制权归属于一般合伙人。重大事件，如企业利润的留存数额，通常需要通过多数投票表决来确定。

个体业主制和合伙制最主要的优点是创办费用低。其缺点是：无限责任、有限的企业生命、产权转让困难、难以筹集资金。

（三）公司制

在众多的企业组织形式中，公司制最为重要。它是一个独立的法人。

在最简单的公司制中，公司由三类不同的利益者组成：股东、董事会成员、公司高层管理者。传统上，股东控制公司的方向、政策和经营活动，并选举董事会成员。董事会成员选择高层管理人员。高层管理人员以股东的利益为重，管理企业的日常经营活动。在股权集中的企业，股东、董事会成员和公司高层管理人员三者可能相互交叉。公司制企业的主要特征是：

（1）公司的产权表示为股份，产权可以随时转让给新的所有者。

（2）公司具有无限存续期。因为公司与其所有者相分离，即使原有的所有者撤出，公司仍然继续经营。

（3）股东的责任仅限于其投资在所有权的股份数。

公司制企业的优点是有限责任、产权易于转让、永续经营以及筹资能力较强。其缺点是，公司股东除了在收到股利时需缴纳个人所得税外，公司还必须缴纳公司所得税。

二、公司制企业的目标

公司的基本目标是什么？传统的答案是：为股东创造价值。因为股东拥有并控制公司，所以公司的管理者为股东的利益而决策，任何有利于增加公司价值的决策都被认为是“好”的决策；反之则被视为“坏”的决策。但这一目标有些模糊。

系列契约理论认为企业是许多契约的集合。契约条款之一是所有者对企业资产和现金拥有剩余索取权。故该理论认为，公司管理者采取的行动一般都以股东利益为重。现在，越来越多的学者认为公司目标是财富最大化。但究竟是股东财富最大化还是公司财富最大化？至今仍存在一些争议。因为公司的权利要求人除了股东之外，还有债权人、优先股东等其他的权利要求人，所以公司财富并非必然就是股东财富，而这一财富最大化目标也就很难确定为是股东财富还是公司财富的最大化。

三、所有权与管理权的分离

对于大企业，所有权与管理权的分离是实务的需要。大多数公司往往拥有成千上万的股东，这些股东不可能都积极地介入公司管理，企业的经营管理权只能托付给企业的管理者。所有权与管理权的分离使得企业股份所有权的变更不会影响企业的经营，但如果企业的管理者与所有者的目标相异，分离也会产生问题。

股东与管理者利益的矛盾带来的问题被称为委托—代理问题（principal-agent problem），股东是委托人（principal），管理者是代理人（agent）。股东要求管理者增加公司的价值，而管理者有可能只谋取自己的利益。因此股东与管理者之间的委托—代理问题引起的代理成本有两种情形：(1)企业管理者没有努力实现公司价值的最大化；(2)股东付出成本以监督管理者。当然，如果股东就是管理者，就不会发生这种代理成本，这是业主制企业的一大好处。

委托—代理问题并非只存在于股东与管理者之间，企业在进行外部融资时也可能发生代理成本。正常情况下，对公司投入资金的银行和债券持有人与股东站在一起，但债权人与股东之间也有可能存在利益冲突，尤其是当企业陷入困境时，债权人更关心收回自己的资金，不愿意企业再度冒险，担心危害其贷款安全。

如果所有的经济主体都有相同的信息，委托—代理问题就比较容易得到解决，但现实中很少出现这种情况。管理者、股东以及债权人对企业实物资产和金融资产价值的信息可能完全不同。如果代理人较委托人有更多或更好的信息，委托—代理问题就会更加复杂化。

本章小结

本章概括了本书将要论述的内容和所依据的思想基础。我们把公司金融定义为由公司制定的、可以影响公司财务状况的所有决策，这些决策分为投资决策、融资决策和股利决策。

本章提出了公司金融中常用的几个概念，即现值、必要收益率和期权定价，并简述风险对投资的影响、财务决策与公司价值之间的关系，以及公司治理。

本章介绍了公司制企业的几种形式和特征。

关键术语

投资决策　融资决策　股利决策　个体业主制　合伙制　公司制
系列契约理论　委托—代理问题　委托人　代理人　代理成本

思考与练习

1. 公司金融的三个基本问题是什么？
2. 简述“个体业主制”“合伙制”“公司制”的定义。
3. 公司制这种组织形式的优点和缺陷是什么？
4. 在大多数大公司里，所有权与管理权是分离的，这种分离有何重大意义？

第二章　货币的时间价值

本章学习目的

理解终值和现值的概念。

掌握现金流量终值和现值的计算方法。

了解复利计息的影响。

掌握永续年金、永续增长年金、年金以及增长年金的现值计算方法。

货币的时间价值是公司金融领域最基本的理论基础之一，它揭示了不同时点的货币资金价值是有区别的，即今天的 1 元与将来的 1 元的价值是不相同的。它是评估债券与股票等证券的价值、评价企业经营效益的一项基本工具。

第一节　终值和利率

一、终值计算

终值又称未来值，是指现在的一笔资金在未来一段时间后所具有的价值。

假设你将 10 000 元的资金存入银行。目前 1 年期银行存款的利率为 1.75%，那么 1 年后你将获得利息：

利息＝利率×初始投资＝0.017 5×10 000＝175(元)

1 年后银行存款的价值＝10 000＋175＝10 175(元)

也就是说，

1 年后投资的终值＝初始投资本金×(1＋r)＝10 000×(1.017 5)＝10 175(元)

如果你把这笔钱再存 1 年，那么，

第 2 年的利息＝0.017 5×10 175＝178.06(元)

第 2 年年末银行存款的价值＝10 175＋178.06＝10 353.06(元)

或者，

2 年后投资的终值＝10 000×1.017 5×1.017 5＝10 000×(1.017 5)^2

＝10 353.06(元)

很明显，如果这笔存款的期限为 t 年，则该存款的终值将为 10 000×(1.017 5)^t。因此，对于一个投资期为 t 年，年利率为 r，初始投资本金为 C 的投资项目来说，其投资终值 FV 为：

$$FV=C_0\times(1+r)^t \tag{2-1}$$

式中，r 表示年利率。

这种把资金留在资本市场并继续出借的过程叫作复利(compounding)。如果资金按复利(compound interest)计算进行投资，利息将被进行再投资。而单利情况下，利息没有进行再投资。本杰明·富兰克林说过，“钱可以生钱，钱生的钱又可以生出更多的钱”，这是一个解释复利过程的十分生动形象的描述。

复利法计算如表 2－1 所示。

表 2－1　复利法计算　　单位:元

期限	期初本金	期内利息	期末终值
1	10 000	0.017 5×10 000＝175	10 175
2	10 175	0.017 5×10 175＝178.06	10 353.06
3	10 353.06	0.017 5×10 353.06＝181.18	10 534.24
4	10 534.24	0.017 5×10 534.24＝184.35	10 718.59
5	10 718.59	0.017 5×10 718.59＝187.58	10 916.17

[例 2－1]　计算投资的终值

假设我们投资 100 万元购买一种信托产品，若该产品的预期收益率为 5%，且按复利计息，5 年后该信托产品的终值为多少？若利率上升到 8%，5 年后该产品的终值是多少？若预期收益率下降到 3%，5 年后该产品的终值又是多少？

在年收益率为 5% 的情况下，信托产品的终值为：

$FV=C_0\times(1+r)^t=100\times(1.05)^5=127.63$(万元)

当年收益率上升到 8% 时，该产品的终值为：

$FV=C_0\times(1+r)^t=100\times(1.08)^5=146.93$(万元)

若年收益率下降到 3%，5 年后该产品的终值是：

$FV=C_0\times(1+r)^t=100\times(1.03)^5=115.93$(万元)

然而，若按单利计息，终值的计算公式可以表示为：

$$FV = C_0 \times (1 + r \times t) \tag{2-2}$$

那么，按单利计算，上述年收益率为5%的信托产品终值则为125万元，而年收益率为8%的投资终值仅为140万元，当年收益率下降到3%时该投资终值则为115万元。若投资期限越长，年利率越高，单利和复利之间的差距就越大，由此可见复利的威力。

[**思考题2-1**]　假设某企业去年的销售收入只有50万元，但一位证券分析师预测该企业的销售收入会在今后4年里每年翻一番。那么，这段时间结束后企业的销售收入将是多少？

二、多笔现金流量的终值

上面我们介绍了单一现金流量终值的计算，但在实际投资中，将会涉及许多现金流量的发生。下面我们将介绍多期的一系列现金流量终值的计算。

[**例2-2**]　**计算两笔现金流量的终值**

假设某人想2年后买一台计算机，为此他计划每年存一笔钱。假设他今年在银行存入5 000元，1年后又存入7 000元。若银行存款利率为1.75%，那么2年后此人可用于购买计算机的银行存款将为多少？如图2-1所示。

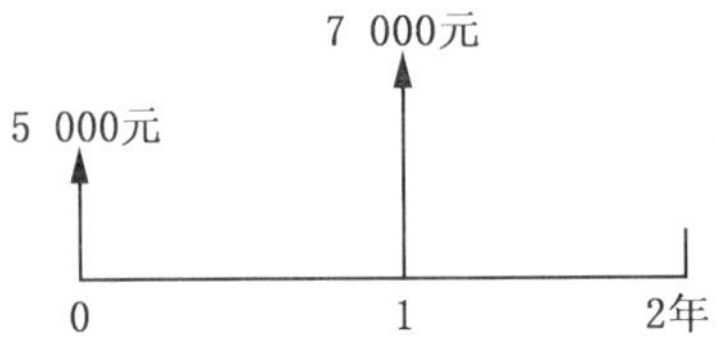

图2-1　两笔现金流量的终值

在这个储蓄计划中涉及两笔现金流量的发生，即一个二年期的存款和一个一年期的存款，那么，2年后银行存款的终值为：

$FV = 5\ 000 \times (1.017\ 5)^2 + 7\ 000 \times 1.017\ 5 = 5\ 176.53 + 7\ 122.5 = 12\ 299.03$（元）

[**例2-3**]　**计算一系列现金流量的终值**

假设上例中的那个人推迟1年购买计算机并在第2年年末再次存入银行3 000元，那么从现在开始3年后此人可以利用的存款有多少？如图2-2所示。

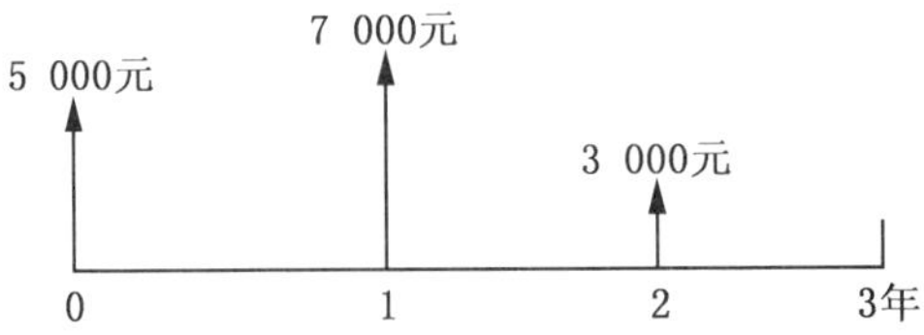

图2-2　一系列现金流量的终值

此例中，可以利用的资金总额就是三笔存款终值的合计，即：

$$FV = 5\,000\times(1.017\,5)^3+7\,000\times(1.017\,5)^2+3\,000\times1.017\,5$$
$$=5\,267.12+7\,247.14+3\,052.50$$
$$=15\,566.76(元)$$

一系列现金流量的终值就是每笔现金流量终值之和。

[例 2-4]　复利的效力

假设你在某账户上存款 1 000 元，年利率是 8%。9 年后你的账户余额是多少？90 年后又是多少呢？

用式(2-1)计算两种情形下的存款终值：

$$FV=1\,000\times(1.08)^9=1\,999(元)$$

$$FV=1\,000\times(1.08)^{90}=1\,018\,915.09(元)$$

注意，当利率为 8%时，你的存款在 9 年后接近于翻倍。90 年后，你就成为百万富翁！

三、复利计息期数

（一）年百分比利率

以上现金流量终值的计算是在复利计息以年为单位的假设下进行的。实际上，复利计息可以按半年、每季、每月、每天，甚至更短的时间来进行。假如一家银行的存款年利率为 1.75%，按半年复利计息。若一位客户将 10 000 元存入该银行，1 年到期时的存款终值为：

$$FV=10\,000\times\left(1+\frac{0.017\,5}{2}\right)^2=10\,175.77(元)$$

假如这笔 10 000 元的存款以年为单位复利计息，一年后的终值为 10 175 元(10 000×1.017 5)。因此，半年复利计息的终值要高于 1 年复利计息的终值。如果以年为单位复利计息，最初的 10 000 元是全年计息的本金。而若按半年复利计息，这 10 000 元只是前 6 个月计息的本金，后 6 个月计息的本金则变为 10 087.5 元。这样，按半年复利计息，存款者就获得了“利息的利息”。

如果这笔存款按每季度复利计息，1 年后的存款终值为：

$$FV=10\,000\times\left(1+\frac{0.017\,5}{4}\right)^4=10\,176.15(元)$$

若按每月复利计息，一年后的存款终值为：

$$FV=10\ 000\times\left(1+\frac{0.017\ 5}{12}\right)^{12}=10\ 176.41(\text{元})$$

由于复利效应，存款赚得的1.764 1%的利率，要高于1.75%的存款年利率。

因此，一年期的一项投资每年按m次复利计息，其年末终值为：

$$FV=C_0\times\left(1+\frac{r}{m}\right)^{m} \tag{2-3}$$

式中，C_0是投资者的初始投资；m是复利计息的次数；r是名义年利率，或者年百分比利率(annual percentage rate，APR)。APR表示的是1年后赚得的单利，没有考虑复利效应的利息额。由于没有考虑复利效应，APR通常比实际赚得的利息少。

由于APR没有反映1年后将赚得的实际数额，它本身不能被当作折现率。具有m次复利计息的APR，可反映在每一个复利期间所赚得的实际利息：

$$\text{每一复利期间的利率}=\frac{APR}{m} \tag{2-4}$$

在应用APR时，必须将APR除以每年的复利期数，以确定每个复利期间的实际利率。

如果一项投资的期限为t年，其终值计算公式则变为：

$$FV=C_0\times\left(1+\frac{r}{m}\right)^{mt} \tag{2-5}$$

[例2-5]　多年期复利计息

某人在银行的存款有50 000元，年利率为1.75%，且按半年复利计息，那么，5年后他的存款会变为多少？

利用式(2-5)可得出他的存款终值为：

$$FV=50\ 000\times\left(1+\frac{0.017\ 5}{2}\right)^{2\times 5}=54\ 551.35(\text{元})$$

(二) 实际年利率

从以上复利计息可以看出，复利计息的频率会影响现金流量的终值。也就是说，按年复利、半年复利或者月复利计算，其终值都会有所不同；而以年为基础的名义利率也会随计息频率的增加越来越偏离实际利率。

[例2-6]　计算实际年利率

如果名义年利率是1.75%，且每月按复利计息，那么你的1元投资到年末的价值为多少？

用式(2-3)可得1元的年末终值为：

$$FV=1\times\left(1+\frac{0.0175}{12}\right)^{12}=1.01764(元)$$

这意味着每年投资收益率实际上是 1.764%。

这个收益率就称实际年利率(effective annual rate, EAR)或实际年收益率(effective annual yield, EAY)。由于复利计息的原因,实际年利率 EAR 要高于名义年利率 APR。

实际年利率的计算公式如下:

$$EAR=\left(1+\frac{APR}{m}\right)^{m}-1 \tag{2-6}$$

式中,m 是一年中复利计息的次数。

如果年百分比利率是 1.75%,按半年复利计息,那么,实际年利率为:

$$EAR=\left(1+\frac{0.0175}{2}\right)^{2}-1=0.01758 \text{ 或 } 1.758\%$$

如果是连续复利计息,则实际年利率的计算公式为:

$$EAR=e^{r}-1 \tag{2-7}$$

式中,e 是一个常数,其值约为 2.718;r 是年百分比利率。

通过上述分析,可以发现年百分比利率与实际年利率之间存在以下关系:

(1) 当计息周期为 1 年时,年百分比利率与实际年利率相等;当计息周期少于 1 年时,实际年利率大于年百分比利率。

(2) 年百分比利率越高,复利计息次数越多,实际年利率与年百分比利率的差异就越大。复利计息频率对实际年利率的影响如表 2-2 所示。

表 2-2　复利计息频率对实际年利率的影响

复利计息次数(m)	年百分比利率(%)	计算公式	实际年利率(%)
每年($m=1$)	1.75	$(1+0.0175)-1$	1.75
每半年($m=2$)	1.75	$(1+0.0175/2)^{2}-1$	1.758
每月($m=12$)	1.75	$(1+0.0175/12)^{12}-1$	1.764
每天($m=365$)	1.75	$(1+0.0175/365)^{365}-1$	1.765 4
连续	1.75	$e^{0.0175}-1$	1.765 402

第二节　现　值

一、现值和折现

我们知道,钱可以用来投资以获得利息。如果你面临两个选择,即现在获得

10 000 元和 1 年后获得 10 000 元，当然，你会选择现在拿到这笔钱以获得 1 年的利息。也就是说，货币具有时间价值。

一笔未来的现金流量，其价值会小于今天等额的现金流量，这是因为：

(1) 人们往往倾向于当前消费而不是未来消费。要放弃当前消费，未来必须要得到更多的补偿。

(2) 通货膨胀时期，货币价值随时间的延续而降低，通货膨胀率越高，今天的 1 元与未来 1 元的价值差异就越大。

(3) 任何未来现金流量的不确定性(风险)都会减少现金流量的价值。

今天的 1 元比明天的 1 元更具有价值。

(一) 单一现金流量的现值计算

如果我们将 100 元以 6%的年利率投资一年，那么我们可以获得 106 元(100×1.06)的终值。反过来，为了在 1 年后获得 106 元，现在必须投资多少？财务管理者把现在投资的这个货币数目称为 106 元的现值(即 PV)。

为了计算现值，我们只需简单地将终值计算过程颠倒过来，即

$$现值\ PV=\frac{终值\ FV}{1.06}=\frac{106}{1.06}=100(元)$$

那么，2 年后获得的 112.36 元的现值又是多少？也就是说，为了在 2 年后获得 112.36 元，现在需要投资多少？如果年利率为 6%，则

$$PV=\frac{112.36}{(1.06)^2}=100(元)$$

因此，在多期的情况下，计算现值的公式可写为：

$$PV=\frac{C_t}{(1+r)^t} \tag{2-8}$$

式中，C_t 是 t 期的现金流量，r 是折现率。

[例 2-7] 计算单一现金流量的现在价值

假设某人明年需要 10 000 元购买一台电脑。若年利率为 3.5%，那么他为了买电脑现在需要存多少钱？

$$PV=\frac{10\ 000}{1.035}=9\ 661.84(元)$$

如果支付现金流量的时间越迟，现在所需的投资就越少。假设此人推迟到第 2 年年底购买电脑，那么，此项支付的现在价值为：

$$PV=\frac{10\ 000}{(1.035)^2}=9\ 335.11(元)$$

（二）现值系数

假如我们以利率 r 投资 t 年，将来我们获得的投资价值则为初始投资乘 $(1+r)^t$。相反，为了计算未来现金流量的现在价值，我们就需进行相反的计算过程，即未来现金流量除以 $(1+r)^t$，或者未来现金流量乘 $\frac{1}{(1+r)^t}$：

$$PV=\frac{C_t}{(1+r)^t}=C_t\times\frac{1}{(1+r)^t} \tag{2-9}$$

式中，$\frac{1}{(1+r)^t}$ 被称作现值系数，它意味着在 t 年所获得的 1 元的现在价值。

现在我们利用现值系数表来检验[例 2－7]的计算。

第 1 年末的 10 000 元的现在价值：

$$PV=10\ 000\times\frac{1}{1.035}=10\ 000\times 0.966=9\ 660(\text{元})$$

而第 2 年年末的 10 000 元的现在价值：

$$PV=10\ 000\times\frac{1}{(1.035)^2}=10\ 000\times 0.934=9\ 340(\text{元})$$

由于四舍五入产生误差，这两个数值与[例 2－7]的计算稍有差别。

[思考题 2－2]　假设中国石油化工股份有限公司发行一种在第 10 年年末支付 5 000 元的债券，债券年利率为 8%，那么，为了购买该债券你需要准备多少钱？

[例 2－8]　计算无偿信用条件的价值

假设某人想购买一辆价值 100 000 元的汽车。A 汽车公司为他提供一种无偿的信用条件，即现在支付 40 000 元以及第 2 年年末支付剩余的那部分；而 B 汽车公司只要求他现在支付 95 000 元。如果年利率为 10%，他应该选择哪家公司？

表面上看，支付给 A 公司的价格要高一些，但实际上支付给 A 公司的部分资金是在以后进行的，如果将这部分资金存入银行即可获得利息收入。因此，为了比较这两家公司的条件，就需要计算这两笔支付现金流量的现在价值。

支付给 A 公司的现在价值总和为：

$$PV_A=40\ 000+60\ 000\times\frac{1}{(1.10)^2}=40\ 000+49\ 586.78=89\ 586.78(\text{元})$$

由于支付给 B 公司的资金是现在进行的，明显地，其现金流量的现在价值 95 000 元要高于支付给 A 公司的现金流量的现在价值 89 586.78 元，那么，此人应该选择 A 公司。

对不同时点的现金流量不能直接进行比较和相加。在比较和相加之前，所有现金流量必须转换成同一时点的现金流量。

（三）确定折现率

前面我们利用利率计算了现金流量的终值和现值。有时，我们可能知道初始投资及其终值，而需要计算利率即折现率。折现率是指未来现金流量换算为当前现金流量所使用的比率。而计算未来现金流量现值的过程就称为“折现”。它是复利计息的相反过程。

例如，我们现在投资 50 000 元，5 年后该投资的价值为 85 000 元，那么我们需要计算该项投资的折现率。由式(2-8)可以知道，

$$PV=\frac{85\ 000}{(1+r)^5}=50\ 000(\text{元})$$

那么，

$$(1+r)^5=\frac{85\ 000}{50\ 000}=1.7$$

$$1+r=(1.7)^{1/5}=1.112$$

$r=0.112$ 或 11.2%

因此，折现率的计算公式为：

$$r=\left(\frac{FV}{PV}\right)^{1/t}-1 \tag{2-10}$$

[例 2-9] 计算折现率

假设今天往银行账户里存入 50 000 元，期限为 1 年。1 年到期后又继续存了 2 年。那么，在这三年里，50 000 元每年按一定的年利率复利增长，每年的利率将影响 50 000 元存款的终值。假定现在的存款年利率为 1.75%，第二年利率为 2.1%，第三年的利率为 2.5%，那么我们可以得出第三年的终值：

$$\begin{aligned}FV&=50\ 000\times(1+0.017\ 5)(1+0.021)(1+0.025)\\&=53\ 241.96(\text{元})\end{aligned}$$

那么，这三年期间的平均年利率为：

$$r=\left(\frac{53\ 241.96}{50\ 000}\right)^{1/3}-1=2.12\%$$

即 $r=[(1+0.017\ 5)(1+0.021)(1+0.025)]^{1/3}-1=2.12\%$

折现率体现了：

(1) 当前的消费偏好(偏好越大，折现率就越高)；

(2) 预期的通货膨胀(通货膨胀率越高，折现率就越高)；

(3) 未来现金流量的不确定性(风险越高，折现率就越高)。

较高的折现率将意味着未来现金流量的现值较低。

我们在计算终值或现值时，如果现金流的发生间隔不同于复利期间，则需要调整折现率以适应不同的时期。例如，1 年后获取 5%的利息，相当于每 1 元投资，每隔半年就得到：

$(1+r)^{1/2}=(1.05)^{1/2}=1.0247$(元)

也就是说，5%的实际年利率等价于每 6 个月获得大约 2.47%的利率。这相当于在 1 年内以该利率进行两次为期 6 个月的投资而收到的利息，即

$(1+r)^2=(1.0247)^2=1.05$(元)

因此，将 1 年期的折现率 r 转化成等价的 n 期折现率的公式为：

$$\text{等价的 } n \text{ 期折现率}=(1+r)^n-1 \tag{2-11}$$

在这个公式中，n 既可以大于 1(用于计算超过 1 年期的利率)，也可以小于 1(用于计算不足 1 年期的利率)。

［例 2 - 10］　调整折现率以适应不同的时期

假如某银行账户的实际年利率 EAR 为 6%，按月支付利息，那么每月你将获得多少利息？

根据式(2 - 11)可知，

等价的月折现率 $=(1+r)^n-1=(1.06)^{1/12}-1=0.4868\%$

6%的实际年利率 EAR 相当于每月获得 0.486 8%的利率。

［例 2 - 11］　将 APR 转换为折现率

假如某公司的借款利率为 6%的 APR，每半年复利一次。银行要求该公司每月进行还款，那么适用的折现率将是多少？

①根据式(2—4)可得，

6 个月的折现率 $=\dfrac{6\%}{2}=3\%$

然后，根据式(2 - 11)计算月折现率：

等价的月折现率 $=(1+r)^n-1=(1.03)^{1/6}-1=0.4939\%$

②也可以先将 APR 转换为 EAR，然后再将 EAR 转换为月折现率。

根据式(2 - 6)可得，

$$EAR=\left(1+\frac{APR}{m}\right)^m-1=\left(1+\frac{6\%}{2}\right)^2-1=6.09\%$$

再根据式(2 - 11)计算月折现率：

等价的月折现率 $=(1+r)^n-1=(1.0609)^{1/12}-1=0.4939\%$

(四) 确定期数

现金流的期数就是使一笔钱增值到某个已知值时要经历的时间。在这种情况下，

利率、现值和终值都是已知的，要计算的是从现值增长到终值要经过多长时间。

［例 2－12］　计算现金流的期数

现在有 10 万元的投资资金，如果投资得到的年收益率为 6%，那么，需要经过多长时间才能得到 25 万元？

根据现值计算公式可得，

$$PV=100\ 000=\frac{250\ 000}{(1.06)^t}$$

$$(1.06)^t=\frac{250\ 000}{100\ 000}=2.5$$

为求解指数，对上式两边取对数，得到

$$t\ln(1.06)=\ln(2.5)$$

$$t=\frac{\ln(2.5)}{\ln(1.06)}=15.73(\text{年})$$

二、多笔现金流量的现值

当计算一笔未来现金流量的现值时，我们只需弄清楚这笔现金流量在今天的价值。如果未来的现金流量不止一笔，我们就将每一笔现金流量在今天的价值分别计算出来，然后再计算这些现值之和。

［例 2－13］　计算多笔现金流量的现值

假设你计划买一辆车，汽车供应商给你两个选择：一是现在一次性支付购车款 155 000 元；二是分期付款，现在支付 80 000 元，并在以后的 2 年内每年分别支付 40 000 元，假设折现率为 8%，如图 2－3 所示。那么，你是选择一次性付款还是分期付款？

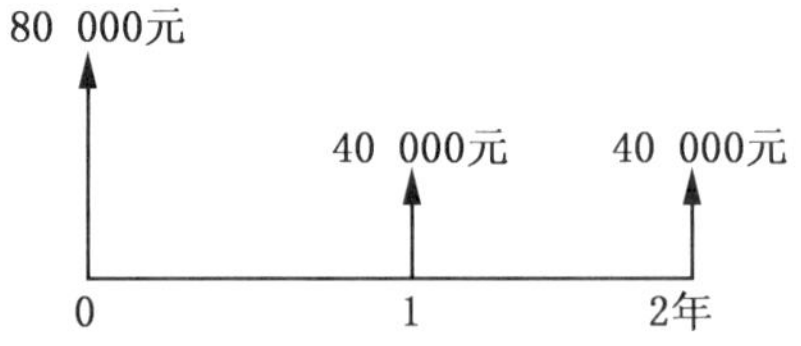

图 2－3　多笔现金流量的现值

我们先计算分期付款的每笔现金流量的现值。

第一笔付款是现在进行的，则其现值为 80 000 元；

第二笔付款是在第一年进行的，其现值为：

$$PV=\frac{40\ 000}{1+0.08}=37\ 037.04(\text{元})$$

第三笔付款是在第二年进行的，其现值为：

$$PV=\frac{40\ 000}{(1+0.08)^2}=34\ 293.55(元)$$

再计算分期付款的现值之和：

$$PV=80\ 000+37\ 037.04+34\ 293.55=151\ 330.59(元)$$

由于分期付款的现值为 151 330.59 元，少于一次性付款的现值 155 000 元，因此，应该选择分期付款。

一系列现金流量的现值就是每笔现金流量现值之和。

三、四类现金流量的计算

以上探讨了现值和终值的概念，这些概念有助于我们解决一些有关货币时间价值的问题，然而在实际中，我们通常需要计算一系列现金流量的价值。例如，银行要计算一笔 20 年期的住房抵押贷款的每月还款额，而这笔贷款有 240 个(20×12)还款期；一笔 4 年期的汽车贷款可能需要 48 个月的每月等额还款。还有些现金流量的支付会永远持续下去。为了简化这些计算，下面介绍四类现金流量的计算方法。

（一）永续年金

永续年金是指每期金额相等且持续到永远的现金流量。永续年金没有终止的时间，也就没有终值，如图 2－4 所示。对于永续年金来说，有意义的是其现值公式。

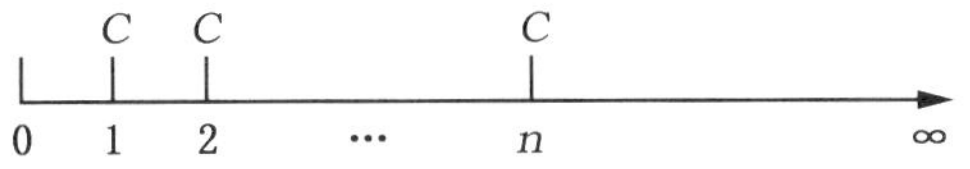

图 2－4 永续年金示意

永续年金现值的计算公式为：

$$PV=\frac{C}{1+r}+\frac{C}{(1+r)^2}+\frac{C}{(1+r)^3}+\cdots=\frac{C}{r} \tag{2-12}$$

式中，C 是现在开始 1 期以后得到的现金流量；r 是适用的折现率。

在金融市场上，无限期提供现金流量的金融资产不乏其例，如支付固定股利的优先股，没有到期日、只支付固定利息的永久性债券等。

关于永续年金现值的计算公式，需要注意三个问题：

(1) 分子是现在开始起 1 期后收到的有规律的现金流量，而不是现在时点的现金流量。

(2) 它不同于单一现金流量的现值，第 1 期末支付的 1 元的现值是 $1/(1+r)$，而无限期支付 1 元的永续年金的现值是 $1/r$，两者完全不同。

(3) 关于时间的假定，在现实经济中，公司的现金流入或流出是随机的，并且几乎是连续不断的。但在计算公式中我们假定现金流量的发生是有规律而且是确定的。

[例 2-14]　计算永续年金的现值

假设某银行发行一种优先股，每年支付现金股利为每股 0.3 元。如果折现率为 5%，该优先股的现值为多少？

根据式(2-12)，可得：

$$PV=\frac{C}{r}=\frac{0.3}{0.05}=6(\text{元})$$

如果年利率上升至 8%，则该优先股的现值为：

$$PV=\frac{C}{r}=\frac{0.3}{0.08}=3.75(\text{元})$$

假定年利率下降至 3.5%，则该优先股的现值为：

$$PV=\frac{C}{r}=\frac{0.3}{0.035}=8.57(\text{元})$$

当每期的现金流量不变时，永续年金的现值会随着利率的下降而增加，随着利率的上升而减少。

[思考题 2-3]　假设某公司发行一种面值为 50 元的债券，并承诺每年支付 2 元的利息直到永远。请问适用的利率是多少？

(二) 永续增长年金

永续增长年金是指有规律地、按相同比例增长的现金流量，如图 2-5 所示。

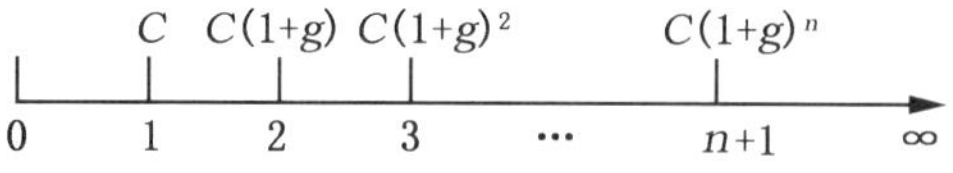

图 2-5　永续增长年金示意

永续增长年金现值的计算公式为：

$$PV=\frac{C}{1+r}+\frac{C\times(1+g)}{(1+r)^2}+\frac{C\times(1+g)^2}{(1+r)^3}+\cdots=\frac{C}{r-g} \qquad (2-13)$$

式中，C 是现在开始 1 期以后得到的现金流量；g 是每期的增长率；r 是适用的折现率。

需要注意的是，判断一笔现金流量是否固定增长的关键在于以后各期的增长率是否相同。

关于永续增长年金现值的计算公式，需要注意三个问题：

(1) 分子是现在开始起1期后收到的现金流量，而不是目前的现金流量。

(2) 折现率 r 一定要大于增长率 g，这样永续增长年金的计算公式才有意义。如果增长率与折现率十分接近，分母就会趋于无穷小，以至于现值就会变得趋于无穷大。而当增长率 g 高于折现率 r 时，计算现值就没有意义了。

(3) 关于时间的假定，在计算公式中我们假定现金流量的发生是有规律而且是确定的。

[例2-15]　计算永续增长年金的现值

假设某项投资在第一年末可产生现金流入100 000元，估计以后每年会增长2.5%。如果折现率为5%，该投资项目的现值为多少？

根据式(2-13)，可得：

$$PV=\frac{C}{r-g}=\frac{100\ 000}{0.05-0.025}=4\ 000\ 000(\text{元})$$

(三) 年金

年金是指在某一确定的期间里，每隔一固定时期就发生的等额的现金流量，如图2-6所示。年金可能发生在每期期末，或者每期期初。年金是一项最为常见的金融工具。一般来说，养老金、保险金、分期付款、租金、利息、折旧等都可以采用年金的形式。

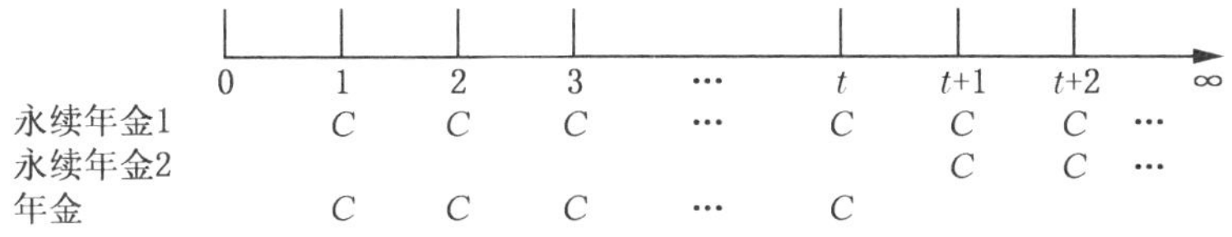

图2-6　年金示意

1. 年金的现值和终值

(1) 年金现值的计算

年金现值是将未来每期的现金流量进行折现计算现值，然后把这些现值进行加总，即

$$PV=\frac{C}{1+r}+\frac{C}{(1+r)^2}+\frac{C}{(1+r)^3}+\cdots+\frac{C}{(1+r)^n}=\sum_{t=1}^{n}\frac{C}{(1+r)^t} \qquad (2-14)$$

为了简化计算，我们再研究一下永续年金。首先看图2-6的现金流量的时间轴。永续年金1是第1期末开始发生的一系列的现金流量，永续年金2是 $t+1$ 期开始发生的一系列的现金流量。那么，t 期内每期收到现金流量 C 的现值，即年金的现值就

等于永续年金 1 的现值减去永续年金 2 的现值。

永续年金 1 的现值为：

$$PV=\frac{C}{r} \tag{2-15}$$

永续年金 2 的现金流量是从 $t+1$ 期开始发生的，根据计算公式可知它在 t 期的现值为 C/r。然而，我们要得到的是它在第 0 期的现值，而不是在 t 期的现值，因此要将它在 t 期的现值 C/r 折现到 0 期。于是，永续年金 2 的现值为：

$$PV=\frac{C}{r}\times\frac{1}{(1+r)^t} \tag{2-16}$$

年金的现值就可用式(2－15)减去式(2－16)，得到：

$$PV=\frac{C}{r}-\frac{C}{r(1+r)^t}$$

年金现值的计算公式为：

$$PV=C\left[\frac{1}{r}-\frac{1}{r(1+r)^t}\right] \tag{2-17}$$

式中，C 表示现在开始 1 期后收到的现金流量；r 为折现率；t 为期数。$\left[\frac{1}{r}-\frac{1}{r(1+r)^t}\right]$ 称为年金现值系数，常用 A_r^T 来表示，指在利率为 r 的情况下 t 期内每期获得 1 元年金的现值。

［例 2－16］　计算年金的现值

假如你正在经营一家广告公司，需要购买一台 10 000 元的复印机。你可以全额支付 10 000 元，也可以采用分期付款，即从第一年末开始每年付款 3 000 元，4 年付清。如果折现率为 6%，你会选择哪种付款方式？

年金为 3 000 元的现值为：

$$PV=C_1\left[\frac{1}{r}-\frac{1}{r(1+r)^t}\right]=3\ 000\times\left[\frac{1}{0.06}-\frac{1}{0.06\times(1.06)^4}\right]$$
$$=10\ 395.3(\text{元})$$

由于分期付款的现值高于即期付款的价格，因此，应选择现在全额付款。

［思考题 2－4］　假如利率为 8%，那么，一个 4 年期的折现系数是多少？一个 4 年期的年金系数又是多少？这两个系数之间存在什么关系？

(2) 给定现值计算年金

在一些情况下，现金流量的现值已知，而需要计算年金。住宅抵押贷款和汽车贷款通常会发生这种情况，借款人今天获得贷款后，在贷款期限内每月须等额偿还贷款。

给定现值计算年金的公式如下：

$$年金\ A=PV\left[\frac{r}{1-\frac{1}{(1+r)^t}}\right] \qquad (2-18)$$

［例 2－17］　**根据现值计算年金**

视频讲解

给定现值
计算年金

假设你打算购买一辆价格为 150 000 元的新车，现有两种付款方式供你选择：

① 你可以利用特别贷款借入 150 000 元，年利率为 3%，期限为 3 年。

② 你可以享受 10 000 元的折扣，以一般贷款方式借入 140 000 元，年利率为 12%，期限为 3 年。

若是每月等额偿还贷款，你会选择哪种付款方式？

为了进行比较，需计算两种付款方式的每月还款额。

① 月利率$=\frac{0.03}{12}=0.002\ 5$

$$特别贷款的每月还款额\ A=150\ 000\times\left[\frac{0.002\ 5}{1-\frac{1}{(1.002\ 5)^{36}}}\right]$$

$$=4\ 362.18(元)$$

② 月利率$=\frac{0.12}{12}=0.01$

$$一般贷款的每月还款额\ A=140\ 000\times\left[\frac{0.01}{1-\frac{1}{(1.01)^{36}}}\right]$$

$$=4\ 650(元)$$

由于特别贷款方式的每月还款额较低，因此应选择此种付款方式。

（3）年金终值的计算

年金终值是指一定时期内每期现金流量的复利终值之和。在现实经济生活中这种年金很常见，如银行的零存整取存款。年金终值的计算公式为：

$$年金终值\ FV=C\left[\frac{(1+r)^t-1}{r}\right] \qquad (2-19)$$

式中，$\frac{(1+r)^t-1}{r}$称为年金终值系数，可以直接查表得知。

［例 2-18］　计算年金终值

假设某人打算 5 年内每年存入银行 10 000 元，存款利率为 3%，请问第 5 年末该存款的终值为多少？

根据式(2-19)可得：

$$FV=C_1\times\left[\frac{(1+r)^t-1}{r}\right]=10\,000\times\left[\frac{(1+0.03)^5-1}{0.03}\right]=53\,091.36(\text{元})$$

(4) 给定终值计算年金

在未来某一时期需要支付固定债务或目标金额的投资者希望知道每期应储存多少才能达到目标。给定终值计算年金的公式为：

$$\text{年金}\ A=FV\left[\frac{r}{(1+r)^t-1}\right] \tag{2-20}$$

［例 2-19］　根据终值计算年金

为了在 5 年后偿还 100 000 元的债务，从第 1 年底开始每年等额存入银行一笔款。假设存款利率为 3%，每年需要存入多少？

根据式(2-20)可得：

$$\text{年金}\ A=FV\times\left[\frac{r}{(1+r)^t-1}\right]=100\,000\times\left[\frac{0.03}{(1+0.03)^5-1}\right]=18\,835.46(\text{元})$$

2. 递延年金

递延年金是指最初的现金流量不是发生在现在，而是发生在若干期后，如图 2-7 所示。在现实经济生活中，递延年金也是常见的，如项目投产若干年后才产生效益、贷款几年后开始偿还等。

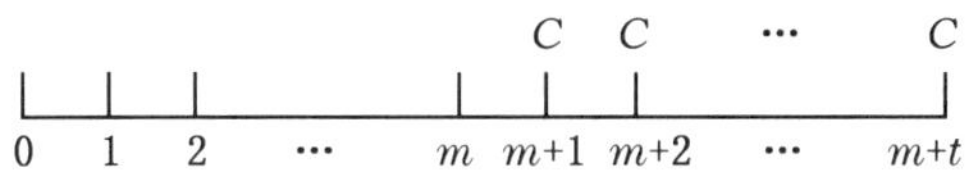

图 2-7　递延年金示意

从图 2-7 可以看出，最初的 m 期没有发生现金流量，而后面的 t 期内产生的一系列现金流量是一个年金，该递延年金的期限为 $(m+t)$ 期。递延年金现值的计算可以分为两步：第一步，计算 m 期期末的 t 期年金的现值；第二步，将第一步计算的结果折现到期初（即第 0 期）。

［例 2-20］　计算递延年金的现值

假如有一笔银行贷款，前 3 年不用还本付息，从第 4 年至第 10 年每年年末偿还本息 10 000 元，贷款年利率为 8%，那么该笔贷款的现值为多少？

首先计算第 3 年末的贷款现值：

$$PV_3=C_4\left[\frac{1}{r}-\frac{1}{r(1+r)^t}\right]=10\ 000\times\left[\frac{1}{0.08}-\frac{1}{0.08\times(1.08)^7}\right]$$

$$=52\ 063.7(元)$$

然后将第 3 年末的贷款现值折现到现在(即第 0 年),可得:

$$PV_0=\frac{PV_3}{(1+r)^3}=\left[\frac{52\ 063.7}{(1+0.08)^3}\right]=41\ 329.84(元)$$

需要注意的是,该例中年金现值计算公式求出的是贷款本息在第 3 期末(即 m 期末)的现值,而递延年金的现值是需要再折现 m 期至第 0 期。

3. 先付年金

先付年金是指在某一固定时期内每期期初会产生等额现金流量的年金,其第一次支付一般发生在现在即第 0 期,如图 2-8 所示。

视频讲解

先付年金

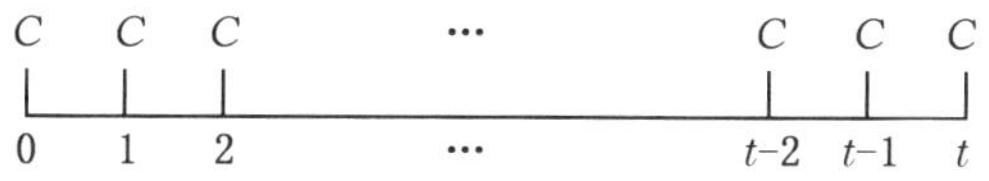

图 2-8　先付年金示意

从图 2-8 可以看出,先付年金与年金的区别在于第 0 期是否会产生现金流量。根据年金现值的计算公式,得出先付年金的现值公式为:

$$PV=C_0+C_1\left[\frac{1}{r}-\frac{1}{r(1+r)^t}\right] \tag{2-21}$$

式中,C 为每期产生的现金流量。

[例 2-21]　计算先付年金的现值

某企业租用一套办公室 5 年,在租用期内每年年初要支付租金 100 000 元,若折现率为 6%,那么这些租金的现值为多少?

根据式(2-21)可知:

$$PV=C_0+C_1\left[\frac{1}{r}-\frac{1}{r(1+r)^t}\right]$$

$$=100\ 000+100\ 000\times\left[\frac{1}{0.06}-\frac{1}{0.06\times(1.06)^4}\right]$$

$$=100\ 000+100\ 000\times3.465\ 1$$

$$=446\ 510(元)$$

4. 特殊年金

年金是指每期发生等额的现金流量。然而，有些年金的支付期限要超过 1 年或者并不固定，还有些年金每期产生的现金流量并不相同。对于这些不定期或不等额的年金，其现值或终值的计算是将每一期的现金流量分别折现到第 0 期或者复利计算到终期，然后加总求和。

［例 2-22］ 计算不等额年金的现值

假设一项投资在未来 8 年内产生了一系列的现金流量，该投资所适用的折现率为 7%，那么这些现金流量的现值是多少？

单位：元

时　间	1	2	3	4	5	6	7	8
现金流量	2 000	2 000	2 000	8 000	8 000	8 000	8 000	10 000

此例中，第 1～3 年为一笔年金，第 4～7 年为一笔递延年金，第 8 年为一笔单独的现金流量。由年金和递延年金的现值计算公式得知该笔现金流量的总现值为：

$$PV = C_1\left[\frac{1}{r}-\frac{1}{r(1+r)^3}\right]+C_4\left[\frac{1}{r}-\frac{1}{r(1+r)^4}\right]\times\frac{1}{(1+r)^3}+C_8\times\frac{1}{(1+r)^8}$$

$$=2\ 000\times\left[\frac{1}{0.07}-\frac{1}{0.07\times(1.07)^3}\right]+8\ 000\times\left[\frac{1}{0.07}-\frac{1}{0.07\times(1.07)^4}\right]$$

$$\times\frac{1}{(1.07)^3}+\frac{10\ 000}{(1.07)^8}$$

$$=33\ 188.37(\text{元})$$

［例 2-23］ 计算年金

计算年金

假设一位 50 岁的公司职员为了不使退休后的生活水平有所降低，打算进行储蓄。他预计退休后将活 20 年，而在这 20 年里每年的支出将有 100 000 元。若年利率为 5%，从现在起 1 年后开始存款到 65 岁退休为止，他每年需存入多少钱才能筹够退休后的生活费用？

此例中，退休后需要的生活费用是一笔递延年金，1 年后开始储蓄则是一笔年金，该计算过程可分为三步：

① 利用年金公式计算退休后 20 年的生活费用现值。

$$PV_{15}=C_{16}\left[\frac{1}{r}-\frac{1}{r(1+r)^t}\right]=100\ 000\times\left[\frac{1}{0.05}-\frac{1}{0.05\times(1.05)^{20}}\right]$$

$$=1\ 246\ 220(\text{元})$$

② 计算 20 年的生活费用在第 0 期的现值。

$$PV_0=\frac{PV_{15}}{(1+r)^{15}}=\frac{1\ 246\ 220}{(1.05)^{15}}=599\ 453.13(\text{元})$$

③ 假设该职员在未来的 15 年内每年年末进行储蓄，那么每年存款的现值达到 599 453.13 元才能满足退休生活的需求，即

$$C_1\left[\frac{1}{r}-\frac{1}{r(1+r)^t}\right]=PV_0$$

$$C_1\times\left[\frac{1}{0.05}-\frac{1}{0.05\times(1.05)^{15}}\right]=599\ 453.13(\text{元})$$

$$C_1=\frac{599\ 453.13}{10.379\ 7}=57\ 752.45(\text{元})$$

由此，以后的 15 年里每年以 5%的利率存入 57 752.45 元，刚好能够满足他在退休后的 20 年间每年 100 000 元的生活支出。

需要注意的是，该例中我们并没有考虑通货膨胀的影响。

（四）增长年金

增长年金是指在一定期间里以固定比率增长的现金流量。如果 C 表示第 1 期末的现金流量，g 表示期望增长率，增长年金可以用时间轴表示（见图 2－9）。

视频讲解

增长年金

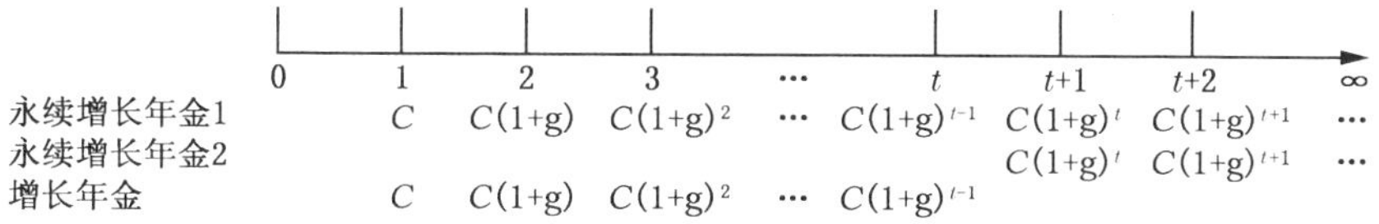

图 2－9　增长年金示意

由于企业实际增长或通货膨胀的原因，企业的现金流量常会随着时间而增长。永续增长年金是一种无限期的现金流量，它的计算为此类问题提供了解决办法。从图 2－9 可以看出，永续增长年金 1 是第 1 期末开始发生的固定增长的现金流量，永续增长年金 2 是 $t+1$ 期开始发生的固定增长的现金流量。那么，t 期内每期发生的现金流量的现值，即增长年金的现值就等于永续增长年金 1 的现值减去永续增长年金 2 的现值。

永续增长年金 1 的现值为：

$$PV=\frac{C}{r-g} \tag{2-22}$$

永续增长年金 2 的现金流量是从 $t+1$ 期开始发生的，根据计算公式可知它在 t 期的现值为 $\frac{C(1+g)^t}{r-g}$。然而，我们要得到的是它在第 0

期的现值，而不是在 t 期的现值，因此要将它在 t 期的现值折现到 0 期。这样，永续增长年金 2 的现值为：

$$PV=\frac{C(1+g)^t}{r-g}\times\frac{1}{(1+r)^t} \tag{2-23}$$

增长年金的现值可用式(2－22)减去式(2－23)，得到：

$$PV=\frac{C}{r-g}-\frac{C(1+g)^t}{r-g}\times\frac{1}{(1+r)^t}$$

增长年金现值的计算公式为：

$$PV=C\left[\frac{1}{r-g}-\frac{1}{r-g}\times\frac{(1+g)^t}{(1+r)^t}\right] \tag{2-24}$$

式中，C 表示现在开始 1 期后收到的现金流量；g 是每期的增长率；r 为折现率；t 是现金流量的持续期。

关于增长年金的计算公式，有以下两点值得注意：

(1) 假设每期的增长率都相等。

(2) 当增长率等于折现率时，没有增长效应，该公式也没有意义；但在增长率大于折现率时，该公式适用，因为公式的分子和分母均为负数，从而计算得出的现值为正值。

[例 2－24]　计算增长年金的现值

假设某企业拥有一座金矿的开采权 20 年，并打算在这期间每年提炼出 5 000 盎司的金子。金子的现行价格为每盎司 6 000 元，并预期每年增长 1%。若适用的折现率为 6%，那么，从该金矿取得的金子的现值为多少？

由于 6 000 元是每盎司金子的现价，故该企业在第 1 年末开采出的金子的总价值为 5 000×6 000×(1+1%)＝30 300 000(元)。

根据增长年金现值的计算公式可得：

$$\begin{aligned}PV&=C\left[\frac{1}{r-g}-\frac{1}{r-g}\times\frac{(1+g)^t}{(1+r)^t}\right]\\&=30\ 300\ 000\times\left[\frac{1}{0.06-0.01}-\frac{1}{0.06-0.01}\times\frac{(1+0.01)^{20}}{(1+0.06)^{20}}\right]\\&=375\ 440\ 620.6(\text{元})\end{aligned}$$

[思考题 2－5]　上例中，如果价格增长率和年利率都提高 1%，预期从该金矿取得的金子的现值会增加还是减少？请对比做出解释。

[例 2－25]　计算增长年金

假设某投资者准备为他 6 岁的小孩进行大学教育储蓄，估计小孩在 18 岁时上大学，而每年的教育费用将达 30 000 元。若年利率为 10%，且其每年的存款额以 4%的速度增长，那么，从现在开始到小孩上大学时为止进行储蓄，该投资者存入的第一笔钱应是多少？

此例中，四年的大学教育费用是一笔递延年金，从现在开始进行储蓄则是一笔增长年金，且两者的现值应该相等，计算过程如下：

① 利用年金公式计算四年的教育费用现值。

$$PV_{11}=C_{12}\left[\frac{1}{r}-\frac{1}{r(1+r)^t}\right]$$

$$=30\ 000\times\left[\frac{1}{0.1}-\frac{1}{0.1\times(1.1)^4}\right]$$

$$=95\ 097(\text{元})$$

② 计算四年的教育费用在第0期的现值。

$$PV_0=\frac{PV_{11}}{(1+r)^{11}}=\frac{95\ 097}{(1.1)^{11}}=33\ 331.50(\text{元})$$

③ 令增长年金的现值等于递延年金的现值，由于第一笔储蓄是在小孩6岁（即第0期）时进行的，那么

$$C+C(1+g)\left[\frac{1}{r-g}-\frac{1}{r-g}\times\frac{(1+g)^t}{(1+r)^t}\right]=33\ 331.50$$

$$C+C\times1.04\times\left[\frac{1}{0.1-0.04}-\frac{1}{0.1-0.04}\times\frac{(1.04)^{12}}{(1.1)^{12}}\right]=33\ 331.50$$

$$C+C\times1.04\times8.164\ 4=33\ 331.50$$

$$C=3\ 511.91(\text{元})$$

由此，现在存入的第一笔钱应是3 511.91元，1年后应存入3 652.39元（1.04×3 511.91），以此类推。

专栏2-1　10加10等于21

假设有100元的投资，第一年和第二年均获得10%的收益率，那么你赚取了多少？

首先，第一年的收益率是10%，这将使100元的投资本金变为110元。第二年又将获得10%的收益率，此时的投资本金是110元。结果如何？你获得了11元的收益，从而使100元的初始投资本金增至121元。

这样，两年里投资的累计收益率为21%，而年收益率仅为10%。21%大于10%的两倍这一事实就反映了投资的复利效果。实际上，你每年不仅从原始投资获取了收益，而且从前一年获得的投资收益上再赚取了收益。

专栏 2-2 72 规则——估计复利效应的捷径

用 72 除以所使用的折现率就可以得到一笔现金流量的价值翻一番所需的年数。例如，利率为 6%的一笔现金流量大约需要 12 年才能使其价值增加 1 倍，而利率为 9%的现金流量使其价值翻一番大约需要 8 年。

专栏 2-3 并非所有的损失都相等

50%的投资价值减少与 50%的通货膨胀，哪一个对你的影响更大？

假设你有 10 元钱去买奶茶，一杯奶茶的价格为 1 元，那么你可以买到 10 杯奶茶。如果你的 10 元钱减少至 5 元，你将仅能买 5 杯奶茶。而当一杯奶茶的价格上升为 1.5 元，你的 10 元钱可以买 6 杯奶茶，还有 1 元钱的找零。

专栏 2-4 单利和复利

所谓单利，是指不管投资期限长短，只按一定的投资本金计算利息，本金所产生的利息不加入本金重复计算。而复利则是指每经过一个计息期，都要将投资本金所生利息加入本金再计利息。计息期是指相邻两次计息的时间间隔，如年、月、日等。

单利与复利

假设存款利率为 5%，现将 1 000 元存入银行，2 年后该存款终值在单利和复利计息的情况下分别为多少？

单利：$FV=1\,000+5\%\times1\,000\times2=1\,100$(元)

复利：$FV=1\,000\times(1+5\%)^2=1\,102.5$(元)

由于 2 年的投资期限很短，单利和复利之间的差别很小。若投资期限为 20 年，则二者间的差别就会变得很大。

单利：$FV=1\,000+5\%\times1\,000\times20=2\,000$(元)

复利：$FV=1\,000\times(1+5\%)^{20}=2\,653$(元)

如果银行存款只按单利计息，那么，每年把存款本息取出来，再重新存入银行，这样就能产生与复利计息相同的效果。因此，在计算现值与终值时，利用复利计息的方法是合理的。在公司金融的理论中，在评估资产和证券的价值时一般都采用复利计息的方法。

专栏 2-5　复利的威力

一位人类学家发现在一件考古文物中记载了这样一件事：恺撒大帝借给某人相当于1罗马便士的钱。由于没有记录说明这1便士是否已经偿还，于是这位人类学家想知道，如果在20世纪恺撒的后代想向借款人的后代要回这笔钱，那么本息值总共会是多少。他认为6%的利率是比较合适的。令他震惊的是，2 000多年后，这1便士的本息值竟然超过了整个地球上的所有财富。

本章小结

本章介绍了两个基本概念，即终值和现值。终值是指当前资金在未来的价值，而现值是指未来的现金流量在当前的价值。本章提供了计算终值、现值、复利的方法，这些不同的形式实际可归结为现金流量在不同时点上的换算，或者利用复利计算终值，或者利用折现计算现值。

利率一般是按年计息的，但复利计息增加了投资的终值。计息次数越多，其投资的终值就越大。

本章介绍了几类现金流量的现值和终值的计算公式，主要包括永续年金、永续增长年金、年金、递延年金、先付年金、增长年金。还介绍了如何根据现值计算年金的方法。抵押贷款、养老保险金、教育储蓄等的现值或年金的计算就是典型实例。以下是四类现金流量的现值计算公式，其中的现金流量都是从现在开始一期以后发生的现金流量。

永续年金：$PV=\frac{C}{r}$

永续增长年金：$PV=\frac{C}{r-g}$

年金：$PV=C\left[\frac{1}{r}-\frac{1}{r(1+r)^t}\right]$

增长年金：$PV=C\left[\frac{1}{r-g}-\frac{1}{r-g}\times\frac{(1+g)^t}{(1+r)^t}\right]$

关键术语

终值　现值　单利　复利　复利频率　年百分比利率　实际年利率
连续复利　折现　现值系数　永续年金　永续增长年金　年金
增长年金　递延年金　先付年金　年金系数

思考与练习

1. 终值和现值的概念是什么？

2. 单利计息和复利计息有何区别？

3. 年百分比利率 APR 与实际年利率之间是什么关系？

4. 关于永续年金计算公式的三个要点是什么？

5. 关于永续增长年金计算公式的三个要点是什么？

6. 资金时间价值通常（　　）。

A. 包括风险和物价变动因素　　B. 不包括风险和物价变动因素

C. 包括风险因素但不包括物价变动因素　　D. 包括物价变动因素但不包括风险因素

7. 以下说法正确的是（　　）。

A. 计算偿债基金系数，可根据年金现值系数求倒数

B. 普通年金现值系数加 1 等于同期、同利率的预付年金现值系数

C. 在终值一定的情况下，贴现率越低、计算期越少，则复利现值越大

D. 在计算期和现值一定的情况下，贴现率越低，复利终值越大

8. 递延年金的特点是（　　）。

A. 没有现值　　B. 没有终值

C. 没有第一期的收入或支付额　　D. 上述说法都对

9. 如果以 5%的年利率存入 10 000 元，5 年后你将获得多少？

10. 某投资者以 5%的年利率存入 100 000 元，若利率按下列方式复利计息：(1)每年一次；(2)每个季度一次；(3)每月一次，那么 5 年后该投资者的存款终值分别是多少？

11. 假设 5 年后你有一笔 100 000 元的债务需支付，年利率为 8%，现在需要储存多少钱才能满足未来这笔债务的支付？

12. 假设一笔贷款的实际年利率为 8%，同时要求该贷款每月月底支付结清，那么该贷款的年百分比利率 APR 是多少？

13. 你正考虑将一笔资金从 A 银行转存到 B 银行，B 银行提供的 1 年期存款利率为 3%的 APR，按月复利。而 A 银行也愿意提供相同的利率，每半年支付一次利息。那么，每半年应得到多少利息，才会与 B 银行的存款利息相同？

14. 假设你进行了一项投资，年利率为 8%，半年复利计息，该项投资要花多长时间才能翻倍？

15. 假定年利率为 8%，从 2 年以后开始，每年有一笔 500 元的现金流量发生，且现金流量的支付会一直持续下去，那么这一系列现金流量的现值为多少？

16. 某公司今年支付的现金股利为每股 0.5 元，预计以后支付的股利将以 2%的速度增长。若折现率为 8%，该公司支付的股利现值是多少？

17. 你计划买一辆价值 150 000 元的汽车，现有以下两种付款方式，并且是每月等额还款，你应选择哪一种？(1) 汽车商给予你 10%的价格折扣，并以 10%的年利率向你提供 5 年期的贷款来支付剩余款项；(2) 汽车商不给予价格折扣，但提供给你 5 年期的年利率为 3%的特别贷款 150 000 元。

18. 假如你在以后的 5 年中每年末存入银行 1 000 元。若银行利率为 3%，那么第十年末银行存款总额为多少？

19. 现在你计划在未来的 5 年内存够 100 000 元。若存款的 APR 为 5%，每月复利计息，那么

你每个月要存多少钱才能达到相应的数额？

20. 某人从银行借入100万元购买一套住房，贷款期限为20年，贷款年利率为7%，若他采用按月等额还款方式，那么每月应还款多少？

21. 现有一个抽奖大赛，可供选择的奖励有以下几种：

(1) 现金200 000元；

(2) 第5年末的250 000元；

(3) 每年10 000元，一直持续下去；

(4) 今后10年内每年20 000元；

(5) 第一年5 000元，以后每年获得的现金将以5%的速度持续增长。

假如折现率为8%，哪种奖励的价值最高？

22. 假设APR是5%，每半年复利一次。现在有一个每月支付1 000元的5年期年金，计算该年金的现值。

23. 某投资者将从保险公司获得一笔养老保险金，在未来的第一个10年里每年得到10 000元，在第二个10年里每年获得25 000元。假设年利率为10%，养老保险金在每年年末支付，该养老保险金的现值为多少？如果养老保险金在每年年初支付，该养老保险金的现值又为多少？

24. 你正在考虑为退休后的生活进行储蓄。假设今年已存入15 000元，并计划在今后15年里每年增长3%，如果存款利率为6%，15年后你将得到多少钱？

25. 你的孩子将在12年后上大学，估计那时每年学费将达20 000元。你打算从现在开始1年后进行储蓄，直到孩子上大学时为止，若年利率为10%，那么你每年应存入多少钱才能够支付孩子四年的学费？

26. 你有一笔贷款，其要求在未来5年每年支付9 000元，贷款银行同意你可以用第五年年末进行一次性支付来代替后4年的每年支付。如果贷款利率为1%，则第五年年末的一次性支付为多少才能使得这两种方式无差异？

27. 你运营一家网络公司，分析家预测公司在接下来5年的利润每年以20%的速度增长，5年后由于竞争激烈，利润增长速度变为每年3%并且永久以该速度增长。公司刚刚宣布盈利3 000 000元，若年利率为10%，则未来利润的现值为多少？（假设所有现金流发生在每年年末）

28. 某公司在考虑制造一种新机器，该机器在第一年可以节省1 000元，但由于机器的磨损，节省的费用每年递减3%。若年利率为10%，节省的费用现值为多少？

29. 你正在考虑用30 000元购买一件艺术品，艺术品卖家建议以下交易：他将借钱给你来购买艺术品，但在接下来的10年里需要每两年支付相同的金额来还贷。如果年利率为5%，请问每两年你必须支付多少钱？

30. 你哥哥下一年借款195元给你，且以每年3.2%的增长速度连续20年借款给你。你想要通过计算现在需要在当地银行存款多少才能产生每年你哥哥的借款数额相同的现金流来衡量此次借款的价值。假设银行年利率为5.6%，请问：

(1) 现在你需要存款多少元才能与这笔借款的价值相等？

(2) 假设你已经存入(1)中所需存款，且每年取出所需付款，计算在第一年末、第二年末、第十年末以及第十九年末的剩余存款。

31. 某公司正考虑购买一间仓库。该仓库下一年的租金将达到200 000元，且每年将增长3%。预计5年后该仓库售价为280万元。假设资金的机会成本为10%，现在公司为该项投资最多愿意投入多少钱？

第三章　证券估值

本章学习目的

了解基本证券的特征。

了解利率期限结构。

掌握证券估值的方法。

掌握估算股利增长率和公司增长机会价值的方法。

第一节　债券及债券估值

一、债券的特征与分类

债券是依照法定程序发行、约定在一定期限内还本付息的有价证券。债券是一种债务凭证或合同，反映筹资者（债券发行人）与投资者（债券持有人）之间的债务和债权关系。在债券合同条款中，债券的本金、债券的到期期限和债券的利息（息票）或债券利率，是债券最基本的三个要素。债券通常可以在二级市场上交易，交易债券的市场称为债券市场，债券的交易价格称为债券的市场价格。

多数债券具有以下共同特征。首先，债券一般在发行时确定债券的偿还期限。债券到期时，债券发行人支付给债券持有人债券的本金和利息。融资期限不超过一年的债券也称为货币市场工具，融资期限超过一年的债券也称为资本市场工具。

其次，普通债券的利率固定。债券持有人从债券发行人（企业）的税前利润中得到固定的利息收入，债券利息支付与发行债券企业的业绩无直接关系，无论企业经营业绩好坏，债券发行人都有义务履行债务合同，按照合同的条款及时支付本金和利息。

最后，债券具有比较好的流动性。流动性是指证券的变现能力，即持有人在不受损失或仅受很小损失的情况下将证券迅速转换成现金的能力。一般来说，证券市场越发达，债券的流动性越强。在很多债券市场比较发达的国家，债券的流动性比较好，债券转让比较容易。

有些债券合同条款中具有限制性条款和选择性条款。债券的限制性条款通常是指债权人在没有公司股东投票权的前提下，可以要求对发行债券公司的重大投资决策有一定的发言权，主要表现为债务合同中常常包括限制经营者以及股东职责的条款。债券的选择性条款通常是指在债务合同中，发债公司和债权人具有某些选择权。有时，债券合约中允许发债公司在发行债券时附加可赎回条款，在一定条件下债券发行人有权利按预定的价格将债券从债权人手中赎回；有时，债券合约中附有可转换条款，赋予债券持有人在一定期限内将债券按预定的比例或价格转化为股票的权利；有的债券赋予债券持有人在一定条件下将债券按预定的价格回售给债券发行人的权利。

在债券市场，我们可以看到很多机构主体发行债券。例如，各级政府、政府各部门都可能是发行债券的主体。中央政府发行的债券称为国家债券或国债，地方政府发行的债券称为地方政府债券，政府部门发行的债券称为政府机构债券。由于中央政府具有收税和发行货币的权力，因此，一般认为中央政府总是有支付能力偿还债券。因此，国债一般没有信用风险（或违约风险）。通常，国债的利息收入免缴所得税。习惯上，债券期限在 1 年以下的国债称为短期国债，期限在 1～10 年的为中期国债，期限在 10 年以上的为长期国债。

银行或非银行金融机构、工商企业也经常在市场中发行债券。银行或非银行金融机构发行的债券称为金融债券。工商企业发行的债券分别称为企业债券或公司债券。在中国，根据中国证监会的定义，企业债和公司债的发行主体为非金融企业，上市公司发行的债券称为公司债，非上市公司发行的债券称为企业债。在国外没有这样明显的区分，公司债等同于企业债。

公司（企业）债的种类很多，可以分为无抵押公司债券（信用债券）、抵押公司债券、担保信托债券、分红公司债券、可赎回债券、可转换债券、附认股权证债券等。

可赎回债券是指公司债券附加提前赎回条款，赋予发行公司一个期权，允许发债公司在债券到期前的一定期限内按预定的价格从持有人手中赎回债券。可转换债券是指债券合约中有可转换条款，赋予债券持有人一个期权，允许债券持有人按预先确定的转换比率或价格将债券转换为公司普通股。附认股权证债券是指把认股权证作为债务合同的一部分附带发行的公司债券，允许持有人买入发债公司普通股。

债券计息的方式也很灵活。有单利债券、复利债券、附息债券、贴现债券、浮息债券等。单利债券仅按本金计息，所生利息不再加入本金计算下一期利息。复利债券是指在计算债券利息时，按一定期限将所生利息加入本金计算下一期利息，逐期滚算利息的债券。附息债券是按固定利率定期支付利息的债券。常见的中长期国债都是附息债券。贴现债券是指以低于面值的价格发行、到期支付面值的债券。发行价与面值之间的差即为利息，短期国债常按贴现方式发行。

有些债券是记名债券，即在债券的票面上标明债权人姓名，同时在发行公司的名册上登记。这种债券在转让时除要缴付票券外，还要在债券上背书并在公司名册上更换债权人姓名。它的优点是比较安全，缺点是手续繁杂，所以流动性差。在市场中交易的债券中很多是不记名的，称为不记名债券。这种债券的票面上不记载投资者姓名，转让时无须进行背书登记。它的优点是转让方便，流动性强；缺点是遗失毁损时，不能挂失补发，安全性较差。

在本国境内发行，以本国货币为面值标价货币的债券称为国内债券。在国外发行的债券称为国际债券，其特点是举债人属于一个国家，债券发行在另一个国家，债券不以举债人所在国货币为面值。国际债券又分为外国债券和欧洲债券两种。

外国债券是指发行人在外国证券市场上发行的，以市场所在国货币为面值货币的债券。例如，外国筹资者在美国发行的，以美元为面值货币的债券，称为“扬基债券”；外国筹资者在日本发行的日元债券称为“武士债券”；“熊猫债券”也是一种外国债券，是由外资机构在华发行的人民币债券。目前主要有美国、瑞士、德国和日本四大外国债券市场。

欧洲债券是指发行人在外国证券市场上发行的、以市场所在国以外的第三国的货币为面值货币的债券。欧洲债券产生于20世纪60年代，是随着欧洲货币市场的形成而兴起的一种国际债券。现在，该债券已经失去其地理上的概念，仅作为一种习惯性称法。如外国发行人在日本发行的以美元为面值货币的债券也称为欧洲美元债券。欧洲债券的特点是不受发行市场所在国及面值货币国的法律约束，游离于任何国家的货币金融监管之外，非常自由。

在发行债券时，如果以不特定多数投资者为对象发行，则称该债券为公募债券；如果是向与发行人有特定关系的投资者发行，而不是面向广大一般投资者发行，则称该债券为私募债券。

关于中国债券市场信息和债券品种介绍，可以在中国货币网（http://www.chinamoney.com.cn）和上海票据交易所、上海证券交易所、深圳证券交易所和中国外汇交易中心、中国银行间市场交易商协会等网站上查到。

二、债券估值方法

（一）影响债券价值的因素

影响债券价格的因素有很多，有债券期限、债券的票面利率、市场利率、提前赎回条款和提前偿还条款、税收待遇等。如果债券的期限越长，则债券的本金收回需要等待的时间就越长、偿付本息的不确定性就越大，因此，债券的风险就越大。债券的票面利率不同，则债券将来的现金流量就不同，债券的价格自然也就不一样。市场利率也对债券价格有很大影响，债券的市场价格与市场利率变化方向相反。特别是，如果市场利率超过债券票面利率，则债券价格低于债券面值（称为折价）；反之，如果市场利率低于债券票面利率，则债券价格高于债券面值。

此外，债券的其他条款也会影响债券价格。如果债券合约包含提前赎回条款，则债券发行人有提前赎回债券的权利，理性的债券发行人仅仅当债券市场价格对自己有利时才会行使提前赎回的权利。因此，债券持有人要求为其所承担的风险进行补偿，此时，可提前赎回债券的价格比没有赎回权利时要低。

债券的利息收入是否纳税，也是影响债券价格的因素。如果债券的利息收入需要纳税，则债券价格比不纳税条件下的要低。

（二）债券估值模型

债券的内在价值取决于持有债券而获得的未来现金流量的现值，即将未来所有的现金流量用合理的折现率折算成现值，相加后计算得到的总收入即为债券的内在价值，这是债券定价的基本模型，称为债券的贴现定价模型。

记 PV 为债券现值，r 为必要的到期收益年利率，C_t 为第 t 期债券的现金流量（$t=1,2,\cdots,n$），则债券现值为：

$$PV=\sum_{t=1}^{n}\frac{C_t}{(1+r)^t} \tag{3-1}$$

式（3－1）也称为债券惯例定价模型，表述债券到期收益率与债券价格的关系。

［例 3－1］ 某债券面值为 1 000 元，票面利率为 10%，3 年期，到期一次还本付息，折现率为 12%，则债券第一年和第二年的现金收入为 0、第三年为 1 331［$1\ 000\times(1+10\%)^3$］，该债券现值应为：

$$PV=\frac{1\ 331}{(1+12\%)^3}=947.38(\text{元})$$

［例 3－2］ 某贴现债券面值为 1 000 元，期限 3 年，折现率为 12%，则此债券第一年和第二年的现金收入为 0、第三年为 1 000 元，债券价格为：

$$PV=\frac{1\ 000}{(1+12\%)^3}=711.78(\text{元})$$

［例 3－3］ 某付息债券面值为 1 000 元，3 年期，每半年付息一次，年息票利率为 10%，年市场利率为 12%，按复利贴现。债券每半年支付利息为 50 元（1 000×10%/2），该债券的理论价值为：

$$PV=\frac{50}{(1+12\%/2)}+\frac{50}{(1+12\%/2)^2}+\frac{50}{(1+12\%/2)^3}+\frac{50}{(1+12\%/2)^4}$$

$$+\frac{50}{(1+12\%/2)^5}+\frac{50}{(1+12\%/2)^6}+\frac{1\ 000}{(1+12\%/2)^6}$$
$$=950.83(元)$$

如果该债券的市场价值大于950.83元,说明该债券被高估,应卖出债券;反之,市场价值低于理论价值,这种债券被低估,应买入债券。

(三) 债券价格的性质

从债券定价模型可以看出,市场利率不同则债券现值也不同,市场利率的变化将导致债券现值变化。我们定义使得债券市场价格与债券内在价值相同的市场利率为债券到期收益率。债券的市场价格与到期收益率呈反方向变动。如果到期收益率上升,则债券价格下降;相反,如果到期收益率下降,则债券价格必然上升(见图3-1)。

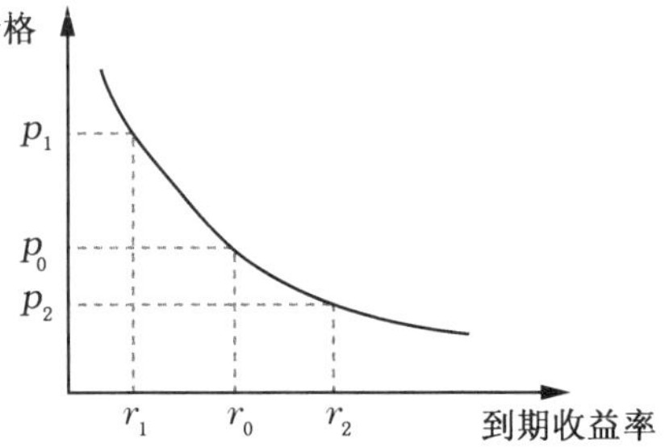

图3-1 债券价格—到期收益曲线

债券到期收益率的下降会引起债券价格上升,且债券价格上升的幅度要超过债券到期收益率以同样比率上升引起的债券价格下跌的幅度。如果考察债券价格—到期收益曲线,则表现为该曲线为凸向原点的特征(见图3-1)。我们用债券"凸性"描述这个特征。

在图3-1中,假设当前债券市场价格和到期收益率分别为p_0和r_0,如果债券到期收益率分别以同样的幅度下降或上升(用图中的r_1和r_2表示),对应的债券价格则分别变为p_1和p_2。从图中的价格变动来看,债券到期收益率下降导致债券价格上升(p_1-p_0),而到期收益率上升导致债券价格下降(p_0-p_2),不难看出,(p_1-p_0)要大于(p_0-p_2)。

三、利率期限结构

(一) 利率期限结构与收益曲线

不同期限的资金借贷合约,其借贷利率是不相同的。零息票债券也是一种借贷合约,没有风险的零息票债券,由于债券到期的期限不同,债券的到期收益率也不相同。

我们用即期利率表示没有风险的零息票债券价格隐含的利率，即期利率是与这个零息票债券期限对应的到期收益率。即期利率与期限之间的关系，我们称为利率期限结构，它表示没有风险的借贷合约中借贷期限与借贷利率之间的关系，是固定收益产品价值分析的基础。

如果无风险零息票债券的面值是1元，到期日为时间 t，债券在今天的价格为 p，则根据债券价格的理论公式

$$p=\frac{1}{(1+r_t)^t}$$

可以得到无风险借贷期限为 t 期的即期利率 r_t 为：

$$r_t=p^{-1/t}-1 \tag{3-2}$$

利率期限结构在坐标平面上描图，称为收益曲线。收益曲线描述了某一特定时点上各种即期利率与期限之间的关系，收益曲线可以反映市场不同期限利率之间(利率期限结构)的关系。常见的利率期限结构主要有以下类型(见图3-2)。

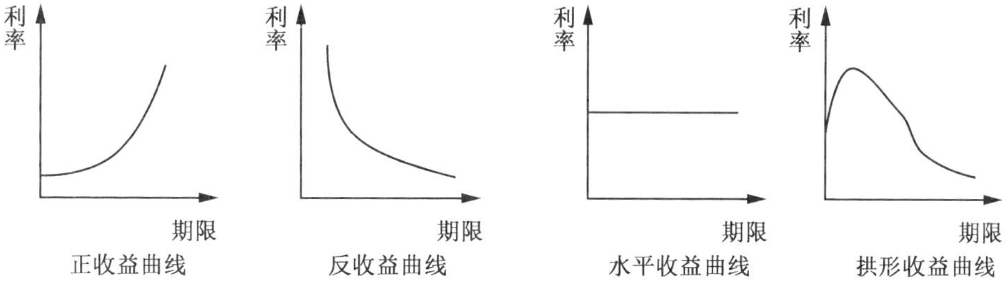

图3-2　收益曲线

其中，正收益曲线表示短期利率低于长期利率，借贷期限越长，借贷利率越高；反收益曲线则恰好相反，借贷期限越长，利率越低，这种情况在现实中也时有出现；水平收益曲线表示无论借贷期限的长短，借贷利率都相等；拱形收益曲线表明在某一期限之前，债券的期限结构是正常的，借贷期限越久，借贷利率就越高，但超出了该期限之后却变成了反收益曲线。

我们通常知道今天市场上的无风险借贷利率 r_{t_1} 和 r_{t_2} $(t_1<t_2)$，假如我们在今天希望得到一个公平合约，合约规定在将来的时间 t_1 借钱，在 t_2 还债。这个合约的借贷利率，我们称为远期利率，记为 ${}_{t_1}f_{t_2}$。如果市场没有无风险套利机会，则：

$$\frac{1}{(1+r_{t_2})^{t_2}}=\frac{1}{(1+{}_{t_1}f_{t_2})^{t_2-t_1}}\times\frac{1}{(1+r_{t_1})^{t_1}} \tag{3-3}$$

因此，

$$ {}_{t_1}f_{t_2}=\frac{(1+r_{t_2})^{t_2/(t_2-t_1)}}{(1+r_{t_1})^{t_1/(t_2-t_1)}}-1 \tag{3-4} $$

显然，对于不同的将来时间 t_1 和 t_2，我们能够得到不同的远期利率。通过这些远期利率，我们可以反过来计算利率期限结构。对应不同的时间，我们有不同的远期利率期限结构关系。因此，有时我们也用远期利率表示利率期限结构。这就是说，利率期限结构、收益曲线、远期利率期限结构是等价的概念。

在进行利率期限结构的理论讨论中，我们讲的是无风险借贷关系的期限与利率之间的关系。在现实金融市场中，由于政府有收税和发行钞票的权力，因此，国债通常被认为是没有风险的。在实际金融市场研究和基准利率分析中，利率期限结构通常考虑的是无风险国债利率和期限之间的关系，也被称为基准利率。

给定收益曲线，对于无风险债券，如果 C_i 为第 t_i 期债券的现金流量，债券在期限 t_n 到期($i=1,2,\cdots,n$)，则该债券的套利定价公式为：

$$ PV=\sum_{i=1}^{n}\frac{C_i}{(1+r_i)^{t_i}} \tag{3-5} $$

式中，PV 为债券现值（价格），r_i 为期限 t_i 的基准利率。如果该债券市场价格与式(3-5)计算的结果一致，则表示债券市场中不存在无风险套利机会。

［**例 3-4**］ 有四个无风险债券，已知面值为 100 元的一年期零息票债券价格为 98 元，二年期零息票债券价格为 96 元，三年期零息票债券价格为 94 元，面值为 100 元的三年期息票率为 10%，是否存在无风险套利机会？

一年期、二年期和三年期的即期利率分别为：

$r_1=100/98-1=2.04\%$

$r_2=(100/96)^{1/2}-1=2.06\%$

$r_3=(100/94)^{1/3}-1=2.08\%$

根据式(3-5)，该息票债券的无套利价格为 122.80 元。如果该付息债券的市场价格是 123 元（超过 122.80 元），则可以卖空付息债券，买进 0.1 份一年期、0.1 份二年期和 1.1 份三年期债券，可以获得 0.2 元的无风险套利。如果该付息债券的市场价格是 122 元（低于 122.80 元），则可以卖空 0.1 份一年期、0.1 份二年期和 1.1 份三年期债券，买进付息债券，可以获得 0.8 元的无风险套利。

（二）利率期限结构理论

现实债券市场中利率期限结构的形状各种各样，诸如递增、递减、水平、倒置、拱形等，从经济学角度解释这些不同形态的曲线，形成了三个不同的利率期限结构理论，即纯预期理论、流动性偏好理论、市场分割理论。

利率期限结构的纯预期理论认为，不同期限的债券具有不同的收益率，这是由于人们对未来即期利率的预期不同。纯预期理论认为远期利率是将来对应时间的即期利率的无偏预测。如果预期未来的即期利率比较高，则远期利率也就比较高，长期利率大于短期利率，收益曲线上升。反之，如果预期未来的即期利率比较低，则长期利率就可能等于或小于短期利率，收益曲线为水平或收益曲线下降。例如，如果$_1f_3=4.5\%$，则表明1年后开始借贷、借贷期为2年的公平借贷利率是4.5%。按照利率期限结构的纯预期理论，1年后的2年期即期利率为4.5%。

纯预期理论的一个重要假设前提是不同期限的债券可以相互替代。而利率期限结构的市场分割理论认为，不同期限债券的利率水平由各自的供求状况决定，彼此互不影响；投资者和筹资者相对固定在某个特定市场中，发生转移的可能性极小。究其原因，是因为不同的投资者和债券发行人受到法律、投资偏好或某种投资习惯的限制而专门在某一期限市场内投资或筹资，从而短期、中期、长期的债券市场并存且互不影响。

例如，商业银行为了保持流动性而倾向于投资短期债券，而保险公司和养老基金注重未来收益的稳定性，大多是以购买长期债券为主，他们都很难从各自的市场转向对方的市场，即各自的资金借贷市场是分割的。对于收益曲线形状的解释，该理论认为：如果经济对长期资金大量需求，使长期利率提高，则收益曲线呈上升状态；反之，若对短期资金需求增加，则收益曲线变得平缓甚至是负斜率状况。

利率期限结构的流动性偏好理论是纯预期理论和市场分割理论的折中。一方面，流动性偏好理论接受了纯预期理论中未来预期收益率对即期利率影响的观点；另一方面，也认可市场分割理论中不同期限市场相对独立性这一现实观点，认为市场可能偏好某些债券，特别是流动性较强的短期债券。流动性偏好理论认为投资者进行长期债券投资必须要求正的风险补偿，即长期利率应大于短期利率，但当预期未来短期利率较低时，由于两者还存在一定的替代性，投资者会减少对长期债券的需求，增加短期债券的投资，从而长期利率会下降，收益曲线就会变得平缓。从该意义上说，流动性偏好理论可以看成是纯预期理论的修正。

四、债券的信用风险与债券估值

（一）债券的信用风险

违约风险是指债券发行人不能及时按照债券合约的规定支付利息或到期还本付息的风险。信用风险包括违约风险，除此之外，债券未来信用评级的不确定、信用利差的不确定，也会导致未来债券价格的不确定，因此，信用风险也包括债券信用等级变化、债券信用利差变化的不确定性。

债券的信用风险依发行主体的不同而不同。一般而言，持有政府债券被认为是没有信用风险的，除政府债券之外的其他债券都具有不同程度的信用风险。为了帮助金融机构和投资者了解债券的信用风险，许多专业的信用评级机构对债券或债券发行主体进行信用评级，意图消除或减轻资金供需双方的信息不完全或不对称。

根据《中国人民银行信用评级管理指导意见》(银发〔2006〕95号)，信用评级机构在银行间债券市场和信贷市场从事金融产品信用评级、借款企业信用评级、担保机构信用评级业务时，长期债券和短期债券的信用评级表述方式各异。

长期债券的信用评级划分为三等(A、B、C)九级，符号表示分别为：AAA、AA、A、BBB、BB、B、CCC、CC、C。等级含义如下：

AAA级：	偿还债务能力极强，基本不受不利经济环境的影响，违约风险极低
AA级：	偿还债务能力很强，受不利经济环境的影响不大，违约风险很低
A级：	偿还债务能力较强，较易受不利经济环境的影响，违约风险较低
BBB级：	偿还债务能力一般，受不利经济环境影响较大，违约风险一般
BB级：	偿还债务能力较弱，受不利经济环境影响很大，有较高违约风险
B级：	偿还债务的能力较大地依赖于良好的经济环境，违约风险很高
CCC级：	偿还债务的能力极度依赖于良好的经济环境，违约风险极高
CC级：	在破产或重组时可获得保护较小，基本不能保证偿还债务
C级：	不能偿还债务

除AAA级及CCC级以下等级外，长期债券每一个信用等级可用“+”“－”符号进行微调，表示略高或略低于本等级。

短期债券信用等级划分为四等六级，符号表示分别为A－1、A－2、A－3、B、C、D。等级含义如下：

A－1级：	为最高级短期债券，其还本付息能力最强，安全性最高
A－2级：	还本付息能力较强，安全性较高
A－3级：	还本付息能力一般，安全性易受不良环境变化的影响
B级：	还本付息能力较低，有一定的违约风险
C级：	还本付息能力很低，违约风险较高
D级：	不能按期还本付息

短期债券每一个信用等级均不进行微调。

信用评级的实际操作通常是对被评级债券进行打分，根据分数的范围确定债券的信用评级。分数与信用等级对应关系见表3－1。

表 3-1 公司债券等级与信用评分

	等级	上限	下限	排序
等级列表	AAA	100	93	0
	AAA−	93	90	1
	AA+	90	87	2
	AA	87	83	3
	AA−	83	80	4
	A+	80	77	5
	A	77	73	6
	A−	73	70	7
	BBB+	70	67	8
	BBB	67	63	9
	BBB−	63	60	10
	BB+	60	57	11
	BB	57	53	12
	BB−	53	50	13
	B+	50	47	14
	B	47	43	15
	B−	43	40	16
	CCC+	40	37	17
	CCC	37	33	18
	CCC−	33	30	19
	CC+	30	27	20
	CC	27	23	21
	CC−	23	20	22
	C+	20	17	23
	C	17	13	24

国外的信用评级通常以著名的信用评级公司为标准。以标准普尔公司和穆迪公司为例，债券信用等级的划分如表 3-2 所示。

表 3-2 公司债券等级分类

评级机构 / 级别定义	标准普尔公司	穆迪公司
安全性最高，投资风险最低	AAA	Aaa
安全性高，风险略高，利率略有提高	AA+	Aa1
	AA	Aa2
	AA−	Aa3

续表

级别定义 \ 评级机构	标准普尔公司	穆迪公司
安全性良好，中上等级债券，易受经济条件变动等影响	A+	A1
	A	A2
	A-	A3
安全性中等，中级债券，某些因素不可依赖	BBB+	Baa1
	BBB	Baa2
	BBB-	Baa3
有投机因素，未来不能预计，对本金和利息的保护一般	BB+	Ba1
	BB	Ba2
	BB-	Ba3
不适合作为投资对象，对本息偿付义务的保证程度很低	B+	B1
	B	B2
	B-	B3
安全性极低	CCC	Caa
具有极端投机性	CC	Ca
最低等级债券，无未来性	C	C

两家公司对信用等级状况评定的标准和等级划分，没有太大的差别。标准普尔公司 BBB 级（或穆迪公司 Baa 级）及以上级别债券的违约风险相对较低，被称为“投资级债券”；标准普尔公司 BBB 级（或穆迪公司 Baa 级）以下的债券具有较大的违约风险，被称为“投机级债券”。

根据《中国人民银行信用评级管理指导意见》，中国的信用评级符号体系与表 3－1 一致。中国人民银行资信评估系统通过对企业打分进行信用评级，根据信用评级分数给出信用评级。相关信息参见中国银行间市场交易商协会网站（http://www.nafmii.org.cn/flfg/rhgz/201202/t20120226_1582.html）。

（二）信用风险债券的估值

信用风险债券的价格是将债券未来所有的现金流量用合理的折现率折算成现值，相加后得到。因为存在不能够及时支付将来现金流量的风险，对风险债券未来的现金流量进行折现时不再适合用基准利率（收益曲线），而是需要在基准利率的基础上加上信用风险利差再进行折现。

如果两个债券的合同条款中，债券的本金、债券的到期期限和债券的利息（息票）

或债券利率相同,而债券发行主体的信用风险不同,则债券的价格提出不同,债券价格差异通常用信用利差表述。如果债券价格用债券惯例定价模型表示,y 表示两个债券的信用利差,根据式(3-1),低信用风险债券的价格为:

$$PV=\sum_{t=1}^{n}\frac{C_t}{(1+r)^t}$$

那么,高信用风险债券的价格可以表示为:

$$PV=\sum_{t=1}^{n}\frac{C_t}{(1+r+y)^t} \tag{3-6}$$

[**例 3-5**] 已知面值为 100 元的二年期无风险债券的息票率为 10%,价格为 100 元。如果一相同面值、到期日和息票率的企业债券的信用利差是 1%,则根据式(3-6),企业债券的价格为 98.29 元。

如果债券价格用债券的套利定价公式,为了计算信用风险债券的价格,我们需要根据市场数据寻找对应将来期限的风险利差,风险利差加上基准利率就是信用风险债券合理的折现率。信用风险债券的价格的公式为:

$$PV=\sum_{i=1}^{n}\frac{C_i}{(1+r_i+y_i)^{t_i}} \tag{3-7}$$

式中,PV 为债券现值(价格),r_i 为期限 t_i 的基准利率,y_i 为对应于期限 t_i 的风险利差,C_i 为第 t_i 期债券的现金流量,债券在期限 t_n 到期($i=1,2,\cdots,n$)。

在应用中,我们经常假设利差 y_i 是常数,与期限没有关系,简单记为 y。因此,债券价格表示为:

$$PV=\sum_{i=1}^{n}\frac{C_i}{(1+r_i+y)^{t_i}} \tag{3-8}$$

利差的变化、信用等级的变化,会影响 y 的大小,因此,债券价格也将发生变化。

第二节 股票及股票估值

一、股票与债券的区别

股票是股份公司发给股东以证明其投资份额并对公司拥有相应的财产所有权的证书,反映财产所有权关系。股票与债券之间具有明显的区别(见表 3-3)。

表 3-3 股票与债券的区别

比较项目＼证券	股票	债券
证券持有人的法律地位	所有权凭证,体现所有者关系	债券凭证,体现债权债务关系
公司决策权	股东参与公司的经营决策,有选举权和表决权	不能直接参与公司的经营决策
投资风险	相对较高,收益取决于企业盈利状况	相对较低,收益较稳定,企业盈利状况影响相对较弱
流动性	较高,可以随时在股票市场转让	相对较低
价格波动性	相对较大,股票价格受多方面因素影响	相对稳定

二、股票特征和分类

普通股股票没有期限,没有约定的到期日,股份公司不对股东偿还本金,股东也无权提出退股索回股本的要求。股份公司仅在破产、清偿或因故解散的情况下,才能依法宣布清算完结。其他情况下,持有人若想改变或放弃股东地位、收回投资,只能将股票转售给他人,该转售不会引起公司总股本的增减。

股东只对公司负有限连带清偿责任,即股东对公司债务仅以其认购的股份金额为限。一旦公司破产倒闭,除了股东认购的股本外,对公司所欠下的债务没有连带清偿责任。

根据《公司法》规定,股东有权出席股东大会,提出自己的意见和建议;股东有权对公司的重大经营决策投赞成票或反对票,以该方式参加公司的经营管理决策;普通股股东有权选举或被选举为公司的董事或监事等。同种股票的每一股都具有相同的权利,体现了投资的公正与公平。股东参与公司经营管理决策权取决于他持有股份的多少。

对公司经营获得的利润,股东有权进行分配。公司利润的分配顺序为:首先偿还公司债务,偿付债务利息;其次上缴所得税;再次从税后利润中提取法定盈余公积金,支付优先股股利,提取任意盈余公积金;最后支付普通股股利。如果剩余的净利润越高,分到的股息就越多;反之,普通股股东得到的就越少。

当公司破产清算时,首先要偿还公司所有欠下的债务,如银行贷款、职工工资、拖欠税款、债券本息等。只有上述一系列债务被分别清偿完毕仍有剩余时,才能偿还股东的股本金。

股票是一种可以自由转换的投资工具,可以在证券交易所、柜台市场出售,或私下转让。尽管股东无权向公司索回股本，但可以随时出售股票。因此，股票是流动性比较好的资产。由于股票价格经常波动，股东对公司资产索取的顺序较低，决定了股票是高风险资产。

根据股东权益的不同，股票可以分为普通股和优先股。普通股是股份公司资本构成中最普通、最基础的股份，是公司资本金的基础部分。普通股股东具有经营决策参与权、盈余分配权、剩余资产分配权、优先认股权等基本权利。普通股股息一般不固定，随企业经营业绩的变化而变化。

优先股是相对普通股而言的，在普通股的基础上发展起来，是公司在筹集资本时给予投资者某些优惠特权的股票。优先股与普通股一样可以买卖和转让，同属于股东权益的一部分。优先股的"优先"主要体现在两个方面：一是优先股可在普通股之前按固定股息率获得股息；二是企业破产清算时可以优先于普通股按票面金额获得补偿。但是优先股股东无权参加公司的经营决策，不能享受公司利润增长的好处。优先股是介于普通股和债券之间的一种投资工具，安全性比普通股高，收益性又比债券高。

在我国，根据股票投资主体的不同，股票分为国有股、法人股和社会公众股。国有股是指国有资产管理部门以国有资产向公司投资形成的股份，国家通过国有资产管理部门对国家股进行管理。法人股是企业法人或具有法人资格的事业单位和社会团体以其合法经营的资产向公司投资所形成的股份。社会公众股是指我国境内个人和机构以其合法财产向股份公司可上市流通股的股权部分投资而形成的股份。我国《公司法》规定，股份公司的总股本在 4 亿元人民币以下的，向社会公众发行的股份不得少于公司股份总额的 25%；公司总股本超过 4 亿元人民币的，向社会公众发行的比例在 15%以上。

根据股票上市地点的不同，我国公司的股票分为 A 股、B 股、H 股、N 股和 S 股等。A 股是指在上海证券交易所和深圳证券交易所上市的公司普通股股票；B 股是指在上海证券交易所和深圳证券交易所上市的、以人民币标明面值、以外币进行交易的普通股股票；H 股是指公司注册地在中国内地而在中国香港上市的公司股票；在纽约上市的公司股票称为 N 股；在新加坡上市的公司股票称为 S 股。

三、股票估值方法

与债券定价方法相同，股票常用的定价方法也是现金流量折现法，即把股票未来的现金流量按照合理的折现率折算成现值，相加之和就是股票的内在价值。一种常用的方法是"股息折现模型"。根据对未来股息预期的不同，我们分别有零增长模型、不变增长模型和多阶段增长模型。

记 PV 为股票现值，D_t 为第 t 年的每股股利，r 为股票投资者要求的回报率，g 为预期的股利增长率，公司股票的现值计算公式为：

$$PV = \sum_{t=1}^{n} \frac{D_t}{(1+r)^t} \tag{3-9}$$

零增长模型假定未来股利按照固定数量 D_1 发放，股利增长率 $g=0$。这样，股票现值为：

$$PV = \sum_{t=1}^{\infty} \frac{D_1}{(1+r)^t} \tag{3-10}$$

利用第二章的永续年金公式，我们可以得到股利零增长的公司股票的现值计算公式为：

$$PV=\frac{D_1}{r} \tag{3-11}$$

如果折现率为 10.98%，公司每年支付的股利为每股 0.66 元。按式(3-11)，该股票的内在价值为 0.66÷10.98%=6.10(元)。

不变增长模型假定每年的股利以一个固定的比率 g 增长，即 $D_t=D_{t-1}(1+g)$，那么，股票现值为：

$$PV = \sum_{t=1}^{\infty} \frac{D_t}{(1+r)^t} = \sum_{t=1}^{\infty} \frac{D_0(1+g)^t}{(1+r)^t} \tag{3-12}$$

由第二章的永续增长年金公式，我们可以得到一个简化的股票现值计算公式：

$$PV=\frac{D_0(1+g)}{r-g}=\frac{D_1}{r-g} \tag{3-13}$$

可以看出，零增长模型是不变增长模型当 $g=0$ 时的一个特例。不变增长模型是确定股票价格的基本方法之一。但现实中，没有一家公司可以长期保持股利按一个固定比率增长。所以不变增长模型的理论意义远超其实用价值。为此，人们又提出更为现实的多元增长模型。

多元增长模型比较繁杂，在此仅介绍二元增长模型，二元以上的增长模型可以同理推出。二元增长模型是将未来时间分为两个阶段：从当前的 $t=0$ 到 $t=T$ 这一期间，股利以一个不变增长速度 g_1 增长；$t=T$ 时点以后，股利则以另一个不变增长速度 g_2 增长。由此，二元增长模型的股票现值计算公式为：

$$\begin{aligned} PV &= \sum_{t=1}^{T} \frac{D_0(1+g_1)^t}{(1+r)^t} + \frac{PV_T}{(1+r)^T} \\ &= \sum_{t=1}^{T} \frac{D_0(1+g_1)^t}{(1+r)^t} + \frac{1}{(1+r)^T} \times \frac{D_{T+1}}{r-g_2} \end{aligned} \tag{3-14}$$

其中，$D_{T+1}=D_0(1+g_1)^T(1+g_2)$。

［**例3-6**］ 假设某公司当前股息为每股0.2元，市场利率为16%，未来5年中的股息增长率为20%，5年之后的增长率为10%。由二元增长模型得到股票的内在价值为：

$$PV=\sum_{t=1}^{5}\frac{0.2(1+20\%)^t}{(1+16\%)^t}+\frac{1}{(1+16\%)^5}\times\frac{0.2(1+20\%)^5(1+10\%)}{16\%-10\%}$$
$$=5.45(\text{元})$$

如果公司的股票市值高于5.45元，说明股票被高估，应卖出股票；反之，则应买入股票。

四、公司增长机会的价值

首先我们来看看公司完全没有增长的情形。此时，公司不将盈利进行再投资，而只是产生固定不变的股利流，由永续年金的现值计算方法可知，这类股票的价格就应等于每年的股利除以折现率。

假设某公司每年将盈利全部用于股利支付，每股股利为1元，折现率为10%，则股票价格为：

$$PV=\frac{D_1}{r}=\frac{E_1}{r}=\frac{1}{0.1}=10(\text{元})$$

如果上述没有增长的公司突然得到一个投资机会，将在未来第一年投入每股1元的资金实施新项目，这就意味着未来的第一年没有股利。不过，公司估计在以后的每年里，该项目能产生每股0.1元的利润，即新项目的预期收益率为10%。

假设新项目与公司当前业务的风险基本相同，就可以利用10%的折现率计算其在第一年末的净现值，即

$$\text{第一年末每股净现值 } NPV_1=-C_1+\frac{E_2}{r}=-1+\frac{0.1}{0.1}=0(\text{元})$$

于是，这个投资机会在0时点的现值（$PVGO$）为：

$$PVGO=\frac{NPV_1}{1+r}=\frac{0}{1.1}=0(\text{元})$$

由于新项目的预期收益率与折现率相同，这个投资机会对公司价值毫无贡献。那么，接受这一项目对公司的股价有何影响呢？显然没有。第一年不发股利造成的价值损失正好被以后每年的额外股利带来的价值增加所抵消。

如果新项目的预期收益率高于折现率，那么新项目的净现值就是正的，而投资机会将会增加公司价值。但如果新项目的预期收益率低于折现率，那么新项目的净现值就为负，从而降低公司价值。

一般来说,我们可以把股票价格看作没有增长时的利润资本化价值与增长机会的现值($PVGO$)之和,即

$$PV=\frac{E_1}{r}+PVGO \tag{3-15}$$

根据公式(3-13),如果 $r-g$ 由 0.1 降低为 0.05(减少 50%),则公司估值增加 100%。而 $r-g$ 中的股利增长率 g 受技术、政策等因素的影响很大。因此,剧烈的股价变化,既可能是市场非情绪导致,也可能是预期股利增长率的变化导致。

第三节　股利折现模型中参数的估计

在不变增长模型中,公司股票的价格是股利增长率 g 和折现率 r 的函数。为了估计公司股票价值,我们需要得到这两个参数的值。下面我们将讨论如何估计这两个参数。

一、估计增长率 *g*

如果公司没有净投资,或者说,如果公司的总投资额等于折旧时,公司的生产经营活动保持原有的状态,则正常情况下公司的盈利不会增长。只有当公司的盈利中至少有一部分进行投资时,公司将来的盈利才可能增长。于是,我们可以导出:

$$\text{明年的盈利}=\text{今年的盈利}+\text{今年的留存收益}\times\text{留存收益的回报率} \tag{3-16}$$

即盈利的增长是留存收益和留存收益回报率的函数。于是,我们得到:

$$\frac{\text{明年的盈利}}{\text{今年的盈利}}=1+\frac{\text{今年的留存收益}\times\text{留存收益的回报率}}{\text{今年的盈利}}$$

由于留存收益和盈利的比例即为留存收益比率,那么

$$1+\text{盈利的增长率}=1+\text{留存收益比率}\times\text{留存收益的回报率} \tag{3-17}$$

也就是说,公司增长率的估计公式为:

$$g=\text{留存收益比率}\times\text{留存收益的回报率} \tag{3-18}$$

在应用中,我们通常用权益资本收益率(ROE)来估计留存收益的回报率,这样,增长率 g 就可以通过留存收益比率与 ROE 来估计。

[**例 3-7**]　CH 公司公布了 2 亿元的盈利,并计划保留 30%的盈利进行投资,公司的权益资本回报率(ROE)是 15%。预期将来的 ROE 保持不变。于是,我们估计公

司明年的盈利增长率为：

g = 留存收益比率 × ROE = 30% × 15% = 4.5%

二、估计折现率 r

估计折现率 r 是公司股票估值的重要条件，估计 r 的一种方法是计算公司股票的贝塔系数，我们将在第八章介绍这个方法。本节简单说明借助股利增长率 g 估计折现率的方法。

视频讲解

估计折现率

根据不变增长模型，公司当前的股票价格为：

$$P_0=\frac{D_1}{r-g}$$

通过变形，可以得到 r，即

$$r=\frac{D_1}{P_0}+g \tag{3-19}$$

因此，折现率可以分成两部分，一部分是股利收益率(D_1/P_0)，另一部分是股利增长率。这样，通过估计股利增长率和股利收益率，我们就能够估计折现率 r。

[**例 3-8**]　CH 公司公布了 2 亿元的盈利，并计划保留 30% 的盈利进行投资，公司的权益资本回报率(ROE)是 15%。预期将来的 ROE 保持不变。公司发行在外的股票数量为 1 亿股，目前的股票价格为每股 20 元。公司的折现率计算如下：

g = 留存收益比率 × ROE = 30% × 15% = 4.5%

根据式(3-19)可知，

$$r=\frac{D_1}{P_0}+g=\frac{2\times(1-30\%)}{20}+4.5\%=11.5\%$$

本章小结

本章介绍了债券的基本特征，即债券一般在发行时确定其偿还期限，普通债券的利率固定，而且债券具有比较好的流动性。

本章介绍了利率期限结构的含义与相关理论，以及远期利率的计算方法。

本章主要介绍了债券和股票的估值方法。考虑到债券的信用风险，还提出了信用风险债券的估值方法。同时，详细介绍了股票估值的零增长模型、不变增长模型和二元增长模型。

本章讨论了公司增长机会的价值，给出了估计公司折现率和股利增长率的计算方法。

关键术语

债券　利率期限结构　收益曲线　债券的信用风险　股票　零增长模型
不变增长模型　二元增长模型　股息折现模型　增长机会　增长率 g　折现率 r

思考与练习

1. 影响债券价值的因素主要有哪些?
2. 什么是利率期限结构?
3. 什么是收益曲线?
4. 利率期限结构的理论有哪些？它们的主要观点是什么?
5. 什么是债券信用风险?
6. 如何为信用风险债券估值?
7. 请解释“股息折现模型”。
8. 请分别解释“零增长模型”“不变增长模型”和“多阶段增长模型”。
9. 如何计算公司增长机会价值?
10. 如何计算估计股利的增长率 g?
11. 请给出一种估计贴现率 r 的方法。
12. 假设债券面值为 1 000 元，年利率为 5%，4 年期，到期一次还本付息，贴现率为 8%，该债券价格是多少?
13. 付息债券面值为 1 000 元，3 年期，每半年付息一次，年息票利率为 6%，市场利率为 10%，按复利贴现。问该债券的理论价值是多少？如果年息票率为 14%，问该债券的理论价值是多少？如果年息票率为 10%，问该债券的理论价值又是多少？对比不同息票率下债券理论价值与市场利率，你有什么发现吗?
14. 下表列出了期限不同的几种零息债券的价格，债券面值 100 元。计算每种债券的到期收益率并推导远期利率。

期　限	债券价格(元)
1	94.34
2	89.85
3	84.76
4	79.22

15. 假设 A 公司发行的平息债券面值为 100 元，每年支付 12 元，到期年限为 10 年。如果相似债券的收益率为 14%，那么该债券的价值为多少？如果 A 公司的债券要求每半年支付一次利息，那

么该债券价值变为多少?

16. 你正考虑投资一份票面值为100元、两年后到期的债券。该债券票面利率为8%,每半年支付一次利息。目前,相似债券的到期收益率为6%,且该利率不会改变。该债券今天的价值为多少?在利息支付结束后该债券的价值又为多少?

17. 有3个无风险债券,已知面值为100元的一年期零息票债券价格为98元,二年期零息票债券价格为96元,面值为100元的二年期息票率为10%,是否存在无风险套利机会?

18. 已知面值为100元的二年期无风险债券的息票率为10%,价格为100元。如果一个相同面值、到期日和息票率的企业债券的信用利差是2%,则企业债券的价格是多少?

19. A公司刚刚支付了2元的普通股股利。预期该股利将以每年8%的增长速度无限增长下去。如果对A公司普通股所要求的收益率为16%,其当前价值为多少?

20. A公司下年度的股利预计为4元,且预计在未来3年中其股利增长率为15%。之后,A公司的股利增长率将等于行业平均水平5%。如果对其股票所要求的收益率为18%,那么其股票当前价值为多少?

21. 假设某公司当前股息为每股0.4元,市场利率为12%,未来5年中的股息增长率为20%,5年之后的增长率为10%,请计算公司股票的价值。

第四章　资本预算决策方法

本章学习目的

了解投资回收期法和折现回收期法的运用与区别。
掌握平均会计收益率法的运用。
掌握内部收益率法的运用。
掌握盈利指数法的运用。
了解净现值法与其他决策方法的区别。

在相互竞争的投资项目之间分配稀缺资源需要一套有效的决策机制来区分有价值的投资和无价值的投资。投资决策是公司对所拥有的资产，尤其是固定资产投资进行分析、筛选和计划的过程。由于投资项目一旦实施，不仅在未来相当长的时间里影响公司的生产经营能力和财务状况，而且还将决定公司在市场的定位和发展方向。因此，投资决策的正确与否直接关系到公司的生存与发展。

本章重点介绍一些基本的投资决策方法，并分析这些方法的优点及其局限性，然后将净现值法与其他几种决策方法进行对比分析。

第一节　概　述

一、投资决策的种类

投资决策就是要判断哪些项目可以接受，哪些项目不能接受。一般来说，在资本预算中分析的项目包含三个特点：(1)具有很大的前期成本；(2)特定期间内产生现金流量；(3)当项目结束时，投资于项目的资产有期末残值。

投资决策可以按不同的标准来分类。

第一种是根据投资项目与公司正在考虑和分析的其他项目的关系来分类。尽管某些项目并不依赖于其他项目，从而可以单独来分析，但是所有项目都是相互排斥的，即采用某一个项目就意味着放弃其他项目。从这一点来看，所有的项目都不得不放在一起来考虑。

第二种可以用来分类的标准是项目产生收入或降低成本的能力。分析项目盈利能力的决策方法，是为了评价投资的项目是否能产生合理的收益或现金流量；分析降低成本能力的决策方法，主要是考察成本的降低是否与项目所需的前期投资相称。

二、投资决策的方法

投资决策的制定有两种基本方法：一种是从公司权益投资者的角度进行投资分析，主要考虑项目的实施是否能够给予权益投资者合理的报酬；另一种是从公司所有投资者（即普通股股东、优先股股东、债权人）的角度进行投资分析，它考虑的是项目的总收入是否能给所有的投资者提供合理的回报。

这两种方法都隐含着一个基准点——作为一个可被接受的项目不得不超出的最低收益率。第一种方法中的最低收益率是指权益投资者所要求的投资收益率，即权益成本。这一收益率传统上取决于投资的风险，风险越高，项目的收益率就越高；风险越低，项目的收益率就越低。而第二种方法中的最低收益率是指公司所有投资者共同要求的投资收益率，即资本成本，它不仅取决于项目的风险，也取决于项目所需要的负债与权益的组合。

隐含在这两种方法之中的是项目收益的计量。一些投资决策方法通过估计预期的营业收入来度量项目的收益状况；相反，其他决策方法则注重项目所产生的现金流量。

第二节　非折现现金流量法

非折现现金流量的方法不考虑货币的时间价值，把不同时间的现金流量等同起来看待。

一、投资回收期法

（一）投资回收期法的运用

投资回收期（payback period）是指收回全部初始投资所需要的年限。这一方法是最早使用的投资评估方法，所衡量的是收回项目初始投资的速度的快慢。用投资回收期法评估投资项目时，企业必须先确定一个基准年限或最低年限，然后将项目的回收期与基准年限进行对比。如果回收期少于基准年限，该投资项目可行；否则，该项目不可行。如果有多个项目可供选择时，在项目的投资回收期小于基准年限的前提下，再从中选择回收期最短的项目。

投资回收期的计算公式为：

$$\sum_{t=1}^{T} C_t - C_0 = 0 \tag{4-1}$$

式中，T 为投资回收期；C_t 为 t 时期的现金流量；C_0 为初始投资额。

在投资项目各期现金流量相等的情况下，只要用初始投资额除以一期的现金流量即可。其公式为：

$$投资回收期=\frac{初始投资额}{单期现金流量} \tag{4-2}$$

例如，一个投资项目的初始投资额为 40 万元，投资后每年可产生 16 万元的现金流量，项目期限为 6 年，则该项目的投资回收期为：

$$投资回收期=\frac{40\text{ 万元}}{16\text{ 万元}}=2.5(年)$$

如果投资项目投产后每年产生的现金流量不等（在绝大多数情况下是这样），则需要逐年累加，最后计算出投资回收期。

［**例 4-1**］　现在考虑 A、B 两个项目，现金流量如表 4-1 所示，计算项目 A、B 的投资回收期。

表 4-1　　单位：元

项目	时间(年)	C_0	C_1	C_2	C_3	C_4	回收期(年)	净现值(r=10%)
A	初始投入	−10 000					1.8	1 738.27
	现金流量		6 000	5 000	1 500	1 500		
	累计现金净流量		−4 000	1 000	2 500	4 000		
B	初始投入	−10 000					3.25	2 015.57
	现金流量		2 000	3 000	3 000	8 000		
	累计现金净流量		−8 000	−5 000	−2 000	6 000		

由以上数据可知，项目 A 的投资本金需待第二年收回，其投资回收期为：

$$投资回收期_A=1+\frac{4\,000}{5\,000}=1.8(年)$$

项目 B 的投资本金需待第四年收回，其投资回收期为：

$$投资回收期_B=3+\frac{2\,000}{8\,000}=3.25(年)$$

根据投资回收期法则，我们应该选择回收期较短的项目A。然而，如果资金的机会成本为10%，我们可以计算出这两个项目的净现值。由表中的数据可以得知，项目B的净现值大于项目A。净现值法则告诉我们，应该接受项目B，拒绝项目A。

（二）投资回收期法的特点

第一，容易理解，容易计算。选择一个具体的回收期标准，所有回收期等于或小于回收期标准的项目都可行，而大于回收期标准的项目则不可行。其基本决策原则是，项目越早收回初始投资就越好。这一决策原则在一定程度上考虑了投资的风险状况：投资回收期越长，投资风险就越高；反之，投资风险则降低。

第二，回收期法则只考虑了回收期之前的现金流量对投资收益的贡献，未能考虑回收期标准之后产生的现金流量。这样，在回收期后仍有现金流量的项目可能被拒绝，而现金流量集中在前几年并达到回收期标准年限的方案可能被采纳。

第三，回收期法则没有考虑资金的时间价值，也没有考虑回收期内现金流量的时间序列。

第四，投资回收期指标的标准确定主观性较大。

尽管投资回收期法存在着严重的缺陷，但它仍具有一定的适用性。首先，在评估投资环境不稳定、风险较大的投资项目时可以使用回收期法，这样，早点收回投资就可以避免不稳定因素的影响。其次，流动资金短缺、较难筹集外部资金的企业，可以选择回收期短的投资项目，尽快收回投资成本，此时就可以利用投资回收期法。最后，对于小型企业或者小型投资项目的决策具有较大的适用性。

二、平均会计收益率法

（一）平均会计收益率法的运用

平均会计收益率法（average accounting of return，AAR）是用投资项目经济周期内的平均收益率来评估投资项目的一种方法。其计算方法是将税后平均收益除以平均账面投资额，即

$$平均会计收益率=\frac{平均净收益}{平均账面投资额} \tag{4-3}$$

平均会计收益率法是建立在事先确定的目标收益率的基础上，如果项目的平均会计收益率超过公司事先确定的目标收益率，则该项目可行；如果低于目标收益率，则应拒绝该项目。在有多个投资项目的互斥选择中，则在所有超过目标收益率的项目中选择平均会计收益率最高的项目。

［**例4-2**］　某公司正考虑如下的投资方案，见表4-2。

表 4－2

单位：元

时　间	投资支出	净利润	折　旧	现金流量
0	－100 000			－100 000
1		10 000	20 000	30 000
2		13 000	20 000	33 000
3		14 000	20 000	34 000
4		18 000	20 000	38 000
5		20 000	20 000	40 000

计算项目的平均会计收益率，分三个步骤进行：

① 计算平均净收益。

净收益是指扣除折旧和所得税之后的净现金流量。折旧不是现金流出，在计算现金流量时被包含在内，但在计算净收益时不能考虑进来。

平均净收益＝(10 000＋13 000＋14 000＋18 000＋20 000)÷5
＝15 000(元)

② 计算平均投资额。

平均投资额＝(期初投资额＋期末投资额)÷2
＝(100 000＋0)÷2
＝50 000(元)

如果折旧使该项目的账面投资余额逐年递减，那么投资期间内平均的投资额还可以采用以下方法计算，即

平均投资额＝(100 000＋80 000＋60 000＋40 000＋20 000＋0)÷6
＝50 000(元)

③ 计算平均会计收益率。

平均会计收益率＝平均净收益÷平均投资额
＝15 000÷50 000
＝30％

如果公司设定的最低收益率大于30％，项目将被放弃；若设定的最低收益率小于30％，项目可以被接受。

（二）平均会计收益率法的特点

第一，平均会计收益率法简单易懂，容易计算，它所需的资料只是平均税后收益以及初始投资额。

第二，平均会计收益率法过分依赖于诸如收益和投资的会计数据，因此对于会计

方法的变化过于敏感。而且，在许多项目中，净收益与现金流量之间的差异会很大，从而产生许多不利于公司决策的问题。

第三，平均会计收益率法没有考虑货币的时间价值，也没有考虑时间序列这个因素。

第四，平均会计收益率法与回收期法一样，未能提出如何确定一个合理的目标收益率。

第三节　折现现金流量法

货币具有时间价值，即前期的现金流量比后期等额的现金流量更具有价值，当通货膨胀率和利率上升时，这一差异尤其明显。其中，净现值法和内部收益率法是被广泛采用的两种方法，其他的方法还有盈利指数法和折现投资回收期法。

一、净现值法

（一）净现值法的运用

净现值法（net present value，NPV）是运用投资项目的净现值进行投资评估的基本方法。项目的净现值是指投资项目寿命周期内各年的预期现金流量、按一定的折现率折算成现值后与初始投资额的差。所用的折现率是企业的资本成本，也就是企业的投资者所要求的必要报酬率。净现值的计算公式表示为：

$$\text{项目的 } NPV=\sum_{t=1}^{N}\frac{C_t}{(1+r)^t}-\text{初始投资} \tag{4-4}$$

式中，C_t 为现金流量；r 为折现率；N 为项目寿命期。

计算同一项目的现金流量的净现值时，折现率应该始终如一。一旦计算出折现现值，项目决策方法变得非常简单，因为最低收益率已经包含在净现值中。

很明显，大于零的净现值意味着项目的收益率高于其最低收益率。

投资项目的净现值决策法

净现值>0，则项目可行；净现值<0，则项目不可行。

［**例 4-3**］　表 4-3 是某公司 A、B 两种投资方案的现金流量和净现值的计算，假定折现率为 12%。

表 4-3 单位:元

时间	A方案				
	投资支出	净利润	折旧	现金流量	折现后的现金流量($r=12\%$)
0	-100 000			-100 000	-100 000
1		15 000	20 000	35 000	31 250
2		15 000	20 000	35 000	27 901.79
3		15 000	20 000	35 000	24 912.31
4		15 000	20 000	35 000	22 243.13
5		15 000	20 000	35 000	19 859.94
NPV					26 167.17
时间	B方案				
	投资支出	净利润	折旧	现金流量	折现后的现金流量($r=12\%$)
0	-100 000			-100 000	-100 000
1		10 000	20 000	30 000	26 785.71
2		13 000	20 000	33 000	26 307.4
3		14 000	20 000	34 000	24 200.53
4		18 000	20 000	38 000	24 149.69
5		20 000	20 000	40 000	22 697.07
NPV					24 140.40

用净现值法来评估独立的投资项目是否可取,可以遵循一个简单的决策规则,即当净现值为正时,说明该投资项目的收益率大于所采用的折现率,项目是可行的;相反,若净现值为负值,则该投资项目的收益率小于所用的折现率,项目是不可行的。

从表 4-3 可知,两个投资方案的净现值都是正值,均可以接受。其中,A 方案的净现值大于 B 方案,由于两个投资方案的投资支出相同,净现值越大,说明投资的收益率越高。

[**思考题 4-1**] 你考虑建一个办公楼。土地借用权的成本是 400 000 元,建筑费用为 2 600 000 元。预计 1 年后可以把这个办公楼以 3 500 000 元售出。若资金的机会成本是 7%,那么这个项目的 *NPV* 是多少?当资金的机会成本上升到 12%时,这个项目还值得投资吗?另外,建筑费用为多少时,这个项目不值得投资?现在,又假设资金的机会成本是 20%,建筑费用为 2 600 000 元,为什么这个项目不再吸引人了呢?

(二)净现值法的特点

净现值法主要有以下几个特点:

一是充分考虑了货币的时间价值，它不仅估算现金流量的数额，而且还考虑现金流量的时间。

二是包含了项目的全部现金流量，而其他一些投资决策方法往往会忽略某一特定时期之后的现金流量。

三是采用净现值法的主要问题是如何确定折现率，一般应结合投资项目的风险收益和资金的机会成本来选择一个合理的折现率。

四是与内部收益率法相比，净现值法不能揭示投资项目的实际收益率是多少。

五是净现值具有可加总性，即公司的多个项目的净现值可以累加得到总的净现值。而其他投资决策方法并没有这种特性。

这种可加性具有重要的意义。如果我们有两个项目 A 和 B，那么联合投资的净现值就是项目 A 和项目 B 的净现值之和。假设项目 A 的净现值为正，而项目 B 的净现值为负，则联合项目的净现值就会低于项目 A 本身，这样，我们不能因为劣质项目 B 有优良项目 A 相伴就错误地接受项目 B。

（三）净现值由现金流量而不是会计利润决定

净现值由项目的现金流量和资金的机会成本确定，而现金流量与账面利润往往大不相同。但是，公司向股东报告时，他们并不只是展示现金流量，还要报告账面利润与账面资产，而账面利润的报告会立刻引起广泛的关注。

财务管理者有时会利用这些账面数值来计算投资的账面收益率，即账面利润与资产账面价值的比值。但账面收益率不仅受到会计科目处理方法的影响，还受到折旧方法的影响，因此账面收益率并不能很好地度量项目的真实盈利状况。现在也很少有公司只根据账面收益率来进行投资决策。相反，现金流量的运用并不会受到人为因素的影响，而且，计算净现值时也考虑了折旧方法对现金流量的影响。

二、内部收益率法

（一）内部收益率法的运用

内部收益率（internal rate of return，IRR）是指投资收益现值与其初始投资额相等时的收益率，即净现值为零时的折现率。内部收益率的计算公式为：

$$NPV=C_0+\frac{C_1}{1+IRR}+\frac{C_2}{(1+IRR)^2}+\cdots+\frac{C_t}{(1+IRR)^t}=0 \qquad (4-5)$$

式中，IRR 为内部收益率，其他符号的含义与净现值公式相同。

一般而言，公司更愿意考虑一个项目的收益是高于还是低于资金的机会成本。

［例 4-4］　你计划投资 350 000 元，预计 1 年后产生 400 000 元的现金流量。因此，该投资收益为 400 000－350 000＝50 000（元），投资收益率是：

收益率＝收益/投资＝50 000/350 000＝14.29％

而投资于国债只能获得5％的收益。由于这项投资项目的收益率高于资金的机会成本，所以我们认为该投资是可行的。

上述投资项目的收益率实际上就是项目的内部收益率（IRR），它是基于现金流量并考虑货币资金的时间价值而得出的项目收益率。

内部收益率的计算常常需要反复的尝试调整。考虑这样一个项目，初始投资为4 000元，第一年产生现金流量2 000元，第二年产生现金流量4 000元。其内部收益率就是下面方程中IRR的取值：

$$NPV=-4\,000+\frac{2\,000}{1+IRR}+\frac{4\,000}{(1+IRR)^2}=0$$

先假设折现率是10％，可以得到：

$$NPV=-4\,000+\frac{2\,000}{1.1}+\frac{4\,000}{(1.1)^2}=1\,123.97$$

由于上式中的净现值大于0，我们再试一个稍大的折现率30％，这样可以得到：

$$NPV=-4\,000+\frac{2\,000}{1.3}+\frac{4\,000}{(1.3)^2}=-94.67$$

此时由于净现值小于0，那么，内部收益率必定小于30％，我们将折现率降低至28％，得到：

$$NPV=-4\,000+\frac{2\,000}{1.28}+\frac{4\,000}{(1.28)^2}=0$$

通过试错法，我们发现当折现率等于28％时项目的净现值为0，因此内部收益率应为28％。

由于内部收益率反映的是投资者的实际投资收益，所以运用这一指标进行投资决策的标准就是：如果一个投资项目的内部收益率高于投资者要求的必要报酬率或折现率，就应该接受项目；否则，拒绝该项目。如果存在多个互斥项目，则在所有内部收益率大于必要报酬率的项目中选择内部收益率最高的项目。

上述例子说明，如果资金的机会成本低于28％的内部收益率，用资金的机会成本折现，项目就具有正的净现值；如果它等于内部收益率，项目的净现值则为0，接受或者放弃该项目没有任何差别；但如果它大于内部收益率，则项目具有负的净现值。因此，将机会成本与内部收益率进行比较，实际上就是在回答项目是否具有正的净现值。

净现值指标和内部收益率指标所用的公式实际上是同一个。不同的是，净现值是用投资者要求的必要报酬率作为折现率，对未来的现金流量进行折现，计算出项目的净现值。而内部报酬率是给定项目的净现值为零，计算出折现率，这个折现率就是内部收益率。

总之，项目投资的判定法则可以概括为：

投资型项目的内部收益率决策法

内部收益率＞折现率，则项目可行；内部收益率＜折现率，则项目不可行。

需要注意的是，我们不能把内部收益率与资金的机会成本混淆。项目的内部收益率是衡量项目的盈利能力，它依赖于未来的现金流量。而资金的机会成本是决定是否接受这个项目的标准，它与资本市场上具有相同风险的证券所产生的投资收益相同。

尽管内部收益率法被广泛地应用于投资决策分析，但该决策方法仍存在一些难以克服的缺陷。

（二）内部收益率的缺陷

1. 借入贷出的不同

项目的净现值并不都是随着折现率的增加而减少。

［**例 4－5**］　我们考虑下面两个项目 A 和 B，如表 4－4 所示。

表 4－4　　单位：元

项　目	C_0	C_1	内部收益率	净现值(r＝10％)
A	－10 000	15 000	50％	3 636.36
B	10 000	－15 000	50％	－3 636.36

两个项目的内部收益率都是 50％，但它们是不是都具有吸引力呢？对项目 A，我们先投资 10 000 元，是在以 50％的利率贷出资金；而对项目 B，我们先获得 10 000 元，是在以 50％的利率借入资金。贷出资金时需要得到高收益率，但借入资金时，却希望付出的成本越低越好。

因此，对于项目 B，我们发现随着折现率的增加，净现值也随之上升。很明显，前面所说的内部收益率法则对项目 B 的这种情况并不适用，此时，我们的评判标准应是内部收益率小于资金的机会成本，即

融资型项目的内部收益率决策法

内部收益率＜折现率，则项目可行；内部收益率＞折现率，则项目不可行。

2. 多重内部收益率

传统项目有一个初始投资，并且在其后产生正的现金流量，这样，现金流量的符号只会变动一次，那么内部收益率也只有一个。但当现金流量的符号发生多次变动时，将会出现多个内部收益率。

［**例 4－6**］　有项目 C，其发生了如下的现金流量：C_0＝－22 000 元，C_1＝15 000

元，C_2＝15 000元，C_3＝15 000元，C_4＝15 000元，C_5＝－40 000元。

该项目的现金流量符号在第1期由负变为正，在第5期由正变为负，即现金流量的符号改变了两次。通过计算我们发现，使项目C的净现值为0的内部收益率有两个，即6％和28％。有两个内部收益率的原因是现金流量的符号出现了两次变化。实际上，现金流量的符号发生多少次改变，项目的内部收益率就可能有多少个。

我们注意到，许多长期项目在其中期阶段常常需要进行再投资，这些再投资就会使这一阶段的现金流量成为负值，从而出现多重收益率。在这种情况下，内部收益率方法就可能失效。那么，我们就使用净现值法。

3. 内部收益率不存在

内部收益率在有些现金流下可能不存在，即不存在使净现值 *NPV* 等于0的折现率，此时内部收益率法就失去了指导意义。

［**例4－7**］ 现有一个项目，具有如下的现金流量：C_0＝－4 000元，C_1＝10 500元，C_2＝－7 000。

通过计算我们发现，使该项目的净现值为0的内部收益率并不存在。但不要误以为只要内部收益率不存在，净现值总是正的，它也可能为负。在本例中，不管折现率是0还是100％，或者这一区间的其他取值，该项目的净现值都是负的。

4. 相互排斥的项目

(1) 规模问题

两个相互排斥的项目是指只能选择其中的一个，或者两个同时放弃，但不能同时采纳的项目。当公司拥有两个以上的互斥项目时，就需要进行抉择。这时，内部收益率法则又可能给人以误导。

［**例4－8**］ 我们再考虑以下两个项目 *D* 和 *E*，如表4－5所示。

表4－5

单位：元

项　目	C_0	C_1	内部收益率	净现值(r＝10％)
D	－100 000	200 000	100％	81 818.18
E	－200 000	350 000	75％	118 181.82

项目D是一台人工操作的机械工具，项目E则是计算机控制的同种工具。两者都具有正的净现值，且内部收益率都大于折现率。尽管两者都是好的投资项目，但公司只能从中选择一个。由于项目E具有更高的净现值，因此是更好的项目。但如果根据内部收益率法则做出选择的话，公司应该选择项目D，因为项目D有更高的内部收益率。

在本例中，净现值法与内部收益率法得出的结论完全不同。对于这样的情形，我们应该如何选择呢？

我们考虑增量现金流量的利用。首先，对于规模较小的项目 D，其内部收益率为 100%，远远超过了 10%的折现率，由此我们认为可以接受 D。现在的问题是，如果在项目 D 的基础上再追加投资 100 000 元（即投资项目 E），是否可行呢？于是，我们计算接受项目 E 而放弃项目 D 的增量现金流量，如表 4－6 所示。

表 4－6　　单位：元

项　目	C_0	C_1	内部收益率	净现值(r=10%)
E—D	－100 000	150 000	50%	36 363.64

增量投资的内部收益率为 50%，远远超过了 10%的折现率，根据内部收益率法则应该选择项目 E。另外，由于增量现金流量的净现值也为正，根据净现值法则应该选择项目 E。

归纳起来，对于相互排斥的项目，可以采用如下的决策方法：

①计算增量现金流量的净现值。若该净现值大于 0，则选择进行增量投资。

②计算增量现金流量的内部收益率。若该内部收益率大于折现率，则选择进行增量投资。

在计算增量现金流量的时候，有一点需要注意，即用规模大的项目的现金流量减规模小的项目的现金流量，使得第 0 期的现金流量表现为现金流出，这样，我们就可以运用投资型项目的内部收益率法则。否则，若第 0 期的现金流量为正，就需要使用融资型项目的内部收益率法则，而使用这种方法容易出错。另外，增量现金流量的运用也许会带来多个符号的变化，这样就有可能出现多个内部收益率，结果我们仍不得不使用净现值法则。

(2) 时间序列问题

在运用内部收益率法评估互斥项目时还会碰到另一个问题，即两个互斥项目的现金流量的发生时间模式不同，这时内部收益率法则同样不适用。

[**例 4－9**]　假设公司现在面临两个项目 F 和 G，但只能从中选择一个，项目的现金流量如表 4－7 所示。

表 4－7　　单位：元

项　目	C_0	C_1	C_2	C_3	内部收益率	净现值(r=10%)
F	－10 000	10 000	1 000	1 000	16.04%	668.67
G	－10 000	1 000	1 000	12 000	12.94%	751.31

项目 F 的内部收益率较高，但项目 G 的净现值较高。图 4－1 中的细线为项目 F 在不同折现率下的净现值。由于 16.04％的折现率使其净现值为 0，它就是项目 F 的内部收益率。类似地，粗线表示项目 G 在不同折现率下的净现值，其内部收益率为 12.94％。内部收益率是项目净现值为 0 时的折现率，因为项目 G 的净现值曲线下降更快，项目 G 的内部收益率就相对小些。

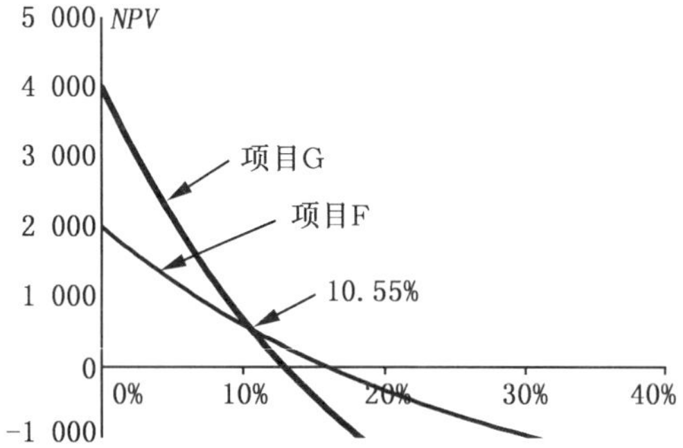

图 4－1 互斥项目的净现值与内部收益率

内部收益率出现误导的原因在于项目 G 的现金流量较高但发生时间较晚，因此，折现率较低时，G 的净现值较高；但当折现率较高时，G 的净现值就较低。由图 4－1 得知，当折现率为 10.55％时，两个项目的净现值相等。

关于互斥项目中的时间序列问题，我们可以采取以下解决方法：

①比较两个项目的净现值。本例中，若折现率低于 10.55％（即两个项目的净现值相等时的折现率），就选择项目 G；若折现率高于 10.55％，就选择项目 F。

②计算增量现金流量的净现值，如表 4－8 所示。

表 4－8

单位：元

项　目	C_0	C_1	C_2	C_3	内部收益率	净现值(r=10％)
G—F	0	－9 000	0	11 000	10.55％	82.64

当项目折现率为 10％时，增量现金流量的净现值大于 0，我们选择项目 G。因此，如果增量现金流量的净现值为正，则选择进行增量投资，即选择项目 G；否则，就选择项目 F。

③计算增量现金流量的内部收益率，然后比较增量内部收益率与项目折现率的大小。

由表 4－8 我们可以得知，增量现金流量的内部收益率为 10.55％。根据内部收益率法则，对于投资型项目，若内部收益率大于折现率，就选择进行该项目，因此我们应该选择项目G。所以,如果增量现金流量的内部收益率大于折现率,就选择进行增量投资。

(3) 风险差异问题

根据内部收益率确定项目是否可行,必须将其与项目的资本成本进行比较,而资本成本又取决于项目的风险。因此,对于安全项目有吸引力的内部收益率,不需要也对风险项目具有吸引力。例如,投资者会很乐意接受收益率为10%的无风险的投资机会,但可能不愿意投资预期收益率为10%的有风险的项目。而依据内部收益率对项目进行排序选择,就忽视了项目间的风险差异。

上面的例子说明了内部收益率方法在评估互斥项目时可能出现的问题。记住,一个高的内部收益率并不是目的,实施项目的目的是增加公司的价值。因此,在互斥项目之间进行选择时,最容易的办法是比较净现值,但如果你偏好内部收益率方法,那么就运用增量现金流量的内部收益率来进行决策。

造成净现值法与内部收益率法结论不一致的原因是,两种决策方法对投资再收益率的假设不同。净现值法假设各期投资的收益可以按照必要报酬率进行再投资(即按照资本成本进行再投资),内部收益率法则要求各期投资的收益要能够按照投资项目的内部收益率进行再投资。这两种假设相比,净现值法的假设更为合理一些,其原因在于:

第一,未来投资项目的收益可能达不到目前投资项目的内部收益率水平,即企业在未来一段时间内无法找到与现有投资项目一样有利可图的新项目,但只要未来投资项目的收益水平大于必要报酬率,那些项目仍然是可行的。

第二,如果未来可以找到收益水平相当于甚至高于目前投资项目内部收益率的新项目,则这种高收益项目按照必要报酬率去衡量,自然会被接受,因而没有必要将未来的投资决策与目前的内部收益率相联系。

因此,尽管内部收益率法考虑了货币资金的时间价值,并且是一种常用的投资决策方法,但在一些特殊的情况下,这种方法可能会给出错误的选择,而净现值法总是能给出正确的选择。总之,在没有资本约束的条件下,净现值法要优于内部收益率法。

[**思考题4-2**] 假设你用100万元投资一个项目,现有两个方案可供选择,但你只能选择其中一个。

项目A:1年后获得投资收益200万元;

项目B:每年得到30万元,并且一直持续下去。

两个项目都没有风险,无风险证券的收益率是7.5%。你将选择哪一个投资方案?你想要高的收益率还是想变富?

三、盈利指数法

(一) 盈利指数法的运用

盈利指数法(profitability index, PI)是指能够用于评价投资项目的另一种对货币的时间价值进行调整的方法。它是投资项目未来各期现金流量的现值与初始投资额的比值。盈利指数可以表示为:

$$盈利指数=\frac{未来现金流量现值}{初始投资}=1+\frac{净现值}{初始投资} \tag{4-6}$$

盈利指数法的决策标准是:当投资项目的盈利指数大于1时,选择该项目;反之,放弃该项目;当存在多个互斥项目时,选择盈利指数最大的项目。

投资型项目的盈利指数决策法

盈利指数>1,则项目可行;盈利指数<1,则项目不可行。

[**例4-10**] 某公司现有两个投资方案,如表4-9所示。

表4-9 单位:元

项 目	C_0	C_1	C_2	C_3	盈利指数	净现值(r=10%)
A	−20 000	40 000	1 000	8 000	2.16	23 200.60
B	−10 000	1 000	2 000	30 000	2.51	15 101.43

项目A的盈利指数:

$$盈利指数_A=\left[\frac{40\ 000}{1.1}+\frac{1\ 000}{(1.1)^2}+\frac{8\ 000}{(1.1)^3}\right]\div 20\ 000$$

$$=2.16$$

项目B的盈利指数:

$$盈利指数_B=\left[\frac{1\ 000}{1.1}+\frac{2\ 000}{(1.1)^2}+\frac{30\ 000}{(1.1)^3}\right]\div 10\ 000$$

$$=2.51$$

由盈利指数决策法可知,只要盈利指数大于1的项目都可以接受,故此例中的项目A和项目B都可采纳。

很显然,这种方法得出的结论与净现值决策规则是一致的,那么我们为什么要介绍这种方法呢?因为盈利指数能够计算出项目的相对获利能力,也就是说,盈利指数考虑的是投资收益现值相对于初始投资额的相对值,而净现值法考虑的是投资收益现值与初始投资额的差。尽管盈利指数法对于独立项目的决策很有效,但对于规模不同的互斥项目,这种方法和内部收益率法一样存在一些缺陷。

(二) 盈利指数法的缺陷

如果两个项目中只能选择一个,根据净现值法,对于[例4-10]中的项目就应该选择净现值较大的项目A;但项目B的盈利指数大于项目A,那么根据盈利指数法就可能造成错误的决策。

盈利指数在互斥项目中应用所面临的问题与内部收益率法面临的规模问题是一致的。由于盈利指数是一个比值,这样就会忽略项目的规模差异。

对于盈利指数法的这一缺陷,与内部收益率法一样,可以通过计算增量投资的盈利指数来进行决策。根据[例4-10]中的项目A和项目B的现金流量,我们计算得出项目的增量现金流量,如表4-10所示。

表4-10 单位:元

项 目	C_0	C_1	C_2	C_3	盈利指数	净现值($r=10\%$)
A—B	−10 000	39 000	−1 000	−22 000	1.81	8 099.17

由于增量现金流量的盈利指数大于1,我们应该选择初始投资较大的项目A,这与净现值法得出的结论相同。

尽管盈利指数法从相对的角度来看问题,但我们最好把它和净现值法结合起来使用,而不要用它来代替净现值法。当企业的投资资金受到限制,不能投资于所有值得投资的项目时,盈利指数法就能充分发挥它的作用,也就是说,我们不能仅仅依据单个项目的净现值大小进行决策,而应考虑用盈利指数的大小来选择项目。

四、折现投资回收期法

(一) 折现投资回收期法的运用

项目的折现投资回收期(discounted payback period)是指用该项目的折现现金流量偿清初始投资所需的时间。通过对每一阶段的现金流量折现,再累加这些折现现金流量,最后计算出达到初始投资所需要的折现现金流量的时间长度。这一指标在一定程度上解决了投资回收期指标没有考虑资金时间价值的问题,不过,仍未能解决该指标存在的其他问题。

[例4-11] 有一个项目产生的现金流量如下:$C_0=-10\,000$元,$C_1=3\,000$元,$C_2=3\,300$元,$C_3=3\,400$元,$C_4=3\,800$元,$C_5=4\,000$元。假设折现率为12%。

为了计算折现投资回收期,我们首先对每一期的现金流量进行折现,可以得到各期的现金流量现值为:

－10 000，2 678.57，2 630.74，2 420.05，2 414.97，2 269.71

该项目第一年回收的现金流量现值为 2 678.57 元，第二年回收的现金流量现值为 2 630.74 元，第三年回收的现金流量现值为 2 420.05 元，第四年回收的现金流量现值为 2 414.97 元，由于前 4 年的折现现金流量的和为 10 144.33 元，因此收回初始投资 10 000 元的折现回收期略小于 4 年。

$$折现回收期=3+\frac{10\,000-2\,678.57-2\,630.74-2\,420.05}{2\,414.97}=3.94(年)$$

若设定的折现回收期为 3 年，则该项目不可行；若设定的折现回收期为 4 年以上，则该项目可行。

（二）折现投资回收期法则

当项目的折现投资回收期小于设定的回收期时，说明该项投资可以在规定的期限内实现一定的盈利，则项目有利可图；相反，当项目的折现投资回收期大于设定的回收期时，则该项投资不能在规定的期限内收回投资，项目无利可图。

由于折现投资回收期法考虑了现金流量的时间价值，运用也比较简单，似乎很有吸引力。然而，该方法也存在一些严重的缺陷：首先，在进行决策分析时需要设定一个回收期作为基准，这将导致一定程度的主观决策；其次，折现投资回收期法未能考虑项目在目标回收期后产生的现金流量。

五、折现现金流量法与非折现现金流量法的比较

在各种决策方法中，投资回收期和平均会计收益率指标没有考虑货币资金的时间价值，是非折现现金流量指标。净现值、内部收益率、盈利指数以及折现回收期指标考虑了资金的时间价值，是折现现金流量指标。总体上看，非折现指标与折现指标相比存在以下两个问题：

（1）非折现指标未考虑资金的时间价值，是将不同时点上的现金流量当作具有同等价值的资金量进行比较。这种做法实际上夸大了投资收益的价值和投资项目的盈利水平，从而可能导致错误的投资决策。折现现金流量指标则将不同时点上的现金流量的价值折算到同一时点（投资开始时的时点）进行比较，使不同时期的现金流量在价值上真正具有可比性。

（2）非折现指标难以提高科学的决策标准。不论是投资回收期还是平均会计收益率指标，其决策标准都是根据经验或主观判断制定的，缺乏客观依据。而折现现金流量指标的决策标准是以企业的实际资本成本或可能获得的投资收益率为基础制定的，具有相对客观的经济意义。

专栏 4-1 投资决策方法的比较

评价指标	决策准则	优 点	缺 点
净现值法（NPV）	如果按投资者的要求收益率 R 折现，$NPV \geqslant 0$，项目是可行的；$NPV < 0$，项目是不可行的	考虑了现金流量发生的时间；提供了一个与企业价值最大化目标相一致的客观决策标准；理论上是最为正确的方法	
内部收益率法（IRR）	如果 $IRR \geqslant R$，项目是可行的；$IRR < R$，项目是不可行的	作用类似于净现值，经常得出与净现值法相一致的结论；容易理解	可能出现多个内部收益率问题；在互斥项目比较中可能给出错误的评价
盈利指数法（PI）	如果 $PI \geqslant 1$，项目是可行的；$PI < 1$，项目是不可行的	作用类似于净现值，经常得出与净现值法相一致的结论；容易理解	在互斥项目比较中，有时会得出与净现值矛盾的结论
平均会计收益率法（AAR）	平均会计收益率越高越好。项目平均会计收益率应高于企业所要求的目标平均会计收益率	计算简便，数据易取得	忽视了货币的时间价值；缺乏客观性；没有反映市场信息
投资回收期法	回收期越短越好，回收期应小于所要求的回收期，但回收期不应该用于决定项目的取舍	概念明确、使用简便；初步衡量了项目风险；衡量了项目的变现能力	没有考虑现金流量发生的时间；忽视了回收期之后的现金流量；不是一个客观的决策标准
折现投资回收期法	折现回收期越短越好，折现回收期应小于所要求的回收期，但折现回收期不应该用于决定项目的取舍	概念明确、使用简便；初步衡量了项目风险；衡量了项目的变现能力；考虑了现金流量发生的时间	忽视了回收期之后的现金流量；没有考虑现金流量的时间序列

本章小结

本章介绍了几种十分常用的投资决策方法，这些方法按照是否考虑货币的时间价值分为折现现金流量法和非折现现金流量法。折现现金流量法包括净现值法、内部收益率法、盈利指数法以及折现投资回收期法，非折现现金流量法包括投资回收期法和平均会计收益率法。

尽管每种方法都有其自身的优点，但净现值法却是最优的。在实务中，内部收益率法被广泛地使用。在评估独立项目时，净现值法和内部收益率会得出相同的结论。但遇到互斥项目时这两种方法可能会得出不同的结论，这时，单纯的内部收益率法就不再适用，而应以净现值法为标准决定投资项目的取舍，或者通过计算增量现金流量，再利用增量现金流量的净现值或内部收益率来进行决策。

关键术语

投资回收期　平均会计收益率　内部收益率　盈利指数　折现投资回收期
独立项目　互斥项目　增量现金流量

思考与练习

1. 独立项目与互斥项目的区别是什么？

2. 内部收益率法运用于独立项目以及互斥项目时可能会出现什么问题？应如何解决这些问题？

3. 下列方法中，属于资本预算方法的非折现方法的是（　　）。

A. 投资报酬率法　B. 净现值法　C. 盈利指数法　D. 内部收益率法

4. 资本预算评价指标中，是负指标，且在一定范围内，越小越好的指标是（　　）。

A. 投资利润率　B. 净现值　C. 盈利指数　D. 投资回收期

5. 净现值、盈利指数和内部收益率指标之间存在一定的变动关系。即：当净现值（　　）0 时，盈利指数（　　）1，内部收益率（　　）期望收益率。

A. ＜＜＞　B. ＞＞＞　C. ＜＞＞　D. ＞＜＜

6. 采用投资回收期法进行决策分析时易产生误导，使决策者接受短期利益大而舍弃长期利益高的投资方案，这是因为（　　）。

A. 该指标忽略了收回原始投资以后的现金流状况

B. 该指标未考虑货币时间价值因素

C. 该指标未利用现金流量信息

D. 该指标在决策上伴有主观臆断的缺陷

7.（1）以下项目的回收期分别是多少？

单位：元

项　目	C_0	C_1	C_2	C_3	C_4
A	−4 000	1 000	500	3 000	0
B	−1 000	0	1 000	2 000	2 000
C	−5 000	1 000	1 000	3 000	4 500

（2）如果用回收期法来选择项目，目标回收期为 2 年，你将选择什么项目？

（3）如果目标回收期为 3 年，你将选择什么项目？

（4）如果折现率为 10%，哪些项目的净现值大于 0？

8. 某项目的初始投资为 120 万元，该项目将在 5 年里采用直线折旧法进行折旧，期末无残值。

5 年中，息税前收益预计为每年 35 万元，税率为 25%。

(1) 计算该项目的平均会计收益率。

(2) 当机会成本为 25%时，该项目是否可行？

9. 某投资项目产生如下的现金流量：$C_0=10\ 000$ 元，$C_1=-2\ 000$ 元，$C_2=-9\ 000$ 元。该项目的内部收益率为多少？如果资金的机会成本是 10%，是否可以接受该项目？

10. 某项目投资成本为 12 万元，在未来的每年里将产生 1.5 万元的永续现金流量。那么，该项目的内部收益率是多少？

11. 某项目成本为 200 万元，在未来的第一年将产生现金流量 10 万元，且将以 4%的速度持续增长下去。请问这项投资的内部收益率是多少？

12. 考虑下面两个互斥项目：

单位：元

项　目	C_0	C_1	C_2
A	−4 000	2 500	3 000
B	−2 000	1 400	2 000

(1) 以 10%和 20%作为折现率计算这两个项目的净现值。

(2) 两个项目的内部收益率大约为多少？

(3) 公司应该接受哪个项目？

13. 现有如下几个投资项目，但可用资金只有 100 000 元，那么应该选择哪些项目？

单位：元

项　目	投资支出	净现值
A	−15 000	10 000
B	−10 000	5 000
C	−100 000	15 000
D	−60 000	10 000
E	−75 000	15 000
F	−15 000	3 000

14. 某公司用 100 万元投资一个项目，预计今后 10 年每年将产生 20 万元的现金流量。如果折现率为 12%，该投资项目的净现值是多少？

15. 你正在考虑一项投资。如果进行这项投资，则在接下来的 3 年每年会得到 24 000 元，此次投资机会需要初始投资 6 000 元以及第二年末投资 30 000 元。如果年利率为 5%，则这项投资机会的 *NPV* 为多少？是否应该接受这项投资？

16. 你正在考虑对一个新工厂进行投资，该工厂每年将会产生 1 000 000 元利润，不过，工厂第一年的维护费用为 50 000 元且以后每年以 5%速度增长，假设所有的利润以及维护费用都在年末发生。你决定只要该工厂有正的现金流，你就继续经营该工厂。该工厂可以立即建造并投入生产，如果建造工厂花费 15 000 000 元，年利率为 6%，请问是否应该进行这项投资？

17. 某公司正考虑两个互斥项目：项目 A 要求初始投资 50 万元，在未来的 5 年里每年产生现金流量 20 万元；项目 B 要求初始投资 500 万元，在未来的 5 年里每年产生现金流量 145 万元。假设折现率为 10%。

(1) 运用净现值法则来决定哪个项目更优。

(2) 运用盈利指数法则来决定哪个项目更优。

18. 现有两个项目，其现金流量见下表。如果折现率为 8%，那么项目 A 和 B 的折现回收期分别是多少？

单位：元

项目	0	1	2	3	4
A	−2 000	500	700	900	1 100
B	−2 000	1 000	850	650	450

19. 某公司现有两个项目，其现金流量见下表。计算两个项目的内部收益率。该公司的 CFO 认为项目 A 似乎更好，因为其回收期只有 1 年。这个说法是否正确？

单位：元

项目	0	1	2	3	4
A	−10 000	10 000	750	650	500
B	−10 000	950	800	800	10 000

第五章　资本预算中的一些问题

本章学习目的

理解增量现金流量的概念。

理解折旧和通货膨胀对现金流量的影响。

掌握等价年度成本的概念和计算方法。

掌握一些特殊的资本预算决策方法。

第一节　现金流量的估算

一、现金流量的概念和构成

（一）现金流量的概念

现金流量是指与投资决策有关的在未来不同时点所发生的现金流入与流出的数量。净现金流量就是现金流入量与现金流出量之间的差额。

（二）现金流量的构成

与投资决策有关的现金流量一般由以下三个部分构成：

1. 初始现金流量

初始现金流量是指为使项目建成并投入运行而发生的有关现金流量，是项目的投资支出。尽管经常被假设发生在项目的开始，但投资支出可以产生于项目的任一时期。它包括以下几个部分：

(1) 固定资产投资，包括固定资产的购置成本或建造费用，以及运输成本、安装成本等。

(2) 净营运资本投入，除固定资产投资外，企业还需要购买原材料、预付工资和各项费用等，这些都是企业在净营运资本方面的投入。

（3）其他费用，即与投资项目运行相关的各项可能的费用支出。

2. 营业现金流量

营业现金流量是指在项目正式投产后，在其经济年限内由于生产经营所发生的现金流入与现金流出量。这些现金流量通常是按照会计年度计算的，由以下三个部分组成：

（1）产品或服务销售所得到的现金流入。

（2）各项营业现金支出，如原材料购置费用、职工工资支出、燃料动力费用支出、销售费用支出等。

（3）税金支出。

3. 终结现金流量

终结现金流量是指当项目终止时所发生的现金流量，主要包括固定资产的税后残值收入、收回的营运资本投入，以及为结束项目而发生的各种清理费用等。

（三）现金流量与会计利润

在投资决策中，评价投资项目优劣的基础是现金流量，而不是会计利润。会计利润是收入减去成本的差额，是评估公司经济效益的重要指标。而现金流量包括当期实际发生的所有现金流入和现金流出项目。

二、现金流量估算的原则

以分析项目为目的的现金流量估算应该遵循以下三条原则：

第一，现金流量应该是税后现金流量。所有投资分析都应该在税后进行，这意味着所有影响税收的因素（即使是非现金因素，如折旧费）都应该被考虑在内。

第二，现金流量应该是增量的。项目分析只考虑增量现金流量。这意味着，基于项目分析的目的，任何直接或间接与某项目相关联的现金流入或现金流出都应该归类于该项目。

第三，现金流量与折现率应该保持一致。如果现金流量属于权益投资者的现金流量，折现率应使用权益资本成本；如果现金流量是公司现金流量，折现率就使用加权平均资本成本。另外，考虑到通货膨胀的影响，如果现金流量是名义现金流量，折现率也应该是名义折现率。

三、增量现金流量

在估算现金流量时，只有增量现金流量才能被用于投资分析。增量现金流量包括直接或间接地与建设一个项目有关的一切现金流出量和现金流入量。许多方法可以被用来判断某项现金流量是否为增量现金流量，其中一种有效的方法是，当项目不被采用时，如果该项现金流量保持不变，则它不是增量现金流量，因此不属于投资分析的范畴；如果该项现金流量发生变动，则变动部分应该被纳入投资分析的考虑范围。

（一）沉没成本

沉没成本是指任何已经发生的、并且当项目不被采纳时无法收回的费用。与项目有关的一些费用也许发生在项目实施之前。例如，在进行投资决策之前我们常需要调查产品的潜在市场状况，这种市场调查费用被称为沉没成本。另外，在进行投资决策之前发生的研究与开发费用也属于沉没成本。因为沉没成本已经产生，而且无论是接受或者拒绝该项目都不能改变，因此，沉没成本不属于增量现金流量。

尽管沉没成本不属于投资分析的范畴，但公司必须补偿这一部分损失，否则它将无法继续生存。因此，为了能够继续生存，公司所有成功项目的累积净现值必须超过所有成功或不成功项目的累积市场调查费用等沉没成本。

［**例 5－1**］ 假设格力电器在过去 3 年中花费资金研制出一种新的节能空调。那么在决定是否投资这个新项目时，公司是否应该再考虑已经用于研发的 100 万元呢？

答案是否定的。这笔研发费用已经产生，而且对新产品如何改变公司未来的现金流量没有任何影响。我们把这 100 万元称为沉没成本，并将它从新项目分析中剔除。也就是说，不管公司是否开发这种新产品，100 万元已经支出了。当然，将 100 万元用于研发的决策本身是一项资本预算决策，在它沉没之前是绝对有关的。因此，一旦公司的某项支出发生了，这项成本就与将来的任一决策无关。

（二）机会成本

机会成本是指公司将拥有的资源分配给新项目而产生的成本，它取决于该资源在这个新项目以外的其他方面的使用情况。

例如，该资源可以被出售，在这种情况下，出售的收入减去所有应纳税款和损失的折旧节税收益就构成了采用新项目的机会成本。而如果资源可以被出租的话，租金收入便成了采用新项目的机会损失。因此，决策者需要根据这些损失来计算机会成本。有时，机会成本可能很难估计，但如果所用资源可以自由交易，其机会成本就等于其市场价值。

机会成本通常包括两部分：

一是使用他人资源的机会成本，即付给资源拥有者的货币代价，被称作显性成本。

二是使用自有资源而放弃其他可能性中得到的最大回报的代价，也被称为隐性成本。

［**例 5－2**］ 假设晨鸣纸业公司拥有一间空置的仓库可以对外出租，1～5 年每年的租金为 10 万元。公司所得税率为 25%。如果公司的新项目要用该仓库来存放新产品，那么在项目决策时是否应该把仓库视为一种成本呢？这一机会成本对项目的增

量现金流量会产生怎样的影响?

答案是应该把它当作一种成本,仓库的机会成本就是放弃的租金。1～5 年间,这一机会成本将导致项目每年的增量现金流量减少 10×(1－25%)＝7.5 万元,即将仓库对外出租所得到的税后收益。

（三）项目的外部性

项目的外部性是指项目带来的可能增加或减少公司其他经营活动利润的间接效应。投资项目实施之后,有可能对公司的其他项目产生影响,而这种影响可能是正面的,也可能是负面的。不论何种情况,在估算现金流量时都应给予考虑。例如,当公司推出一种新产品后,其原有的老产品可能会受到影响,从而引起老产品的销售收入下降,这样,新产品的这部分销售收入就不应计入项目的现金流量中。但如果新产品的推出使公司其他产品的销售有所增加,则增加的销售收入应计入新项目的现金流量中。

[**例 5－3**]　假设晨鸣纸业公司的新项目预计在未来 1～5 年里每年产生的销售收入为 100 万元,销售成本为 60 万元,但新产品的销售将使得公司已有产品的销售收入减少 5%。公司所得税率为 25%。那么,这一外部侵蚀效应将会产生怎样的影响?

新项目每年的净收益＝(100－60)×(1－25%)＝30(万元)

在考虑外部侵蚀效应的情况下,新项目每年的净收益将减少为:

(100－100×5%－60)×(1－25%)＝26.25(万元)

因此,这一外部侵蚀效应将导致项目每年的增量现金流量减少 3.75 万元(＝30－26.25)。

（四）营运资本

另一种影响现金流量的因素是营运资本,或者更准确地称之为营运资本变动。营运资本是指流动资产与流动负债之间的差额。流动资产通常包括现金、存货和应收账款;流动负债通常包括应付账款和应付税金。

一项投资能够提高公司的经营水平,从而导致净营运资本需求量的增加。

如果投资一种新产品的制造项目,那么公司可能需要在存货(原材料、半成品和成品)上增加投入。如果以提高赊销额度的方式增加销售,公司的应收账款将会增加。如果投资使得交易水平提高,公司将需要更多的现金来保证拥有充足的现金余额。而如果投资提高了生产设备的效率,公司就能够减少存货的水平。或者,如果一个项目可以使公司提高效益或降低成本,公司就能够降低现金、有价证券或存货等方面的投资,把资金转移用到其他的投资项目上。

在资产负债表的另一侧,如果原材料购买量和生产成本(劳动力成本)增加,公司的短期负债水平将会提高，如应付账款和应付工资。

一个新项目可能会增加或者减少营运资本，也可能对营运资本没有影响。此外，营运资本的变化可能发生在项目的初期，也可能发生在项目实施过程中。例如，当公司推出一种新产品时，最初几年销售情况可能良好，需要增加现金、应收账款和存货才能满足销售需求，这就要求公司增加营运资本投入。但随着竞争对手的进入，销售会逐渐下降。当销售和生产下降时，现金、应收账款和存货的需求也相应减少，从而使得公司减少对营运资本的投入。

总之，任何营运资本的增加都会产生现金流出，而其减少会产生现金流入。正是因为营运资本的变动影响现金流量，所以每一个项目的营运资本需求都应该被分析，被考虑在现金流量的计算中。

四、通货膨胀、折旧与现金流量

（一）现金流量的估算

项目的总现金流量可分为经营性现金流量和投资性现金流量。现金流量的计算公式为：

$$\text{经营性现金流量}=(\text{销售收入}-\text{付现成本}-\text{折旧})\times(1-T_C)+\text{折旧}$$
$$=\text{税前利润}\times(1-T_C)+\text{折旧} \quad (5-1)$$

$$\text{投资性现金流量}=\text{营运资本变动}+\text{资本支出} \quad (5-2)$$

$$\text{项目的总现金流量}=\text{经营性现金流量}-\text{投资性现金流量}$$
$$=\text{税前利润}\times(1-T_C)+\text{折旧}-\text{营运资本变动}-\text{资本支出} \quad (5-3)$$

在计算经营性现金流量时，首先从销售收入中扣除经营费用，得到税前利润，再扣除所得税，但是并未扣除利息费用。这里隐含了一个假设条件，即投资项目完全是利用权益资金进行的。另外，折旧并未引起现金流出，因此在计算经营性现金流量时，将折旧也计算在内。

其次，投资性现金流量由资本支出和营运资本变动构成。资本支出通常是在项目开始时发生的，但在项目进行过程中，也有可能进行追加投资。营运资本变动是指应收账款、现金以及存货等流动资产的增加额与应付款等流动负债的增加额之间的差额。

表 5－1 是一项投资项目的现金流量表，随着项目开始投产，就产生了营运资本的需要，而在项目结束时这些营运资本投资全部被收回。

表 5-1　项目的现金流量表　单位:元

	第 0 期	第 1 期	第 2 期	第 3 期
(1)销售收入		1 200 000	1 500 000	2 000 000
(2)销售成本		600 000	700 000	800 000
(3)折旧		400 000	400 000	400 000
(4)税前利润		200 000	400 000	800 000
(5)所得税 (25%)		50 000	100 000	200 000
(6)净利润		150 000	300 000	600 000
(7)经营性现金流量[(6)+(3)]		550 000	700 000	1 000 000
(8)资本支出	-1 200 000			
(9)营运资本变动		-120 000	-50 000	170 000
(10)投资性现金流量[(8)+(9)]	-1 200 000	-120 000	-50 000	170 000
(11)项目的总现金流量[(7)+(10)]	-1 200 000	430 000	650 000	1 170 000

（二）折旧与现金流量

估算税后现金流量的结果之一是，当非现金费用影响应纳税额时，它可以对现金流量产生很大影响。最重要的非现金费用是折旧，尽管折旧会减少应税收益和净收益，但它并非是现金流出，所以，折旧应计入项目的现金流量。对于产生大量折旧费的项目，其很大一部分净现值就来源于折旧带来的节税收益。折旧的节税收益计算公式为：

$$折旧的节税收益=折旧\times边际税率 \quad (5-4)$$

关于折旧方法，一般分为两大类:第一类是直线折旧法，即在固定资产使用期限内的各个会计时期计提等额的折旧费用;第二类是加速折旧法，即在固定资产使用期限的前期计提较多的折旧费用，然后随时间逐渐递减。因为加速折旧法和直线折旧法所产生的名义累积折旧是相同的，所以只有考虑应纳税额的现值时，采用不同的折旧方法才会有所区别。加速折旧法产生节税收益的时间早于直线折旧法，因此，采用加速折旧法通常会使项目的净现值有所增加。

[**例 5-4**]　某公司正在考虑进行一项投资，该投资项目需要投入 100 000 元购置固定资产。假设该资产使用期为 5 年，采用直线折旧法进行折旧，并在第 5 年末产生残值 20 000 元。该项目的现金流量见表 5-2。公司所得税率为 25%，折现率为 10%。

表 5-2 项目的税后现金流量 单位:元

	1	2	3	4	5
销售收入	40 000	46 000	52 000	60 000	69 000
—销售成本	15 000	17 000	19 800	23 000	27 000
—折旧	16 000	16 000	16 000	16 000	16 000
$=EBIT$	9 000	13 000	16 200	21 000	26 000
—所得税	2 250	3 250	4 050	5 250	6 500
$=EBIT(1-t)$	6 750	9 750	12 150	15 750	19 500
+折旧	16 000	16 000	16 000	16 000	16 000
=税后现金流量	22 750	25 750	28 150	31 750	35 500

通过比较第1年的未计提折旧和计提折旧后的现金流量,我们可以看到折旧对现金流量的影响,如表5-3所示。

表 5-3 折旧对现金流量的影响 单位:元

	计提折旧	未计提折旧	折旧的影响
销售收入	40 000	40 000	
—销售成本	15 000	15 000	
—折旧	16 000		
$=EBIT$	9 000	25 000	—16 000
—所得税	2 250	6 250	—4 000
$=EBIT(1-t)$	6 750	18 750	—12 000
+折旧	16 000		
=税后现金流量	22 750	18 750	4 000

16 000元的折旧计提减少了4 000元的纳税,同时增加了相同金额的税后现金流量。这样,该投资项目第1年的折旧节税收益为:

折旧的节税收益$=16\ 000\times0.25=4\ 000$(元)

由于该资产采用直线折旧法,5年中每年的折旧费都相同,那么,该项目折旧的节税收益现值可以利用年金现值的计算公式进行计算,即

折旧的节税收益现值$=4\ 000\times A_{10\%}^{5}=15\ 163.2$(元)

项目的净现值＝－初始投资＋税后现金流量现值＋残值的现值

$$=-100\ 000+\left[\frac{22\ 750}{1.1}+\frac{25\ 750}{1.1^2}+\frac{28\ 150}{1.1^3}+\frac{31\ 750}{1.1^4}+\frac{35\ 500}{1.1^5}\right]$$

$$+\frac{20\ 000\times(1-0.25)}{1.1^5}$$

$$=-100\ 000+106\ 840.70+9\ 313.82$$

$$=16\ 154.52(\text{元})$$

如果没有 15 163.2 元的折旧节税收益，该项目的净现值将为 991.32 元（16 154.52－15 163.2）。

［**思考题 5-1**］ 既然折旧的节税收益随着税率而增长，项目的净现值是否也会随着税率而增长？

（三）清算价值与现金流量

不再需要使用的资产通常有一个转售价值，某些资产的清算价值可能为负。例如，处理用过的旧设备可能需要花钱。因此，在计算项目的总现金流量时，要将可能被处置的资产的清算价值包含在内。而资产被清算时，出售资产所取得的全部利得收入都要纳税，出售利得即为清算资产的售价与账面价值的差额：

$$\text{出售利得}=\text{售价}-\text{账面价值} \tag{5-5}$$

账面价值等于资产的最初购买成本减去累计折旧额：

$$\text{账面价值}=\text{买价}-\text{累计折旧} \tag{5-6}$$

因此，计算项目的总现金流量时，需考虑因资产出售而产生的税后现金流量：

$$\text{因出售资产而产生的税后现金流量}=\text{售价}-T_C\times\text{出售利得} \tag{5-7}$$

［**例 5-5**］ 假设一个项目在第 5 年末结束时，其所使用的设备的转售价格是 50 万元，剩余账面价值是 10 万元。公司所得税率为 25%。在第 5 年末，项目的现金流量会受到怎样的影响？

因出售设备而产生的税后现金流量＝50－0.25×(50－10)＝40(万元)

那么，在第 5 年末，项目的总现金流量将是 40 万元。

（四）终值或持续价值

相对于项目的全部期限，公司有时只能明确地预测出较短期限内的现金流，比如公司的扩张。在这种情况下，为了估计预测期限外的现金流的价值，将它们归结为处在预测期期末的附加的现金流，称作项目的预测期期末价值、终值（terminal value）或持续价值（continuation value），它表示项目在预测期限之外的所有未来现金流的市场价值（在预测期的期末）。

[例 5-6]　某公司正在考虑新设一个部门，预测该部门未来产生的自由现金流如表 5—4 所示。从第 5 年开始，现金流将以每年 2%的速度持续增长下去。假设折现率为 10%，预测期外现金流的持续价值是多少？该部门现在的价值又是多少？

表 5-4　　单位：元

	C_0	C_1	C_2	C_3	C_4
自由现金流	−100 000	20 000	35 000	50 000	60 000

第 4 年末的持续价值：

$$PV_4=\frac{C_4(1+g)}{r-g}=\frac{60\ 000\times 1.02}{0.1-0.02}=765\ 000(\text{元})$$

该部门的现在价值：

$$PV_0=C_0+\frac{C_1}{1+r}+\frac{C_2}{(1+r)^2}+\frac{C_3}{(1+r)^3}+\frac{C_4}{(1+r)^4}$$

$$=-100\ 000+\frac{20\ 000}{1.1}+\frac{35\ 000}{(1.1)^2}+\frac{50\ 000}{(1.1)^3}+\frac{60\ 000+765\ 000}{(1.1)^4}$$

$$=548\ 159.30(\text{元})$$

（五）通货膨胀与现金流量

在第二章我们提到，利率是以名义利率而不是实际利率来表述的。例如，买入预期收益率为 5%的 1 年期国债 10 000 元，政府给予的承诺是年末投资者将得到 10 500 元，但并没有保证 10 500 元实际能买到多少商品。因此，投资者判断利率是否合理时，必须考虑通货膨胀水平。

假设国债的利率为 5%，而 1 年后的通货膨胀预期为 3%。如果你买入了该国债 10 000 元，1 年后得到 10 500 元，但这个 10 500 元的实际价值却只有 10 194.17 元(10 500÷1.03)。因此，我们可以说该国债的“名义利率为 5%”，或者说“实际利率为 1.94%”。

一般来说，名义利率与实际利率之间的关系可以用公式表示为：

$$1+r_{\text{名义}}=(1+r_{\text{实际}})\times(1+r_{\text{通货膨胀}})$$

通过变形得到：

$$r_{\text{实际}}=\frac{1+r_{\text{名义}}}{1+r_{\text{通货膨胀}}}-1 \tag{5-8}$$

在资本预算中，不仅需要折现率即利率，还需要现金流量的数据。与利率一样，现金流量既可用名义的形式也可以用实际的形式表示。如果现金流量是以实际收到或支出的货币资金表示，那么该现金流量是名义现金流量。如果现金流量是以第 0 期的实际购买力表示，那么该现金流量是实际现金流量。同样，名义现金流量与实际现金流量之间的关系也是由预期的通货膨胀率来决定，即

$$实际现金流量=\frac{名义现金流量}{1+r_{通货膨胀}} \tag{5-9}$$

那么，我们在进行资本预算时应该如何选择利率和现金流量的形式呢？请记住，在现金流量和利率之间一定要保持一致性，即

"名义现金流量"用"名义"利率折现。

"实际现金流量"用"实际"利率折现。

如果名义现金流量按照实际折现率来折现，得出的净现值将被高估；如果实际现金流量按照名义折现率来折现，得出的净现值将被低估。如果这两者之间保持一致的话，按照两种方法计算出来的项目净现值将会相等。

[例 5-7]　某项目将在未来几年内产生的现金流量如表 5-5 所示。假设名义利率为 12%，通货膨胀率预计为 5%，那么该项目的净现值是多少？

表 5-5　　单位：元

项　目	C_0	C_1	C_2	C_3
A	−10 000	8 000	5 000	6 000

①使用名义利率和名义现金流量计算。

$$NPV=-C_0+\frac{C_1}{1+r_{名义}}+\frac{C_2}{(1+r_{名义})^2}+\frac{C_3}{(1+r_{名义})^3}$$

$$=-10\,000+\frac{8\,000}{1.12}+\frac{5\,000}{(1.12)^2}+\frac{6\,000}{(1.12)^3}$$

$$=5\,399.51(元)$$

②使用实际利率和实际现金流量计算。

$$r_{实际}=\frac{1+r_{名义}}{1+r_{通货膨胀}}-1=\frac{1.12}{1.05}-1$$

$$NPV=-C_0+\frac{C_1/(1+r_{通货膨胀})}{1+r_{实际}}+\frac{C_2/(1+r_{通货膨胀})^2}{(1+r_{实际})^2}+\frac{C_3/(1+r_{通货膨胀})^3}{(1+r_{实际})^3}$$

$$=-10\,000+\frac{8\,000/1.05}{1.12/1.05}+\frac{5\,000/(1.05)^2}{(1.12/1.05)^2}+\frac{6\,000/(1.05)^3}{(1.12/1.05)^3}$$

$$=5\,399.51(元)$$

从上述计算结果可以看出，无论是按名义利率折现名义现金流量，还是按实际利率折现实际现金流量，得到的项目净现值都是一样的。因此，我们在进行资本预算时利用这两种方法的任何一种都可以，但一定要注意现金流量与折现率之间的一致性。

既然在考虑通货膨胀的情况下名义现金流量和实际现金流量并未对项目净现值产生影响，那么，通货膨胀本身是否会影响项目净现值呢？或者说，通货膨胀率的上升是会增加、减少，还是会维持项目的净现值？

[例 5－8]　现有一个项目，初始投资为 20 万元。在没有通货膨胀的情况下，项目每年产生折旧息税前收益 8 万元。按直线折旧法进行折旧，在项目寿命期的第 4 年末无残值。假设折现率为 10%（实际以及名义），公司所得税率为 25%，如表 5－6 所示。如果不存在通货膨胀，该项目的净现值是多少？

通货膨胀对净现值的影响

表 5－6　通货膨胀率为 0 时的项目现金流量　　单位：元

年	初始投资	*EBITDA*	折旧	净收益（t＝25%）	现金流量
0	－200 000				
1		80 000	50 000	22 500	72 500
2		80 000	50 000	22 500	72 500
3		80 000	50 000	22 500	72 500
4		80 000	50 000	22 500	72 500

在没有通货膨胀的情况下，该项目的净现值为：

$$NPV=-C_0+\frac{C}{1+r}+\frac{C_2}{(1+r)^2}+\frac{C_3}{(1+r)^3}+\frac{C_4}{(1+r)^4}$$

$$=-200\ 000+\frac{72\ 500}{1.1}+\frac{72\ 500}{(1.1)^2}+\frac{72\ 500}{(1.1)^3}+\frac{72\ 500}{(1.1)^4}$$

$$=29\ 815.24（元）$$

现在假设通货膨胀率上升到每年 5%，折旧息税前收益的上升也与通货膨胀率保持一致，该项目的名义现金流量见表 5－7。

表 5－7　通货膨胀率为 5%时的项目现金流量　　单位：元

年	初始投资	*EBITDA*	折旧	净收益（t＝25%）	现金流量
0	－200 000				
1		84 000	50 000	25 500	75 500.00
2		88 200	50 000	28 650	78 650.00
3		92 610	50 000	31 958	81 957.50
4		97 241	50 000	35 430	85 430.38

在考虑通货膨胀的情况下，项目的净现值可以用名义现金流量计算，也可以用实际现金流量计算。

①使用名义折现率和名义现金流量计算。

由于通货膨胀率上升到5%，那么，项目的名义折现率可以根据10%的实际折现率和通货膨胀率计算得出，即

$$r_{名义}=(1+r_{实际})\times(1+r_{通货膨胀})-1=1.1\times1.05-1=15.5\%$$

$$NPV=-C_0+\frac{C_1}{1+r_{名义}}+\frac{C_2}{(1+r_{名义})^2}+\frac{C_3}{(1+r_{名义})^3}+\frac{C_4}{(1+r_{名义})^4}$$

$$=-200\ 000+\frac{75\ 500}{1.155}+\frac{78\ 650}{(1.155)^2}+\frac{81\ 957.5}{(1.155)^3}+\frac{85\ 430.38}{(1.155)^4}$$

$$=25\ 521.22(元)$$

②使用实际利率和实际现金流量计算。

$$NPV=-C_0+\frac{C_1/(1+r_{通货膨胀})}{1+r_{实际}}+\frac{C_2/(1+r_{通货膨胀})^2}{(1+r_{实际})^2}+\frac{C_3/(1+r_{通货膨胀})^3}{(1+r_{实际})^3}+\frac{C_4/(1+r_{通货膨胀})^4}{(1+r_{实际})^4}$$

$$=-200\ 000+\frac{75\ 500/1.05}{1.1}+\frac{78\ 650/(1.05)^2}{(1.1)^2}+\frac{81\ 957.5/(1.05)^3}{(1.1)^3}+\frac{85\ 430.38/(1.05)^4}{(1.1)^4}$$

$$=25\ 521.22(元)$$

利用名义利率折现名义现金流量与利用实际利率折现实际现金流量得到的净现值完全一样。不过，随着通货膨胀率上升，即使企业经营收益的上升幅度与通货膨胀率保持一致，但存在通货膨胀时的项目净现值也低于该项目在无通货膨胀时的净现值。导致这一结果的原因是，折旧是根据固定资产的账面值来提取的，它不受通货膨胀的影响，因而随着通货膨胀率的上升，折旧的节税收益反而下降了，由此引致净现值的降低。

第二节　特殊情况下的资本预算决策

一、资本限额下的资本预算决策

在第四章讨论资本预算方法时，我们都基于一个假设前提，即如果公司接受每一个具有正净现值的项目，则公司的价值可以达到最大化。然而，在某些情况下，由于资

金有限，企业无法选择所有净现值大于0的投资项目，这就是资本限额。当存在资本限额时，如何在资源许可的范围内选择项目，尽可能地使项目净现值最大化，就是资本限额决策问题。

一般来说，资本限额产生的原因主要有以下三个方面。

第一，企业由于种种原因无法筹集到足够的资金。例如，企业的股票市场价格过低，使得企业不愿意通过再次发行股票的方法筹集资金。而如果利用债务融资，可能造成企业负债率过高，加大债务风险。还有些非上市公司主要依赖内部资金发展，从而受到内部资金量的限制。

第二，企业规模扩张速度过快，其融资规模和融资能力无法满足投资的需求。

第三，一些宏观调控措施的出台可能使企业在某些时间内无法正常地筹集资金，或者融资成本过高。

［**例 5－9**］　某公司面临以下三个投资机会，如表 5－8 所示。假设折现率为 10%。

表 5－8　　单位：元

项　目	C_0	C_1	C_2	净现值(r=10%)	盈利指数
A	－100 000	300 000	50 000	214 049.59	3.14
B	－50 000	50 000	200 000	160 743.80	4.21
C	－50 000	50 000	150 000	119 421.49	3.39

项目 A、B、C 都是好项目，但如果公司的可用资金只有 100 000 元，那么，公司的投资对象可以是项目 A，也可以是项目 B 和项目 C，但不可能对三个项目都进行投资。尽管项目 B 和项目 C 的净现值都低于项目 A，但两者合起来却有更高的净现值，因此，我们不能仅根据单个项目的净现值来对不同项目进行选择。由于资金有限，我们就需要选择使每单位初始投资的净现值最大的项目，盈利指数就是资本限额下确定最佳项目的有力工具。

就 A、B、C 三个项目而言，项目 B 的盈利指数最高，项目 C 的盈利指数次之。因此，如果可用的资金只有 100 000 元，我们就应该接受项目 B 和项目 C。

运用盈利指数选择项目的步骤如下：

(1) 确定可用于投资项目的资金数额，这代表资本预算的约束条件。

(2) 计算所有可接受项目的净现值，估算每一个项目所需的初始投资额。

(3) 计算所有可接受项目的盈利指数。

(4) 根据盈利指数将项目排序。

(5) 按盈利指数的大小，由高到低选择项目。同时，计算被采用项目的累积初始投资额，并把它与可用于投资的资金数额进行比较。

(6) 当项目累积初始投资额达到资金限制条件时，就不再接受其他的项目。

然而，盈利指数法也有一些局限性，尤其是当资本约束不止一种时，这种方法可能会失效。

[例 5-10] 假设公司在现在和 1 年后可分别筹集到 100 000 元，而可行的项目有 4 个，如表 5-9 所示。假设折现率为 10%。

表 5-9　　单位：元

项　目	C_0	C_1	C_2	净现值(r=10%)	盈利指数
A	−100 000	300 000	50 000	214 049.59	3.14
B	−50 000	50 000	200 000	160 743.80	4.21
C	−50 000	50 000	150 000	119 421.49	3.39
D	0	−400 000	600 000	132 231.41	1.33

对于这 4 个投资项目：一种选择是接受项目 B 和项目 C，但这就导致项目 D 被拒绝，因为项目 D 的投资成本高于 1 年后的预算限制；另一种选择是现在接受项目 A，尽管其净现值低于项目 B 和项目 C 的净现值总和，但它能在第 1 年末产生 300 000 元的现金流入，这笔现金流量与 1 年后筹集到的 100 000 元加起来，就有足够的资金实施项目 D。与项目 B 和项目 C 相比，虽然项目 A 和项目 D 的盈利指数较低，但它们的净现值总和却更高，所以应该选择项目 A 和项目 D。

总之，在资本有限的情况下，我们可以运用盈利指数法来选择投资项目。但当资本的约束条件不止一个时，盈利指数法将不会有效。

二、不同寿命期的资本预算决策

在许多情况下，公司必须在具有不同寿命期的项目中进行选择。此时，公司就不能仅依赖于净现值进行判断，因为项目的期限越长，未来产生的现金流量可能越多，其净现值可能就越大。如果在两个具有不同寿命期的互斥项目中进行选择，那么就必须在相同的寿命期内评价项目。

[例 5-11] 假设在一个 3 年期的项目 A 和一个 6 年期的项目 B 之间进行选择。项目 A 的初始投资为 500 万元，且在以后的 3 年内每年产生 240 万元的现金流量。项目 B 的初始投资为 800 万元，并在以后的 6 年内每年产生 200 万元的现金流量。假设两个项目的折现率均为 8%，那么哪个项目更可取？

计算两个项目的净现值：

$$NPV_A = -C_0 + C_1 \times A_r^T = -500 + 240 \times A_{8\%}^3 = 118.50(\text{万元})$$

$$NPV_B=-C_0+C_1\times A_r^T=-800+200\times A_{8\%}^6=124.58(\text{万元})$$

由以上结果似乎可以看出，项目B优于项目A，然而该分析忽略了3年期项目从第4年到第6年可能产生的额外净现值。

在对不同寿命期项目进行比较时，公司必须考虑到它将有机会在短期项目结束后可以继续投资，从而有可能产生额外的净现值。因此，对于不同寿命期项目的决策，可以利用下面两种方法，即周期匹配和等价年度成本。

（一）周期匹配

为了解决项目的不同寿命期问题，我们假设项目可以被复制，直到各个项目具有相同的寿命期为止，然后计算复制后的项目净现值，再根据净现值的大小进行选择。

续[例5-11]　我们假设3年期的项目A被进行了两次，这样，其净现值为：

$$NPV_A=118.50+\frac{118.50}{(1.08)^3}=212.57(\text{元})$$

很显然，当项目A被复制为一个6年期的项目后，其净现值就大于6年期的项目B的净现值。

通过对不同寿命期的项目进行复制，使它们的寿命期相匹配，从而可以利用净现值法进行比较分析。然而，在实践中，如果项目的数量较多，其各项目的寿命期并不正好是互为倍数和乘数关系，那么该方法就变得非常复杂。例如，如果利用该方法来分析寿命期分别为7年、9年、11年的三个项目，公司不得不将这些寿命期复制到693年才能得到一个相等的数值。鉴于此，我们介绍第二种方法。

（二）等价年度成本

等价年度成本（EAC）是指某项资产或某项目在其整个寿命期间每年收到或支出的现金流量。运用等价年度成本进行项目选择时，如果在项目寿命期内是收到现金流量，则等价年度成本大的项目可以被采纳；如果在项目寿命期内是支出现金流量，则等价年度成本小的项目应该被接受。

利用[例5-11]　我们计算项目A和项目B的等价年度成本，再根据等价年度成本的大小进行选择。

① 通过求取与项目A的寿命期内的成本等额的3年期年金来计算等价年度成本。

$$NPV_A=C_A\times A_{8\%}^3=118.50(\text{元})$$

项目A的等价年度成本 $C_A=\dfrac{118.50}{A_{8\%}^3}=45.98(\text{元})$

② 计算项目B的等价年度成本。

$$NPV_B=C_B\times A_{8\%}^6=124.58(\text{元})$$

项目 B 的等价年度成本 $C_B=\frac{124.58}{A_{8\%}^{6}}=26.95$(元)

从计算结果可以得知，项目 A 的等价年度成本大于项目 B。由于在这两个项目的寿命期内是收到现金流量，因此，等价年度成本大的项目 A 更可取。

[例 5-12] 假设有两种机器 A 和 B，公司必须从中选用一种。两种机器的设计虽然不同，但生产能力完全相同，只能从事完全相同的工作。机器 A 的购置费为 15 000 元，可以使用 3 年，每年的使用费为 5 000 元。机器 B 的购置费为 10 000 元，但它只能使用 2 年，每年的使用费是 6 000 元。如表 5-10 所示。假设折现率为 10%，公司应该购买哪一种机器？

表 5-10 单位：元

成 本	C_0	C_1	C_2	C_3
机器 A	15 000	5 000	5 000	5 000
机器 B	10 000	6 000	6 000	

由于这两种机器生产完全相同的产品，那么选择的依据只能是机器的成本。但是不是就应该选取成本现值较低的机器呢？并不一定，因为这两种机器的使用期不一样，所以我们需要计算两种机器的等价年度成本，进行比较后做出决策。

① 机器 A。

成本现值 $P_A=15\ 000+\frac{5\ 000}{1.1}+\frac{5\ 000}{(1.1)^2}+\frac{5\ 000}{(1.1)^3}=27\ 434.5$(元)

将成本的现值总额分解为每年的成本，可以得到等价年度成本：

$PV_A=C_A\times A_{10\%}^{3}=27\ 434.5$(元)

等价年度成本 $C_A=\frac{27\ 434.5}{A_{10\%}^{3}}=11\ 031.61$(元)

② 机器 B。

成本现值 $P_B=10\ 000+\frac{6\ 000}{1.1}+\frac{6\ 000}{(1.1)^2}=20\ 413.22$(元)

计算得到等价年度成本：

$PV_B=C_B\times A_{10\%}^{2}=20\ 413.22$(元)

等价年度成本 $C_B=\frac{20\ 413.22}{A_{10\%}^{2}}=11\ 762.16$(元)

由于机器 A 的等价年度成本低于机器 B，因此公司应该选择机器 A。

对机器 A 和机器 B 的等价年度成本，我们可以将它们看成是每年租用设备的租金。因此，对于使用期不同的设备等固定资产的投资，我们的选取原则就是选取租金要求最低，即等价年度成本最低的设备。

[**思考题 5－2**]　设备 1 和设备 2 是互斥的，设备 1 的寿命期为 2 年，设备 2 的寿命期是 3 年。这两台设备购买费用和经营成本如表 5－11 所示。

表 5－11　　单位：元

现金流量	C_0	C_1	C_2	C_3
设备 1	10 000	1 100	1 200	
设备 2	12 000	1 100	1 200	1 300

假设折现率都是 10%，计算它们的等价年度成本，并判断购买哪一个设备更好？

另外，假设你还有一个旧设备，并能再使用 1 年，但是它将花费 2 500 元的维修费和 1 800 元的经营成本。那么，用设备 1 或者设备 2 去置换它是否值得？

三、更新决策

视频讲解

更新决策

更新是对技术上或经济上不宜继续使用的旧资产，用新的资产更换或用先进的技术对原有设备进行局部改造。更新决策指是否用一个具有相同功能的新资产取代现有资产的决策，它包括两个方面的问题：一是决定是否更新，即继续使用旧资产还是更新为新资产；二是决定选择什么样的资产来更新。这两个问题是紧密相连的。更新决策就是在继续使用旧设备和购置新设备之间进行选择，任何更新决策都有可能带来现金流量的变化。一般而言，在更新决策中，现金流量的变化有以下几种情形：

（1）因为购置新设备的金额将超过任何出售旧设备所得到的金额，所以用新设备置换旧设备将导致现金流出。

（2）使用新设备将会降低经营成本或提高经济效益，从而在新机器的使用期内产生现金流入。同时，新机器的使用会增加折旧的节税收益，这也使得现金流入有所增加。

（3）新设备使用期末的残值表现为差别残值，即新设备的残值与旧设备不被置换并继续使用至期末时的残值的差额，残值收入也是一种现金流入。

［**例 5－13**］ 某金融服务公司正考虑更新计算机设备。旧设备目前的账面价值为 50 000 元，剩余使用期为 5 年，且可以按 20 000 元售出，不考虑资本收益税。新设备的购置成本为 150 000 元，使用期为 5 年，使用了新设备后年营业费用将降低 40 000 元。假设新旧设备均采用直线折旧法，5 年后均无残值。公司所得税率为 25％，折现率为 10％。该公司是否应该进行设备的更新？

新设备的净初始投资＝－150 000＋20 000＝－130 000(元)

采用新设备增加的折旧节税收益＝(30 000－10 000)×0.25＝5 000(元)

采用新设备增加的年税后收益＝40 000×(1－0.25)＝30 000(元)

那么，更新决策的净现值为：

更新决策的净现值＝－130 000＋(30 000＋5 000)×$A_{10\%}^{5}$＝2 678(元)

由于更新设备后将产生净现值 2 678 元，因此可以进行设备更新。

四、扩展决策

扩展决策将考虑增加额外的投资，从而扩大现有的项目或设施，以增加未来的现金流量。与扩展决策有关的现金流量包括以下几种：

(1) 当现有设施被扩大，新设备被购买时，就产生了现金流量。

(2) 作为扩展决策的结果之一，当增加的生产能力使公司能够满足现有生产能力无法满足的需求时，该公司将会产生额外的收益。这些收益将会在未来提供额外的现金流量，并且这些现金流量将会因折旧节税收益的增加而有所增加。

(3) 在项目期末，因扩展投资而产生的增量残值也是一种现金流入。

［**例 5－14**］ 某商店正考虑扩大经营规模，预计投资资金 500 000 元，并在未来 10 年内采用直线折旧法进行折旧，期末无残值。扩展决策采用后的下一年开始，商店每年的收益将增加 200 000 元。假设折现率为 10％，公司所得税率为 25％。那么，该扩展决策是否可行？

扩展的初始投资＝－500 000(元)

扩展带来的折旧节税收益＝50 000×0.25＝12 500(元)

因扩展增加的年税后收益＝200 000×(1－0.25)＝150 000(元)

那么，扩展决策的净现值为：

扩展决策的净现值＝－500 000＋(150 000＋12 500)×$A_{10\%}^{10}$＝498 497.5(元)

由于扩展投资后将产生净现值 498 497.5 元，因此可以进行扩大投资。

五、投资时机决策

投资时机决策是决定何时采用项目的决策。例如，拥有产品专利权的企业必须决定何时推出该产品。这类决策既会产生一定的效益，也会伴随相应的成本。在等待时机的过程中，企业能够得到更充分的市场信息或等到更高的产品价格，或者有时间继续提高产品质量。但是，这些决策有时还可能伴随因等待而引起的时间价值的损失，以及竞争者抢先占有市场的危险。另外，成本也会随着时间的延长而增加。如果等待时机的利益超过伴随而来的成本，那么，企业应该采取等待时机的策略。

投资时机决策的另一种方法是计算项目的净现值，当项目的净现值为最大时，便是采用项目的最佳时机。

［例 5－15］　某公司研制出了一种新产品，正考虑把它投放到市场上。公司目前的收益为 100 000 元，成本为 80 000 元。若推出新产品，将给公司带来额外的收益。但新产品推出时期不同，公司获取收益的增长速度将有所不同，增长率如表 5－12 所示。假设成本每年增长 3%，折现率为 10%，公司所得税率为 25%。那么，公司应该何时推出该新产品？

表 5－12　新产品在不同时期的现金流量　　单位：元

年	增长率(%)	产品销售收入	成本	净收益($t=25\%$)	*NPV*
0		100 000	80 000	15 000	15 000.00
1	10	110 000	82 400	20 700	18 818.18
2	18.8	118 800	84 872	25 446	21 029.75
3	25.928	125 928	87 418	28 882	21 699.47
4	30.965	130 965	90 041	30 693	20 963.73
5	33.584	133 584	92 742	30 632	19 020.06

为了决定推出新产品的时机，我们计算了各年推出新产品的净现值。通过比较各年净现值的大小，可以发现在第 3 年推出新产品能够获得最大的净现值，也就是说，第 3 年是最佳投资时机。

投资时机的决策原则

选择净现值最高的时间进行投资。

本章小结

本章讨论了增量现金流量的概念和构成，沉没成本是过去发生的成本，不属于增量现金流量，但机会成本和营运资本变动会影响现金流量和净现值，在估算现金流量时，应将机会成本和营运资本考虑在内。

本章考察了折旧、通货膨胀与现金流量的关系。由于折旧具有节税效应，因而折旧的存在将增加公司的现金流量，但是，通货膨胀的上升将减少折旧的节税收益，从而会减少公司的现金流量。另外，在考虑通货膨胀的情况下，对名义现金流量折现应该用名义利率，对实际现金流量应该用实际利率。

本章分析了特殊情况下的资本预算问题。当公司面临有限的资源时，就不能仅依赖于净现值法，而盈利指数法将成为一个有效的决策方法。如果对几个项目进行选择，净现值法只能应用于具有相同寿命期的项目。当比较寿命期不同的几个项目时，需要利用等价年度成本，或者利用周期匹配法来选择项目。另外，更新决策和扩展决策的运用可以通过分析这些决策对企业增量现金流量的影响来进行。

关键术语

增量现金流量　沉没成本　机会成本　营运资本　折旧　通货膨胀
名义现金流量　实际现金流量　名义利率　实际利率　等价年度成本
资本限额　更新决策　扩展决策　投资时机决策

思考与练习

1. 名义利率与实际利率的区别是什么？

2. 名义现金流量与实际现金流量的区别是什么？

3. 什么是等价年度成本？

4. 某公司打算购买一台设备，购买价为100万元，预计使用期为5年，5年后无残值，采用直线折旧法提取折旧。预计该设备每年能带来50万元的收入，营业费用（不包括折旧费）为收入额的30%。假设折现率为10%，公司所得税率为25%。

（1）估算该项目每年的税后现金流量。

（2）估算该项目的净现值。

（3）该项目的净现值中有多少来自于折旧的节税收益？

5. 某公司现有一个5年期的项目。预计未来第一年的销售收入为15万元，在接下来的4年内销售收入将随着通货膨胀率增长10%。同时，存货将维持在下一年销售收入的8%，应收账款与应付账款的差额保持在当年销售收入的5%，且所有的商业信用将在下一年年底结清。那么该项目的净营运资本要求是多少？

6. 某工厂正考虑购买一个仓库，每年租金收入为600 000元，由于签订了长期租约，因此租金收入在未来5年内不会发生改变。明年，仓库开支为15 000元，之后将随着通货膨胀每年递增3%。5年后该仓库可以150万元的价格卖出（此价格考虑了通货膨胀效应）。假设资金的机会成本为8%，工厂愿意出价多少购买该仓库？

7. 某工厂正在考虑更新一台旧机器的可能性。这台旧机器的账面价值为50万元，剩余的折旧年限为5年。若购买一台新机器将花费200万元，其使用期为10年，旧机器可以按30万元售出。

不考虑资本收益税，采用直线折旧法，且在机器使用期末无残值。假设折现率为 10%，公司所得税率为 25%。工厂每年必须获益多少才能收回这一更新计划的成本？

8. 某商店正在考虑增加咖啡经营业务。预计初始投资成本为 20 万元，每年的服务费用为 6 万元。作为该计划的结果，商店的销售收入将在现有的 500 万元的基础上增长 15%。经营费用占销售收入的 65%。预计商店将继续经营 10 年，采用直线折旧法。假设折现率为 10%，公司所得税率为 25%，那么商店的经营者是否应该提供此项服务？

9. 某公司正在考虑一个新项目。项目的销售收入和净营运资本如下表：

单位：元

年份	销售收入	净营运资本
0	0	400
1	60 000	500
2	70 000	500
3	80 000	700
4～6	100 000	700

变动成本为销售收入的 60%，项目投资额为 24 万元，且在项目期限内按直线折旧法计提折旧，期末无残值。但实际上，该设备在第 6 年末可售得 20 000 元。若折现率为 8%，公司所得税率为 25%，该公司是否应该进行这个新项目？

10. 现有三种投资选择：

(1) 项目 A 需要初始投资 500 万元，并在其后的 5 年里，每年产生税后现金流量 250 万元。

(2) 项目 B 无初始投资，在其后的 10 年里，每年产生税后现金流量 100 万元。

(3) 项目 C 需要初始投资 1 000 万元，每年产生税后现金流量 250 万元，并且一直持续下去。

三个项目的折现率均为 10%，那么应该选择哪个项目？为什么？

11. 考虑下面两个互斥项目：

单位：元

项　目	C_0	C_1	C_2	C_3
A	−40 000	20 000	30 000	3 000
B	−50 000	10 000	20 000	40 000

项目 A 的现金流量是实际现金流量，项目 B 的现金流量是名义现金流量。若折现率为 10%，通货膨胀率为 4%，公司应该接受哪个项目？

12. 某公司正考虑从两个相互排斥的设备 A 和 B 中选择一个，预计两个设备分别会产生以下的现金流量，假设折现率为 10%。

单位:元

项　目	C_0	C_1	C_2	C_3
A	−100 000	150 000	160 000	
B	−120 000	110 000	140 000	120 000

(1) 计算每个设备的净现值。

(2) 计算每个设备的等价年度现金流量。

(3) 该公司应选择哪个设备?

13. 某公司正考虑进行一项商业房地产投资项目,公司预测该项目未来 4 年的自由现金流量如下:

单位:元

	第一年	第二年	第三年	第四年
自由现金流	−103 000	−8 000	64 000	177 000

假设 4 年后的自由现金流以每年 2%的速度增加,如果公司的资本成本为 16%,那么 4 年后的现金流量在第四年的价值是多少? 该项目的现值为多少?

14. 某公司正考虑将 4 台旧机器换成一台新式机器。旧机器目前每台价值 2 000 元,每台每年运营费用为 500 元,4 年后每台价值为 100 元。所有的机器耗损后都需要进行重置。一台新式机器的购买和安装费用共为 20 000 元,每年运营费用为 350 元,8 年后的价格为 2 000 元。假设机会成本为 10%,不考虑税收,该公司是现在重置机器还是以后重置?

15. 一年前,某公司花费 90 000 元购买了一台机器。现在购买该机器需要花费 100 000 元。新机器采用直线折旧法计提折旧,折旧年限为 5 年,无残值。预计在未来的 5 年里,新机器每年将产生 48 000 元的毛利润。预计当前的旧机器每年将产生毛利润 30 000 元。旧机器按直线法折旧,折旧(使用)年限为 6 年,无残值,所以旧机器每年的折旧费是 15 000 元。旧机器的当前市场价值是 50 000 元。公司所得税率是 25%,资金的机会成本是 8%。公司应该置换这台旧机器吗?

16. 现有一个 5 年期的项目。预计每年销售收入为 450 000 元,变动成本为收入的 60%,固定成本为每年 35 000 元。项目投资成本为 300 000 元,且在项目期限内按直线折旧法计提折旧,项目结束时可以回收 1/3 的初始投资。期初的净营运资本为 10 000 元,项目结束时该净营运资本全部收回。若折现率为 10%,公司所得税率为 25%。请问该项目的最高竞价是多少?

第六章　资本预算中的不确定性分析

本章学习目的

掌握敏感性分析和场景分析方法的运用。

掌握盈亏平衡分析方法的运用，并区分会计盈亏平衡分析法和净现值盈亏平衡分析法。

掌握决策树分析方法的运用。

了解实物期权在资本预算的不确定性分析中的运用。

项目决策总是会存在一定程度的不确定性。在进行不确定性分析时，我们可以通过改变假设条件并研究这一变动对投资分析结果的影响力来测试该投资分析的适用性；然后，利用以上得出的结果进行最终的项目决策。另外，企业在进行资本预算时也会考虑投资经营灵活性的项目，此时，调整项目的机会就显得相对重要。在资本预算中进行不确定性分析的方法主要包括敏感性分析、场景分析、盈亏平衡分析、决策树分析以及实物期权。

第一节　敏感性分析

一、敏感性分析

大部分投资分析基于对未来现金流量和收益的预期之上，同时这些预期也提供了对基础状态分析的预测。大部分的预测都具有不确定性，其结论会随着基础状态分析中的一种或多种假设的变动而受到影响。

(一) 运用

敏感性分析(sensitivity analysis)是指研究投资决策方法对项目假设条件变动的

敏感性的一种分析方法。其分析步骤有以下四步：

(1) 基于对未来的预期，估算基础状态分析中的现金流量和收益。

(2) 找出基础状态分析中的主要假设条件。通常这些假设条件是有关公司收益水平等的变量以及经济增长等宏观经济方面的变量，尽管宏观经济情况不为公司所控制，但可能会对公司的现金流量和投资分析的结论产生较大影响。

(3) 改变分析中的一个假设条件，并保持其他假设条件不变，然后估算该项目在发生以上变化后的净现值。

(4) 把所得到的信息与基础状态分析相联系，从而决定该项目是否可行。

如果投资决策指标对这一变量的微小变化有较大的反应，说明该变量对投资结果有较大的影响，该变量预测值的准确与否对投资决策非常关键。反之，如果投资决策指标对某一变量的变化反应不明显，则说明该变量对投资结果的影响不大，其预测值即使出现了较大的偏差，也不会对投资的最终结果产生根本性的影响。

[例 6-1]　假设有一个投资方案，初始投资额为 500 万元，购置的设备使用期为 10 年，第 10 年末无残值。该投资的一些基本数据如表 6-1 所示。采用的折现率为 10%。

表 6-1　　单位：万元

	第 0 年	第 1—10 年
初始投资额	500	
销售收入		500
销售费用		250
管理费用		20
折旧		50
税前利润		180
所得税($t=25\%$)		45
税后利润		135
折旧		50
现金流量		185

$$\text{该投资的净现值 } NPV=-500+\sum_{t=1}^{10}\frac{185}{(1.1)^t}=636.75(\text{万元})$$

然而，在实际中，每年的现金流量会受到产量、价格、成本等一些因素的影响。那么，在考虑未来不确定因素的情况下，进行资本预算决策常用的敏感性分析是分析净现值和内部收益率对各因素的敏感程度。

以[例 6－1]的数据为基础，分析单位价格变动对净现值的影响。根据数据，我们可以看出，由于单位价格的变动，产品的销售收入、销售费用等会发生相应的变化。单位价格变动引起的净现值和内部收益率的变化如表 6－2 所示。

表 6－2　单位价格变动的敏感性分析　　单位：万元

单位价格变动	－30%	－20%	－10%	0%	10%	20%	30%
单位价格	0.35	0.40	0.45	0.50	0.55	0.60	0.65
销售收入	350	400	450	500	550	600	650
销售费用	250	250	250	250	250	250	250
管理费用	17	18	19	20	21	22	23
折旧	50	50	50	50	50	50	50
税前利润	33	82	131	180	229	278	327
所得税($t=25\%$)	8.25	20.5	32.75	45	57.25	69.5	81.75
税后利润	24.75	61.5	98.25	135	171.75	208.5	245.25
折旧	50	50	50	50	50	50	50
现金流量	74.75	111.5	148.25	185	221.75	258.5	295
投资总额	500	500	500	500	500	500	500
净现值($r=10\%$)	－40.69	185.12	410.94	636.75	862.57	1 088.38	1 312.66
内部收益率(*IRR*)	8%	18%	27%	35%	43%	51%	58%

由表 6－2 可以看出，单位价格变动越大，净现值和内部收益率的变动也越大，净现值和内部收益率与单位价格呈相同方向变化。同样，我们也可以计算销售量、销售费用中的变动成本等的变动对净现值以及内部收益率的影响。

关于一个项目是否可行的最终决策将基于基础状态分析和来自于敏感性分析的补充信息。根据敏感性分析的结果，决策者完全有理由推翻基础分析的结果，拒绝项目的可行性。例如，决策者可以因为营业利润的轻微下跌而不接受项目，他认为营业利润可能会随时间产生相当大的波动。

当然，如果销售估计出现差错，项目将可能失败。这样，你需要搜集很多与销售量有关的信息。然而，有关市场规模以及固定成本的更多信息却没有多大价值，因为即使在市场规模或固定成本的悲观假设下，项目也能带来较少的盈利。

（二）局限性

敏感性分析对现金流量追根溯源，寻求其与项目关键变量间的数量关系。这就需要确定什么是基础变量，辨明什么样的附加信息最有价值，从而可以发现项目预测中的错误。

然而，敏感性分析也存在一些缺陷。首先，在进行敏感性分析时，只允许一个假设发生变动，而其他假设必须保持不变。但在实际中，这些变量常会一起变动。

其次，在敏感性分析中，基础变量可能会相互影响。例如，仅考虑价格上升是否真的有意义？如果通货膨胀推动价格上升直至当前的产品价格上限，很可能成本也已上升至相应水平。

再次，对敏感性分析结果的应用也存在主观性。针对同一个敏感性分析结果，某决策者可能会因此而拒绝该项目，而其他决策者可能会接受这一项目。这种态度上的区别可能取决于决策者对项目风险的厌恶程度。

二、场景分析

敏感性分析主要考察了一次只改变一个变量的后果，而实际上某些因素可能不止影响一个变量，而且，不同变量的变化很有可能是相互关联的。例如，低效的管理将导致成本难以得到控制，那么，项目的变动成本、固定成本和总投资这三个变量就很可能同时超过预期的正常估计水平。因此，可以采用场景分析来消除这一敏感性分析所存在问题的影响。

场景分析（scenario analysis）要改变多个变量对投资决策的影响，是一种改进后的敏感性分析方法。这种方法考察一些可能出现的不同场景，每种场景综合了各种变量的影响。一般而言，场景分析至少要分析基本状况、最佳状况和最差状况三种。所谓基本状况，是指以投资项目的市场销售状况、价格、成本等各项预测的期望值为分析基础的状态；而最佳状况和最差状况则是分别以上述预测的最优值和最差值为分析基础的状态。通常预测者更愿意就某种特定的场景给出收入或者成本的估计，而不是仅给出某种乐观或者悲观的数量估计。

［**例 6－2**］ 某公司正考虑投入 1 000 万元扩大电动自行车的生产规模。估计正常情况下的市场规模为 10 万辆，该公司有可能占有 10％的市场份额。假设未来由于石油价格上涨以及大中型城市对汽车牌照的限制，电动自行车的市场规模将达到 20 万辆，该公司的市场份额将再增加 3％。在这种情形下，单位售价和成本也可能上升 15％。但另一方面，油价上涨可能导致世界经济衰退，并引起消费需求不振。此时，单位售价和成本可能会下降 15％。表 6－3 为不同场景下的项目现金流量。

表 6-3　不同场景下的现金流量预测(第 1—10 年)

	基础情形	经济衰退的情形	油价上升的情形
市场规模(万辆)	10	6	20
市场份额	0.1	0.08	0.13
单位价格(元)	2 000	1 700	2 300
单位变动成本(元)	1 500	1 275	1 725
销售收入(万元)	2 000	816	5 980
变动成本额(万元)	1 500	612	4 485
固定成本额(万元)	25	21.25	28.75
折旧(万元)	15	15	15
税前利润(万元)	460	167.75	1 451.25
所得税(t=25%)(万元)	115	41.94	362.81
税后利润(万元)	345	125.81	1 088.44
折旧(万元)	15	15	15
现金流量(万元)	360	140.81	1 103.44
投资总额(万元)	1 000	1 000	1 000
净现值(r=10%)(万元)	1 212.06	−134.78	5 780.2
内部收益率(*IRR*)	34%	7%	110%

从表 6-3 可以看出,石油价格上涨以及政府出台的政策会对公司的投资项目有益,而经济衰退以及由此引起的消费低迷则不利于投资项目的实施。由于场景分析可以同时考察多个变量的互动的不同组合情况,因此对资本预算决策是很有用的。

第二节　盈亏平衡分析

无论公司是进行项目的敏感性分析还是采用场景分析方法,都是为了回答这样一个问题:如果销售额或者项目成本不如预期的那样,项目状况究竟会恶化到什么程度。但有时经理们会考虑,在项目开始亏损时的销售水平将是怎样的。这就是所谓的盈亏平衡分析(break-even analysis)。盈亏平衡分析是敏感性分析方法的有效补充,这是因为它向我们揭示了错误预测的严重性。下面将分别从会计和净现值的角度进行盈亏平衡分析。

一、会计盈亏平衡

会计盈亏平衡分析是确定某一产品或公司的销售量，在该销售量上收入正好弥补成本，该产品或公司的净收益为零。如果项目的成本可以被分为固定成本和变动成本，并且单位边际贡献等于单位销售价格减去单位变动成本，那么，会计盈亏平衡点的计算公式为：

$$\text{会计盈亏平衡点}=\frac{(\text{固定成本}+\text{折旧})(1-T_c)}{(\text{销售单价}-\text{单位变动成本})(1-T_c)} \tag{6-1}$$

［**例 6-3**］　某公司计划投资 150 万元生产电动自行车，其相关数据如表 6-4 所示。

表 6-4　投资项目的现金流量预测(第 1—10 年)

	第 0 年	第 1—10 年
初始投资额(万元)	150	
单位价格(元)		2 000
年销售量(台)		10 000
年销售收入(万元)		2 000
单位变动成本(元)		1 500
固定成本(万元)		25
折旧(万元)		15
税前利润(万元)		460
所得税(t=25%)(万元)		115
税后利润(万元)		345
折旧(万元)		15
现金流量(万元)		360
净现值(r=10%)(万元)		2 062.06

项目每年的税后成本为：

$(\text{固定成本}+\text{折旧})\times(1-T_c)=(25+15)\times0.75=30$(万元)

每台电动车的税后收入为：

$(\text{销售单价}-\text{单位变动成本})\times(1-T_c)=(2\ 000-1\ 500)\times0.75=375$(元)

因此，只有当销售量达到以下水平时收入才能弥补成本，即

$$\text{会计盈亏平衡点}=\frac{(\text{固定成本}+\text{折旧})(1-T_c)}{(\text{销售单价}-\text{单位变动成本})(1-T_c)}=\frac{300\ 000}{375}=800(\text{台/年})$$

由计算结果可知，在会计盈亏平衡点，即电动车的年销售量为 800 台时，该投资项目既不盈利也不亏损；一旦销售量超过 800 台，项目就会产生利润，如图 6－1 所示。

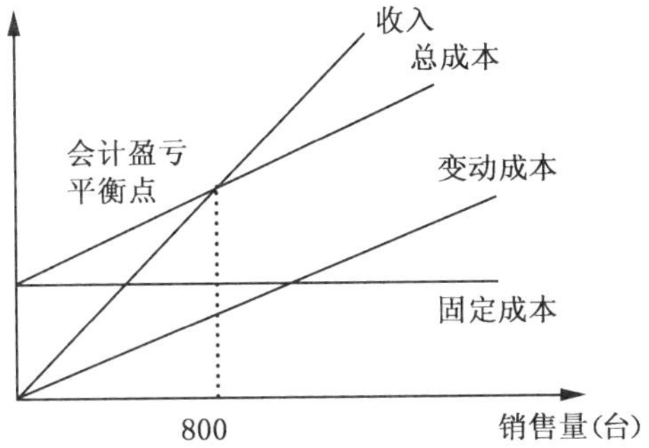

图 6－1　会计盈亏平衡

二、净现值盈亏平衡

在对公司的投资决策进行盈亏平衡分析时，需要寻求该项投资未来的现金流入正好弥补现金流出时的销售量，即寻求项目的净现值为零时所必需的销售量。这就是净现值盈亏平衡分析。净现值盈亏平衡点的计算公式为：

$$\text{净现值盈亏平衡点}=\frac{\text{投资额的等价年度成本}+\text{固定成本}\times(1-T_c)-\text{折旧}\times T_c}{(\text{销售单价}-\text{单位变动成本})(1-T_c)} \quad (6-2)$$

续[例 6－3]　计算该项目的净现值盈亏平衡点

首先，将初始投资额 150 万元分摊到以后的 10 年中，得到每年的现金流出，即投资额的等价年度成本。

$$\text{等价年度成本}=\frac{\text{初始投资额}}{A_{0.1}^{10}}$$

$$=\frac{150}{6.144\ 6}=24.41(\text{万元})$$

项目每年的现金流出为：

$$\text{等价年度成本}+\text{固定成本}\times(1-T_c)-\text{折旧}\times T_c$$

$$=24.41+25\times0.75-15\times0.25$$

$$=39.41(\text{万元})$$

每台电动车带来的现金流入为：

$$(\text{销售单价}-\text{单位变动成本})\times(1-T_c)=(2\ 000-1\ 500)\times0.75$$

$$=375(\text{元})$$

因此，只有当销售量达到以下水平时现金流入才能弥补现金流出，即

$$\text{净现值盈亏平衡点}=\frac{\text{投资额的等价年度成本}+\text{固定成本}\times(1-T_c)-\text{折旧}\times T_c}{(\text{销售单价}-\text{单位变动成本})(1-T_c)}$$

$$=\frac{394\ 100}{375}=1\ 051(\text{台/年})$$

结果显示，电动车的年销售量为 1 051 台时，该投资项目的净现值为零；一旦销售量超过 1 051 台，项目的净现值就为正，那时该项目才可行，如图 6－2 所示。

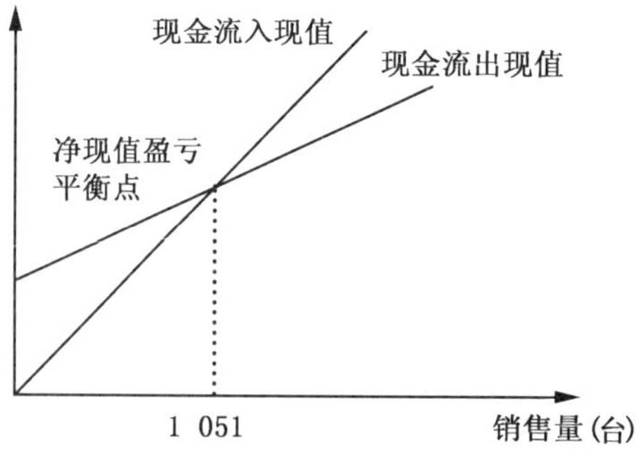

图 6－2　净现值盈亏平衡

为什么会计盈亏平衡点与净现值盈亏平衡点不相等呢？在计算会计利润时，我们每年扣除 15 万元的折旧来抵扣项目的初始投资成本。如果公司每年销售 800 台，则来自项目的收入就可以弥补经营成本，但却不足以弥补投资的机会成本。如果公司没有接受这个项目，而是将这笔资金投资到其他的项目，获得 10%的利润，那么投资的等价年度成本就不是 15 万元，而是 24.41 万元。这样，在会计利润基础上盈亏平衡的公司实际上是在亏损，因为它忽略了初始投资的机会成本。

三、扩展和运用

盈亏平衡分析通常根据销售量和销售收入来计算，它也可以根据分析中的任何假设来计算。在盈亏平衡分析中，对于每一个参数，都可以计算项目的净现值为零时的参数值。表 6—5 给出了例 6—3 中几个主要参数的保本水平。例如，在每年 10 000 台的销售水平下，项目的保本销售价格为每台 1 552.55 元，项目的保本销售成本为每台 1 947.45 元。

表 6－5　投资项目的保本水平

参数	保本水平
年销售量(台)	1 051

续表

参数	保本水平
单位价格(元)	1 552.55
单位变动成本(元)	1 947.45
IRR	240%

除了依据项目的净现值考察保本水平外,也可以考虑基于其他会计概念的保本水平。例如,可以计算销售的 EBIT 盈亏平衡点,即项目的 EBIT 为零时的销售水平。

同样,盈亏平衡分析本身并不能最终确定某项目是否可行,但是它可以为项目决策的制定提供一些有用的信息。

[**思考题 6-1**] 敏感性分析与盈亏平衡分析的基本区别是什么?

[**思考题 6-2**] 场景分析与敏感性分析有什么区别?

第三节 决策树分析和实物期权

一、决策树分析

(一) 运用

决策树可以帮助公司分析项目的不确定性,把握未来决策对项目现金流量的影响。我们可以把某个项目分成几个阶段来进行分析,每个阶段的决策将依赖于前一个阶段的结果。在一个典型的决策树中,项目被分为明确界定的几个阶段,各个阶段可能发生的结果及其发生的概率和每个结果所导致的现金流量被明确列示在决策树中。

决策树直观地表示了一个多阶段项目决策中每个阶段的投资决策和可能发生的结果,及其发生的概率。具体的分析有 5 个步骤:

第一步,把项目分成明确界定的几个阶段。在某些情况下,我们可以很容易地进行项目分段分析。在每一个阶段,是否对下一个阶段进行分析的决策将取决于前一个阶段的分析结果。

第二步,列出每一个阶段可能发生的结果。当这些结果是完全独立的时候,我们会很容易进行这一步分析。但在大多数情况下,这些结果并不是完全独立的,这样,各个阶段所产生的结果必须被分成几种相互独立的结果。例如,公司可以把"很成功的项目"定义为项目收入超过某一具体数值的情况,把"较为成功的项目"定义为项目收入位于某一较低水平的情况,把"失败的项目"定义为项目收入低于某一最低可接受数值的情况。

第三步，基于当前可以得到的信息，列出各个阶段每一结果可能发生的概率。在决策树上，越是后面的阶段，对得到各个结果的概率计算就越困难。这是因为随着决策树向后的延伸，有关的信息量会急剧增加，从而加大了分析的难度。

第四步，列出每一个结果下的项目预期现金流量，这有助于更好地运用决策树进行项目分析。另外，项目的折现率也会根据各个阶段的结果而发生变动，从而影响项目的决策。

第五步，基于整个项目的预期现金流量和所有可能的结果，并考虑与各个结果相对应的发生概率，估算第一阶段所采取的最佳行动。

［**例 6－4**］　某公司正在考虑生产一种新型的电动车，为此，公司计划先进行研究开发，然后再考虑是否投资。现在(即第 0 年)，公司预计花费 10 万元进行研发投资，并估计成功的可能性有 75%。在第一年，如果研发成功，公司计划投资 150 万元进行生产，并估计该投资项目会出现好、中等、坏三种可能的结果，如图 6－3 所示。

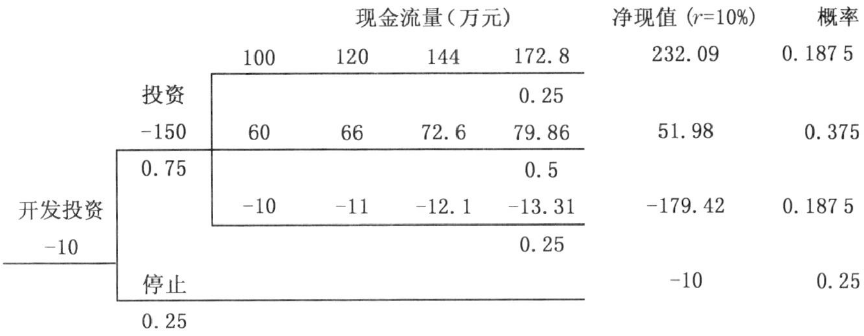

图 6－3　决策树

好结果：在投资实施后的下一年(即第二年)，将产生净现金流量 100 万元，且在以后的 3 年内每年增长 20%，这种结果的发生概率为 25%。

中等结果：在投资实施后的下一年(即第二年)，将产生净现金流量 60 万元，且在以后的 3 年内每年增长 10%，这种结果的发生概率为 50%。

坏结果：在投资实施后的下一年(即第二年)，项目出现亏损，将产生负的现金流量 10 万元，且在以后的 3 年内每年的亏损增长 10%，这种结果的发生概率为 25%。

为了用决策树分析该投资项目是否可行，首先计算出每种可能结果的净现值，然后用累积概率估算出各种结果的概率，最后将各种结果的概率乘以净现值并加总起来即可得到所有可能结果的预期净现值。若该净现值大于 0，则项目可行；否则，就不可行。

以“好结果”为例计算其净现值：

$$“好结果”的净现值=-10-\frac{150}{1.1}+\frac{100}{1.1^2}+\frac{120}{1.1^3}+\frac{144}{1.1^4}+\frac{172.8}{1.1^5}$$

$$=232.09(万元)$$

用同样的方法计算出“中等结果”与“坏结果”的净现值。

最后,所有可能结果的预期净现值为:

$$NPV=0.1875\times232.09+0.375\times51.98-0.1875\times179.42-0.25\times10$$

$$=26.87(万元)$$

由于净现值大于0,则公司可以进行投资。

（二）决策树分析的局限性

决策树方法明确了当前决策与未来决策间的联系,可以帮助管理者把握未来的可能选择,可以明晰项目的现金流量与风险。但决策树并没有告诉我们应该如何针对风险的变化采用不同的折现率。即我们在决策树的各阶段都使用相同的折现率,而现实中,研发投资和市场测试阶段有可能要求采用更高的折现率,因为研发投资和市场测试的风险高于投资决策。

另外,决策树要求被分析的项目可以被区分为几个明确的阶段,要求每一个阶段的结果必须是相互独立的,而且结果发生的概率及其对现金流量的影响可以被事先预测,这意味着公司在过去已经进行过类似的项目。

然而,对于某些提供新型的或独特的产品和服务的项目,则很难运用决策树进行分析,这是因为公司缺乏足够的信息和经验来判断产品的未来前景。同时,如果项目的投资发生在期初或是逐渐投入,而不是明显地分阶段投入,那么项目分析也很难采用决策树来进行。

二、实物期权

公司在选择项目时,有时只需经过一次决策过程,这就无须考虑可能出现的相关后续决策。但有时,当前决策会受到未来决策的影响。例如,公司经营者将资金投入新项目后,他们仍会关注未来形势:如果项目进行得顺利,有可能拓展项目;如果形势逆转,则有可能收缩甚至放弃项目。这种调整项目的选择机会就是实物期权。

（一）扩张期权

扩张期权是有价值的,其价值在需求旺盛时得到充分体现。例如,当汽车租赁公司在未来的租赁业务继续扩张时,公司就需要购买更多的汽车,但现在公司尚无法确定未来的业务情况。于是,公司可以通过获得有权以约定价格购买汽车的期权,以保证项目的灵活性。如果未来的租赁市场出现旺盛的需求,则公司执行期权;如果未来的市场需求不高,公司可以不执行期权。

当公司计划投放新产品时，通常会先进行试生产以消除可能的设计问题，同时检验市场反应。通过评估试生产结果，公司再决定是否扩张生产。

扩张期权并不作为资产出现在公司资产负债表中，但如果公司拥有实物期权，并可以投资于能够获利的新项目，那么，公司的市场价值将高于其现有的实体资产的价值。

（二）放弃期权

既然扩张期权具有价值，那么项目的放弃期权是否也有价值呢？公司经营者在进行资本预算决策时，还需考虑的一个问题是，如果项目不再盈利，为了减少损失，公司应比原计划更早地停止执行项目。这就是放弃期权。项目的放弃价值就是出售或者报废其资产以终止项目所产生的净现值。

假设 V 是当前项目继续执行直至结束的剩余价值，L 是同一项目的放弃价值，项目的有效期还有数年。我们可以将继续项目的价值和放弃价值进行比较，如果 $V>L$，则项目继续，说明放弃期权的价值为零；如果 $V\leqslant L$，则放弃期权的价值为 L。即：如果 $V>L$，拥有放弃期权的收益为零；如果 $V\leqslant L$，拥有放弃期权的收益为 L。

有些资产易于清算放弃，有些则较困难。有形资产通常比无形资产易于出售，如汽车、房地产以及某些机器设备的出售相对容易些。但无形资产，如特殊的生产工艺、专利权和版权等就没有什么可观的放弃价值，因为无形资产涉及的交易成本一般比较高，也比有形资产的出售困难得多。当然，处理无形资产几乎没有清理或搬运费用。

一般而言，在项目真正开始进行后，公司有必要定期考虑放弃期权。部分或全部放弃项目的现有经营会产生正的净现值，这种情况是很有可能发生的，但是应该忽略沉没成本。

（三）延期期权

当公司选择了一个净现值大于 0 的项目后，并不一定要立即进行投资。如果当时的情况不佳或者情况尚不明朗，可以考虑将项目推迟一段时间，这样就可以避免很大的损失。这就是延期期权。

延期期权是指公司可以推迟项目执行的权利。项目评估的依据是预期项目的现金流量和风险（折现率），根据当前的预期现金流量和折现率，我们可以计算项目的净现值，依据净现值的大小决定是否进行这个项目。然而，项目的预期现金流量和折现率会随着时间的变化而变化，因此，在不同时间计算的同一个项目的净现值大小和正负都可能不相同。如果公司处于充分竞争的环境中，这样的差异也许并不影响我们的决策。但是，如果公司具有这个项目的垄断性（因为法律限制或者其他进入障碍），这个项目仅仅能够被这个公司采用，则项目价值随时间变化而变化，项目的拥有者可以在不同的时间、根据项目的净现值决定是否执行该项目，也就是说公司拥有一个期权。

假设这个项目的初始投资是 X，当前估计的项目的收益是 V，则项目的净现值是 $NPV=V-X$。假设公司在未来几年对项目拥有排他权，即使当前该项目的净现值小于零，如果公司可以等待，则在将来这个项目仍然可能是一个好项目。公司所拥有的这个项目的权利，就是一个看涨期权，期权的标的资产就是项目，期权的执行价格就是项目建设所需要的初始投资（这里我们隐含的假设是项目的初始建设成本不随时间的变化而变化），期权的期限就是公司对项目所拥有权利的期限，项目现金流量的现值和该现值的预期方差就是基础资产的价值和方差。

本章小结

本章探讨了进行项目风险分析的几种方法。

敏感性分析法是在变量取值乐观和悲观的前提下估计项目的净现值，由此得到可能的范围。场景分析法考虑了在不同场景下不同变量的联合变动对净现值的影响。

盈亏平衡分析法是计算出项目盈亏平衡时所应实现的销售量，这有助于经营者了解在项目亏损前错误预测的危害性。盈亏平衡分析法可以采用会计利润，也可采用净现值进行分析，但运用净现值进行盈亏平衡分析更加合理准确。

决策树方法为研究项目的不确定性提供了有价值的信息，但并不是对所有的项目都能够提供所需要的庞大信息量。

另外，本章还介绍了几种主要的实物期权，即扩张期权、放弃期权、延期期权。如果现金流量优于预测，项目可能会扩张；若现金流量出现问题，项目可能就会压缩，甚至放弃；也有可能因投资环境不佳等推迟项目的实施。

关键术语

敏感性分析　　场景分析　　会计盈亏平衡　　净现值盈亏平衡　　决策树　　实物期权
扩张期权　　放弃期权　　延期期权

思考与练习

1. 什么是敏感性分析法？敏感性分析法的重要性体现在哪里？
2. 什么是盈亏平衡分析？会计盈亏平衡与净现值盈亏平衡的区别是什么？
3. 什么是决策树？运用决策树方法时应注意什么问题？
4. 某饮料公司正在分析一种新型饮料项目的可行性。项目的初始投资为 100 万元，预计项目寿命期为 10 年。每年的广告费用预计为 10 万元，产品成本为每瓶 1.5 元，预期收入为每瓶 4 元。假设折现率为 12%，公司所得税率为 25%。

(1) 预计该项目必须生产多少瓶饮料才能达到会计盈亏平衡?

(2) 预计该项目必须生产多少瓶饮料才能达到净现值盈亏平衡?

5. 某酸奶店打算购置一台机器，其寿命期为 5 年，期末无残值，采用直线折旧法计提折旧。每年的固定成本为 20 000 元，变动成本为每瓶 3 元，预期每天能售出 80 瓶酸奶，每瓶售价 7 元。假设折现率为 10%，公司所得税率为 25%。请问该机器的最高价为多少才刚好盈亏平衡?

6. 某公司计划推出一种新产品。如果不进行市场调查就将产品推向市场，产品成功的可能性为 64%，而一旦成功，该项目的净现值将达 450 000 元；若失败的话，项目的净现值为－100 000 元。另外，市场调查将花费 50 000 元，且产品进入市场将推迟到 2 年后。但如果市场调查成功的话，该产品的成功率将提高至 80%，成功后项目的净现值为 450 000 元；失败的话，项目净现值为－100 000 元。假设折现率为 12%，请问该公司是否应该进行市场调查?

7. 某石油公司正在考虑一个海上钻探计划。勘探机井的初始投资预计为 500 万元，成功的概率为 75%。1 年后进行油井钻探，其投资成本为 1 000 万元，投资进行后的下一年，会出现三种情况：高产量油井，20 年中每年生产 4 万桶原油，这种概率为 30%；普通产量油井，20 年中每年生产 2 万桶原油，概率为 40%；低产量油井，20 年中每年生产 0.5 万桶原油，概率为 30%。

当前公司每桶原油的售价为 300 元。年固定成本为 50 万元。同时，采用直线折旧法在 20 年里对机井进行折旧。资本成本为 14%，公司所得税率为 25%。

(1) 绘出该投资的决策树。

(2) 该石油公司是否应该进行投资?

8. 某食品公司正准备生产一种新产品。将该产品推向市场需花费 2 500 万元，在未来 5 年内每年带来税后现金流 760 万元。经过市场调查发现，市场需求高的可能性有 60%，这将使项目现金流达到每年 1 000 万元；还有 40%的可能性是市场需求低，将导致项目每年只有 400 万元的现金流。第 1 年的销量将能反映出市场需求是高是低，如果市场需求低，公司将在第 1 年后以 2 000 万元的价格售出设备。假设项目的折现率为 15%，如果考虑放弃期权，那么该项目的净现值为多少?

9. 某公司正考虑一个新项目，要求的初始投资为 105 000 元，预期将在未来每年产生 12 000 元的永续现金流。公司经过市场调查发现，如果市场需求量大，该项目将带来每年 14 500 元的现金流，但仍有 20%的可能性是市场需求量小，只能带来每年 2000 元的现金流。第 1 年后，公司可以决定中止项目或是以 80 000 元的价格出售该项目。假设折现率为 12%。

(1) 在忽略中止项目期权的情况下，估计该项目的净现值。

(2) 如果考虑项目中止的期权，那么该项目的净现值是多少?

第七章　收益和风险

本章学习目的

了解风险与收益、预期收益的概念。
掌握证券组合收益和风险的计算方法。
了解系统风险与非系统风险。
掌握多因素模型、资本资产定价模型和套利定价理论。

第一节　收益和风险

持有资产，将来可能获得一定收益，但是，也许要承担资产价值的损失，即资产将来的价格变化具有不确定性，这种不确定性称为风险。任何资产都具有不可分离的风险与收益特性。在日常社会生活的不同场景中，关于收益、风险有非常多的说法。为了准确地分析资产的收益与风险，我们需要有定义与测量资产收益和风险的方法。在本节中，我们介绍最基本的描述资产收益和风险的方法，这些方法也是我们学习现代金融理论和方法、解决实际金融问题的基础。

一、收益与预期收益

无论进行金融投资还是实业（工程项目）投资，将来都可能得到回报。例如，今天购买国债，将来可以得到本金和利息收入，利息收入就是投资的回报；今天购买上市公司股票，将来可能得到公司股利分红、可以卖出股票获得现金，得到的股票分红和出售股票的钱与购买股票的价格之差就是投资股票获得的回报；投资一个水电工程项目或机械制造企业，将来也可能获得发电收入或机械销售收入。这种回报我们称为收益。在进行投资决策时，我们通常不能够确定将来实际回报的大小，仅仅可以预期在正常情况下这项投资的平均回报，我们称这个平均的投资回报为预期收益。将来收益的不确定性，代表预期收益的不确定性，我们称为投资风险。

本节我们给出收益的量化描述，这是测量投资效果的最常用方法。下一节我们介绍基本的测量投资风险的方法。

（一）收益与收益率

投资收益是投资者用投资期末的收入减去投资期初的投入（支出）的差额。如果期末的投资收入大于期初的投资支出，则投资者获得正的收益；反之，则投资者获得负的收益。

例如，如果投资者在年初购买了某家公司的股票并持有至年末，其投资收益将包括股利和资本利得两个部分。股利是在投资期间公司派发的；资本利得是年末股票价值与年初价值的差额。如果资本利得为负，称为“负资本利得”或者“资本损失”。

［**例 7－1**］　假如年初以 15 元/股的价格购买了 100 股 A 公司的股票，一年之中公司支付每股股利 0.9 元。

那么，初始投资为：

$C_0 = 15 \times 100 = 1\,500$（元）

股利收入为：

$D = 0.9 \times 100 = 90$（元）

假如年末 A 公司股票的市场价格上升至每股 16.2 元，那么，因股票价格上升将获得资本利得：

$(16.2 - 15) \times 100 = 120$（元）

总收益＝股利＋资本利得＝90＋120＝210（元）

此时，投资总收益为正（这里，我们假设投资者没有将得到的公司股利再投资）。

收益与投资金额大小有关，金额小的投资收益通常较小，金额大的投资收益经常较大。为了比较单位投资收益的相对大小，我们需要引入收益率的概念，即收益值占期初投资价值的百分比。

在［例 7－1］中，当 A 公司股票价格上升至每股 18 元的时候，收益率 R 为：

$$R = \text{股利收益率} + \text{资本利得收益率}$$

$$= \frac{0.9}{15} + \frac{18 - 15}{15} = 26\%$$

假设有两个投资项目，投资收益都是 100，其中，一个项目的初始投资是 100，另外一个项目的初始投资是 10 000。这两个投资项目的收益率分别是 100％和 1％。显然，初始投资为 100 的项目投资效率比初始投资为 10 000 的项目效率高。收益率可以清楚地比较单位投资的回报，因此，收益率的概念被广泛使用。从现在开始，我们提到收益时，在不致引起误会的情况下，通常都是指收益率。

为了准确刻画投资收益，需要为投资收益建立数学模型。关于投资收益，其不确定性是我们所唯一能够了解的。而给不确定建立数学模型，最合适的选择是假设投资收益是随机变量，即可以用随机变量作为投资收益的数学模型。根据概率论，如果投资收益可以用随机变量描述，则当掌握了投资收益的分布函数之后，我们就完全掌握了投资收益的所有性质。反过来，为了完整描述投资收益，我们需要给出投资收益的分布函数。

在实际应用中，完全获得投资收益的分布函数有时没有必要，有时办不到或者成本太高。为了近似描述投资收益我们常常用投资收益的均值(预期收益)和标准差(投资风险)代替投资收益的分布函数。当投资收益服从正态分布时，投资收益的均值和标准差完全描述了投资收益。

(二) 预期收益率

在[例 7－1]中，为了计算收益率，我们需要知道初始投资额、实际股利和最终股票市场价格。但是，在实际的投资决策分析时，我们经常需要知道未来可能获得的投资收益，即投资收益的分布函数。由于获得未来投资收益的分布函数通常比较困难或成本很高，我们在当前主要分析投资的预期收益，即通过投资收益的分布函数计算投资收益的均值。例如，持有一种股票的投资者，期望在持有股票一段时期后能获得收益。当然，由于是对未来收益的预期，实际收益在当前并不确定。持有股票直到出售为止实际获得的收益可能比预期的收益高，也可能比预期的收益低。

[例 7－2]　假设宏观经济出现萧条、衰退、正常、繁荣的概率如表 7－1 所示，公司 A 和公司 B 的股票在不同宏观经济情况下的收益不同。

表 7－1

宏观经济状况	概率	A 公司收益率 R_{At}	B 公司收益率 R_{Bt}
萧条	20%	－20%	5%
衰退	30%	10%	20%
正常	30%	20%	－10%
繁荣	20%	40%	10%

预期收益率为不同种宏观经济情况下收益率的加权平均。

A 公司股票的预期收益率：

$\overline{R}_A=(-20\%)\times 0.20+10\%\times 0.30+20\%\times 0.30+40\%\times 0.20=13\%$

B 公司股票的预期收益率：

$\overline{R}_B=5\%\times 0.20+20\%\times 0.30+(-10\%)\times 0.30+10\%\times 0.20=6\%$

在[例 7－2]中，我们假设已经知道股票将来收益的分布。在实际进行投资决策时，通常不可能事先知道股票将来收益的分布，我们需要通过估计这个收益分布才能够获得预期收益率。

二、风险与方差

现在进行投资，将来才可能得到回报。很多时候，在进行投资决策时，我们并不能够确定将来实际回报的大小，也就是说，将来的回报是不确定的。这种不确定性，我们称为风险。风险是资产收益不确定性的定性描述。

在实际应用时，为了比较风险的大小，我们需要对风险予以量化。我们知道，金融风险的不确定性的直接表现就是预期收益（或将来价格）的潜在变化范围，风险越大，则预期收益的潜在变化范围越大，因此，定量描述风险的指标一定能够反映资产收益（或将来价格）的变化范围。

方差和标准差是度量随机变量偏离均值的程度或随机变量分散程度的指标，标准差是方差的平方根。在给定投资收益是随机变量的数学模型下，资产收益的方差或标准差在一定程度上反映将来收益的变化范围，因此，在应用中，资产收益的方差或标准差经常被用来作为资产风险的度量标准，标准差通常称为波动率。

我们用 Var 或 σ^2 表示方差，用 SD 或 σ 表示标准差。

我们利用[例 7－2]的数据演示方差的计算。由[例 7－2]知道 A、B 公司股票的预期收益率分别为 13％和 6％。方差的具体计算过程见表 7－2。

表 7－2

经济状况	概率	收益率	收益率的离差	离差平方	加权平均和
A 公司	P	R_{At}	$R_{At}-\overline{R}_A$	$(R_{At}-\overline{R}_A)^2$	$(R_{At}-\overline{R}_A)^2\times P$
萧条	20％	－0.2	－0.33	0.108 9	0.021 78
衰退	30％	0.1	－0.03	0.000 9	0.000 27
正常	30％	0.2	0.07	0.004 9	0.001 47
繁荣	20％	0.4	0.27	0.072 9	0.014 58
					0.038 10
B 公司	P	R_{Bt}	$R_{Bt}-\overline{R}_B$	$(R_{Bt}-\overline{R}_B)^2$	$(R_{Bt}-\overline{R}_B)^2\times P$
萧条	20％	0.05	－0.01	0.000 1	0.000 02
衰退	30％	0.2	0.14	0.019 6	0.005 88
正常	30％	－0.1	－0.16	0.025 6	0.007 68
繁荣	20％	0.1	0.04	0.001 6	0.000 32
					0.013 90

由表 7－2 可知，A、B 公司股票预期收益的方差分别为：

$\mathrm{Var}(R_A)=\sigma_A^2=0.0381$

$\mathrm{Var}(R_B)=\sigma_B^2=0.0139$

由于方差是变量平方后计算的数值，其量纲是原始数据计量单位的平方，其含义无法直观解释，而标准差的量纲和原始数据一致。所以，在应用中经常使用标准差作为风险度量指标。标准差的一般公式为：

$$SD=\sigma=\sqrt{\mathrm{Var}} \tag{7-1}$$

于是，A、B 两公司股票的标准差分别为：

$\sigma_A=\sqrt{0.0381}=0.1952=19.52\%$

$\sigma_B=\sqrt{0.0139}=0.1179=11.79\%$

三、资产组合的收益与风险

在现实中，投资者往往持有多种证券或者多种资产，即投资者持有资产组合。显然，投资者希望选择具有高收益、低风险的组合。为此，我们要学习计算资产组合的预期收益率和标准差。

单个证券或资产收益的数学模型是单个随机变量，多个证券或资产收益的自然可以用多个随机变量描述。因此，分析多个证券或资产收益的数学模型就是多个随机变量和的联合分布函数。给定多个证券或资产收益的联合分布函数，我们就可以计算得到资产组合的分布函数，即完全掌握资产的性质。类似地，掌握了资产组合的均值和标准差，我们就近似掌握了资产组合的性质。

（一）单个证券占资产组合的权重

单个证券的预期收益率、标准差与由这些证券构成的资产组合的预期收益率、标准差之间的关系是我们在计算组合收益与风险时要考虑的问题。而单个证券与资产组合最简单的关系就是单个证券占资产组合的权重，这是进行其他相关计算的基础。

单个证券占资产组合的权重＝单个证券价值/资产组合总价值

资产组合内所有证券的权重之和应等于 1。

［**例 7－3**］　假设某投资者投资于［例 7－2］的 A、B 两公司股票。其以每股 15 元的价格购买了 100 股 A 公司的股票，以每股 20 元的价格购买了 200 股 B 公司的股票。则 A、B 公司股票在组合中的权重 X_A、X_B 分别为：

$$X_A=\frac{15\times100}{15\times100+20\times200}=27.3\%$$

$$X_B=\frac{20\times200}{15\times100+20\times200}=72.7\%$$

（二）协方差与相关系数

协方差与相关系数是度量两个资产收益相互关系的统计指标，如果两个资产收益之间的协方差（或相关系数）为正，则两个资产之间正相关，即一个资产收益为正（或负），另一个资产收益为正（或负）的可能性很大；反之，如果两个资产收益之间的协方差（或相关系数）为负，则两个资产之间负相关，即一个资产收益为正，另外一个资产收益为负的可能性很大。

协方差为零表示两种资产收益率之间不相关。由于协方差的大小不仅与资产之间的相关性有关，还与资产收益率的标准差大小有关。因此，协方差不能准确地反映不同资产之间相关性的相对大小。而相关系数正好可以表示资产收益率之间的相对相关性，所以，相关系数被广泛应用。

相关系数大小总是落在－1 和＋1 之间，相关系数大于 0 表示正相关，小于 0 表示负相关，等于 0 表示不相关。相关系数等于－1 表示完全负相关，等于＋1 表示完全正相关。

协方差 σ_{AB} 和相关系数 ρ_{AB} 的计算公式为：

$$\begin{aligned}\sigma_{AB} &= \mathrm{Cov}(R_A, R_B) = E[(R_A - \overline{R}_A)(R_B - \overline{R}_B)] \\ &= \sum (R_A - \overline{R}_A)(R_B - \overline{R}_B) \times \text{两个离差同时发生的概率} \end{aligned} \quad (7-2)$$

$$\rho_{AB} = \frac{\mathrm{Cov}(R_A, R_B)}{\sigma_A \times \sigma_B} = \frac{\sigma_{AB}}{\sigma_A \times \sigma_B} \quad (7-3)$$

我们利用[例 7－2]的数据演示协方差的计算，具体的计算过程如表 7－3 所示。

表 7－3

经济状况	概率 P	收益率 R_{At}	离差 $R_{At}-\overline{R}_A$	收益率 R_{Bt}	离差 $R_{Bt}-\overline{R}_B$	离差乘积 $(R_{At}-\overline{R}_A)(R_{Bt}-\overline{R}_B)$
萧条	20%	－0.2	－0.33	0.05	－0.01	0.003 3
衰退	30%	0.1	－0.03	0.2	0.14	－0.004 2
正常	30%	0.2	0.07	－0.1	－0.16	－0.011 2
繁荣	20%	0.4	0.27	0.1	0.04	0.010 8
协方差（离差乘积的期望值）						－0.001 8

由表 7－3 可得，A、B 公司股票收益率的协方差 σ_{AB}＝－0.001 8。

正的协方差表明两个证券的将来价格倾向于向同一方向变动（同为上升或下降），负的协方差表明两个证券的将来价格倾向于相背变动。A、B 公司股票的协方差为负，因此属于后一种情况。

相关系数为：

$$\rho_{AB}=\frac{-0.0018}{0.1952\times0.1179}=-0.078$$

（三）资产组合的收益与风险

计算资产组合的收益十分简单，组合的预期收益是构成组合的各个证券的预期收益按单个资产占组合权重进行的简单加权平均。其计算公式为：

$$\overline{R}_P=\sum_{i=1}^{n}X_i\overline{R}_i \tag{7-4}$$

其中，X_i 为单个证券在组合中的权重。

[例 7－3]中，资产组合的预期收益 $\overline{R}_P$ 为：

$\overline{R}_P=X_A\times\overline{R}_A+X_B\times\overline{R}_B=27.3\%\times0.13+72.7\%\times0.06=7.911\%$

其中，$\overline{R}_A$、$\overline{R}_B$ 的值见[例 7－2]。

资产组合的标准差的计算较为复杂，包含两个证券的资产组合的标准差 σ_P 为：

$$\sigma_P=[X_1^2\sigma_1^2+2X_1X_2\sigma_{12}+X_2^2\sigma_2^2]^{\frac{1}{2}} \tag{7-5}$$

第二节　市场风险

一、市场指数模型

假设任意证券在某一给定时期内的收益率与同一时期的市场指数（如沪深 300 指数）的收益率相联系，即如果市场行情上扬，该证券价格很可能会上升（或下降）；如果市场行情下滑，该证券价格则可能下跌（或上升）。那么，一定时期内证券的收益率与同期市场指数收益率的关系可以用下面的市场指数模型描述：

$$R_i=\alpha_{iI}+\beta_{iI}R_I+\varepsilon_{iI} \tag{7-6}$$

其中，R_i 为给定时期证券 i 的收益率，R_I 为同期市场指数 I 的收益率，α_{iI} 为截距项，β_{iI} 为斜率项，ε_{iI} 为随机误差项，可被看作是一个服从期望值为 0、标准差为 σ_{iI} 的正态分布的随机变量，它与市场指数不相关。

随机误差项表示证券投资的回报中没有被市场指数模型所完全解释的部分，是众多影响证券收益的个别微小因素作用的总效果。

在指数模型式（7－6）下，证券的预期收益率为 $E[R_i]=\alpha_{iI}+\beta_{iI}E[R_I]$，标准差为 σ_{iI}，证券的收益率是服从正态分布的随机变量，均值、方差分别为 $\alpha_{iI}+\beta_{iI}E[R_I]$、$\sigma_{iI}$。

假设斜率项为正，式（7－6）表明市场指数的收益率越高，则证券的收益率可能就越高。现在考虑一只股票 A，$\alpha_{AI}=2\%$，$\beta_{AI}=1.2$，这意味着股票 A 的市场指数模型为：

$R_A=2\%+1.2\times R_I+\varepsilon_{AI}$

如果市场指数的预期收益率为 5%，则股票 A 的预期收益率为 8%。若市场指数的收益率为 −5%，则股票 A 的预期收益率为 −4%。但是，由于随机误差项的存在，当市场指数的收益率上升 5%或下降 5%时，股票 A 的实际收益率不会恰好为 8%或者 −4%。如果当市场指数的收益率上升 5%时，股票 A 的实际收益率为 10%而不是 8%，那么 2%的差额将归结于随机误差项。

我们可以将证券市场指数模型的斜率看作一个证券收益率相对于市场指数收益率变化的敏感性。不同的证券对市场指数收益率变化有不同的敏感性，这个斜率常常被称为贝塔值(Beta，β)。也就是说，不同的证券有不同的 β 值，且 β 越大，表明对市场指数收益率的变化越敏感。β 可以通过如下公式计算：

$$\beta_{iI}=\sigma_{iI}/\sigma_I^2 \tag{7-7}$$

其中，σ_{iI} 为证券 i 的收益率与市场指数收益率的协方差，σ_I^2 为市场指数收益率的方差。

如果证券的 β 大于 1，则当市场指数收益率上升(或下降)时，证券收益率上升(或下降)的幅度大于市场指数收益率的变化，这种证券被称为进攻型证券；相反，如果证券的 β 小于 1，则证券收益率变化的幅度小于市场指数的变化幅度，这种证券被称为防御型证券。

二、系统风险和非系统风险

我们已经说明，资产的方差或者标准差可以作为资产风险的度量指标。根据市场指数模型，任何证券 i 的方差 σ_i^2 可以表示为：

$$\sigma_i^2=\beta_{iI}^2\sigma_I^2+\sigma_{\varepsilon i}^2 \tag{7-8}$$

可以看出，证券 i 的风险由 $\beta_{iI}^2\sigma_I^2$ 和 $\sigma_{\varepsilon i}^2$ 两部分组成。$\sigma_{\varepsilon i}^2$ 是与证券所对应的公司(资产)特有的不确定性，称为证券 i 的非系统风险或个别风险；$\beta_{iI}^2\sigma_I^2$ 与市场指数有关，是市场指数风险与证券对市场指数敏感性(贝塔)的乘积。σ_I^2 是市场指数风险的大小，表示系统风险。而 $\beta_{iI}^2\sigma_I^2$ 表示证券 i 源于一般宏观经济因素的不确定性，是系统风险对证券 i 的风险的贡献。证券的总风险有两个来源：系统风险(或市场风险)和证券特有的个别风险。系统风险与证券特有的风险不相关。

系统风险会对大多数资产产生影响。由于不同资产的贝塔系数不同，不同资产受系统风险的影响程度也不同。关于宏观经济状况的不确定性，如 GDP 增长率、利率或通货膨胀、汇率变化等，都是系统风险的典型例子。

非系统风险是指对某一种资产或某一类资产产生影响的风险。例如，公司治理结构的变化，可能影响本公司的经营状况，显然它不会对市场产生影响。因为非系统风险为某一公司所特有，所以有时又称为"特有风险"，说明它与大多数公司的特有风险无关。例如，A 公司的 ε_A 和 B 公司的 ε_B 无关，也就是说，A 公司经营策略变化导致其股价出现上升或下降的风险，与影响 B 公司股价的风险毫无关系。用统计学的公式表示为：

$$\mathrm{Corr}(\varepsilon_A, \varepsilon_B)=0$$

三、分散化与组合风险

对于资产组合 P，假设投资于每一个证券 i 的权重为 X_i，则组合的收益率为：

$$R_P = \sum_{i=1}^{n} X_i R_i$$

将市场指数模型的公式代入，则可以导出组合的市场指数模型为：

$$R_P = \alpha_{PI} + \beta_{PI} R_I + \varepsilon_{PI} \tag{7-9}$$

其中，$\alpha_{PI} = \sum_{i=1}^{n} X_i \alpha_i$，$\beta_{PI} = \sum_{i=1}^{n} X_i \beta_i$，$\varepsilon_{PI} = \sum_{i=1}^{n} X_i \varepsilon_{iI}$。

可以看出，组合的市场指数模型是单个证券市场指数模型的直接扩展。由式(7－9)可以看出，由组合收益率的方差测度的组合的总风险 σ_P^2 为：

$$\sigma_P^2 = \beta_{PI}^2 \sigma_I^2 + \sigma_{\varepsilon P}^2 \tag{7-10}$$

其中，$\beta_{PI}^2 = \left(\sum_{i=1}^{n} X_i \beta_{iI}\right)^2$，$\sigma_{\varepsilon P}^2 = \sum_{i=1}^{n} X_i^2 \sigma_{\varepsilon i}^2$（假设各证券的随机误差项之间不相关）。

式(7－10)表明，任何组合的总风险也有两个来源，即市场风险和组合的个别风险。

现在我们讨论组合分散化对组合的总风险的影响。假设组合当中投资于每种证券的资金数量相等，即 X_i 等于 $1/N$，且各证券的随机误差项不相关，则该组合个别风险的水平为：

$$\sigma_{\varepsilon P}^2 = \sum_{i=1}^{n} \left(\frac{1}{N}\right)^2 \sigma_{\varepsilon i}^2 = \frac{1}{N}\left(\frac{\sigma_{\varepsilon 1}^2 + \sigma_{\varepsilon 2}^2 + \cdots + \sigma_{\varepsilon n}^2}{N}\right) \tag{7-11}$$

式(7－11)括号中的值正是各个证券的个别风险的平均值，但组合的特定风险只有这个值的 $1/N$。当一个组合变得更加分散时，证券个数 N 就变得更大，从而导致组合的个别风险更小。这就是说："分散化可以减少个别风险"。一般来说，一个包含 30 种或者更多的随机挑选的证券组合会有相对很小的个别风险。这意味着它的总风险将仅略大于市场风险，那么这个组合是一个“好的组合”。图 7－1 描述了分散化是如何导致个别风险减少以及市场风险平均化的。

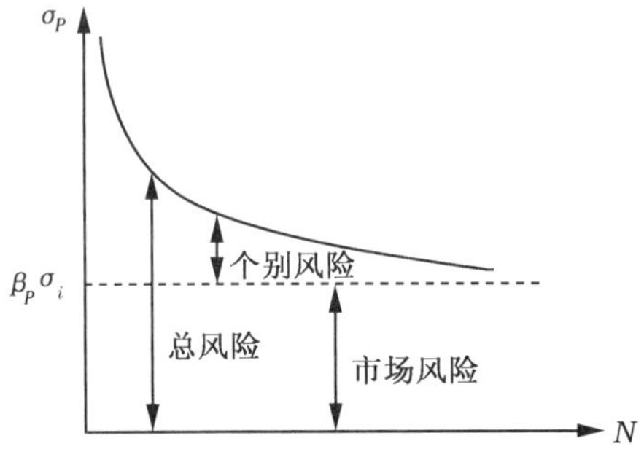

图 7－1　分散化与组合风险

一般来说，一个组合越分散化（即每一个证券的比例越小），如果没有刻意在组合中增加相对低的或者高的贝塔值的证券，则组合分散化将不会引起 β_{PI} 显著减小或增大。因为组合的贝塔值是其证券贝塔值的加权平均，没有理由认为增加分散性会引起组合的贝塔值（或者组合的市场风险）向一个特定的方向发生变化。

对于组合中的个别证券的特定风险，情况就与市场风险有所不同。在一个组合中，一些证券因为其发行公司意料之外的好消息而上涨（如没有预期到的技术突破），其他一些证券则因为公司未预料到的坏消息而下跌（如没有预期到的一次经营事故）。总的来看，好消息和坏消息对公司价格的影响近似互相抵消。这意味着当组合变得更加分散时，个别风险（进而总风险）将趋于变得更小。

四、多因素模型

在单因素模型中，我们将把系统风险限制为单一因素。但是，从经验看，用市场收益表示的系统风险或者宏观因素受多种因素影响。例如，经济周期的不确定、利率和通货膨胀等，都不同程度地影响股票的收益，不同的股票对不同因素的敏感性不同。所以，也许多因素模型描述证券的预期收益率更合适。

假设证券的预期收益率可用 n 个因素描述，则多因素模型可以表示为：

$$R_i=\alpha_i+\beta_{i1}R_1+\beta_{i2}R_2+\cdots+\beta_{in}R_n+\varepsilon_i \tag{7-12}$$

其中，R_1、R_2、…、R_n 分别表示不同的风险因素，β_{i1}、β_{i2}、…、β_{in} 分别表示证券对不同风险因素的敏感性，R_i 是证券 i 的收益率，ε_i 是证券 i 特有的风险，是不能被系统风险解释的所有因素的总和。

如果证券的系统风险因素是宏观经济周期的不确定性和市场利率的，我们用

GDP 表示宏观经济因素，用 IR 表示利率。任何股票的收益率都与这两个宏观因素和公司特有的风险相关，那么，在时期 t 描述公司的双因素模型为：

$$R_{i,t}=\alpha_i+\beta_{i,GDP}GDP_t+\beta_{i,IR}IR_t+\varepsilon_{it} \tag{7-13}$$

如果两个因素不能完全描述股票收益率，就需要用多因素模型来描述。通过引入更多的与经济周期有关的因素，可以更好地描述股票收益率。Chen、Roll 和 Ross 的五因素模型为：

$$R_{i,t}=\alpha_i+\beta_{i,IP}IP_t+\beta_{i,EI}EI_t+\beta_{i,UI}UI_t+\beta_{i,CG}CG_t+\beta_{i,GB}GB_t+\varepsilon_{it} \tag{7-14}$$

其中，IP 表示行业生产的变化，EI 表示预期通货膨胀的变化，UI 表示非预期的通货膨胀变化，CG 表示长期公司债券对长期政府债券的超额收益，GB 表示长期政府债券对短期政府债券的超额收益。

一个非常著名的多因素模型是 Fama-French 五因素模型。Fama-French 五因素模型以公司特征代表系统风险，认为能够很好地描述股票收益率的模型为：

$$R_{i,t}=\alpha_i+\beta_{i,M}R_{M,t}+\beta_{i,SMB}SMB_t+\beta_{i,HML}HML_t+\beta_{i,RMW}RMW_t+\beta_{i,CMA}CMA_t+\varepsilon_{it} \tag{7-15}$$

其中，$R_{M,t}$ 表示股票 i 比起无风险投资的超额收益率，SMB 表示小公司股票组合的收益率减去大公司收益率的差，HML 表示高账面市值比的公司股票组合收益率减去低账面市值比的公司股票组合收益率的差，RMW 是高/低盈利股票投资组合的回报之差，而 CMA 则是低/高再投资比例公司股票投资组合的回报之差。

Fama-French 五因素模型中，这五个因素分别描述市场风险、市值风险、账面市值比风险、盈利水平风险和投资水平风险。

第三节 资本资产定价模型和套利定价理论

在讨论市场指数模型时，我们仅仅简单地假设任意证券在某一给定时期内的收益率与同一时期的市场指数（如沪深 300 指数）的收益率相联系。事实上，我们并没有讨论当证券市场均衡时证券价格变化与其他变量之间的关系。在本节，我们将介绍最为基础和经典的资产定价理论：资本资产定价模型和套利定价理论。

一、资本资产定价模型（CAPM）

资本资产定价模型是基于风险资产期望收益均衡基础上的模型，通过讨论简化的世界投资者行为推导出资本市场均衡时资产价格变化的均衡关系。基本假设有：

(1) 市场中有大量投资者，每个投资者的财富相对于所有投资者的总财富而言非常小，所有的投资者都是价格的接受者。

(2) 所有的投资者都有相同的投资期限；投资者通过资产组合在某一时期内的预期收益率和标准差来评价这个资产组合。当两种证券的标准差相同时，他们选择预期收益率较高的证券；当两种证券的预期收益率相同时，他们将选择标准差小的证券。

(3) 投资者具有相同预期，即对所有证券的预期收益率、标准差和证券之间协方差的看法相同。

(4) 投资者的投资范围仅限于金融市场中交易的资产（如股票、债券等）。所有资产都是无限可分的，投资者可以购买任意份额的资产。

(5) 投资者可以以无风险利率贷出或者借入资金，且无风险利率对所有的投资者相同，不存在交易费用和税赋。

(6) 对于所有的投资者，信息是免费的并且是瞬时可得的。

如果我们用 r_F 表示无风险借贷利率、r_M 表示市场证券组合的收益率、σ_M^2 表示市场组合的方差、r_i 表示证券 i 的收益率、σ_{iM} 表示市场中任意证券 i 与市场组合的协方差，则根据 CAPM，任意证券 i 的预期收益率与市场组合之间的关系为：

$$E(r_i)=r_F+\frac{\sigma_{iM}}{\sigma_M^2}[E(r_M)-r_F] \tag{7-16}$$

令 $\beta_{iM}=\dfrac{\sigma_{iM}}{\sigma_M^2}$，则式(7-16)变为：

$$E(r_i)=r_F+\beta_{iM}[E(r_M)-r_F] \tag{7-17}$$

我们注意到，市场组合的风险溢价为 $E(r_M)-r_F$，这个风险溢价也称为系统风险，是在经济系统运行过程中出现的不确定性。而市场组合的方差（风险）为 σ_M^2，市场组合单位的风险溢价为 $\dfrac{E(r_M)-r_F}{\sigma_M}$，$\dfrac{E(r_M)-r_F}{\sigma_M}$ 被称为风险的市场价格。观察式(7-17)可以发现，任意证券 i 的风险溢价与市场组合的风险溢价成比例，比例系数是证券 i 的贝塔系数。因此，证券 i 的风险溢价是其贝塔系数乘以市场组合的风险溢价。贝塔系数也因此被认为是度量单个证券风险的指标。

将式(7-17)所示的预期收益率与贝塔(β_{iM})系数之间的关系描述在预期收益——贝塔平面坐标上，得到的曲线被称为证券市场线(SML)。一个组合的贝塔系数等于各个成分证券贝塔系数的加权平均，权数即为各成分证券的权重。当组合为市场组合时，贝塔系数为 1。因此，证券和任意的投资组合（包括市场组合）都落在证券市场线上。

因为所有的投资者对证券的预期收益率、方差和协方差的估计以及风险利率的大小看法完全一致，结果所有的投资者对风险资产的选择是相同的，每个投资者的风险资产都是同一个资产组合。由于投资者的偏好不同，每一个投资者对风险资产和无风险资产的投资比例不同。资本资产定价模型当中的这一特征被称为分离定理，即一个投资者的最佳风险资产组合，可以在并不知晓投资者对风险和回报的偏好时就加以确定。投资者的最佳风险资产组合被称为市场证券组合或者市场组合。市场组合包含市场中的所有风险证券，且每一种证券的比例等于该证券的市值与所有证券市值之比。

在实际经济体中，并不存在 CAPM 模型所描述的市场组合，也不可能构建与 CAPM 模型所描述的市场组合完全相同的组合。不过，证券市场中包含所有交易证券的综合指数与 CAPM 模型中的市场组合最接近。为了应用的目的，金融经济学家使用有广泛基础的综合指数，如标准普尔 500 指数、上证综合指数等来代表市场组合。当然，在投资实践中，并非所有的投资者都持有相同的组合。但是，大多数投资者（特别是那些共同基金和养老基金）持有多元化的组合，具有广泛基础的综合指数无疑是一个很多投资者持有的高度多元化的资产组合的代表。

需要提醒的是，资本资产定价模型与市场指数模型是完全不同的模型。首先，资本资产定价模型描述的是在一定条件下市场均衡时资产预期收益率的关系，是“均衡模型”；而市场指数模型假设个别证券的预期收益率是以市场指数为因素的单因素模型。其次，市场指数模型采用一个市场指数，而资本资产定价模型中的因素是市场组合，市场组合是市场中所有证券的组合，而市场指数只是基于市场的一个样本。从概念上来说，两个模型的贝塔系数是不同的，但在实际应用时，由于我们不可能得到市场组合的市场观测数据，我们常常用市场指数模型中的贝塔值代替 CAPM 模型中的贝塔值。

证券的系统风险同市场组合的风险和证券自身的贝塔值有关。具有较大贝塔值的证券具有较高的系统风险。在资本资产定价模型中，具有较大贝塔值的证券具有较高的预期收益率，这表明具有较高系统风险的证券应该具有较高的预期收益率。但是，非系统风险和贝塔值没有关系，也就是说，具有较高非系统风险的证券没有理由获得较高的预期收益率。因而，根据资本资产定价模型，投资者不会因为承担了非系统风险而获得报酬。

二、套利定价理论（APT）

通过买进卖出的方式获得交易利益称为“套利”，套利是驱动市场经济活动中最基本的动力。国际贸易、国际投资（FDI）等都是常见的套利活动。利用证券市场价格之间的不一致性进行证券买卖交易，从中赚取无风险收益的行为称为套利。如果证券的市场价格是“合理”的，则市场不应该有无风险套利机会。也就是说，在正常的市场中，证券市场达到均衡时，市场没有套利机会，这时的证券价格是均衡价格。在均衡市场价格的情况下，资本市场没有套利机会，这是资本市场理论中最基本的原理。利用因素模型结合无套利条件推导资产组合期望收益与风险之间的关系，得到风险—收益权衡的方法称为套利定价理论(APT)。

(一) 套利机会

如果投资者能够卖空至少一种资产、买进至少另外一种资产，买入资产的资金来自于卖空资产的现金收入，则投资者的初始总投资支出为零。借入资金可视为卖空无风险资产或持有无风险资产的空头头寸。如果投资者的这个卖空买进交易能够带来无风险收益，则证券市场存在套利机会。

当一个资产在不同的市场中价格不一致时，显然可以通过在价格低的市场买入资产、同时在价格高的市场卖出资产的行为获得无风险收益。由于金融市场的流动性远比其他市场高、市场竞争激烈程度也远超其他市场，因此在现代金融市场中，这种违反“一价率”的套利交易机会出现得很少。

下面我们以一个虚拟的例子介绍一个不太明显的无风险套利机会。假设在一个经济体中有四种股票在市场中交易，将来的经济形势或者是高增长或者是低增长；无论是高增长还是低增长，都存在高通货膨胀和低通货膨胀两种可能。在不同的经济增长和通货膨胀形势下，四种不同股票的收益率不同(见表 7-4)。

表 7-4　经济状态与资产收益率

	高增长		低增长	
	高通货膨胀	低通货膨胀	高通货膨胀	低通货膨胀
概率(%)	0.25	0.25	0.25	0.25
股票 A 的收益率(%)	15	35	23	15
股票 B 的收益率(%)	−10	70	−20	90
股票 C 的收益率(%)	40	60	20	−20
股票 D 的收益率(%)	30	−20	70	0

假设当前所有股票的价格是 100 元，我们可以计算出所有股票的预期收益率、标准差和相关矩阵(见表 7-5)。

表 7－5 股票收益的统计

股票	当前价格（元）	预期收益率（%）	标准差（%）	相关系数			
				A	B	C	D
A	100	22	8.185 35	1	0.209 31	0.681 46	−0.360 26
B	100	32.5	48.153 4	0.209 31	1	−0.289 6	−0.872 65
C	100	25	29.580 4	0.681 46	−0.289 6	1	−0.149 53
D	100	20	33.911 65	−0.360 26	−0.872 65	−0.149 53	1

从表 7－5 中看不出存在套利机会，预期收益率和标准差、相关系数没有明显的异常。然而，如果将股票 B、C、D 按照等权重构造一个组合，与股票 A 进行比较，它们的预期收益率、标准差和相关系数会发生什么变化？计算结果见表 7－6。

表 7－6 股票 A 与股票 B、C、D 组合的统计

	预期收益率	标准差	相关系数
股票 A	22	8.185 35	0.938 7
股票 B、C、D 组合	25.832 5	6.400 95	

股票 A 与股票 B、C、D 组合的相关系数不等于 1，因此，它们是不同的资产。比较股票 A 与股票 B、C、D 组合的预期收益率和标准差，股票 B、C、D 组合的预期收益率大，并且标准差小。因此，一般认为投资股票 B、C、D 的组合比投资股票 A 好，可以获得较高的预期收益率，且承担的风险却相对较小。

然而，我们可以有另外更好的选择，即卖空股票 A、同时买进等权重的组合，这样交易的初始投资为零。而且，无论将来经济形势如何变化，这样的投资总能够得到无风险的收益。

假设我们卖空 3 000 股股票 A，然后分别买进 1 000 股股票 B、C、D，则在不同的将来经济环境下投资利润，如表 7－7 所示。

表 7－7 投资利润计算表 单位：元

		高增长		低增长	
股票	初始投资	高通货膨胀	低通货膨胀	高通货膨胀	低通货膨胀
A	−300 000	−45 000	−105 000	−69 000	−45 000
B	100 000	−10 000	70 000	−20 000	90 000
C	100 000	40 000	60 000	20 000	−20 000
D	100 000	30 000	−20 000	70 000	0
资产组合	0	15 000	5 000	1 000	25 000

资产组合的初始投资为零，但是，无论将来经济形势如何变化，这笔投资总能带来正的利润。这样，同时进行至少 2 笔交易、初始投资资金为零、能够带来无风险收益的交易称为套利交易。

由于资产组合的初始投资是零，其收益却一定大于零，任何理性的投资者都愿意持有尽可能多的资产组合头寸。只要有一个投资者发现这个机会并不断获取这个资产组合的大量头寸，市场会对买卖交易做出反应。股票 A 的价格因不断卖空（增加供给）而下降，或者股票 B、C、D 的价格因不断买进而上升。这样，套利机会就逐步消失了。

套利机会的存在和大量交易的结果，将驱使证券价格发生变化直至消除套利机会。因为套利交易会引起巨额交易，所以，只要很少的投资者注意到套利机会就可以引起证券价格的变化。而证券的价格变动会消除套利机会，这是资本市场理论中最基本的概念。

（二）套利定价理论与充分分散的投资组合

如果任意个别资产的预期收益率仅仅受有限个因素的影响，那么对于一个充分分散化的投资组合，因为组合已经被充分分散化，所以组合中任意个别证券的特定风险对组合收益的影响非常小，可以忽略不计。因此，这个分散化的组合的预期收益率将主要由有限个因素描述。套利定价理论（APT）说明，当市场均衡时，充分分散化的证券组合的预期收益率仅仅由系统风险因素描述。

如果多种经济周期的因素可能影响股票收益，如利率波动、通货膨胀、石油价格等，除个别股票的特有风险外，任何一种股票的风险或预期收益率都会受其中一个或者多个经济周期因素的影响。对于已经充分分散化的证券组合，个别证券的风险对组合收益的影响并不显著，决定组合收益的主要是经济周期因素。由于市场中套利交易的广泛存在，可以预期，因此充分分散化的投资组合的预期收益率将主要由经济周期因素决定。

假设经济体中有 n 个经济周期因素，资产价格服从多因素模型：

$$r_p=\alpha_p+\beta_{p1}F_1+\beta_{p2}F_2+\cdots+\beta_{pn}F_n+\varepsilon_p \tag{7-18}$$

其中，$F_1, F_2, \cdots, F_n$ 代表经济周期因素。根据 APT 理论，充分分散化的证券的收益率服从 APT 模型：

$$r_p=r_F+\beta_{p1}(F_1-r_F)+\beta_{p2}(F_2-r_F)+\cdots+\beta_{pn}(F_n-r_F)+\varepsilon_p \tag{7-19}$$

如果仅仅存在一个经济周期因素，我们得到单因素的 APT 模型；如果仅仅存在两个因素，则我们得到两因素的 APT 模型。

下面我们以一个单因素模型解释 APT。我们将在假设的市场环境中讨论是否存在套利机会，如果存在套利机会，投资者应该如何进行交易获得无风险收益？作为套利交易的结果，证券市场价格将如何变化？

［**例7-4**］　设想在一个证券市场中，证券收益服从单因素模型。投资者可以自由地投资其中任何一种证券，证券交易费用是零。如果市场中有三种证券，每个人都相信这三种证券都具有如下表的预期收益率和敏感性：

证券 P	$E(r_p)$	β_p
证券1	15%	0.9
证券2	21%	2.8
证券3	12%	1.8

为了构造套利组合，我们应该选择同时交易证券1、证券2和证券3。假设投资者在这三种证券中的财富比例分别是 X_1、X_2 和 X_3，因为假设单因素模型成立，$E(r_p)=\alpha+\beta_p F_1$。于是，我们得到投资者的证券组合的预期收益率为：

$$\begin{aligned}&X_1E(r_1)+X_2E(r_2)+X_3E(r_3)\\&=0.15X_1+0.21X_2+0.12X_3\\&=\alpha(X_1+X_2+X_3)+(0.9X_1+2.8X_2+1.8X_3)F_1\end{aligned}\tag{7-20}$$

此时我们再讨论是否存在无风险套利机会，如果不存在套利机会，则无论我们如何交易都不可能得到无风险套利组合。但是，下面的计算表明，在给定的条件下，我们确实可以构造出套利组合。

为了构造无风险套利组合，我们仅仅需要使式(7-20)中的 α 和风险因素 F_1 的系数等于零，组合的预期收益大于0，即

$$X_1+X_2+X_3=0$$

$$0.9X_1+2.8X_2+1.8X_3=0$$

$$0.15X_1+0.21X_2+0.12X_3>0$$

这个方程组有无穷解，如 $X_1=1$，$X_2=0.9$，$X_3=-1.9$ 就是方程组的解。这说明市场中确实存在套利机会。为了获得无风险收益，投资者卖空证券3，用卖空证券3的收益买入证券1和证券2，投资者在证券1、证券2、证券3的财富比例为 $1:0.9:-1.9$。交易的结果，投资者的初始投资是零，但是，投资组合的预期收益率却大于0，投资者获得无风险收益。

如果一个理性的投资者发现这个套利机会，则投资者将不断增加持有这个无风险组合，即不断卖空证券3，用卖空证券3的收入分别购买证券1和证券2。最终将导致证券1和证券2价格上升、预期收益率下降，导致证券3的价格下跌和预期收益率的上升，直至套利机会消失。一个可能的均衡结果是 $\alpha=8$ 和 $F_1=4$，这时，证券1、证券

2 和证券 3 的预期收益率分别是 11.6%、19.2%和 15.2%，证券 1 和证券 2 的预期收益率下降了，而证券 3 的预期收益率上升了。也就是说，证券 1 和证券 2 的价格上升了，证券 3 的价格下降了。

进一步计算可以发现，由于套利交易的结果，证券 1、证券 2 和证券 3 的收益率可以由式(7－19)的 APT 模型计算得出，其中，$r_F=8\%$、$F_1=12\%$。

利用[例 7－4]的方法，我们能够检验当证券收益服从式(7－18)的多因素模型时，利用市场不存在无风险套利的条件，可以验证式(7－19)的多因素 APT 模型的成立。

APT 理论讨论的是充分分散化的证券收益应该满足的条件，在证券市场达到均衡时，市场不应该存在无风险套利机会，这时，充分分散化的证券组合的收益满足式(7－19)的 APT 模型。但是，APT 理论并不保证所有证券的收益都满足式(7－19)的 APT 模型。而 CAPM 模型描述的是在大量的假设条件下，由于投资者理性行为的结果，在证券市场均衡时，所有证券收益应该满足的关系。这是 APT 和 CAPM 的主要差别。

本章小结

本章介绍了证券的风险与收益、预期收益，以及证券组合收益和风险的计算方法。

本章介绍了系统风险与非系统风险，详细介绍了衡量证券收益的多因素模型、资本资产定价模型和套利定价模型。

关键术语

收益　　预期收益　　风险　　市场风险　　市场指数模型　　多因素模型
资本资产定价模型　　套利定价理论

思考与练习

1. 为什么资产组合不能消除全部风险？
2. 请解释市场指数模型。
3. 请解释系统风险和非系统风险。
4. 请解释多因素模型。
5. 请解释资本资产定价模型成立的条件。

6. 请解释资本资产定价模型。

7. 请解释套利定价理论。

8. 随着多元化的增加，投资组合的公司特有风险趋于(　　)。

A. 0　　B. 1　　C. 无穷大　　D. −1

9. 根据资本资产定价模型，一个多元化的资产组合的收益率是(　　)的函数。

A. 市场风险　　B. 非系统风险　　C. 特有风险　　D. 再投资风险

10. 可以被分散掉的风险是指(　　)。

A. 公司特有风险　　B. 贝塔系数　　C. 系统风险　　D. 非系统风险

11. 假设宏观经济出现萧条、衰退、正常、繁荣的概率，A 公司和 B 公司的股票在不同宏观经济情况下的收益不同，具体数据如下表。

单位：%

宏观经济状况	概率	A 公司收益率 R_{At}	B 公司收益率 R_{Bt}
萧条	15	−20	5
衰退	25	10	20
正常	35	20	−10
繁荣	25	40	10

请计算 A 公司与 B 公司的预期收益率和方差。

12. 已知股票 A 和市场组合信息如下表。

单位：%

经济状况	概率	股票 A 的收益率	市场组合收益率
快速增长	10	25	18
平稳增长	20	10	20
一般增长	50	15	04
进入衰退	20	−12	00

请计算股票 A 和市场组合的预期收益率、标准差、相关系数，并计算股票 A 的贝塔系数。如果投资者 20%资产投资于股票 A，80%投资于市场组合，投资者的投资组合的预期收益率和方差是多少？

13. 已知股票 X 与股票 Y 的收益率完全负相关，股票 X 的标准差是 0.40，股票 Y 的标准差是 0.20。如何用股票 X 与股票 Y 构造一个零风险组合？

14. 现有 4 个证券的信息如下表，市场组合的标准差是 24%，已知这 4 个证券在证券市场线上。请根据这些信息给出证券市场线，完成这个表格。

证券	预期收益率	方差	相关系数	贝塔
1	0.07	0.022 5		
2	0.14	0.040		0.80
3	0.10	0.122 5	0.60	
4	0.07	0.000		

第八章　资本成本与资本预算

本章学习目的

掌握贝塔的估计方法。
了解贝塔的影响因素。
掌握权益资本成本的计算。
理解债务成本的含义。
掌握公司资本成本的计算。

第一节　权益资本成本

当公司有多余现金时，可以用来立即发放现金股利；或者投资一个项目，用项目未来所产生的现金流量发放股利。那么，股东更偏爱哪一种呢？

如果股东自己将获得的股利再投资于一项金融资产（股票或债券），且金融资产的风险与公司投资项目的风险相同，股东就会在自己投资和企业投资中选择期望收益率较高的一个。这样，只有当项目的期望收益率大于风险水平相同的金融资产的期望收益率时，公司的投资项目才可行。

项目的折现率应等于相同风险水平的金融资产的期望收益率。

折现率通常叫作项目的必要报酬率，因为只有当项目产生的收益高于它所要求的收益时，项目才可以被接受。或者，项目的折现率可以说是它的资本成本，因为项目必须赚到足以支付资金提供者的收益率。

假设公司的所有项目都具有相同的风险。在这种情况下，折现率应该等于公司整体的资本成本。如果公司是完全权益的，折现率也会等于公司的权益资本成本。权益资本成本是指投资者对公司的权益投资所要求的收益率。有两种方法可以用于估计权益资本成本:第一种方法是利用资本资产定价模型(CAPM),第二种方法是运用股利折现模型(DDM)。

资本资产定价模型假设投资者持有一个分散化的投资组合—— 一组在同一时间内收益变化方向不同的投资,时间点不同,金额也不同。结果投资组合只剩下与整个市场变化相关的风险,即市场风险。

普通股的资本成本=货币时间价值的补偿+市场风险的补偿

用无风险收益率 r_F 表示对货币时间价值的补偿,它是一个无风险资产的收益率;如果一个特定的普通股与市场整体风险相同,则股票的市场风险补偿就是市场风险溢价。市场风险溢价是市场期望收益率 r_M 与无风险收益率 r_F 之间的差。

但是一个特定公司的普通股所具有的市场风险与整个市场的风险是有区别的,因此需要对股票的市场风险溢价进行调整,以反映公司特定风险与整体市场风险的区别。调整系数称作贝塔(β)。

根据资本资产定价模型,股票的期望收益率即权益资本成本为:

$$r_S = r_F + \beta \times (\bar{r}_M - r_F) \tag{8-1}$$

式中,r_F 是无风险收益率;$(\bar{r}_M - r_F)$是证券组合的期望收益率与无风险收益率之差,称为市场风险溢价;β 系数用于调整市场风险溢价,以能够反映补偿持有个别股票所承担的风险,它是一个表示特定证券(或一组证券)相对于市场风险变化的敏感性指标。

一个普通股的风险调整系数 β 大于 1,表示它比市场上的所有股票的平均风险要大;若 β 系数小于 1,表示它比市场上的所有股票的平均风险要小。

[例 8-1]　假设 2022 年宁德时代的 β 系数为 1.36,市场回报率为 8.7%,无风险收益率为 3%,那么该公司普通股的资本成本是多少?

由 CAPM 模型可以计算出该普通股的资本成本为:

$r_S = r_F + \beta \times (\bar{r}_M - r_F) = 3\% + 1.36 \times (8.7\% - 3\%) = 10.75\%$

使用资本资产定价模型需要以下变量:无风险收益率、市场风险溢价、公司股票的 β 值。下面将讨论如何确定这些变量。

一、无风险收益率的确定

无风险收益率是指无违约风险的证券或证券组合的收益率,与经济中的其他任何收益率都无关。

从理论上讲,对无风险收益率的最佳估计是贝塔值为零的组合,这种组合的方差最小。但是,要形成方差最小、贝塔值为零的证券组合非常困难,所以这种组合难以在估计无风险收益时使用。

现在，有两种方法可以用来确定无风险收益率：第一种方法是用短期国债收益率替代无风险收益率；第二种是用长期国债收益率替代无风险收益率，这可以使债券期限与被分析的资产或投资项目的期限相匹配。

尽管国债不存在违约风险，但它们也会面临利率风险，因此，另一个切合实际的方法是选择一个到期期限与项目的投资期限相同的国债。对于那些在长期有多个现金流的项目来说，一个可以接受的经验法则是用现金流的平均到期期限对应的国债收益率。

二、贝塔的估计

（一）估计贝塔的一般方法

证券的贝塔是证券收益率与市场收益率的协方差与市场收益率的方差之比，其计算公式为：

$$\beta_i = \frac{\text{Cov}(R_i, R_M)}{\sigma_M^2} \quad (8-2)$$

［例 8－2］ 浦发银行股票的年收益率与上证综合指数的年收益率如表 8－1 所示，计算该公司的贝塔值。

表 8－1

年份	浦发银行的收益率(%)	上证综合指数收益率(%)
2017	2.20	6.89
2018	−21.36	−23.08
2019	29.80	24.03
2020	−16.90	16.19
2021	−6.92	5.77
2022	−9.85	−13.81

① 计算股票的平均收益率和市场组合的平均收益率。

股票的平均收益率 $\overline{R_i} = \frac{2.2\% - 21.36\% + 29.8\% - 16.9\% - 6.92\% - 9.85\%}{6}$

$= -3.838\%$

市场组合的平均收益率 $\overline{R_M} = \frac{6.89\% - 23.08\% + 24.03\% + 16.19\% + 5.77\% - 13.81\%}{6}$

$= 2.66\%$

② 计算股票收益率与市场组合收益率的协方差。

$$\mathrm{Cov}(R_i,R_M)=\frac{\sum_{t=1}^{6}(R_{it}-\overline{R}_i)(R_{Mt}-\overline{R}_M)}{N}$$

$$=\frac{(2.2\%+3.838\%)(6.89\%-2.66\%)+(-21.36\%+3.838\%)(-23.08\%-2.66\%)+(29.8\%+3.838\%)(24.03\%-2.66\%)}{6}$$

$$+\frac{(-16.9\%+3.838\%)(16.19\%-2.66\%)+(-6.92\%+3.838\%)(5.77\%-2.66\%)+(-9.85\%+3.838\%)(-13.81\%-2.66\%)}{6}$$

$$=0.0185$$

③ 计算市场组合的方差。

$$\sigma_M^2=\frac{\sum_{t=1}^{6}(R_{Mt}-\overline{R}_M)^2}{N}$$

$$=\frac{(6.89\%-2.66\%)^2+(-23.08\%-2.66\%)^2+(24.03\%-2.66\%)^2}{6}$$

$$+\frac{(16.19\%-2.66\%)^2+(5.77\%-2.66\%)^2+(-13.81\%-2.66\%)^2}{6}$$

$$=0.032$$

④ 计算股票的贝塔值。

$$\beta_i=\frac{\mathrm{Cov}(R_i,R_M)}{\sigma_M^2}=\frac{0.0185}{0.032}=0.58$$

在估计贝塔值时，还可以采用回归分析法，也就是对股票收益率(R_i)和市场收益率(R_M)进行回归分析：

$$R_i=a+bR_M \tag{8-3}$$

式中，a 为回归曲线的截距；b 为回归曲线的斜率。

回归曲线的斜率等于股票的贝塔值，用来度量股票风险。图 8-1 为 2018—2022 年三只股票的周收益率与标的指数周收益率的关系图。

然而，在进行回归分析之前，需要考虑三个问题。

第一个是回归分析期的期限问题，即是采用较长的估计期还是较短的期限。较长的估计期可以提供更多的数据，但是，在这期间，公司的风险特征可能会发生改变。

第二个是收益率的时间间隔的设置。股票收益率的计算可以年、月、周、日，甚至一天的某段时间为时间间隔。使用日或者一天的某段时间的收益数据可以增加回归分析中观测值的数量，但由于将非交易日也计算在内，不可避免会带来相应公司贝塔的估计误差。因为不交易时公司的收益率为零，在回归分析中，加入这些不交易时期

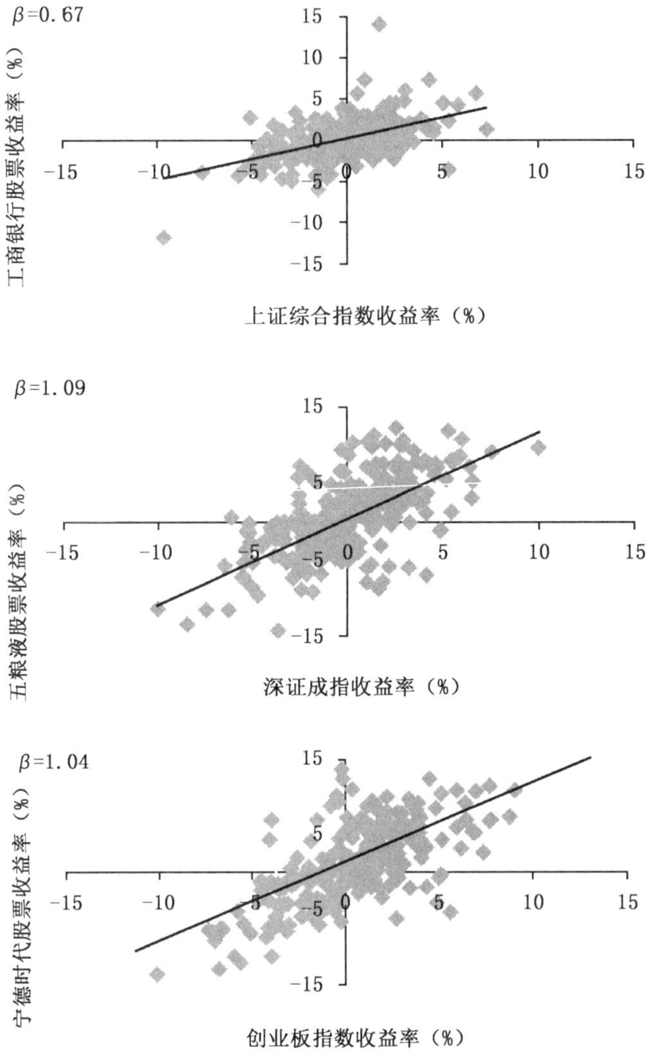

资料来源：同花顺 iFind 数据库。

图 8-1　三只股票 5 年周收益率与标的指数 5 年周收益率的关系

的收益数据会减少股票收益与市场收益之间的相关性，低估贝塔值。而使用周或月收益率则能减少公司不交易带来的偏差。例如，使用 2021—2022 年间的每日收益率计算出中芯国际（股票代码：688981）的贝塔值为 0.77，而用每月收益率计算则为 0.81，0.81 是该公司贝塔的更可靠估计。

第三个是从回归分析得到的贝塔值是否需要经过调整，以反映估计误差的可能性和贝塔向平均值（行业或者整个市场的）回归的趋势。

（二）贝塔的决定因素

1. 经营的周期性

由于贝塔衡量的是公司股票相对于市场指数的风险，那么，公司业务对市场状况越敏感，贝塔值就会越大。周期性公司的经营收入和收益往往随经济的波动而剧烈波动。经济繁荣时，公司业绩很好；而经济衰退时，公司业绩就很差。因此，在其他条件一定的情况下，周期性公司会比非周期性公司具有更大的贝塔值。例如，房地产、汽车和零售业公司将比公用事业、烟草和食品类的公司有更大的贝塔值，因为房地产、汽车和零售业公司对市场状况很敏感，而公用事业、烟草和食品公司则不太敏感。

2. 公司的经营杠杆

企业生产经营成本中固定成本与变动成本的比例，对营业利润的变化与销售收入的变化之间的关系产生重要的影响，这种影响由经营杠杆来反映。

经营杠杆（operating leverage）为营业利润的相对变动与销售收入相对变动之比，也就是营业利润对销售收入的弹性，其公式为：

$$经营杠杆=\frac{营业利润的变动率}{销售收入的变动率}=\frac{\Delta EBIT/EBIT}{\Delta S/S} \tag{8-4}$$

由式（8-4）可以看出，经营杠杆的数值越大，销售收入的相对变动引起营业利润的相对变动也越大，表明公司的经营风险越大。

一个经营杠杆较高的公司，也就是固定成本比重较高的公司，营业利润的波动程度与生产同类产品、但经营杠杆较低的公司相比要高些。在其他条件一定的情况下，对于高经营杠杆的公司而言，营业利润的高波动性会导致较高的贝塔值。

［**例 8-3**］　金地集团为房地产行业的公司，其在 2017—2022 年间的销售收入和营业利润见表 8-2。

表 8-2

年份	销售收入（万元）	销售收入变动（%）	营业利润（万元）	营业利润变动（%）	经营杠杆
2017	3 733 220.95		1 165 603.08		
2018	5 031 181.75	34.77	1 517 827.93	30.22	0.87
2019	6 308 421.02	25.39	1 971 577.85	29.89	1.18
2020	8 365 671.10	32.61	2 034 650.83	3.20	0.10
2021	9 893 491.57	18.26	1 605 518.54	−21.09	−1.15
2022	12 003 539.80	21.33	1 296 062.67	−19.27	−0.90

由表 8-2 可知，金地集团的经营杠杆水平在 2017—2022 年间具有较大的波动。

3. 公司的财务杠杆

从上述分析我们看到经营杠杆与公司的固定成本有关，经营杠杆的上升会增加公司的贝塔。同理可知，财务杠杆也必定会增加公司的贝塔。财务杠杆反映了公司对债务融资的依赖程度，杠杆企业不论其销售情况如何都要支付利息，所以财务杠杆与公司的固定财务费用有关。由于债务的利息费用会扩大净收益的波动程度，在公司经营状况良好时净收益会大大提高，在经营困难时则会大大降低，这样，在其他条件一定的情况下，财务杠杆也会增加公司的贝塔。

对于一个利用权益和债务融资的公司，其股东与债权人共享公司的现金流量，同时两者共同承担公司的风险。如果某投资者的投资组合是由公司的全部证券组成，他将不会与他人共同分享公司的现金流量，也不会与他人共担风险，他将独自承担全部风险，因此，公司的资产贝塔与公司的负债权益投资组合的贝塔相等。

这一投资组合的贝塔就是负债贝塔与权益贝塔的加权平均，即

$$\beta_{资产}=\beta_{投资组合}=\frac{负债}{负债+权益}\times\beta_{负债}+\frac{权益}{负债+权益}\times\beta_{权益} \quad (8-5)$$

式中，$\beta_{权益}$是杠杆企业的权益贝塔。对于一个全部以权益融资的公司，其资产贝塔就等于权益贝塔。

在实际中，负债的贝塔很低。假设负债的贝塔为零，则：

$$\beta_{资产}=\frac{权益}{负债+权益}\times\beta_{权益}$$

通过变形得到，

$$\beta_{权益}=\beta_{资产}\times\left(1+\frac{负债}{权益}\right) \quad (8-6)$$

一般情况下，当公司不改变业务时，其资产的贝塔会保持不变。这样，随着财务杠杆的增加，权益的贝塔也会增加。

［**例 8－4**］　2022 年，万科公司的权益贝塔值为 0.89，长期负债权益比为 1.05。2023 年，因项目投资需求等原因公司的负债权益比变更为 1.87。那么，财务杠杆的变动对公司的权益贝塔产生了多大影响？

计算公司的资产贝塔：

$$\beta_{资产}=\frac{\beta_{权益}}{1+B/S}=\frac{0.89}{1+1.05}=0.43$$

由于公司的业务未发生改变，公司资产的贝塔将不受财务杠杆变动的影响，于是，在新的财务杠杆下，其权益贝塔为：

$$\beta_{权益}=\beta_{资产}\times(1+B/S)=0.43\times(1+1.87)=1.23$$

（三）估计贝塔的其他方法

估计 β 值的一般方法需要资产的市场价格，这使它难以用于不可交易资产（或公司）以及只在短期内交易或交易不频繁的资产的估计。

关于不可交易公司 β 值的估计方法，可以用营业风险和经营杠杆作为基准比较上市公司的 β 值，然后确定标的公司的 β 值。可比公司是指营业风险与被分析公司类似的公司。由于 β 值和财务杠杆之间存在相关关系，就可以利用这种关系修正标的公司和可比公司间的财务杠杆差异。

［**例 8－5**］　现要估计一家造纸行业的私营公司的 β 值，该公司的债务/权益比是 0.5。造纸行业的几家上市公司的 β 值如表 8－3 所示。

表 8－3

公　司	β 值	债务/权益比
晨鸣纸业	0.92	0.75
青山纸业	0.93	0.04
山鹰国际	0.81	1.39
博汇纸业	0.78	0.40
平　均	0.86	0.65

可比公司的 $\beta_{资产}=\dfrac{\beta_{权益}}{1+B/S}=\dfrac{0.86}{1+0.65}=0.52$

由于该私营公司与可比公司的业务类型相同，那么资产的贝塔就相等，因此，私营公司的权益贝塔为：

私营公司的 $\beta_{权益}=\beta_{资产}\times(1+B/S)=0.52\times(1+0.5)=0.78$

三、市场风险溢价的度量

市场风险溢价是指市场证券组合预期收益率与无风险收益率之间的差额，即 $(\bar{r}_M-r_F)$。资本资产定价模型使用的市场风险溢价可以依据历史数据确定。

运用历史数据计算风险溢价可以采用算术平均法，也可以采用几何平均法。算术平均法是计算期内年收益率的平均值，而几何平均法是同期的复利年收益率。

下面用两年的收益率说明两种方法的差异（见表 8－4）。

表 8－4

年　份	价格（元）	收益率（%）
0	50	0
1	100	100

续表

年　份	价格(元)	收益率(%)
2	60	−40

两年的算术平均收益率为30%，而几何平均值仅为$[(1+100\%)(1-40\%)]^{1/2}-1=9.54\%$。基于这两种不同的方法，风险溢价会有很大的差异。

一般而言，用几何平均法计算的风险溢价会低于用算术平均法计算的风险溢价。收益的变化越大，它们之间的差幅就越大。另外，算术平均法也依赖于所选择的时间间隔，如月平均收益率比年平均收益率高。而几何平均法是对整个时间间隔的单一估计，它不受所选时间间隔长短的影响。在公司金融中，计算期较长的期望收益率是用复利方法计算的，在这种情况下，几何平均法是对风险的较好估计。

四、经营风险与财务风险

(一) 经营风险

由于企业的债权人和股东都对企业进行了资本投入，他们都要求得到相应的投资回报。经营风险是指企业全部资本投资者投资收益的不确定性。当企业的债务资本为零时，企业的投资者就只有股东，则投资者收益即为权益报酬率 ROE。

企业的息税前收益 EBIT 反映的是属于资本投资者的报酬，EBIT 越稳定，资本投资者的收益就越稳定；反之，资本投资者收益的波动性就越大。因此，EBIT 的波动性就是资本投资者所面临的经营风险的反映。息税前收益只受企业生产经营状况的影响，与企业的负债状况即资本结构无关。

(二) 财务风险

财务风险是指由于企业负债经营而给股东带来的风险。如果企业的资本全部由股东投入，则股东只承受经营风险。但如果企业引入了部分债务资本，由于债权人在投资收益的分配上优先于股东，因而会导致公司股东收益的不确定性增大。这种因负债经营而增加的风险，即为财务风险。

五、CAPM 与 DDM 的比较

无论是资本资产定价模型(CAPM)还是股利折现模型(DDM)，都是具有内部一致性的模型。但现实中，大多数公司都使用 CAPM 对权益资本成本进行估计，而极少数公司使用股利折现模型。为什么 CAPM 模型更受欢迎呢？因为 CAPM 有两个优点：第一，它明确地对风险进行了调整；第二，对于不分红或者股利增长很难估计的公司来说更为适用。而 DDM 的优点就在于其简单性，但其缺点是只对稳定支付股利的公司有效，而且，DDM 没有明确地将风险纳入考虑。

第二节　公司资本成本

一、公司资本成本与项目资本成本

所谓公司资本成本，就是公司现有证券组成的投资组合的期望收益，可以用来折现与公司整体风险相似的项目现金流量。但是，如果新项目的风险高于或低于公司当前业务的风险，则公司资本成本就不再是正确的折现率。任何项目都应该用其自身的资本机会成本来估价。

对于由 A、B 两种资产构成的公司，该公司的价值为：

$$公司价值 = PV(A+B) = PV(A) + PV(B) = 各资产价值的总和$$

其中，$PV(A)$ 和 $PV(B)$ 的估价就把相应资产当作是一家独立的子公司，投资者可以直接对它进行投资。投资者对资产 A 的估计是以反映其风险的折现率来折现其预期现金流量，而对资产 B 的估价则是以反映 B 风险的折现率来进行折现，这两个折现率通常会有所不同。

通常，许多公司对不同种类的投资项目会要求不同的收益。例如，针对以下一些项目，折现率的选取可能会有所不同（见表 8－5）。

表 8－5

项目类别	折现率（%）
投资冒险	30
新产品	20
现有业务的扩张	15（用公司资本成本）
现有技术的改良	10

资料来源：理查德 · A. 布雷利、斯图尔特 · C. 迈尔斯：公司财务原理（第 7 版），机械工业出版社 2004 年版，第 164 页。

既然真实的资本成本决定于项目的风险，而不是接受项目的公司本身的风险，为什么还要估计公司及其行业的资本成本呢？其原因在于：首先，大多数项目都可以看作具有常规风险，即与公司的其他资产的总体风险不相上下，对于这些项目，公司资本成本就是正确的折现率。其次，即使对风险极高或者极低的项目来说，公司资本成本仍然对折现率的确定很有益处。毕竟，在估计各个项目的资本成本时，在公司资本成本的基础上进行适当的调整要比完全从零开始估计要容易得多。

二、债务成本

债务成本是指公司为筹资而借入资金的现行成本(或即期成本)。一般而言,它由以下变量决定:

(1) 现行利率水平。利率水平提高,公司的债务成本也增加。

(2) 公司的违约风险。公司的违约风险上升,借入资金的成本也增加。度量违约风险的一种方法是对公司债券进行评级,较高的评级导致较低的利率,较低的评级则导致较高的利率。不过,对于中国的公司,难以取得债券评级,一般利用公司最近的借款利率和贷款违约率来度量公司违约风险。

(3) 债务的税收利益。由于利息在税前支付,因此会给公司带来减税收益,从而使得债务的税后成本低于税前成本。而且,随着税率的提高,利息的减税收益也将随之增加。

$$\text{税后债务成本}=\text{税前债务成本}\times(1-\text{公司所得税率})$$

当公司借入资金时,通常使用固定利率。当他们向投资者发行债券时,债券的票面利率也是固定利率。债务成本并不是公司已发行并出售的债券的票面利率,也不是公司过去借款的利率,而是在现行利率水平的基础上根据公司的违约风险加上相应的风险溢价而形成的。假如公司在低利率时借入资金,而此时的市场利率或公司违约风险已经增加,我们就不能认为该公司的债务成本仍然很低。

[例 8-6] 某公司债券的面值为 100 元,票面利率为 8%,期限为 5 年。现在该债券的市场价格为 95 元,计算该债券的资本成本。

由于债券的资本成本是它的到期收益率,我们可以利用债券的定价公式求出其到期收益率,即

$$P_B=\sum_{t=1}^{n}\frac{\text{利息}}{(1+r_B)^t}+\frac{\text{本金}}{(1+r_B)^n}$$

$$95=\sum_{t=1}^{5}\frac{8}{(1+r_B)^t}+\frac{100}{(1+r_B)^5}$$

当 $r_B=8\%$时,债券的价格为 100 元。由于目前债券的价格为 95 元,小于 100 元,所以实际的到期收益率应大于 8%。我们先将 $r_B=9\%$代入式中,可以得到

$$\sum_{t=1}^{5}\frac{8}{(1.09)^t}+\frac{100}{(1.09)^5}=96.11>95$$

显然,实际的到期收益率仍大于 9%。再将 $r_B=10\%$代入式中,得到

$$\sum_{t=1}^{5}\frac{8}{(1.1)^t}+\frac{100}{(1.1)^5}=92.42<95$$

由此，实际的到期收益率介于 9%和 10%之间，且更接近于 9%。利用插值法可以得出

$$\frac{x}{1\%}=\frac{96.11-95}{96.11-92.42}, x=0.3\%$$

所以，债券的到期收益率(资本成本)$r_B=9.3\%$。

三、优先股成本

由于优先股每年支付的现金股利是固定的，也没有期限，是一种永续的融资。优先股的成本等于优先股的现金股利除以优先股的发行价格，用公式表示为：

$$r_{PS}=\frac{\text{每股优先股股利}}{\text{优先股每股股价}} \tag{8-7}$$

优先股具有一些债务特征，即优先股股利在发行时已事先确定，并在普通股股利之前支付；同时也具有一些权益特征，即优先股股利的支付没有减税收益。从风险角度看，优先股比普通股安全，比债券风险高。因此，在税前，优先股成本低于权益成本，高于债务成本。

四、确定债务和权益部分的权重

在计算公司资本成本时，权益和债务的权重必须基于市场价值，而不是账面价值。因为资本成本是衡量公司为项目筹资所发行证券(股票和债券)的成本，这些证券是以市价发行，而不是以账面价值发行的。

有两种观点反对使用市场价值。第一种观点认为，账面价值比市场价值可靠，因为账面价值变动较少。但这实际上是一个缺点，因为随着公司和市场信息的公布，公司价值会不断变化，因此，变动的市场价值比账面价值更能反映公司的真实价值。第二种观点认为，债权人并非按市场价值借出资金，但这种观点缺乏事实依据。

五、确定公司资本成本

在第一节我们讨论了无债务融资项目折现率的确定，本节我们将讨论公司同时利用债务和权益融资时的资本成本，即公司资本成本。所谓公司资本成本，就是公司不同融资方式(包括债务、普通股、优先股等)形成的成本的加权平均值，也就是加权平均资本成本(weighted average cost of capital, WACC)。

假定公司运用债务和权益融资来进行投资，债务成本是借款利率 r_B，权益资本成本是 r_S，那么，资本成本就是两者的加权平均，即

$$\frac{B}{B+S}\times r_B+\frac{S}{B+S}\times r_S$$

很明显，若公司没有负债，即全部利用权益融资，其加权平均资本成本就等于权益资本成本 r_S。

如前所述，债务利息具有减税收益，那么债务成本应为税后的债务成本。这样，公司的加权平均资本成本的计算公式就表示为：

$$r_{WACC}=\frac{B}{B+S}\times r_B\times(1-T_C)+\frac{S}{B+S}\times r_S \tag{8-8}$$

式中，r_{WACC} 为加权平均资本成本；T_C 为公司所得税率。

若公司的融资方式除了债务和权益外，还利用了优先股等其他证券，则其加权平均资本成本就是各类证券占总资产的市场价值比率与相应的融资成本的乘积再进行加总。

［**例 8－7**］　某公司当前每股股价为 10 元，流通在外的股票数为 5 亿股，其债务的市场价值为 8 亿元。假定公司新借入债务的利率为 5%，贝塔值为 1.05，公司的所得税率为 25%。另外，市场风险溢价为 7.5%，目前国债的收益率是 3%。那么，该公司的加权平均资本成本是多少？

首先，运用资本资产定价模型计算权益资本成本：

$r_S=r_F+\beta\times(\bar{r}_M-r_F)=3\%+1.05\times7.5\%=10.875\%$

其次，确定债务和权益的权重。由于股票的市场价值为 50 亿元（$=10\times5$），债务的市场价值为 8 亿元，所以债务与权益的比重分别为 13.79%和 86.21%。

因此，该公司的加权平均资本成本为：

$$\begin{aligned}r_{WACC}&=\frac{B}{B+S}\times r_B\times(1-T_C)+\frac{S}{B+S}\times r_S\\&=13.79\%\times5\%\times(1-0.25)+86.21\%\times10.875\%\\&=9.89\%\end{aligned}$$

如果该公司考虑投资某一项目，该项目具有与公司现有业务相同的风险，那么此项目的折现率就与公司的加权平均资本成本相同。

［**思考题 8－1**］　当市场利率上升时，债务资本成本、权益资本成本和公司加权平均资本成本会有什么变化？如果市场利率下降，这三种资本成本又会发生什么变化？

本章小结

本章介绍了以下各种融资成本的计算方法：

权益资本成本可以通过资本资产定价模型(CAPM)估计得出。在该模型中,无风险收益率、市场风险溢价以及贝塔值都是关键变量。

贝塔值通常是根据收益率的历史数据估计得出,但会受到公司的业务类型、经营杠杆和财务杠杆的影响。贝塔值也可以通过线性回归的方法估计得出。但对于私营公司,可以运用上市的可比公司数据进行估计。

债务成本是公司进行债务融资的现行成本,而且是税后的债务成本。优先股成本可以根据优先股的股利计算得出。

公司资本成本是所有融资成本的加权平均,其中的权重根据各种融资资金的市场价值确定。

关键术语

权益资本成本　债务成本　优先股成本　加权平均资本成本　无风险收益率
市场风险溢价　权益贝塔　资产贝塔　经营杠杆　财务杠杆

思考与练习

1. 权益贝塔的决定因素有哪些?

2. 资产贝塔与权益贝塔的区别是什么?

3. 如何理解经营杠杆和财务杠杆对贝塔值的影响?

4. 如果一家公司对所有项目都用其公司资本成本来进行评估,那么对高风险项目而言是高估还是低估了其价值?

5. 经营杠杆效应产生的原因是(　　)。

A. 不变的固定成本　　B. 不变的产销量

C. 不变的债务利息　　D. 不变的销售单价

6. 某公司全部资产 120 万元,负债比率为 40%,负债利率为 10%,当息税前利润为 20 万元,则财务杠杆系数为(　　)。

A. 1.25　　B. 1.32　　C. 1.43　　D. 1.56

7. 关于经营杠杆系数,下列说法不正确的是(　　)。

A. 在其他因素一定时,产销量越小,经营杠杆系数越大

B. 在其他因素一定时,固定成本越大,经营杠杆系数越小

C. 当固定成本趋近于 0 时,经营杠杆系数趋近于 1

D. 经营杠杆系数越大,表明企业的风险越大

8. 某公司的经营杠杆系数为 2,预计息税前利润增长 10%,在其他条件不变的情况下,销售量将增长(　　)。

A. 5%　　B. 10%　　C. 15%　　D. 20%

9. 某上市公司目前拥有 5 000 万元的债务和 1 亿元的权益,其权益贝塔值为 1.2。该公司现计

划进行杠杆收购，这样，其负债权益比将上升到 2。那么，杠杆收购后公司的权益贝塔值是多少？

10. 某公司权益贝塔值为 1.1，债务贝塔值为 0.12，公司市值负债权益比为 1/3。那么，公司的资产贝塔值为多少？如果该公司将其负债比率（B/V）调整为 1/2，那么其新的权益贝塔值将为多少？

11. 下表是 2006 年 4 家电力公司的销售收入变动率、营业利润变动率以及贝塔值的数据：

公　司	销售收入变动率（%）	营业利润变动率（%）	β 值
上海电力	20.41	10.8	0.94
桂东电力	47.28	50.71	1.25
韶能股份	13.76	6.34	0.93
华能国际	10.1	15.18	1.05

（1）计算各公司的经营杠杆。

（2）利用经营杠杆解释为什么这些公司有不同的贝塔值。

12. 为了估计一家制造业的私人电器公司的贝塔值，现已得到该行业 4 家上市公司的贝塔值。另外，该私人公司的负债权益比为 30%。

公　司	负债（百万元）	权益（百万元）	β 值
青岛海尔	2 146	11 031	1.08
华立科技	290	513	0.91
渝万里	81	319	0.79
上海机电	3 343	8 062	0.82

（1）计算该私人公司的贝塔值。

（2）你认为可以利用可比公司的贝塔值吗？为什么？

13. 某制造商没有债务且权益资本成本为 14%，假设该公司决定增加其杠杆且保持市场债务价值比为 0.5，债务成本为 7%，公司所得税率为 25%。如果该制造商税前 WACC 保持不变，当其增加杠杆后，有效税后 WACC 将变为多少？

14. 假设某公司的市场债务股权比率为 1.15，公司所得税率为 25%，债务利率为 6%，那么，税盾效应使得 WACC 变化多少？

15. 某公司的债务价值为 160 万元，股权价值为 260 万元，公司所得税率为 25%。假设公司的权益资本成本为 12%，债务资本成本为 8%，那么，

（1）公司的税前 WACC 为多少？

（2）公司的税后有效 WACC 为多少？

16. A 公司是全权益融资公司，价值为 1 500 万元，权益贝塔值为 1.5。B 公司同样为全权益融资，价值为 3 000 万元，股票贝塔值为 1.0。现在两家公司合并为一家公司，并引入负债，其债务权益比保持在 1/2，债务的贝塔值为 0.15。假设不考虑税收及合并协同效应的影响。无风险利率为 5%，市场风险溢价为 8%，那么，合并后新公司的权益资本成本和加权平均资本成本是多少？

17. 估计某项目产生的现金流量如下：

年	第0年	第1年	第2年	第3年
现金流量(万元)	−100	40	60	50

估计项目的贝塔值为1.5,市场风险溢价为8%,目前的国债利率是5%。那么,该项目的资金机会成本和项目的净现值是多少?

18. 某公司正在评估两项相互独立的投资项目。项目A要求投资1 100万元,并将在两年内每年产生650万元的现金流。项目B同样要求投资1 100万元,在未来的两年内每年将产生680万元的现金流。假定无风险利率为5%,市场风险溢价为8%,那么这两个项目的净现值是多少?应该接受还是拒绝这些项目?

项目	β值	IRR(%)
A	0.8	13.07
B	1.5	15.62
公司	1.0	13.00

19. 某公司是一家全权益公司,有两个业务部门。部门A的无杠杆贝塔是0.75,预计每年会产生100万元的自由现金流,且会一直持续下去。部门B的无杠杆贝塔为1.25,预计未来第一年会产生500万元的自由现金流,其永续增长率是3%。假设无风险利率为5% ,市场风险溢价为8%,那么,

(1)该公司每个部门的价值分别是多少?

(2)该公司当前的权益贝塔和资本成本是多少?这一资本成本对估计公司项目的价值有用吗?

20. 某公司拥有3亿元无风险债券,其普通股市值为9亿元。公司的权益贝塔值为1.2,无风险利率为5%,市场收益率为14%。假定公司的债务资本成本为6%,公司所得税率为25%。目前公司有一项拓展现有业务规模的投资项目,项目耗资300万元,并将在未来每年都产生40万元的税后现金流。公司未来将保持其负债比例的稳定。那么,

(1) 不考虑税收,该公司的资产贝塔值为多少?

(2) 公司的加权平均资本成本为多少?

(3) 该项目的净现值为多少?

第九章　资本结构

本章学习目的

了解三种早期的资本结构理论。

理解完善资本市场下的 MM 理论。

了解财务杠杆对收益和公司价值的影响。

掌握无税和有税情况下的资本成本和公司价值的计算。

理解财务困境成本和代理成本的含义及其对资本结构的影响。

理解权衡理论和优序融资理论的含义。

了解资本结构的影响因素。

所谓资本结构(capital structure),是指公司各种资金来源的构成及其比例关系。在实际中,任何公司都有众多的资本结构可以选择。那么,这些选择中是否存在一个使公司价值最大化的资本结构呢?

莫迪格利安尼(Modigliani)和米勒(Miller)认为,在完善的资本市场上股利政策和融资决策都没有任何作用。他们创立的“MM 第一定理”表明,公司的价值由其投资项目产生的现金流量来决定,与其融资来源无关。因此,一旦公司的投资决策已经确定,公司的资本结构就与公司的价值无关。

MM 第一定理表明投资决策和融资决策是完全分离的,这意味着任何公司在进行资本预算时都无须考虑这些投资项目的资金来源问题。但我们相信,在实际经营中,资本结构对公司价值确实会有影响。

本章我们将介绍几种资本结构理论,并从完善的资本市场和不完善的资本市场两个方面来分析资本结构决策。

第一节　早期的资本结构理论

早期的资本结构理论有两个十分极端的观点：一种观点认为，公司的债务融资越多，公司价值就越高；另一种观点认为，资本成本与资本结构没有关系，因而资本结构与公司价值无关。

一、净收入理论

净收入理论假设公司在获取资金的数量和来源方面不受限制，并且债务融资成本和权益融资成本都是固定不变的，即公司进行债务融资和权益融资的成本不随债务和股票发行量的变化而变化。由于债权人比股东享有优先求偿权，债权人承担的风险比权益投资者的要低，因而公司的债务融资成本一般低于权益融资成本。这样，当公司通过增加债务融资来提高财务杠杆作用时，公司的融资成本即加权平均资本成本会下降，而公司的价值就会提高。当公司进行100％的债务融资时，其加权平均资本成本最低，公司价值就会达到最大(见图9－1)。

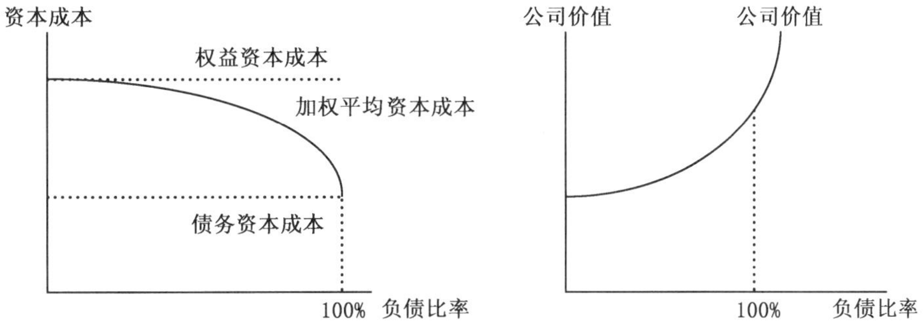

图9－1　净收入理论下的资本结构与公司价值的关系

但是，随着财务杠杆作用的扩大，不考虑公司的财务风险和融资成本变化的假设是很难成立的。因此，该理论缺乏说服力。

二、净经营收入理论

融资结构的净经营收入理论假设，不管财务杠杆作用大小如何，公司的债务融资成本和加权平均资本成本是不变的。但是，当公司增加债务融资时，权益融资成本会上升。这是因为财务杠杆作用的扩大提高了企业的财务风险，权益投资者便会要求更高的回报。尽管如此，公司可以通过增加对成本较低的债务融资的利用来减少融资的成本和风险。因此，负债比率的高低将不会影响公司的加权平均资本成本（见图 9－2）。

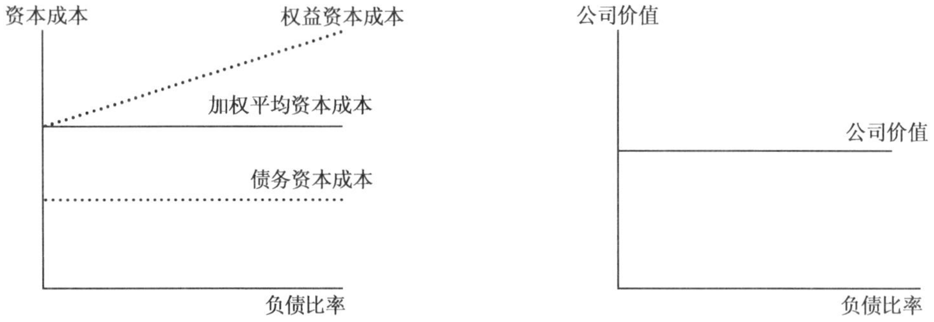

图 9－2　净经营收入理论下的资本结构与公司价值的关系

根据该理论，公司的加权平均资本成本与资本结构无关，那么资本结构就与公司的价值无关，而决定公司价值高低的真正因素是公司的经营收入。由此可以认为，公司不存在最佳资本结构，融资决策也就无关紧要。净收入理论与净经营收入理论是完全相反的两种理论。

三、传统理论

杜兰特（Durant）认为，资本结构的传统理论是介于上述两种理论之间的一种理论。传统理论认为，当公司在一定的限度内进行债务融资时，尽管权益融资成本有所上升，但它不会抵消低成本的债务资金带来的好处，因此，加权平均资本成本会下降，公司价值会上升。一旦债务融资超过了一定的限度，由于风险增大，公司的权益融资成本和债务融资成本就开始上升，并使加权平均资本成本也上升，从而导致公司价值下降（见图 9－3）。

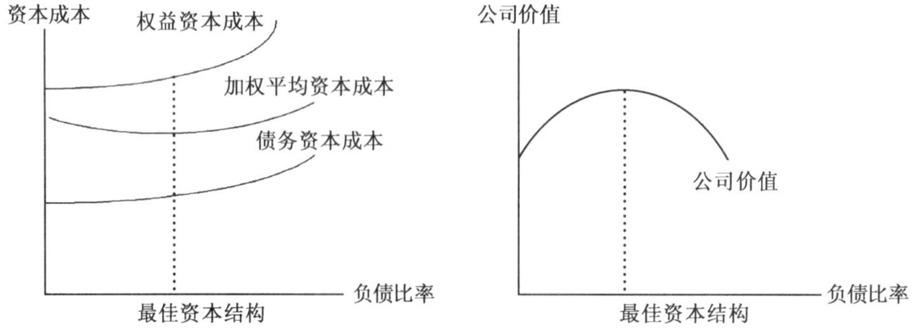

图 9－3　传统理论下的资本结构与公司价值的关系

根据传统理论，公司存在一个最佳的资本结构，也就是使公司价值最大的资本结构，并且可以通过利用适度的财务杠杆来获得。

第二节　MM 理论

尽管对资本结构的讨论众说纷纭，但有一个影响较大的学派认为资本结构的变化并不会真正地影响公司价值，这种观点来自于著名的 MM 理论。在本节，我们首先分析完善资本市场下的资本结构与公司价值之间的关系，然后讨论在考虑公司所得税和个人所得税的情况下，资本结构的变化对公司价值产生的影响。

一、完善资本市场下的资本结构与公司价值

（一）完善资本市场下的公司价值

莫迪格利安尼和米勒对完善的资本市场做出了如下假设：

（1）不存在公司所得税和个人所得税。

（2）股票和债券在完美市场上交易，没有交易成本，也不存在信息不对称问题。

（3）个人和公司的借贷利率相同。

（4）直接破产成本和间接破产成本是不存在的。

（5）机构与个人的债务都是无风险的，所有债务的利率均为无风险利率，且不受借款数额的影响。

（6）经营风险由息税前收益 EBIT 的标准差衡量，具有相同经营风险的企业属于同一风险等级组。

在这样的假设条件下，他们认为公司的价值不会受公司杠杆作用的影响，公司的投资决策和融资决策是相互独立的。

为了理解 MM 理论的这一结论，现假设有两家公司 U 和 L，它们的经营内容相同，并产生相同的经营利润，但资本结构不同。公司 U 是无杠杆的公司，没有进行负债，因此其公司价值 V_U 就等于公司的权益价值 E_U；另一方面，公司 L 是有杠杆的公司，那么该公司的权益价值就等于公司价值减去债务的价值，即 $E_L=V_L-D_L$。

到底哪家公司更值得投资呢？下面考虑两个投资方案。

[投资方案 1]　购买 10%的公司 U 的股票。

[投资方案 2]　购买 10%的公司 L 的股票和 10%的公司 L 的债券。

这两个投资方案的现金流量如表 9－1 所示。

表 9-1

投资方案 1	投资金额	收益
购买 10%的公司 U 的股票	10%×V_U	10%×经营利润
投资方案 2	投资金额	收益
购买 10%的公司 L 的股票	10%×E_L	10%×(经营利润－利息)
购买 10%的公司 L 的债券	10%×D_L	10%×利息
合计	10%×V_L	10%×经营利润

由表 9-1 可知,两个投资方案的收益相同,都是公司经营利润的 10%。在完善的资本市场上,提供相同收益的投资的成本也应该相同。因此,10%×V_U＝10%×V_L,即无杠杆公司的价值 V_U 等于杠杆公司的价值 V_L。

假如投资者是风险偏好型的,他正考虑另外两个投资方案。

[投资方案 3] 购买 10%的公司 L 的股票。

[投资方案 4] 从银行借入(10%×D_L)的资金,购买 10%的公司 U 的股票。投资者的借款利率与公司 L 的相等。

这两个投资方案的现金流量如表 9-2 所示。

表 9-2

投资方案 3	投资金额	收益
购买 10%的公司 L 的股票	10%×E_L ＝10%×(V_L－D_L)	10%×(经营利润－利息)
投资方案 4	投资金额	收益
借款 购买 10%的公司 U 的股票	－10%×D_L 10%×E_U ＝10%×V_U	－10%×利息 10%×经营利润
合计	10%×(V_U－D_L)	10%×(经营利润－利息)

从表 9-2 中,可以发现,这两个方案同样有相同的收益,都是公司息后利润的 10%。因此,在完善的资本市场上,这两个投资的成本也必定相同,即 10%×(V_L－D_L)＝10%×(V_U－D_L),于是,杠杆公司的价值 V_L 等于无杠杆公司的价值 V_U。

总之,无论投资者是风险厌恶型的,还是风险偏好型的,他们都会认同这样的结论:无杠杆公司的市场价值必定等于杠杆公司的市场价值。假如杠杆公司的定价过高，理性的投资者将自己借款来购买无杠杆公司的股票，这种替代通常被称为自制财务杠杆。只要投资者个人能以与公司相同的条件借入或贷出，他们就能靠自己来复制公司财务杠杆的影响，从而抵消公司资本结构带来的影响。这就是著名的 MM 命题Ⅰ的基本思想："任何公司的市场价值与其资本结构无关"。

MM 命题Ⅰ(无税)

$$V_L = V_U \tag{9-1}$$

式中，V_L 为杠杆公司的价值，V_U 为无杠杆公司的价值。

（二）完善资本市场下的资本成本

在完善的资本市场下，债务的利用将对公司的权益资本成本和加权平均资本成本产生什么影响呢？下面的例子说明了资本结构的变化对股东收益的影响。

［例 9-1］　公司 A 目前没有负债，所有的经营利润都作为股利发放给普通股股东，其目前的资本结构如表 9-3 所示。假设公司计划以 10%的利率发行 50 万元的债券，用以回购 5 万股股票。为了考察资本结构调整带来的影响，公司预测了几种可能的经营利润并进行了场景分析。资本结构调整后的基本数据如表 9-4 所示。

表 9-3　公司 A 的当前资本结构

		基本数据		
普通股(万股)		10		
每股股价(元)		10		
股票市场价值(万元)		100		
资产市场价值(万元)		100		
	各种可能结果			
经营利润(万元)	5	10	**15**	20
每股收益(元)	0.5	1	**1.5**	2
权益收益率 ROE(%)	5	10	**15**	20
			期望收入	

表 9-4　公司 A 的计划资本结构

	基本数据
普通股(万股)	5
每股股价(元)	10
股票市场价值(万元)	50
债券市场价值(万元)	50
资产市场价值(万元)	100
债券利率(%)	10

续表

各种可能结果				
经营利润(万元)	5	10	**15**	20
利息(万元)	5	5	**5**	5
净收益(万元)	0	5	**10**	15
每股收益(元)	0	1	**2**	3
权益收益率 ROE(%)	0	10	**20**	30
			期望收入	

由表 9－3 可知，在当前的资本结构下，如果公司的预期收入为 15 万元(表中的黑体字)，则资产收益率(ROA)为 15%(15/100)。由于该完全权益公司的资产等于股东权益，权益收益率(ROE)也是 15%，每股收益为 1.5 元(15/10)。

如果该公司的资本结构由完全权益调整为权益和债务的组合，公司的资产收益率仍然不变。不过，在获得预期收入的假设条件下(表 9－4 中的黑体字)，由于债务利息为 5 万元，公司的净收益就减少为 10 万元(15—5)，那么，权益收益率就等于 20%(10/50)，每股收益则为 2 元(10/5)。

表 9－3 和表 9－4 表明，财务杠杆的影响取决于公司的经营利润。如果经营利润超过 10 万元，在计划的资本结构下权益收益率较高，也就是说，财务杠杆将增加股东的收益。但当经营利润低于 10 万元时，当前资本结构下的权益收益率较高，而财务杠杆将降低股东的收益。如果经营利润恰好为 10 万元，股东的收益就不受任何影响。因此，公司资本结构的决策归根结底要看对公司未来盈利的预期。如果预期公司的经营利润将超过 10 万元的盈亏平衡点，公司通过发行债券来调整资本结构就对股东有利。

运用[例 9－1]的数据来进一步说明 MM 理论的含义。如表 9－5 所示。

表 9－5

	当前的资本结构(无杠杆)	计划的资本结构(有杠杆)
每股股价(元)	10	10
每股收益(元)	1.5	2
权益收益率 ROE(%)	15	20

虽然财务杠杆能带来每股收益的增加，但并未影响股票的价格，只是提高了权益收益率。这是因为杠杆公司的权益投资者将承担较大的风险，作为补偿，他们会要求较高的期望收益率。

MM 理论认为，权益投资者的风险随财务杠杆的提高而增加，所以权益的期望收益率与财务杠杆正相关。

为了证实这一观点，我们运用以前介绍的公司加权平均资本成本 r_{WACC} 的计算公式来进行分析。

$$r_{WACC}=\frac{B}{B+S}\times r_B+\frac{S}{B+S}\times r_S \qquad (9-2)$$

由式(9－2)可计算出公司 A 在有杠杆和无杠杆时的 r_{WACC}，即

无杠杆：$r_{WACC}=0+\frac{100}{100}\times 15\%$

$=15\%$

杠杆：$r_{WACC}=\frac{50}{100}\times 10\%+\frac{50}{100}\times 20\%$

$=15\%$

计算结果表明，不论公司有无财务杠杆，它的 r_{WACC} 都等于 15%。现在我们假定公司 A 在完全权益融资时的资本成本为 r_0，那么，该公司的 r_0 可计算如下：

$$r_0=\frac{\text{无杠杆公司的期望收益}}{\text{无杠杆公司的资产}}=\frac{15}{100}=15\%$$

我们发现，公司的 r_{WACC} 等于 r_0。事实上，在没有公司税的经济世界中，r_{WACC} 必定总是等于 r_0。于是，根据式(9－2)可以推导出权益的期望收益率 r_S 的表达式：

MM 命题Ⅱ(无税)

$$r_S=r_0+\frac{B}{S}\times(r_0-r_B) \qquad (9-3)$$

视频讲解

公式(9-3)的应用

式中，r_S 是权益的期望收益率，即公司的权益资本成本；r_0 是完全权益公司的资本成本；r_B 是公司的债务资本成本。

以上得到的就是 MM 命题Ⅱ：以市场价值计算，对于杠杆公司而言，其权益的期望收益率随负债权益比的增加而提高。当公司没有负债时，r_S 等于 r_0。

用图 9－4 表示式(9－3)，揭示权益资本成本与负债权益比之间的关系。随着公司负债权益比的提高，权益投资者的风险就逐渐增加，从而导致权益的期望收益率 r_S 也随之上升，但财务杠杆并不影响 r_{WACC}。另外，从图 9－4 中可以看出，r_0 是用一个点表示的，而 r_{WACC} 是一条直线。

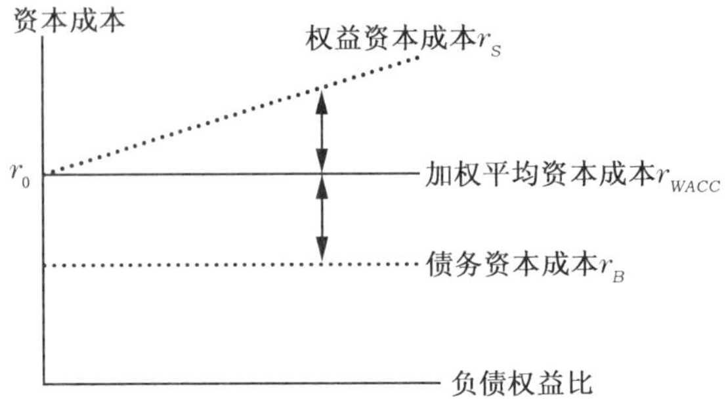

图 9-4　完善资本市场下的财务杠杆与资本成本的关系

MM 命题Ⅰ指出,资本结构的变化对公司价值没有任何影响。MM 命题Ⅱ则指出权益的期望收益率会随财务杠杆的提高而增加。既然财务杠杆的提高可以带来期望收益的增加,但它对公司价值怎会没有影响呢?其原因就在于期望收益的增长恰好被因风险增加而引起的权益期望收益率的增加所抵消了。

[**例 9-2**]　假设公司 U 是一家全权益公司,每年获得 8 000 万元的息税前收益,且具有永续性,公司的全权益资本成本为 10%。而公司 L 是一家杠杆公司,其债务资金为 5 000 万元,负债利率为 5%。除资本结构外,两家公司完全相同。计算公司 U 和公司 L 的公司价值、权益价值,以及公司 L 的权益资本成本和加权平均资本成本。

① 公司 U。

股东的权益价值 $S_U=\dfrac{EBIT-R_B\times B}{R_0}=\dfrac{8\ 000-0}{10\%}=80\ 000$(万元)

$V_U=B+S=0+80\ 000=80\ 000$ (万元)

② 公司 L。

根据 MM 定理Ⅰ,公司 L 的市场价值 $V_L=V_U=80\ 000$ (万元)

公司 L 的权益价值 $S_L=V_L-B_L=80\ 000-5\ 000=75\ 000$(万元)

利用 MM 定理Ⅱ,公司 L 的权益资本成本为:

$$r_S=r_0+\frac{B}{S}\times(r_0-r_B)=10\%+\frac{5\ 000}{75\ 000}\times(10\%-5\%)=10.33\%$$

公司 L 的加权平均资本成本为:

$$r_{WACC}=\frac{B}{B+S}\times r_B+\frac{S}{B+S}\times r_S$$

$$=\frac{5\ 000}{75\ 000+5\ 000}\times 5\%+\frac{75\ 000}{75\ 000+5\ 000}\times 10.33\%=9.99\%$$

二、含公司税的MM理论

（一）债务的节税收益与公司价值

上述分析表明，在没有税收的世界中，公司的价值与债务无关。但在考虑公司税的情况下，债务融资就有一个重要的优势，因为公司支付的债务利息可以抵减应纳税额，而现金股利和留存收益则不能。这样，当存在公司税时，公司的价值就与其债务正相关。

［**例9－3**］　表9－6是公司U和公司L的一些财务数据。公司U没有负债，公司L有50万元的借款，借款利率为6%。假设两家公司每年的息税前利润都是35万元，且为永续性的。公司的所得税率为25%，那么，公司L的债务能带来多大的节税收益？

表9－6

	公司U	公司L
息税前利润（万元）	35	35
利息（万元）	0	3
税前利润（万元）	35	32
公司税（万元）（$T_C=25\%$）	8.75	8
净利润（万元）	26.25	24
股东和债权人的总现金流量（万元）	26.25	27
利息节税收益（万元）	0	0.75

假设公司L的债务是永续性的，那么公司每年都会有一笔0.75万元的现金流量，即利息节税收益。这笔现金流量的风险可能小于公司L的经营性资产的风险，因为节税收益仅依赖于公司所得税率和公司获得足够的盈利来支付利息的能力，所以，应该用相对较低的折现率来折现利息节税收益。

那么，究竟应该用怎样的折现率呢？一般的假设是利息节税收益的风险与利息支出的风险相同，于是，就用债权人的期望收益率（即债务成本）来进行折现。利息节税收益的现值计算如下：

$$PV(\text{利息节税收益})=\frac{0.75}{0.06}=12.5(\text{万元})$$

在债务是永续性的假设下，利息节税收益的现值等于公司所得税率与公司借债金额的乘积，即

$$PV(\text{利息节税收益})=\frac{\text{公司所得税率}\times\text{利息支付额}}{\text{债券的期望收益率}}=\frac{T_C\times(r_B B)}{r_B}=T_C\times B \tag{9-4}$$

当然，如果公司的债务不是永续性的，或者它在未来不可能再利用节税收益，那么节税收益的现值就会减少。

上面我们计算了债务利息带来的节税收益的现值，现在再来考虑节税收益对公司价值的影响。

公司U(即没有债务的公司)每年的税后现金流量是 $EBIT\times(1-T_C)$，在计算该现金流量的现值时应使用无杠杆公司的权益资本成本 r_0，这样，无杠杆公司U的价值可计算为：

$$V_U=\frac{EBIT\times(1-T_C)}{r_0} \tag{9-5}$$

如前所述，财务杠杆通过利息节税收益可以增加公司的价值，而永续债务的节税收益现值为 T_CB，因此，只要将该节税收益现值加到无杠杆公司的价值上，就可得到杠杆公司的价值。即

MM命题Ⅰ(含公司税)

$$V_L=\frac{EBIT\times(1-T_C)}{r_0}+\frac{T_C\times r_B B}{r_B}=V_U+T_CB \tag{9-6}$$

式(9-6)中的右边第一项是没有利息节税收益的现金流量现值，即无杠杆公司的价值，右边第二项是利息节税收益的现值。若债务是永续性的，则节税收益现值为 T_CB。杠杆公司的价值是无杠杆公司的价值与节税收益现值之和。由于节税收益随债务额的增大而增加，公司可以通过用债务替代权益来增加公司的总现金流量并提高公司价值。

[**例9-4**]　在例9-3中，假设公司U的全权益资本成本为15%，那么，公司U和公司L的价值又会是多少？

$$V_U=\frac{EBIT\times(1-T_C)}{r_0}=\frac{35\times(1-0.25)}{0.15}=175(\text{万元})$$

$$V_L=V_U+T_CB=175+0.25\times50=187.5(\text{万元})$$

杠杆公司的价值是187.5万元，高于无杠杆公司的价值175万元，因此，债务的利用增加了公司的价值。

(二) 公司所得税与资本成本

在没有考虑税收的MM命题Ⅱ中，权益的期望收益率与财务杠杆之间存在正相

关关系，其原因在于随着财务杠杆的提高，权益投资者承担的风险将会增大，因此会要求更高的收益率。那么，在考虑公司所得税的情况下，权益的期望收益率与财务杠杆之间的关系又会如何呢？答案是：与无税时的结论一样。即

视频讲解

公式（9-7）的应用

MM 命题Ⅱ（含公司税）

$$r_S = r_0 + \frac{B}{S} \times (1 - T_C) \times (r_0 - r_B) \qquad (9-7)$$

式中，当 $r_0 > r_B$ 时，r_S 会随财务杠杆的提高而上升。一般而言，r_0 应该大于 r_B，这是因为权益（不论是杠杆权益还是无杠杆权益）是有风险的，与风险更小的债务相比，它应该具有更高的期望收益率。

另外，在式（9-7）中，由于（$1 - T_C$）小于1，所以在考虑公司所得税的情况下，杠杆公司的权益资本成本的上升幅度要小于无公司所得税时的。实际上，正是由于债务利息的节税收益降低了杠杆公司的债务资本成本和权益资本成本，才导致了杠杆公司价值的增加。

考虑公司所得税后，杠杆公司的加权平均资本成本为：

$$r_{WACC} = \frac{B}{B+S} \times r_B \times (1 - T_C) + \frac{S}{B+S} \times r_S \qquad (9-8)$$

式（9-8）中的债务资本成本实际上是税后的资本成本，因为公司支付的利息具有减税作用。在不考虑税收时，财务杠杆不影响 r_{WACC}。但在有公司所得税的世界中，债务相对于权益而言具有税收方面的优惠，故 r_{WACC} 会随财务杠杆的上升而降低（见图9-5）。

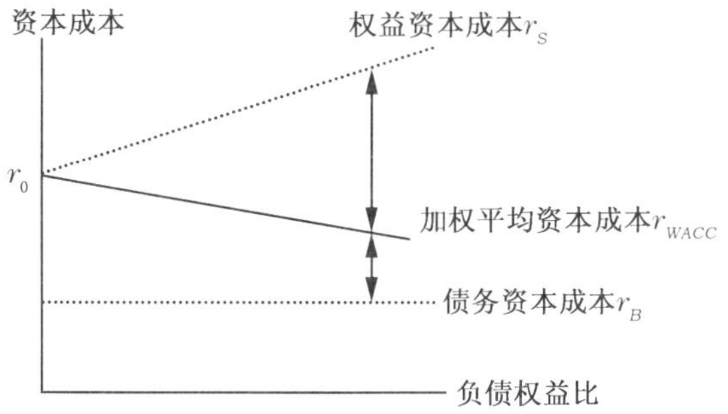

图9-5　含公司所得税时的财务杠杆与资本成本的关系

［**例9-5**］　根据［例9-3］的数据和［例9-4］的结果，我们可以计算出杠杆公司的资本成本。

由于$V_L=B+S$，则：

杠杆公司的权益价值$S=V_L-B=187.5-50=137.5$（万元）

那么，权益资本成本即权益的期望收益率为：

$$
\begin{aligned}
r_S &= r_0+\frac{B}{S}\times(1-T_C)\times(r_0-r_B)\\
&=0.15+\frac{50}{137.5}\times(1-0.25)\times(0.15-0.06)\\
&=17.45\%
\end{aligned}
$$

其加权平均资本成本为：

$$
\begin{aligned}
r_{WACC} &= \frac{B}{B+S}\times r_B\times(1-T_C)+\frac{S}{B+S}\times r_S\\
&=\frac{50}{187.5}\times 0.06\times(1-0.25)+\frac{137.5}{187.5}\times 0.1745\\
&=14\%
\end{aligned}
$$

如果知道权益的期望收益率，我们也可以用另一种方法确定杠杆公司的权益价值。即

$$
S=\frac{(EBIT-r_B B)\times(1-T_C)}{r_S}=\frac{(35-3)\times(1-0.25)}{0.1745}=137.5\text{（万元）}
$$

杠杆公司的价值也可以通过另一种方法计算得出，即

$$
V_L=\frac{EBIT\times(1-T_C)}{r_{WACC}}=\frac{35\times(1-0.25)}{0.14}=187.5\text{（万元）}
$$

由以上计算结果可以发现，杠杆公司L的r_{WACC}（14%）低于无杠杆公司U的r_{WACC}（15%），从而使得杠杆公司L的价值大于无杠杆公司U的价值。

三、含个人税的MM理论

考虑到个人税，公司的目标就不再是最小化公司的纳税额，而是试图最小化由公司收入引起的所有税款，包括债权人和股东个人所应缴纳的税款。

若股东的个人税率为T_S，债权人的个人税率为T_B，在考虑公司税和个人税的情况下，杠杆公司的股东所获得的现金流量为：

$$(EBIT-r_B B)\times(1-T_C)\times(1-T_S)$$

杠杆公司的债权人所获得的现金流量为：

$$B\times r_B\times(1-T_B)$$

因此，所有投资者得到的税后总现金流量是：

$$(EBIT-r_B B)\times(1-T_C)\times(1-T_S)+B\times r_B\times(1-T_B)$$

通过变形可得到：

$$EBIT\times(1-T_C)\times(1-T_S)+r_BB\times(1-T_B)\times\left[1-\frac{(1-T_C)\times(1-T_S)}{(1-T_B)}\right] \tag{9-9}$$

式(9-9)中的第一项是公司税和个人税后的无杠杆公司的现金流量，计算其现值时应用个人税后的无杠杆公司的权益资本成本，而且该现值即为无杠杆公司的价值。第二项是扣除所有税收因素之后的利息节税收益，应使用个人税后的债务资本成本来折现。这样，无杠杆公司的价值加上利息节税收益的现值即为杠杆公司的价值，即

$$\begin{aligned}V_L&=\frac{EBIT\times(1-T_C)\times(1-T_S)}{r_0\times(1-T_S)}+\frac{r_BB\times(1-T_B)}{r_B\times(1-T_B)}\times\left[1-\frac{(1-T_C)\times(1-T_S)}{(1-T_B)}\right]\\&=V_U+B\times\left[1-\frac{(1-T_C)\times(1-T_S)}{(1-T_B)}\right]\end{aligned} \tag{9-10}$$

以上就是考虑公司税和个人税的MM命题。

假如 $T_S=T_B$，式(9-10)就变为：

$$V_L=V_U+T_C\times B$$

该式是含公司税时的MM命题Ⅰ。也就是说，只要股东的个人税率与债权人的个人税率相同，个人税的存在将不会影响公司价值。

假如 $(1-T_C)\times(1-T_S)=(1-T_B)$，杠杆公司的价值就等于无杠杆公司的价值，即财务杠杆的利用将不能带来任何收益，这是因为杠杆公司较低的公司税正好被较高的个人税所抵消。

当 $T_S<T_B$ 时，来自于债务的节税收益就会减少；而当 $T_S>T_B$ 时，来自于债务的节税收益则会增加。

[例9-6]　运用[例9-3]的数据，分析个人税对公司价值的影响。假设公司U和公司L都将所有的净利润作为股利支付给股东，股利的个人税率为20%，利息的个人税率为5%。公司U和公司L的现金流量如表9-7所示。

表9-7

	公司U	公司L
息税前利润(万元)	35	35
利息(万元)	0	3
税前利润(万元)	35	32
公司税(万元)($T_C=25\%$)	8.75	8
净利润(万元)	26.25	24
股东和债权人的总现金流量(万元)	26.25	27

续表

	公司 U	公司 L
股利(万元)	26.25	24
股利的个人税(万元)($T_S=20\%$)	5.25	4.8
个人税后的股利(万元)	21	19.2
利息(万元)	0	3
利息的个人税(万元)($T_B=5\%$)	0	0.15
个人税后的利息(万元)	0	2.85
个人税后的股东和债权人的总现金流量(万元)	21	22.05

① 由表 9-7 可知,两家公司缴纳的总税收为:

公司 U:

$T=T_C+T_S+T_B=8.75+5.25+0=14$(万元)

公司 L:

$T=T_C+T_S+T_B=8+4.8+0.15=12.95$(万元)

本例中,杠杆公司 L 的所有投资者的个人税后总现金流量更大些,比无杠杆公司 U 的现金流量多 1.05 万元(22.05—21),而这一差异正好等于这两家公司在税收上的差异,因为公司 U 支付的总税收正好比公司 L 的多 1.05 万元(14—12.95)。可以认为,税收完全解释了财务杠杆对现金流量的影响。

② 分析个人税对公司价值的影响。

无杠杆公司 U 的价值为:

$$V_U=\frac{EBIT\times(1-T_C)\times(1-T_S)}{r_0\times(1-T_S)}=\frac{35\times(1-0.25)\times(1-0.2)}{0.15\times(1-0.2)}=175(\text{万元})$$

杠杆公司 L 的价值为:

$$V_L=V_U+B\times\left[1-\frac{(1-T_C)\times(1-T_S)}{1-T_B}\right]=175+50\times\left[1-\frac{(1-0.25)\times(1-0.2)}{1-0.05}\right]$$
$$=193.42(\text{万元})$$

此时,债务利息的节税收益是 18.42 万元(193.42—175),而没有考虑个人税时的节税收益为 12.5 万元(0.25×50)。这表明当股东的个人税率高于债权人的个人税率时,财务杠杆的利用可以增加杠杆公司的价值。

然而在实际中,要明确债务的税收优势,公司就需要掌握权益投资者和债券持有者所须应对的税率,而这就加大了准确估计税收优势的难度。此外,计算债务的节税收益时还假设公司有足够的利润可以享受节税的好处,但实际上几乎没有公司能够确保自身未来一定能获取应税的利润。如果公司出现亏损而且无法用亏损来抵扣过去的税额,那么,其节税收益就只能往后递延,但资金的时间价值就会逐渐减少,甚至节税收益会彻底丧失。

另外，债务并不是具有节税作用的唯一方式。折旧等非债务的方式也可以给公司带来节税收益。因此，节税收益对一些公司来说比另外一些公司更有价值。与有大量应税利润需要避税的公司相比，拥有大量非利息节税收益、未来前景尚不明朗的公司应该会利用较少的债务。如果公司累积了大量的递延损失，它也不应再进行债务融资，因为公司已经无法利用其节税收益。所有这些都表明公司债务具有一定的税收优势，至少对那些确信自己能够使用节税收益的公司而言是如此，但对于那些完全不可能利用节税优势的公司，债务只会给它们带来一定的税收劣势。

四、债务抵税收益的限制因素

公司为了获得债务的全部节抵税收益，没有必要百分之百地使用债务融资。因为公司只有在支付税金时，才能获得抵税收益。即，公司必须有应税收益。这个约束条件可能限制了作为"税盾"的债务需求额。

假设某公司的息税前收益为 10 000 元，公司所得税率为 25%。表 9—8 列示了 3 种杠杆水平的节税额。无杠杆时，公司的息税前收益应支付 2 500 元的所得税。如果公司有高杠杆，利息支付等于息税前收益，其收益能够规避纳税，因而节省 2 500 元的所得税。如果公司存在超额杠杆，导致利息支付超过息税前收益，那么，公司存在净营业亏损，而节税额并未增加。公司已无税可以支付，不能立即获得超额杠杆带来的税盾收益。

因此，超出息税前收益的利息支付不存在抵税收益。从节税的角度看，利息等于息税前收益时，杠杆水平为最优。

如果公司未来的息税前收益不确定，那么利息费用较高时，利息超过息税前收益的风险将会增加。通常，公司的利息费用接近于其期望应税收益时，债务的边际抵税收益下降，从而会限制公司应该使用的债务融资能力。

表 9-8　不同杠杆水平下的节税额

	无杠杆	高杠杆	超额杠杆
息税前收益	10 000	10 000	10 000
利息费用	0	—10 000	—12 000
税前收益	10 000	0	0
所得税(25%)	—2 500	0	0
净收益	7 500	0	—2 000
杠杆节税额	0	2 500	2 500

第三节 财务困境成本和代理成本

含公司税的MM理论认为,债务为公司提供了税收优惠。然而,支付债务利息和本金是公司的责任,当公司借入资金后就有可能面临违约风险,最终可能导致破产清算。又由于权益投资者与债权人之间可能存在着利益冲突,由此将引起代理成本。而且,负债还会降低公司经营上的灵活性。

一、财务困境成本

公司未能履行对债权人的承诺或者出现偿债困难,这就是公司的财务困境。有时财务困境会导致公司破产,有时只是使公司的经营变得很困难。

假如投资者知道公司的负债经营可能会陷入财务困境,他们就会很担心,而这马上会引起公司股票价格的波动。在考虑财务困境的情况下,公司价值由三部分组成,即

$$V_L = V_U + PV(\text{利息节税收益}) - PV(\text{财务困境成本}) \qquad (9-11)$$

财务困境成本取决于财务困境发生的可能性以及财务困境引起的成本金额。

(一) 财务困境发生的概率

财务困境发生的概率是指公司的现金流量不足以满足公司的债务支出(本金和利息)要求的可能性。虽然这种情况不一定会导致公司破产,但会引发违约风险。根据定义,财务困境发生的概率是以下两个因素的函数。

(1) 公司经营现金流量的规模与债务支出所要求的现金流量的规模。在其他条件一定的情况下,相对于偿债所要求的现金流量的规模来说,经营现金流量的规模越大,发生财务困境的可能性就越小。相反,对于负债规模逐渐增加的公司来说,无论其经营现金流量的规模有多大、多稳定,其发生财务困境的可能性也会随着负债的增多而有所上升。

(2) 经营现金流量的波动性。对于相同的负债规模而言,如果公司的经营现金流量越稳定,则该公司的财务困境发生概率就越低;但如果经营现金流量的波动性较大,那么公司财务困境发生的概率就会较高。

(二) 直接的财务困境成本

直接财务困境是指公司在发生财务困境为处理财务危机(如进行破产清算或重整)时发生的各项费用,包括法律成本和管理成本。例如,在企业破产时,因债权人争

夺对企业剩余资产的清偿权及清偿方式而使企业的破产过程拖延。这样，企业的厂房、设备等得不到充分利用，而且容易贬值；企业的存货可能因得不到及时处理而导致价值下降；企业原有的技术优势、投资机会、人才资源等也可能因企业破产而丧失。

虽然直接成本的绝对数较大，但它们实际只占公司价值的很小一部分。怀特(White)、奥特曼(Altman)以及威斯(Weiss)等的研究发现，直接成本大概是公司价值的3%。

（三）间接的财务困境成本

间接成本是指企业因发生财务困境而在经营管理方面遇到的各种困难和损失，包括为避免破产而付出的代价等各种成本。

(1) 客户的流失。从公司顾客的角度来看，如果他们认为公司陷入了财务危机，就会因害怕公司破产而不再去购买公司的产品或服务，尤其是对于产品价值依赖于公司未来支持和服务的产品。

(2) 供应商的流失。如果供应商担心公司不能按期付款，就不会再愿意向公司提供存货，或者要求公司必须用现金购货。对于那些严重依赖商业信用的公司，供应商的潜在流失构成了公司非常严重的财务困境成本。

(3) 员工的流失。面临财务困境的公司无法为员工提供长期雇用保障，公司可能难以雇用到新员工，而现有的员工也可能会辞职，并且留住核心员工的成本可能会很高。对于那些价值主要来源于人力资源的公司而言，这种财务困境成本将会很高。

(4) 应收账款的损失。陷入财务困境的公司一般难以收回被拖欠的账款。由于公司可能会破产，就降低了客户及时付款以维持声誉的动机。

(5) 资产的"救火式"出售。为了尽量避免破产及其相关成本，陷入财务困境的公司可能被迫迅速出售资产以筹集资金，这就使得公司可能要接受比其在财务状况健康时出售相对更低的价格。

(6) 陷入财务危机的公司在为其项目筹集资金时，因债权人和股东都不愿意承担风险，从而导致公司放弃好的投资项目。

尽管明显存在这些成本，但要估计它们的金额到底是多少却相当困难。奥特曼估计，直接和间接的财务困境成本通常占公司价值的20%。安德拉德(Andrade)和卡普兰(Kaplan)估计，财务困境的总成本占公司价值的10%～20%。

（四）未致破产的财务困境

不是所有陷入财务困境的公司最终都会破产。只要公司能够筹集到足够的资金，能够偿付债务利息，它也许就可以把破产往后推迟很久。最后，公司还有可能恢复过来，偿还全部债务从而避免破产。

对于陷入财务困境的公司，权益投资者和债权人都想让它恢复生机，但在有些方面，他们可能会发生利益冲突。一旦这些利益冲突影响了正常的运营、投资决策和融资决策，财务困境的成本就会十分高昂。

［**例 9－7**］　某公司现有一个 1 年期的投资项目，若项目成功的话，预期产生的现金流量为 12 000 万元；若项目失败，则预期的现金流量将为 6 000 万元。公司可以通过完全权益进行筹资；或者通过发行一年期且到期时偿付 7 000 万元的债券来筹资。若项目失败公司将面临财务困境，为此会产生 1 000 万元的财务困境成本。假设资金的机会成本为 6%，项目成功和失败的概率相等。那么，财务困境成本对公司价值的影响有多大？

无杠杆时的公司价值为：

$$V_U=\frac{0.5\times 12\ 000+0.5\times 6\ 000}{1.06}=8\ 490.57(\text{万元})$$

有杠杆时，股东得到的现金流量为 5 000 万元（12 000－7 000）或者 0，而债权人得到的现金流量为 7 000 万元或者 5 000 万元（6 000－1 000），因此，有杠杆时的股权、债务以及公司的价值分别为：

$$S=\frac{0.5\times 5\ 000+0.5\times 0}{1.06}=2\ 358.49(\text{万元})$$

$$B=\frac{0.5\times 7\ 000+0.5\times 5\ 000}{1.06}=5\ 660.38(\text{万元})$$

$$V_L=S+B=2\ 358.49+5\ 660.38=8\ 018.87(\text{万元})$$

由于财务困境成本，有杠杆时的公司价值比无杠杆时的公司价值要少 471.7 万元，这部分价值损失刚好等于财务困境成本的现值。即

$$PV(\text{财务困境成本})=\frac{0.5\times 0+0.5\times 1\ 000}{1.06}=471.7(\text{万元})$$

二、代理成本

权益投资者和债权人对公司现金流量的求偿权要求并不一致，这导致了他们之间的利益冲突，而利益冲突在以下三个方面都有所表现：选取哪个投资项目（投资决策）；决定如何为项目筹资（筹资决策）；决定支付多少股利（股利决策）。

公司的债权人总是希望公司采纳的投资项目的风险是一定的，如果公司采纳了比预期的风险水平要高的项目，那么债权人就可能受到损失，而债权人的损失正是权益投资者的所得。另一方面，权益投资者也可能有投资不足的动机。因为投资项目的盈利是由权益投资者和债权人分享的，这就减少了权益投资者可以享有的投资机会的价值。即使追加新的权益资本是为了进行净现值大于零的项目，那也未必有利于权益投资者自身的利益。

另外,在为投资项目筹集资金时,权益投资者和债权人之间也可能发生利益冲突。公司的权益投资者希望借入新债,利用公司的资产作为担保并提供给新债权人更为优先的求偿权,从而可以减低新债的利率。但是,公司现有的债权人将不愿意给予新债权人更优先的求偿权,因为这样就加大了他们手持债券的风险。

由于权益投资者和债权人之间可能存在一些利益冲突,当公司出现财务困境时,这种利益冲突会扩大,从而给公司带来了代理成本。代理成本主要表现在以下两个方面:

(1) 如果债权人认为权益投资者的行为很可能会损害自己的利益,他们就会提高债券的利率来保护自己,这就增加了公司的融资成本。

(2) 债权人还可以通过在债务合约中加入限制条款的方式,保护自己免受损失,这样会产生两种成本:监督债务合约执行的直接成本和灵活性损失的间接成本。债务合约越详细,限制性越强,这种成本就越大。

当公司借入的资金越来越多时,它们面临的代理成本就会越来越大,以上两种成本也会随之而增加。

从代理成本的角度来看,我们提出了关于企业资本结构的两点启示:

第一,对于投资行为不容易被觉察和监督的公司来说,由于进行高风险项目投资而产生的代理成本可能是很大的。因此,进行大量固定资产投资的制造业公司的负债比率一般远远高于服务性公司。

第二,对于投资项目的期限比较长,前景不明朗、需要较长时期才会走向成熟的公司而言,因监督等产生的代理成本也很大。所以,制药行业的公司一般保持着较低的负债比例。

第四节　权衡理论和优序融资理论

一、权衡理论

关于公司的负债权益决策,管理者常常将它看成是利息的节税收益与财务困境成本之间的权衡。图 9-6 说明了负债权益的权衡。

当公司的资本结构由完全权益转向少量债务时,公司陷入财务困境的概率很小,因而财务困境成本的现值也很小。然而,随着债务的增多,财务困境成本的现值也开始增大。在某一点,因债务增多引起的财务困境成本现值的增加正好等于节税收益现值的增加,而这一点就是使公司价值最大化的负债比率。在这一点之后,财务困境成

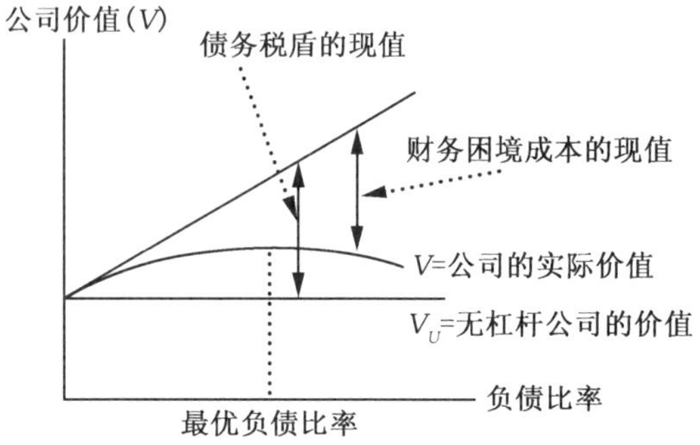

图 9-6　最优负债比率和公司价值

本的增长快于节税收益,从而使公司价值因财务杠杆的进一步提高而开始减少。但是,财务困境成本究竟有多大,目前还无法准确地估算出来,因而也就无法确定具体公司的最优负债比率。

资本结构的权衡理论(Trade-off theory)认为,不同公司的目标负债比率可以不同。如果公司拥有有形的安全资产和大量的应税利润,公司就应该具有较高的目标负债比率;但如果公司拥有高风险的无形资产,且利润很少或尚未盈利,那么它就应该采取权益融资以保持很低的负债比率。

如果资本结构的调整没有成本,那么所有的公司都会维持自己的目标负债比率,但实际上,调整是有成本的,因此,最优目标的实现将会被延迟。总的来看,资本结构的权衡理论说明了适度负债比率的合理性。

那么,资本结构的权衡理论是否能解释公司的实际行为呢? 事实上,权衡理论成功地解释了不同行业间的资本结构差异。例如,高科技成长性公司的资产大多数是无形资产,而且具有高风险,这类公司的负债比率一般都很低;而航空公司,由于资产有形而且比较安全,它们就能够且也承担着大量的负债。

权衡理论还认为,负债过多难以偿还的公司必须发行股票,限制现金股利的支付或者变卖资产来筹集资金以调整资本结构。

然而,权衡理论却无法解释为什么一些很成功的公司几乎没有多少债务,因而也就放弃了大量的利息节税收益。

[例 9-8]　某公司正在考虑提高其负债水平。公司的 CFO 认为可以增加 4 000 万元的债务资金,以充分获取债务的利息节税收益,但考虑到增加的债务水平也会带来财务困境风险,因此,CFO 在预测公司未来现金流量的基础上进行了以下估计。假设公司所得税率为 25%,该公司应该选择的最优债务水平是多少?

债务(百万元)	10	20	25	30	35	40
利息税盾的现值	2.5	5	6.25	7.5	8.75	10
财务困境成本的现值	0	0.2	1.25	3	5.25	8

根据式(9－11),借债的净收益取决于利息税盾的现值与财务困境成本的现值之差。因此,各债务水平下的净收益为:

债务(百万元)	10	20	25	30	35	40
债务的净收益(百万元)	2.5	4.8	5	4.5	3.5	2

由以上计算结果可以得知,公司的最优债务水平为 2 500 万元,这可以使公司获得 500 万元的债务净收益。

二、优序融资理论

一般而言,经营者比外部投资者更了解公司的前景、风险和价值。这说明经营者与投资者之间存在着信息不对称问题,而信息的不对称会影响公司在内部融资和外部融资之间的选择,也会影响公司对发行新债和发行新股的选择,由此就产生了融资的先后顺序。

优序融资理论(pecking-order theory)认为,公司在筹集投资资金时,首选的是内部资金,主要是留存利润;其次是银行借款以及发行债券;最后是发行股票。而发行股票是公司负债信用额度用完时才不得不利用的一种融资方式。

(一) 信息不对称下的发行债券与发行股票

假设 A、B 两家公司的经营都很成功,都有很好的成长机会,但都存在风险。现在,这两家公司都打算进行项目投资,而且都需要再筹集资金,它们既可以发行债券也可以发行股票。那么,这两家公司将会做出何种融资选择呢?

如果公司 A 选择发行债券,公司 B 选择发行股票,那么,在存在信息不对称的情况下,理性的投资者将会认为公司 A 的前景很不错,而公司 B 的前景不太好,且股票已经被高估。这样,两家公司最终都会选择发行债券。公司 A 发行债券是因为公司的前景很好,发行股票会导致股价被低估;而公司 B 选择发行债券却是因为其经营者已经预料到发行股票将使股价下跌,从而会失去发行股票的好处。

显然,信息不对称有利于债券而不是股票的发行。如果经营者比投资者得到的信息更多而且双方都很理性,那么任何公司都更愿意进行债务融资,而不会有公司发行股票了。但这并不完全正确,因为信息不对称有时候并不重要,还有其他因素在起作用。比如,如果公司已经有很多负债,再借款就有可能陷入财务困境,在这种情况下,宣布发行股票并不完全是坏消息。

另外，高科技、高成长性的公司也可以是普通股的合理发行者，这些公司的资产大多是无形资产，过多的负债会带来较高的破产成本或财务困境成本，这就决定了它们需要保守的融资政策。但是，既要追求高速的成长，又想保持保守的负债比率，唯一的办法就是发行股票。

上述分析表明，信息不对称可以解释为什么债务融资实际上优于股票发行，但这并不意味着公司都应该努力追求高负债比率。事实上，能产生大量内部现金流量的公司根本不要发行任何种类的证券，因而也就完全避免了发行成本和信息问题。

（二）优序融资理论的含义

优序融资理论包含以下几个内容：(1)公司更愿意内部融资；(2)如果需要外部融资，公司首先发行最安全的证券，即债券，然后可能是可转换债券等混合证券，最后才是股票；(3)在尽量避免让股利突然变化的同时，公司总是使其目标股利支付率与投资机会相适应。

优序融资理论并没有明确地给出最佳的目标负债权益组合，因为内部权益和外部权益这两种权益，一个位居融资顺序的首位，另一个却落在最后。

优序融资解释了为什么效益最好的公司通常负债更少，这不是因为它们有一个很低的目标负债比率，而是因为它们不需要外部资金。而效益较差的公司发行债券是因为它们没有足够的内部资金去进行项目投资，同时也因为在外部融资中债务融资方式位居第一。

如果内部现金流量与公司的投资机会不相匹配，负债比率也会发生改变。投资机会有限的高效益公司将把负债比率降低到一个较低的水平。如果内部产生的现金流量不能满足投资机会的需要，公司就会越来越多地借入资金。

优序融资理论解释了同一行业里盈利性和财务杠杆之间的反向关系。假设公司的投资与行业的成长保持同步，那么，同一个行业里公司的投资增长率将基本相同。但对于效益最差的公司而言，其内部资金将难以满足投资项目的需要，最后就只能更多地进行负债。

不过，优序融资理论并不能很好地解释资本结构的行业差别。例如，高科技、高成长性行业的公司，即使外部资金的需求很大，其负债比率也倾向于很低；而在成熟稳定的行业，如电力行业，大量的现金流量并不用来偿还债务，公司总是保持相对较高的负债比率。

（三）自由现金流量

如果公司拥有大量的自由现金流量，经营者就会增加自己的特权享受或者用本该回报给权益投资者的资金来营造自己的帝国。也就是说，自由现金流量使代理问题变得更加严重。

詹森(Jensen)曾指出,拥有充裕自由现金流量的经营者往往倾向于向成熟的行业或者不明智的收购投入太多的资金。如果要解决这个问题,最好是进行负债。负债将使公司承担定期支付利息和本金的责任,迫使公司付出现金。可以认为,自由现金流量假说提供了公司发行债务的另一个理由。

第五节 资本结构的确定

资本结构在一定程度上会影响公司价值,同时又有许多因素会影响企业资本结构的选择。因此,企业会在考虑自身的目标和各种影响因素的基础上,选择一个合适的资本结构。下面将对资本结构的影响因素和资本结构决策进行分析。

一、资本结构的影响因素

(一) 企业的资产状况

一般而言,固定资产在清算变现时的价值损失低于无形资产,因此,总资产中固定资产所占比例大,且适合于抵押的资产较多的企业,或者总资产中变现能力强的资产所占比例较高的企业,负债能力强,破产成本较小,故负债比率较高。反之,总资产中无形资产比例较高,或总资产中变现能力较差的资产所占比例较高的企业,其负债比率就相对低一些。

(二) 企业的盈利能力

盈利能力强的企业可以产生大量的税后利润,其内部积累可以在很大程度上满足企业的资金需求,故这类企业的负债比率通常较低。但同时,这类企业具有较强的债务融资能力,如果股东偏好较高的股利分配,那么企业的负债比率可能会较高。

(三) 资本成本

融资方式不同,其资本成本也不一样。债务的资本成本通常低于权益的资本成本,但过多的债务会加重企业的负担,从而产生不能按时还本付息的风险,对企业的经营不利。所以,并不是资本成本越低的融资方式就越好,而应在成本和风险之间进行权衡,选择最佳的融资方式。

(四) 企业的成长率

企业的发展速度越快,成长率越高,资金需求就越大,只靠企业的留存收益进行再投资将远远不能满足需要,而发行股票的成本又高于债务成本,故高速增长的企业倾向于使用更多的债务融资。然而,高速增长企业的未来收益具有较大的不确定性,从而使得向这类企业提供债务资金的债权人要承担较大的风险，这样，成长中的企业将不太容易获得债务资金。因此，成长率对企业资本结构的影响是不确定的。

（五）企业的风险状况

负债比率的提高将增加企业的财务风险，从而增大企业的总风险，影响企业经营的稳定性。在进行资本结构决策时，需要考虑企业的风险承受能力和由此带来的成本。一般来说，息税前利润稳定、营业风险低的企业在总风险不变的情况下可以承担较高的财务风险，因而可以保持较高的负债比率；而息税前利润不稳定、营业风险较高的企业的负债比率就相对低一些。

（六）企业的控制权

发行新股将增加股票的数量，从而降低股东的持股比例，如果企业的所有者不愿意减弱他们对企业的控制权，就不愿意发行股票，而尽可能采用债务融资的方式来获得资金，故其负债比率会较高。但如果管理者不愿意承担财务风险，就会尽量减低债务资金的比例。

（七）企业的信用等级和债权人的态度

企业能否以借债的方式筹集资金以及能筹集到多少资金，不仅取决于企业管理者和股东的态度，而且取决于企业的信用等级和债权人的态度。如果企业进行过多的债务融资，其财务风险将会上升，随之引起的财务危机成本就会影响债权人的利益，并会使得企业的信用级别下降，这样，债权人将不愿意提供资金给企业，或者只有在提供担保抵押或高利率的条件下才愿意借款给企业。所以，企业的资本结构还会受债权人的态度和企业信用等级的影响。

（八）行业因素

不同的行业在负债比率上一直保持着显著的差异，这是因为不同行业的企业在经营风险的大小、资产抵偿负债的能力、折旧等非负债项目带来的避税可能性等方面的不同引起的。在进行资本结构决策时，应参照行业的平均水平，分析本企业与同行业其他企业之间的差别，然后再确定合适的资本结构。

二、资本结构决策方法

（一）收益能力分析（EBIT-EPS 方法）

分析公司息税前利润（EBIT）和每股收益（EPS）之间的关系，比较不同融资方式对这两个指标的影响，是判断公司资本结构是否合理的一种方法。资本结构的合理与否，是通过每股收益的变化来判断的。一般来说，能使每股收益提高的资本结构就是合理的资本结构；反之，就是不合理的资本结构。运用 EBIT-EPS 方法，主要是找出不同融资方式下每股收益相同时息税前利润水平的均衡点。当公司的息税前利润水平正好达到均衡点时，无论是哪种资本结构都是合理的；当公司的息税前利润水平高于均衡点时，由于财务杠杆的作用，公司可选择负债水平较高的资本结构；而当公司的息税前利润水平低于均衡点时，就应选择负债水平较低的资本结构。这种方法的原理是在均衡点上，不管是采用债务融资还是权益融资，公司的每股收益都是相等的。即

债务融资方式下的每股收益＝权益融资方式下的每股收益

或

$$EPS_1 = EPS_2$$

［**例 9－9**］　公司 A 目前拥有长期资本 1 亿元，均为普通股。现准备再筹集 1 000 万元，有两种融资方案可供选择：一是全部发行普通股，若按现行的市价每股 20 元发行，需要增发 50 万股；二是全部利用债务融资，债务的资金成本为 10%。假设公司每年的息税前利润为 2 000 万元，公司所得税率为 25%。

在运用 EBIT-EPS 方法进行分析时，首先计算出不同融资方式下的每股收益，然后计算息税前利润的均衡点，以此判断哪种融资方式更为有利。表 9－9 是两种融资方案的计算结果比较。

表 9－9

	普通股融资	债务融资
息税前利润（万元）	2 000	2 000
利息（万元）	0	100
税前利润（万元）	2 000	1 900
公司税（万元）（T_C＝25%）	500	475
净利润（万元）	1 500	1 425
普通股股数（万股）	550	500
每股收益（元）	2.73	2.85

由表 9－9 的计算结果可知，采用不同融资方式得到的每股收益是不相等的。在息税前利润为 2 000 万元的条件下，普通股融资方式下的每股收益（2.73 元）低于债务融资方式下的每股收益（2.85 元），这反映了在息税前利润一定的条件下不同资本结构对每股收益的影响。

那么，息税前利润究竟为多少时，采用何种融资方式更为有利呢？这需要通过计算息税前利润的均衡点来判断。融资方案 i 在均衡点的每股收益为：

$$EPS_i = \frac{(EBIT^* - I_i)(1 - T_C) - D_{pi}}{S_i} \tag{9－12}$$

式中，$EBIT^*$ 为处于均衡点的 $EBIT$ 值，I_i 为利息支出额，D_{pi} 为优先股股利，S_i 为融资后的普通股股数。

在该分析方法下，$EPS_1 = EPS_2$，即

$$\frac{(EBIT^*-I_1)(1-T_C)-D_{p1}}{S_1}=\frac{(EBIT^*-I_2)(1-T_C)-D_{p2}}{S_2}$$

$$\frac{(EBIT^*-0)(1-0.25)}{550}=\frac{(EBIT^*-100)(1-0.25)}{500}$$

故 $EBIT^*=1\ 100$(万元)。

上述分析结果可用图 9-7 表示。

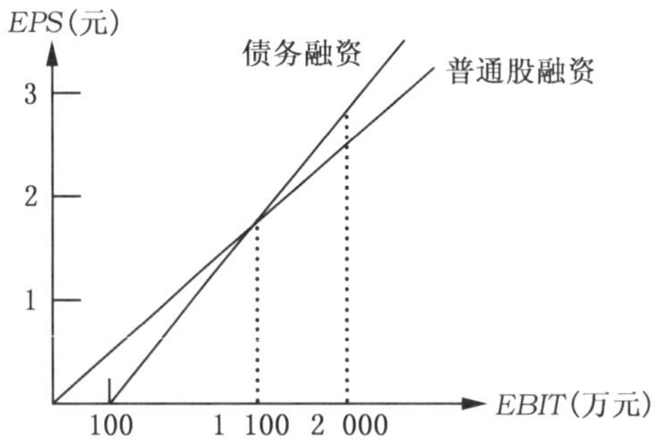

图 9-7 EBIT-EPS 分析示意

由图 9-7 可知,当息税前利润为 1 100 万元时,发行股票和发行债务带来的每股收益相等,这一点就是息税前利润的均衡点;当息税前利润大于 1 100 万元时,债务融资优于普通股融资;而当息税前利润小于 1 100 万元时,普通股融资优于债务融资。

EBIT-EPS 分析告诉我们,在什么情况下哪种融资方案或者资本结构可以为股东提供更高的每股收益。其计算原理比较容易理解,计算过程也比较简单。但是,这种分析方法没有考虑到负债增加所导致风险的上升。

(二) 偿债能力分析

影响资本结构的一个重要因素是公司及时偿付债务的能力。公司现有的负债越多,期限越短,其支付债务费用的负担就越重。所以,资本结构的确定需要结合公司未来的现金流量和偿债能力来进行。未来的现金流量越充分、越稳定,其偿债能力就越强,负债比率就可以高一些。在进行偿债能力分析时,常用的财务指标是利息保障比率、固定费用保障比率以及偿债保障比率。

实际上,公司在偿债方面面临的真正问题并不完全取决于其偿债比率的高低,而是其无力支付债务费用的可能性有多大。无力支付债务费用的可能性的大小取决于公司的现金流量来源,即折旧息税前利润、筹集新资金的能力以及资产转换成现金的能力等。偿债比率只能反映偿债能力的一个方面。如果偿债比率很低,但公司能够在偿付期限前筹集到足够的资金,那么就可以避免陷入财务困境之中。因此,公司在确定资本结构时,还需要分析经营活动方面的现金收支状况,以及公司筹集资金、购买或出售资产、支付现金股利等的影响因素。

专栏 9-1　保利发展的资本结构问题

1. 公司简介与概况

保利发展的
资本结构

保利发展控股集团股份有限公司(股票代码:600048)是中国保利集团控股的大型国有房地产企业,是中国保利集团房地产业务的运作平台,国家一级房地产开发资质企业。2006 年 7 月 31 日,公司股票在上海证券交易所挂牌上市,成为在股权分置改革后,重启 IPO 市场的首批上市的第一家房地产企业。2009 年,公司品牌价值达 90.23 亿元,为中国房地产"成长力领航品牌"。自 2007 年 1 月起,公司入选"上证 50""上证 180""沪深 300"和"中指 100"指数样本股。截至 2023 年 3 月,公司总资产已达 14 480.25 亿元。公司的主营业务是房地产开发、销售、租赁及其物业管理。公司秉承"务实、创新、规范、卓越"的经营理念,一贯主张与坚持"和谐、自然、舒适"的开发理念与产品特色,并将"和谐"提升至公司品牌建设战略的高度。公司多年来对和谐生活的孜孜以求和务实、高效、诚信的稳健风格赢得了广大消费者的赞誉与信赖。

2. 保利发展的偿债能力分析

截至 2023 年 3 月底偿债及资本结构相关财务指标如下:

流动比率(%)	1.56
速动比率(%)	0.38
利息保障倍数	10.84
长期债务与营运资金比率(%)	0.68
长期负债比率(%)	26.70
非流动负债权益比率(%)	155.35
流动负债权益比率(%)	413.85
资本固定化比率(%)	87.37
产权比率(%)	5.69
资产负债率(%)	77.85

由流动比率、利息保障倍数可知,该公司的资金流动性较好,偿债能力较强;但由非流动负债权益比率、流动负债权益比率、资产负债率可以看出,保利发展有较多的负债。

考虑到近期政府对房地产市场出台的一些改革和措施，公司未来的融资情况和盈利状况将会有所改善。因此我们认为，保利发展可以考虑发行长期债券或向股权再融资。

3. 资本结构的影响因素

(1) 企业的资产状况

由于有形资产在清算变现时的价值损失低于无形资产，因此，总资产中有形资产所占比例较大的企业负债能力强、破产成本较小，故负债比率较高；反之则反是。保利发展2019—2022年的有形资产比重分别为14.51%、13.71%、13.23%、12.41%。数据显示，近4年来该公司的有形资产比重持续下降，因此公司的资产偿还债务能力在缓慢下降。

(2) 企业的盈利能力

盈利能力强的企业可以产生大量的利润，内部积累可以在很大程度上满足企业的资金需求，故这类企业的负债比率较低。我们认为盈利能力可以通过息税前利润和每股净收益两个指标来反映。下表是公司2015—2022年的每股收益情况：

年　份	年　度	三季度	中期	一季度
2022	1.53	1.09	0.90	0.21
2021	2.29	1.13	0.86	0.21
2020	2.42	1.11	0.85	0.20
2019	2.35	1.08	0.84	0.20
2018	1.59	0.81	0.55	0.16
2017	1.32	0.70	0.48	0.16
2016	1.10	0.64	0.46	0.13
2015	1.15	0.60	0.46	0.12

近八年保利发展的每股收益里，2016—2020年持续上升，之后开始下降。2022年下降幅度较大。总体来看，该公司盈利能力相对较强。

(3) 资本成本

债务的资本成本通常低于权益的资本成本，但过多债务会加重企业的负担，从而产生不能按时还本付息的风险，不利于企业经营。

(4) 企业的成长率

企业成长率对企业资本结构的影响并不确定。主要是两方面因素的作用:一是成长率高的企业资金需求大,最适合的快速融资并且成本不高的就是债务融资;二是这类企业的未来收益具有较大不确定性,债权人承担的风险较大,故企业较难获得债务资金。从下表可看出,公司的净利润增长率在近几年的波动比较大,具有较大不确定性,获得债务资金具有一定难度。

时　间	2015 年	2016 年	2017 年	2018 年	2019 年	2020 年	2021 年	2022 年
净利润增长率	0.88%	−4.35%	20%	20.45%	47.80%	2.98%	−5.37%	−33.19%

(5) 企业的风险状况

在进行资本结构决策时,需要考虑企业的风险承受能力和由此带来的成本。如果企业的盈利状况稳定、营业风险低,那么相对来说可以承担较高的财务风险,故可以保持较高的负债比率。保利发展的每股收益在上文中已经进行过分析,对于该公司的营业风险并没有直观数据可以反映其状况。综合来看,可以保持较高的负债比率。

(6) 企业的控制权

这取决于企业所有者对控制权的掌握欲望。若发行新股会稀释股东的持股比例,降低企业所有者的控制权,他们可能会采用债务融资方式,此时负债比率会提高。

(7) 企业的信用等级和债权人的态度

如果企业进行过多的债务融资,其财务风险将会上升,随之引起的财务危机成本就会影响债权人的利益,使得企业的信用级别下降。保利发展的信用评级为AAA。较高的信用等级使得该公司较易获得债务融资。

(8) 行业因素

不同行业在负债比率上一直有显著差异,因为不同行业的企业的经营风险、负债能力、折旧等非负债项目带来的避税可能性等方面存在着很大差异。但由于近两年来针对房地产市场出台的一些利好政策以及银行对房地产信贷的支持,将有利于保利地产的债务融资。

本章小结

本章考察了三种早期的资本结构理论：净收入理论、净经营收入理论以及传统理论。这三种理论对资本结构与公司价值之间的关系提出了不同的观点。

本章考察了三种情况下的MM理论。在完善的资本市场上，资本结构与公司价值无关，但权益的期望收益率会随财务杠杆的提高而上升；在考虑公司所得税的情况下，由于债务利息的节税收益，杠杆公司的价值高于无杠杆公司价值；而在包含个人税的影响下，因股东个人税率与债权人的个人税率之间的差异，可能导致杠杆公司价值与无杠杆公司价值之间存在几种不同的情况。

本章讨论了财务困境成本的类型以及产生代理成本的根源。

权衡理论认为公司的最佳资本结构是在节税收益与财务困境成本和代理成本之间进行权衡确定的。而优序融资理论认为管理者偏好内部融资胜于外部融资；在外部融资中，先考虑银行借款，其后是发行债券，最后才是发行股票。

公司在确定资本结构时，首先要了解资本结构的影响因素，然后再进行收益能力分析以及偿债能力分析。

关键术语

MM命题Ⅰ（无税）　MM命题Ⅱ（无税）　MM命题Ⅰ（公司税）　MM命题Ⅱ（公司税）
MM命题（个人税）　代理成本　财务困境成本　权衡理论　优序融资理论

思考与练习

1. 为什么权益的期望收益率随公司财务杠杆的提高而增加？
2. 公司所得税和个人税分别对资本结构的选择产生什么影响？
3. 什么是直接的财务困境成本？什么是间接的财务困境成本？
4. 什么是代理成本？为什么代理成本会影响公司对资本结构的选择？
5. 什么是优序融资理论？
6. 为什么信息不对称使公司更愿意通过负债来进行外部融资，而不是发行普通股？
7. 最佳资本结构是指（　　）。

A. 每股利润最大时的资本结构

B. 企业风险最小时的资本结构

C. 企业目标资本结构

D. 综合资金成本最低、企业价值最大时的资本结构

8. 调整企业资本结构并不能（　　）。

A. 降低财务风险　　B. 降低经营风险　　C. 降低资金成本　　D. 增强融资弹性

9. 在个别资本成本的计算中，不用考虑筹资费用影响因素的是(　　)。

A. 长期借款成本　　B. 债券成本　　C. 留存收益成本　　D. 普通股成本

10. 某企业的借入资本和权益资本的比例为 1∶3，则该企业(　　)。

A. 只有经营风险　　B. 只有财务风险

C. 没有风险　　D. 既有经营风险又有财务风险

11. A 公司的普通股和负债的市场价值分别是 5 000 万元和 3 000 万元，目前权益投资者要求的收益率是 14%，负债的利率是 8%。假设资本结构的变化不会影响负债的风险，如果该公司增发 1 000 万元的普通股来偿还负债，在不考虑税收的情况下，该股票的期望收益率将会发生什么变化？

12. B 公司目前全部用权益资本来满足其资金需求，权益资本成本为 12%。现在公司打算以 8%的利率发行债券，在新的资本结构下，债券市场价值为公司价值的 45%。若公司所得税率为 25%，计算该公司新的权益资本成本和加权平均资本成本。

13. C 公司有一笔永续性的息税前利润 200 万元。它在利用全权益资金经营时的市场价值为 1 000 万元。现在，该公司打算以 8%的利率借入 500 万元，且为永续性的，公司所得税率为 25%。

(1) 计算该公司在无杠杆和有杠杆时的权益资本成本。

(2) 计算该公司在无杠杆和有杠杆时的加权平均资本成本。

(3) 在存在公司所得税的情况下，为什么杠杆公司的权益资本成本高于无杠杆公司的权益资本成本？

14. 假设微软无债务且其权益资本成本为 9.6%，软件行业的平均债务—价值比例为 12.9%，如果微软以 5.7%的债务成本借入行业平均债务水平，其资本成本为多少？

15. S 公司资产在一年后的市场价值有 90%的概率能够达到 5 300 万元，有 10%的概率仅值 2 300 万元。当前无风险利率为 5%，公司的资本成本为 10%。请问：

(1) 如果 S 公司是无杠杆企业，其股权的当前市场价值为多少？

(2) 假设 S 公司一年后发生 2 200 万元的债务，根据 MM 定理，S 公司的股权价值为多少？

(3) 无杠杆时 S 公司的权益报酬率为多少？有杠杆时 S 公司的权益报酬率为多少？

(4) 无杠杆时 S 公司股权最低可能的实际报酬率为多少？有杠杆时 S 公司股权最低可能的实际报酬率为多少？

16. M 公司现有 1 000 万股股票以及 13 700 万元债务。当前公司股价为 63 元，M 公司的权益资本成本为 8.5%，公司宣告将发行 33 700 万元债务，并且将用新债来还旧债，同时使用余下的 20 000 万元进行股利支付。假设在完美市场下，

(1) 在宣告调整资本结构后但调整未实际发生时，公司股价为多少？

(2) 在资本结构调整完成时，公司股价又为多少？

(3) 假设 M 公司的旧债务无风险且收益率为 4.66%，而新债务有风险且收益率为 4.88%，那么调整完成后 M 公司的权益资本成本为多少？

17. 假设 D 公司每年产生的息税前利润为 100 000 元，且是永续性的。无期限的债务为 100 000 元，债务利率为 8%，普通股的必要报酬率为 15%，公司所得税率为 25%，计算该公司的价值。

18. E 公司预计它的息税前利润将一直保持为每年 100 000 元。目前该公司没有债务，全权益

资本成本为20%,公司所得税率为25%,该公司的价值是多少？如果公司计划以8%的利率借入80 000元发行股利,若债务是永续性的,那么公司价值又是多少？

19. F公司是一家全权益公司,其权益资本成本为20%,公司的市场价值为10 000万元,发行在外的股票数量为1 000万股。公司决定发行利率为8%的公司债1 000万元来回购普通股股票。若债务是永久的,公司所得税率为25%,公司债发行后其权益的市场价值是多少？

20. M公司期望每年的自由现金流为900万元,公司所得税率为25%,无杠杆资本成本为10%,公司同时拥有债务为3 826万元,且期望永久维持这一债务水平。请问:

(1) 无杠杆时M公司价值为多少？

(2) 有杠杆时M公司价值为多少？

21. G公司发行在外的债券的市场价值为1 000万元,现正考虑借入400万元发放股利。若负债的利率是10%,公司的所得税率为25%,那么,

(1) 计算每年负债所带来的节税收益。

(2) 如果负债是永久存在的,计算负债节税收益的现值。

(3) 如果负债是10年期限,计算负债节税收益的现值。

(4) 如果第二天市场利率下降至8%,而公司负债的利率是固定不变的,那么负债的节税收益现值将发生什么变化？

22. X公司是一家无增长的杠杆公司,其债务的市场价值为200万元,公司价值为350万元。管理层正考虑通过发行股票以及清偿债务的方式将其负债水平降至40%。公司的全权益资本成本为12%,债务资本成本为6%。公司目前发行在外的股票数量为10万股,公司所得税率为25%。

(1) 公司目前的股价与权益资本成本分别为多少？

(2) 公司的息税前利润是多少？

(3) 在公司宣告将进行资产重组来调整资本结构后,公司价值将变为多少？公司的股价又将变为多少？

(4) 在公司进行资产重组后,新的权益资本成本又是多少？

23. Y公司预测其明年的现金流将可能为700万元或300万元,其发生的概率各为50%。公司现有的负债为500万元,因此公司破产的可能性为50%。目前公司正考虑一项投资,未来将使公司现金流增加200万元,从而使公司避免破产。该项目的投资成本为120万元,将由公司现有股东支付。公司会接受该项目吗？

24. Z公司正在考虑永续性借入500万元的债务。公司所得税率为25%。

(1)如果不考虑个人所得税,新债务带来的利息税盾价值是多少？

(2)如果利息收入的个人税率为5%,权益投资者的个人税率为15%,新债务带来的利息税盾价值是多少？

25. H公司的财务总监正在分析公司的资本结构。他预计公司每年将产生息税前利润80万元,并且会一直持续下去。公司在全权益融资时的税后必要报酬率为10%。目前,公司流通在外的债券是100万元,公司所得税率为25%。假设利息收入的个人税率为5%,权益投资者的个人税率为15%。另外,与债务有关的财务困境成本和代理成本大约是债务价值的5%。那么,该杠杆公司的价值是多少？

第十章　杠杆企业的资本预算

本章学习目的

掌握加权平均资本成本法的运用。

掌握调整净现值法的运用。

掌握权益现金流量法的运用。

了解三种方法的特点及其区别。

在MM理论的假设前提下，投资决策与融资决策完全分离，但实际上两者是相互作用的。这样，在评估投资项目时，就要将融资决策带来的效应考虑在内。

本章主要讨论杠杆企业的资本预算选择问题，通常有三种分析方法：加权平均资本成本法、调整净现值法和权益现金流量法。这三种方法既可用于整个企业的估值，又可用于对某个项目的估价。

第一节　加权平均资本成本法

一、加权平均资本成本法的应用

（一）实际应用

评估项目价值的一种方法是加权平均资本成本法（简称WACC法）。运用WACC法的理由是，杠杆企业的项目资金来源既有债务又有权益，这样，融资成本就是债务资本成本和权益资本成本的加权平均值。权益资本成本是r_S，在不考虑税收的情况下，债务资本成本是r_B；若考虑税收，债务资本成本是$(1-T_C)r_B$，即税后债务资本成本。

加权平均资本成本的计算公式为：

$$r_{WACC}=\frac{B}{B+S}\times r_B\times(1-T_C)+\frac{S}{B+S}\times r_S \qquad (10-1)$$

式中，负债的权重$\frac{B}{B+S}$和权益的权重$\frac{S}{B+S}$分别是基于市场价值计算出来的。

由于债务资本成本是税后取值，这样，债务融资的好处就体现在较低的折现率上。另外，需要注意的是，公式中的所有变量都是将公司作为一个整体来考虑，因此，公式计算出来的折现率只适用于与公司主要业务类型相似的项目，对那些比公司现有资产或业务的平均水平更高风险或更加安全的项目都不适合。

WACC 法是对项目无杠杆现金流量（UCF）按加权平均资本成本 r_{WACC} 折现，项目净现值的计算公式为：

$$NPV=\sum_{t=1}^{n}\frac{UCF_t}{(1+r_{WACC})^t}-I_0 \qquad (10-2)$$

式中，UCF 为无杠杆现金流量，即扣除所得税后的现金流量；I_0 为初始投资额。

若项目的现金流量是永续性的，则其净现值为：

$$NPV=\frac{UCF}{r_{WACC}}-I_0 \qquad (10-3)$$

此外，WACC 法也可用于评估公司价值。

评估公司价值的3种方法

［**例 10-1**］　A 公司现有一个 5 年期的项目，预计项目未来每年产生的息税前利润为 200 万元。现在，公司计划借款 100 万元进行资本结构的调整，调整后的负债权益比将变为 1.95，并一直保持下去。假设借款利率为 8%，公司的权益资本成本为 15%，公司所得税率为 25%，运用 WACC 法计算该项目的价值。

① 计算加权平均资本成本。

由于负债权益比为 1.95，那么，加权平均资本成本为：

$$\begin{aligned} r_{WACC} &=\frac{B}{B+S}\times r_B\times(1-T_C)+\frac{S}{B+S}\times r_S \\ &=\frac{1.95}{2.95}\times 0.08\times(1-0.25)+\frac{1}{2.95}\times 0.15 \\ &=9.05\% \end{aligned}$$

② 确定无杠杆现金流量。

$UCF=200\times(1-0.25)=150$（万元）

③ 计算项目的价值。

$$PV=\sum_{t=1}^{n}\frac{UCF_t}{(1+r_{WACC})^t}=\sum_{t=1}^{5}\frac{150}{(1+9.05\%)^t}=582(\text{万元})$$

（二）应用中的问题

1. 短期负债的处理

很多公司在计算加权平均资本成本时只考虑长期融资，对短期负债的成本忽略不计。原则上这并不正确。短期负债的投资者同样拥有求偿权，而忽略了他们的求偿权将会影响公司投资的收益率。

但是，如果短期负债只是暂时的、季节性的，或偶尔发生的，忽略短期负债也并无大错。

2. 其他流动负债的处理

流动负债往往可以通过流动资产来抵冲它们产生的效应，这样，在计算加权平均资本成本时就不必再包括流动负债的资本成本。但对于小公司而言，如果流动负债是一种重要的长期性资金来源，它们的利息成本就应成为加权平均资本成本中的一个组成部分。

3. 各种资金来源的资本成本计算

对于权益资本成本，可以利用股票市场的数据来估算投资者对公司股票的期望收益率。有了这项估计，就不难计算加权平均资本成本，因为借款利率、负债价值比以及权益价值比的估计并不困难，而优先股的价值和期望收益率的估计通常也不太复杂。

至于违约风险很高的次级债券，它们的收益率较难估计。违约的可能性越大，债券的市场价值越低，承诺的利率就越高。由于加权平均资本成本是一个期望值，而不是承诺值，因而不能直接使用承诺的利率。但如果债券的违约率不太高，就意味着其承诺的收益率和期望收益率很接近，这样，在计算加权平均资本成本时就可以使用承诺的收益率。不过，也可以考虑债券违约的概率，再对承诺收益率进行适当的调整。

二、不同负债水平下的加权平均资本成本

（一）贝塔系数与财务杠杆

在不考虑公司所得税情况下，权益贝塔与公司财务杠杆之间的关系表示为：

$$\beta_{\text{权益}}=\beta_{\text{全权益}}\times(1+\frac{B}{S})\qquad(10-4)$$

然而在现实的经济生活中，公司是要纳税的，这样，就有必要考虑所得税情况下的权益贝塔与财务杠杆的关系，其具体的表达式为：

$$\beta_{权益}=\beta_{全权益}\times\left[1+\frac{B}{S}\times(1-T_C)\right] \tag{10-5}$$

由式(10－5)可知,随着财务杠杆的提高,权益贝塔会随之增大。但在有税的情况下杠杆引起贝塔上升的幅度要小些,这是因为杠杆具有的节税效应降低了公司风险。

[例 10－2] 2023 年,保利发展公司计划实施一个规模扩张型项目。公司债务的市场价值为 3 076 亿元,股票的市场价值为 1 542 亿元。假设公司的权益贝塔是 1.30,无风险利率为 3%,市场预期收益率为 7.5%,公司的所得税率是 25%。若该公司是全权益公司,则该项目的折现率是多少?

① 确定全权益情况下的贝塔值。

由式(10－5)可知,

$$\beta_0=\beta_S/\left[1+\frac{B}{S}\times(1-T_C)\right]=1.3/\left[1+\frac{3\ 076}{1\ 542}\times(1-0.25)\right]=0.52$$

② 确定折现率。

$$r_0=r_F+\beta_0\times(\bar{r}_M-r_F)=3\%+0.52\times(7.5\%-3\%)=5.34\%$$

由计算结果可以得知,当该公司为全权益公司(即无杠杆)时,其项目的折现率为 5.34%。

由于该项目是规模扩张型的,我们就可以直接运用公司的权益贝塔来计算。但如果项目不是规模扩张型的,即公司进行跨行业的投资,就不能直接运用公司的权益贝塔。而应该先确定项目所属行业的权益贝塔,再计算该行业企业的全权益贝塔,然后才确定项目的折现率。

[例 10－3] A 公司主要经营房地产开发业务,目前正考虑投资 5 000 万元生产一种新的涂料产品。公司估计该项目将在未来的 10 年内每年产生 1 200 万元的息税前利润。公司债务的市场价值为 40 亿元,股票的市场价值为 200 亿元。

在涂料生产行业现有三家竞争对手,其贝塔值和债务权益比的数据如表 10－1 所示。假设无风险利率为 3%,市场预期收益率为 7.5%,借款利率为 4.2%,公司的所得税率都为 25%。那么,该项目的净现值是多少?

表 10－1

公　司	β 值	债务/权益比
A	1.07	0.24
B	0.87	0.25
C	0.52	0.48
平　均	0.82	0.32

① 计算涂料生产行业的全权益贝塔值。

$$\beta_0=\beta_S/\left[1+\frac{B}{S}\times(1-T_C)\right]=0.82/[1+0.32\times(1-0.25)]$$

$$=0.66$$

② 计算A公司新项目的权益贝塔。

由于同行业企业的业务类型相同，在没有财务杠杆的情况下，新项目的全权益贝塔与行业的全权益贝塔相同，因此，项目的权益贝塔为：

$$\beta_S=\beta_0\times\left[1+\frac{B}{S}\times(1-T_C)\right]=0.66\times\left[1+\frac{40}{200}\times(1-0.25)\right]$$

$$=0.759$$

③ 计算负债情况下新项目的权益资本成本。

$$r_S=r_F+\beta_S\times(\bar{r}_M-r_F)=3\%+0.759\times(7.5\%-3\%)=6.42\%$$

④ 计算新项目的加权平均资本成本。

$$r_{WACC}=\frac{B}{B+S}\times r_B\times(1-T_C)+\frac{S}{B+S}\times r_S$$

$$=\frac{40}{40+200}\times4.2\%\times(1-0.25)+\frac{200}{40+200}\times6.42\%$$

$$=5.88\%$$

⑤ 计算新项目的净现值。

$$NPV=\sum_{t=1}^{10}\frac{UCF_t}{(1+r_{WACC})^t}-I_0$$

$$=\sum_{t=1}^{10}\frac{1\,200\times(1-0.25)}{(1+5.88\%)^t}-5\,000$$

$$=1\,661.90(\text{万元})$$

(二) 不同负债水平下加权平均资本成本的调整

如果负债比率发生变化，将有可能影响加权平均资本成本计算公式中的一些变量。例如，随着负债比率的降低，财务风险将会下降，从而使得权益资本成本和债务资本成本都将降低。因此，当公司的负债比率发生变化时，可以利用每种负债水平下的权益和债务的成本来确定不同负债水平下的加权平均资本成本。

不同负债水平下加权平均资本成本的调整

[例10-4] 长江电力公司目前的债务市场价值为2 318亿元，股票的市场价值为5 285亿元。假设公司的权益贝塔为0.74，无风险利率为3%，市场预期收益率为7.5%，借款利率为4.2%。

现公司将负债权益比调整为0.6。若借款利率不变，公司的所得税率是25%。在新的资本结构下，该公司的加权平均资本成本是多少？

① 计算现有资本结构下的权益资本成本。

$$r_S = r_F + \beta_S \times (\bar{r}_M - r_F) = 3\% + 0.74 \times (7.5\% - 3\%) = 6.33\%$$

② 计算全权益融资时的资本成本。

$$r_S = r_0 + \frac{B}{S} \times (1 - T_C)(r_0 - r_B)$$

$$6.33\% = r_0 + \frac{2\ 318}{5\ 285} \times (1 - 0.25)(r_0 - 4.2\%)$$

$$r_0 = 5.8\%$$

③ 计算资本结构调整后的权益资本成本。

$$\begin{aligned} r_S &= r_0 + \frac{B}{S} \times (1 - T_C)(r_0 - r_B) \\ &= 5.8\% + 0.6 \times (1 - 0.25)(5.8\% - 4.2\%) \\ &= 6.52\% \end{aligned}$$

④ 计算资本结构调整后的加权平均资本成本。

$$\begin{aligned} r_{WACC} &= \frac{B}{B+S} \times r_B \times (1 - T_C) + \frac{S}{B+S} \times r_S \\ &= \frac{0.6}{1.6} \times 4.2\% \times (1 - 0.25) + \frac{1}{1.6} \times 6.52\% \\ &= 5.26\% \end{aligned}$$

三、加权平均资本成本法的特点

WACC法是利用加权平均资本成本对项目的税后无杠杆现金流量（UCF）进行折现。而计算加权平均资本成本时所用的债务资本成本是税后的，这就体现了财务杠杆带来的税收利益。也就是说，在WACC法中，债务的节税效应不是通过现金流量的增大，而是通过折现率的降低体现出来的。

另外，在WACC法中，评估的是流向整个项目的无杠杆现金流量的价值，故在现金流量中并不扣除利息费用的支出，因而初始投资额中包括了项目的债务和权益资金来源。

那么，在什么情况下用WACC法比较合适呢？如果项目的风险和负债价值比在项目整个寿命期内保持不变，则加权平均资本成本将保持不变。此时，运用WACC法较容易计算。但如果负债价值比逐年变化，则加权平均资本成本就会随之变化，即WACC法中的分母会随之发生变动，这将使计算变得很繁杂，误差也会随之增大。因此，当负债价值比随时间而不断变动时，WACC法将不太适用。

第二节　调整净现值法

在本节，我们主要针对融资带来的成本或收益，直接调整现金流量及其现值，这种分析方法就是调整净现值法（adjusted-present-value method，APV）。

一、调整净现值法的运用

在 APV 法中，我们以无杠杆企业的项目净现值为起点，然后与债务融资的附加效应价值（或正或负）相加，从而使杠杆企业的项目价值与杠杆作用联系起来。

一般而言，债务的附加效应包括债务利息的节税收益、债务的发行成本和财务困境成本。其中，利息的节税收益是现金流入项目，它的增加将提高项目的价值。当然，如果公司不盈利，也就无须缴税，这样就不能享受利息的节税收益。另外，随着债务融资的增加，发行成本将上升，企业陷入财务危机、甚至陷入破产的可能性也会增大，而随之产生的财务困境成本将增加项目的融资成本，从而降低其价值。尽管这几个方面的影响都很重要，但其中的节税收益在实际中的影响最大。

因此，调整净现值的计算公式表示为：

$$
\begin{aligned}
APV &= NPV(\text{无杠杆企业}) + NPV(\text{债务}) \\
&= \left[\sum_{t=1}^{n}\frac{UCF_t}{(1+r_0)^t} - I_0\right] + \left[B - \sum_{t=1}^{n}\frac{[(1-T_C)\times r_B\times B]_t}{(1+r_B)^t} - \frac{B}{(1+r_B)^n}\right]
\end{aligned}
\tag{10-6}
$$

或者，

$$
APV = \left[\sum_{t=1}^{n}\frac{UCF_t}{(1+r_0)^t} - I_0\right] + \sum_{t=1}^{n}\frac{T_c\times r_B\times B}{(1+r_B)^t} \tag{10-7}
$$

式中，UCF 为无杠杆现金流量，即扣除所得税后的现金流量；I_0 为初始投资额；r_0 为全权益资本成本；r_B 为债务资本成本；B 为初始投资额中的债务资金。

若项目的现金流量和债务是永续性的，则调整净现值为：

$$
APV = \left(\frac{UCF}{r_0} - I_0\right) + T_C\times B \tag{10-8}
$$

当然，APV 法也可用于评估公司价值。

［**例 10－5**］　利用［例 10－1］的数据，运用 APV 法计算该公司新的价值。

① 计算公司的全权益资本成本。

评估公司价值的
3种方法

$r_S = r_0 + \frac{B}{S} \times (1 - T_C)(r_0 - r_B)$

$15\% = r_0 + 1.95 \times (1 - 0.25)(r_0 - 8\%)$

$r_0 = 10.8\%$

② 确定无杠杆现金流量。

$UCF = 200 \times (1 - 0.25) = 150$(万元)

③ 计算无杠杆现金流量的现值。

$$PV(UCF) = \sum_{t=1}^{n} \frac{UCF_t}{(1+r_0)^t} = \sum_{t=1}^{5} \frac{150}{(1+10.8\%)^t} = 557\text{(万元)}$$

④ 计算债务的净现值。

由于该笔债务是永续性的，故其现值为：

$PV(B) = T_C \times B = 0.25 \times 100 = 25$(万元)

⑤ 计算公司价值。

$APV = PV(UCF) + PV(B)$

$\quad = 557 + 25 = 582$(万元)

这一结果与前面用 WACC 法计算所得的结果相一致。

由于 APV 法考虑了债务的所有附加效应，因此，在存在发行成本的情况下，APV 法更为适用。

[**例 10-6**]　B 公司正在考虑一个投资额为 850 万元、5 年期的项目，按直线折旧法提取折旧。预计未来每年产生的销售收入为 800 万元，销售成本为 300 万元。现在，公司计划为项目借款 600 万元，5 年期限结束时一次性偿还本金，预计发行成本为贷款总额的 1%，借款利率为 4.2%。假设公司的全权益资本成本为 8%，公司所得税率为 25%，运用 APV 法计算该项目的价值。

① 确定无杠杆现金流量。

$UCF = (\text{销售收入} - \text{销售成本} - \text{折旧})(1 - T_C) + \text{折旧}$

$\quad = (800 - 300 - 170) \times (1 - 0.25) + 170$

$\quad = 417.50$(万元)

② 计算无杠杆现金流量的净现值。

$$NPV(UCF) = -I_0 + \sum_{t=1}^{n} \frac{UCF_t}{(1+r_0)^t}$$

$$= -850 + \sum_{t=1}^{5} \frac{417.50}{(1+8\%)^t}$$

$$= 816.96\text{(万元)}$$

③ 计算债务的净现值。

$$PV(\text{债务})=\text{借入款项}-\text{税后利息现值}-\text{本金偿还现值}$$

$$=600-\sum_{t=1}^{5}\frac{600\times 4.2\%\times(1-0.25)}{(1+4.2\%)^t}-\frac{600}{(1+4.2\%)^5}$$

$$=27.89(\text{万元})$$

④ 计算债务的发行成本。

$$PV(\text{发行成本})=\text{发行成本}-\text{发行成本摊销的节税收益现值}$$

$$=600\times 1\%-\sum_{t=1}^{5}\frac{(600\times 1\%)\div 5\times 0.25}{(1+4.2\%)^t}$$

$$=4.67(\text{万元})$$

⑤ 计算项目的价值。

$$APV=NPV(UCF)+PV(\text{债务})-PV(\text{发行成本})$$

$$=816.96+27.89-4.67=840.18(\text{万元})$$

二、其他杠杆政策下的调整净现值法

(一)目标杠杆比率

目标杠杆比率(target leverage ratio)是指,公司基于项目的价值或现金流,成比例地调整其债务,固定的负债权益比是目标杠杆比率的一种特例。如果公司维持目标杠杆比率,那么,未来利息税盾的风险和公司(或者项目)的风险相同。在这种杠杆政策下,应该以公司(或者项目)的无杠杆资本成本来折现利息税盾。即

$$APV=\left[\sum_{t=1}^{n}\frac{UCF_t}{(1+r_0)^t}-I_0\right]+\sum_{t=1}^{n}\frac{T_c\times r_B\times B}{(1+r_0)^t} \tag{10-9}$$

[例 10-7]　利用[例 10-1]的数据,如果公司保持这一目标杠杆比率,运用 APV 法计算该公司新的价值。

利用[例 10-5]中得到的全权益资本成本和无杠杆公司价值,计算债务利息税盾价值和杠杆公司价值。

由于公司保持目标杠杆比率,其利息税盾价值为:

$$PV(B)=\frac{T_c\times r_B\times B}{r_0}=\frac{0.25\times 8\%\times 100}{10.8\%}=18.52(\text{万元})$$

公司价值 $APV=PV(UCF)+PV(B)=557+18.52=575.52$(万元)

(二)不变的利息保障比率

如果公司运用债务抵税,它将调整其负债水平,以使利息费用随着公司收益的增加而增加。在此情况下,公司可以将利息支付设定为自由现金流的一个目标比例 k,则:

$$t\text{ 年的利息支付}=k\times FCF_t \tag{10-10}$$

如果公司保持利息支付为自由现金流的一个目标比例，则称公司有不变的利息保障比率(constant interest coverage ratio)。

由于利息税盾收益与公司(或项目)的自由现金流成比例，因此税盾的风险与公司(或项目)自由现金流的风险相同，也应该用相同的折现率——无杠杆资本成本来折现。公司(或项目)的自由现金流用无杠杆资本成本来折现的现值即为公司(或项目)的无杠杆价值，则：

$PV(\text{利息税盾})=PV(T_c\times k\times FCF)=T_c\times k\times PV(FCF)=T_c\times k\times PV(\text{无杠杆企业})$

利息保障比率不变时的调整净现值为：

$$\begin{aligned} APV &= PV(\text{无杠杆企业})+PV(\text{利息税盾}) \\ &= PV(\text{无杠杆企业})+T_c\times k\times PV(\text{无杠杆企业}) \\ &= (1+T_c\times k)\times PV(\text{无杠杆企业}) \end{aligned} \tag{10-11}$$

三、调整净现值法的特点

APV 法是分别估计全权益情况下的项目净现值和债务连带效应的净现值。在估计全权益情况下的项目净现值时，是利用全权益资本成本对项目的税后无杠杆现金流量(UCF)进行折现。而债务的连带效应主要是债务利息的节税效应、债务的发行成本和破产成本。APV 法通过把节税效应的现值作为单独的一项考虑进来，从而体现了财务杠杆带来的税收利益。融资的连带效应越多、越重要，APV 法就越有用。

另外，在 APV 法中，评估的是流向整个项目的无杠杆现金流量的价值，故在现金流量中并不扣除利息费用的支出，因而初始投资额中包括了项目的债务和权益融资资金。

那么，在什么情况下用 APV 法比较合适呢？由于 APV 法的运用是以未来各期的负债水平为基础的，当未来各期的负债水平能准确地知道时，运用 APV 法很容易计算。但如果未来各期的负债水平不确定，即使负债价值比保持一定，也很难运用 APV 法进行项目的估价。

例如，对杠杆收购的分析就可以利用 APV 法。首先把公司当成是完全权益融资来进行评估，这意味着预测的现金流量均为税后权益现金流量，并没有考虑杠杆收购所需的负债带来的节税收益。然后再单独计算利息节税收益的现值，再与完全权益融资的价值加总。其他有关的融资效应也用同样的方法进行处理，这样，最后得到的加总结果就是杠杆收购公司的调整净现值。

另外，APV 法也适用于项目融资的分析。项目融资一般意味着项目以很高的负债比率开始，项目初期产生的现金流量的大部分甚至全部要用于偿还负债。由于负债比率不是固定不变的，但未来的负债水平较容易确定，因此需要使用 APV 法。

第三节　权益现金流量法

一、权益现金流量法的运用

如果是评估公司的权益价值，除了可以用加权平均资本成本对公司的现金流量进行折现外，还可以用权益资本成本来折现权益现金流量，即公司的息税后现金流量，这就是所谓的权益现金流量法（flow-to-equity method，简称 FTE 法）。

FTE 法是资本预算的另一种方法，是对项目的权益现金流量（LCF）按权益资本成本 r_S 折现，项目净现值的计算公式为：

$$NPV=\sum_{t=1}^{n}\frac{LCF_t}{(1+r_S)^t}-(I_0-B) \qquad (10-12)$$

式中，LCF 为权益现金流量；I_0 为初始投资额；B 为初始投资额中的债务资金。

若项目的现金流量是永续性的，则其净现值为：

$$NPV=\frac{LCF}{r_S}-(I_0-B) \qquad (10-13)$$

FTE 法也可用于评估公司的权益价值。如果公司的负债权益比一直保持不变，FTE 法就会与用加权平均资本成本折现公司的现金流量然后减去负债得到完全相同的结果。

［**例 10－8**］　利用［例 10－1］的数据，运用 FTE 法计算该公司新的价值。

评估公司价值的3种方法

① 确定权益现金流量。

$$\begin{aligned}LCF&=(EBIT-r_BB)\times(1-T_C)\\&=(200-0.08\times100)\times(1-0.25)\\&=144(\text{万元})\end{aligned}$$

② 计算权益价值。

$$S=\sum_{t=1}^{n}\frac{LCF_t}{(1+r_S)^t}=\sum_{t=1}^{5}\frac{144}{(1+15\%)^t}=482(\text{万元})$$

③ 计算公司价值。

$V=S+B=482+100=582$(万元)

这与前面用 WACC 法和 APV 法计算所得的结果一致。

二、权益现金流量法的特点

FTE 法是对杠杆企业的税后现金流量中属于权益所有者的部分(LCF)进行折现。LCF 是指扣除利息和所得税后的权益所有者的剩余现金流量,折现率是杠杆企业的权益资本成本。由于财务杠杆的提高导致权益所有者的风险增大,所以杠杆企业的权益资本成本 r_S 大于无杠杆企业的权益资本成本 r_0。

另外,在 FTE 法中,只评估流向权益所有者的那部分现金流量的价值,故在计算现金流量时需要扣除利息费用的支出,因此,在进行资本预算分析时,需要从初始投资额中扣减项目的债务融资资金。

那么,在什么情况下用 FTE 法比较合适呢? 与 WACC 法一样,如果项目的风险和负债价值比在项目整个寿命期内保持不变,则权益资本成本将保持不变。在这种情况下,运用 FTE 法也很容易计算。但如果负债价值比逐年变化,则权益资本成本就会随之变化,即 FTE 法中的分母会随之发生变动,这将使计算变得很繁杂,误差也会随之增大。因此,当负债价值比随时间而不断变动时,FTE 法将不太适用。

三、WACC 法、APV 法和 FTE 法的比较

运用 WACC 法、APV 法和 FTE 法这三种方法对杠杆企业的投资项目或价值进行估值分析的原理基本相同,即首先确定项目(或企业)未来的现金流量,再确定适用的折现率,最后估计项目(或企业)的价值。

在 WACC 法中,需要计算项目(或企业)全部的现金流量,折现率为加权平均资本成本。在 APV 法中, 项目(或企业)的价值分为两部分,首先计算其无杠杆价值,现金流量为项目(或企业)在无杠杆情况下的全部现金流量,而折现率为无杠杆权益资本成本,然后再计算利息节税收益的现值,两者之和即为项目(或企业)的价值。然而,在 FTE 法中,现金流量仅为股权现金流量,折现率则为对应的权益资本成本。

理论上,这三种方法都是用来解决同一个问题,对同一个项目(或企业)进行估值时的计算结果是相同的。然而,在实践中运用三种方法得到的结果有可能不一致,这可能是由于各种方法的假设条件不同造成的。

使用 WACC 法和 FTE 法时,一般假设项目(或企业)维持一个不变的资本结构,

而 APV 法就不需要该假设。APV 法更易于分析资本结构发生变化时对项目(或企业)价值的影响,同时也考虑了债务融资带来的其他成本,如财务困境成本、代理成本等,这些成本在 WACC 法和 FTE 法中难以得到体现。与 FTE 法相比,WACC 法反映了利息税盾的作用,能够直观地反映债务融资和权益融资成本的差异。

最后,对杠杆企业资本预算方法的选择标准可归纳为:

若杠杆企业的负债价值比适用于项目的整个寿命期,则用 WACC 法或 FTE 法。
若项目寿命期内的企业负债水平已知,则用 APV 法。

本章小结

本章介绍了三种杠杆企业的资本预算方法。

加权平均资本成本法是用加权平均资本成本折现全权益现金流量,债务融资的效应是通过折现率体现出来的,但该方法仅考虑了利息的节税效应。若负债价值比保持恒定,则可以采用加权平均资本成本法。

调整净现值法是对全权益现金流量进行折现,折现率为全权益资本成本,然后加上债务融资产生效应的现值。债务融资的附带效应包括利息的节税收益、发行成本、财务困境成本等,其中,节税效应是最主要的。若能确定未来各期的负债水平,则可以采用调整净现值法。

权益现金流量法是用权益资本成本折现杠杆企业的权益现金流量,并未将债务融资的利用考虑在内。若负债价值比保持恒定,则可以采用权益现金流量法。

关键术语

加权平均资本成本法　　调整净现值法　　权益现金流量法　　无杠杆现金流量
权益现金流量

思考与练习

1. WACC 法、APV 法和 FTE 法的区别有哪些?

2. WACC 法、APV 法和 FTE 法分别在什么情况下适用?

3. 加权平均资本成本的计算公式似乎意味着债务资金比权益资金更便宜,那么,是否可以认为债务较多的公司可以使用较低的折现率?试简要说明。

4. ABC 公司资产负债的有关资料如下:

单位:亿元

流动资产	10	负债	25
固定资产	40	权益	25

公司的负债为长期债券,其票面利率为10%,债券的市场价值是账面价值的80%,目前该债券的市场收益率为12%。另外,公司发行在外的股票为5亿股,目前的股价为50元,股票的贝塔值为1.1。1年期的国债利率为5%,股票的市场收益率为14%。公司的所得税率为25%。

(1) 分别用账面价值和市场价值计算公司的负债权益比。

(2) 分别用账面价值和市场价值计算公司的加权平均资本成本,并解释这两种加权平均资本成本之间的差异。

5. ABC公司现在面临一个100万元的投资机会,预期未来两年内分别产生60万元和70万元的息税前利润。为此公司将以8%的利率借款30万元,且分两期等额偿还借款。假设该项目完全权益融资时的资本成本为12%,公司所得税率为25%。试计算该项目的APV。

6. 某项目的资本支出为100万元,其净现值NPV正好为0。在下列情况下该项目的APV是多少?

(1) 为了进行投资,该公司将发行50万元的普通股,其发行成本为股票资金的18%。

(2) 如果公司进行投资,其负债将增加50万元,这笔负债的节税现值为12 000元。

7. 考虑一个一年期的项目,其初始投资为10 000元,期望收入为15 000元。假设全权益资本成本为20%,借款利率为8%,公司所得税率为25%。

(1) 计算项目的NPV。

(2) 若公司负债为项目所需资金的30%,那么,项目的APV为多少?

8. 现有一个项目需要投资1 000万元,在未来的10年里,每年将产生150万元的税后现金流量。假设资金的机会成本是12%,公司所得税率是25%。

(1) 如果分别利用500万元的负债和权益为该项目提供资金,负债利率为8%,且这笔负债在第10年末一次性偿还。计算项目的APV。

(2) 公司在筹集权益资金时发生了40万元的发行费用,那么,APV又是多少?

9. 某电力公司正在考虑一个2 000万元的投资项目,其资金来源于权益融资和银行借款,公司的目标负债权益比为1。预计该项目每年将产生息税前收益800万元,且为永续性的。假设银行借款利率为10%,权益资本成本为20%,公司所得税率为25%。试用WACC法评估该项目的价值。

10. 某煤炭公司目前的息税前收益为500万元,估计在未来的10年内每年都能保持这一水平。公司的目标负债权益比为0.5,银行借款为50万元,借款利率为10%。假设公司在全权益融资时的资本成本为18%,公司所得税率为25%。

(1) 公司在有杠杆时的权益资本成本为多少?

(2) 利用FTE法评估该公司的权益价值。

11. G公司无负债且权益资本成本为9.7%,公司当前股权市值为9 500万元,自由现金流量每年的增长率为3.1%，公司所得税率为25%，投资者利息收入支付5%的个人税，股权收益支付20%的个人税。那么，假设G公司增加5 100万元永久性债务并且用其回购股票，则G公司在有杠杆时的价值为多少？

12. W公司调整其债务，这使得其利息花费为自由现金流量的20%，公司正考虑扩张，且扩张后今年能带来200万元的自由现金流，公司期望每年自由现金流的增长率为3.8%。假设W公司的边际公司税率为25%，那么，

(1) 如果此次扩张的无杠杆资本成本为10.6%，则无杠杆价值为多少？

(2) 此次扩张的杠杆价值为多少？

(3) 如果W公司为债务支付5.8%的利息，则此次扩张需要的初始借债为多少？

(4) 此次扩张的债务价值比率为多少？

(5) 使用WACC法，此次扩张的杠杆价值为多少？

13. 某公司正在考虑投资1.7亿元建造一条新的生产线，该项目预期每年产生现金流量为0.11亿元，无杠杆资本成本为12%。为了给该项投资筹资，公司将进行永久性借款1.02亿元，那么，

(1) 假设边际公司税率为25%，不考虑发行成本，若将杠杆的税盾收益包括在内，这项投资的*NPV*为多少？

(2) 假设公司发行债券需要支付1%的承销费用。同时通过发行股票筹集剩余的0.68亿元，除了4%的股票承销费用，公司当前45元的股价比其真实价格低5元。此时，该投资的*NPV*为多少？(假设所有的费用都是税后费用)

14. S公司正在考虑收购另一家公司来扩大公司规模。目标公司的市值负债权益比为0.8，权益贝塔值为1.2，每年息税前利润为500万元。S公司的负债价值比为35%，收购后其负债水平保持不变。无风险利率为5%，市场风险溢价为8%，公司所得税率为25%，假定所有的债务都是无风险的，且这两家公司都为非增长型公司。那么，

(1) 目标公司的债务和权益的价值为多少？

(2) 目标公司的无杠杆贝塔值和无杠杆权益资本成本为多少？

(3) S公司收购目标公司所支付的最高价格是多少？

15. Y公司打算通过杠杆收购另一家公司来拓展其业务。项目有关的现金流及负债水平如下表所示。假设全权益资本成本为15%，债务资本成本为10%，公司所得税率为25%。

单位：万元

	0	1	2	3
无杠杆现金流	−1 200	600	800	1 000
负债	1 000	800	400	0

(1) 计算该项目的调整净现值。

(2) 该项目在其生命期内每年的价值分别为多少(V_0，V_1，V_2)？

第十一章　股利政策

本章学习目的

了解股利的基本类型。

了解股利政策的基本类型。

了解股利政策的相关理论。

掌握股利支付率的确定。

股利政策作为公司三大财务政策之一，与公司投资政策、融资政策密切相关。一旦上市公司通过经营活动取得了现金流量，就会面临一些问题：是将现金流量重新投入生产经营活动，还是将其作为股利分配给股东。若分配股利，究竟采取哪种股利支付方式更有利于公司的发展？股利支付率确定为多少是最佳的？何时发放股利为最佳？股利政策对公司价值的影响如何？本章将介绍股利的支付方式、股利政策的主要类型，并考察股利决策的影响因素以及股东偏好股利的原因。

第一节　股利的基本内容

一、股利支付方式

股利支付采取什么样的方式是公司股利政策两大核心内容之一，不同的股利支付方式反映了公司不同的经营战略，对投资者、市场也会产生不同的影响。一般来说，股利支付方式有现金股利、股票股利、股票分割和股票回购方式。中国上市公司最常用的是前两种。

（一）现金股利

现金股利是指以现金的形式派发股利。它又可以细分为以下几种形式：

(1) 正常现金股利。正常现金股利一般是每季度、每半年或一年发放一次,采用这种股利形式表明公司希望以后能在固定的时间范围内按同一比率发放股利。

(2) 正常现金股利加额外股利。这种方式是指公司每期支付数额较少的固定股利,如果某一年的收益超过正常年份且有支付能力时再分配额外股利。它既能保证期望稳定股利的投资者每期获得固定的股利,也使公司在经营状况好的时候可以将获得的超额收益分配给投资者。公司之所以采用额外股利的方式,主要是为了避免投资者产生误解,即认为本期股利的增加意味着公司将提高股利支付率。这种方法尤其适用于年收益率波动较大的公司。

(3) 特别股利。这是一种一次性发放的股利。

(4) 清偿股利。这是一种特殊形式的股利,是破产企业以耗竭储备金来分配股利,作为已缴股本的退还。

现金股利的支付将减少公司的未分配利润,从而相应地减少股东权益。在股本不变的前提下,现金股利的支付会直接降低每股净资产,提高净资产收益率。表 11-1 是 2022 年度现金股利支付率前后 20 名公司的现金股利支付情况。

表 11-1 部分上市公司现金股利支付情况(2022 年)

Panel A 年度现金分红率前 20 名公司				Panel B 年度现金分红率后 20 名公司			
简称	年度现金分红率(%)	三年累计分红占比(%)	上市以来分红率(%)	简称	年度现金分红率(%)	三年累计分红占比(%)	上市以来分红率(%)
丽江股份	3 728.25	223.36	40.68	福昕软件	−1 812.53	117.99	66.49
华电国际	2 049.39	602.50	63.66	红蜻蜓	−545.11	510.73	73.98
宋城演艺	1 353.65	−1 698.85	31.79	新北洋	−380.20	197.73	48.29
亚威股份	1 111.60	160.65	65.70	洪兴股份	−351.07	43.03	114.43
明微电子	1 035.65	78.16	42.78	王力安防	−204.53	69.72	122.51
新联电子	896.58	110.84	49.79	天士力	−192.19	99.39	40.91
二六三	692.10	147.18	88.83	凯淳股份	−168.80	44.79	47.08
中望软件	686.89	80.69	55.93	久量股份	−146.86	37.39	56.49
威帝股份	637.86	300.73	56.32	科汇股份	−140.90	24.93	48.80
红塔证券	612.17	109.70	42.30	大唐发电	−130.85	−112.48	104.16
齐峰新材	583.64	97.24	48.63	蓝帆医疗	−108.20	43.98	32.39
江苏国信	554.19	52.29	19.02	华茂股份	−108.10	47.15	31.93
必创科技	505.87	136.80	41.68	德尔未来	−102.84	185.86	27.59
何氏眼科	475.89	81.89	475.89	穗恒运 A	−100.41	80.61	37.94
红豆股份	458.85	416.76	66.05	京沪高铁	−97.16	99.38	61.41
天地在线	398.16	60.95	40.14	江山欧派	−90.65	91.13	69.93
金枫酒业	388.06	578.12	37.10	司太立	−90.42	124.30	55.41
大北农	372.10	206.66	40.04	步长制药	−69.41	166.94	72.57
顺发恒业	371.89	14.56	45.45	赞宇科技	−67.32	40.84	24.80
神剑股份	353.50	263.05	58.30	九牧王	−61.51	304.69	99.50

资料来源:同花顺 iFind 数据库。

（二）股票股利

股票股利是股份公司以本公司的股票作为股利发给股东的一种股利发放方式，又称为“送红股”。该方法一般存在两种情况，即利用“可分配利润”送股，或是利用“资本公积金”或“盈余公积金”转增“股本”。与发放现金股利不同，发放股票股利只是将公司的税后利润转化为公积金或股本金，并不会导致公司的现金流出，股东权益账面价值的总额也不发生变化。

公司发放股票股利的原因有两个：

（1）公司管理层发放股票股利可以保存现金。当公司利润增加时，为满足投资资金的需求，公司可能不愿意支付现金股利，而是将大部分利润留存起来，这样，通过派发股票股利的方式将利润资本化。

（2）公司通过派发股票股利，可以增加发行在外的股票数量，从而在一定程度上避免因高股价阻碍小额投资者进入的问题。由于可能有更多的投资者进入，公司的股票可以保持较好的流动性。

股票股利的支付仅仅是增加了发行在外的股票数量，而对股东权益总额没有影响，其结果是公司的每股收益下降，净资产收益率不变。表 11－2 是 2022 年部分上市公司的股票股利分配情况。

表 11－2　部分上市公司股票股利分配情况（2022 年）

证券代码	简　称	每股送转增股	实施公告日	股权登记日	除权除息日
872808. BJ	曙光数创	1. 5119	2023-05-24	2023-05-30	2023-05-31
836395. BJ	朗鸿科技	1	2023-04-12	2023-04-18	2023-04-19
871970. BJ	大禹生物	1	2023-06-06	2023-06-13	2023-06-14
838670. BJ	恒进感应	1	2023-05-17	2023-05-24	2023-05-25
836720. BJ	吉冈精密	1	2023-05-08	2023-05-15	2023-05-16
872925. BJ	锦好医疗	1	2023-06-19	2023-06-29	2023-06-30
832885. BJ	星辰科技	1	2023-06-27	2023-07-05	2023-07-06
836414. BJ	欧普泰	1	2023-05-31	2023-06-06	2023-06-07
300910. SZ	瑞丰新材	0. 9	2023-05-05	2023-05-11	2023-05-12
300887. SZ	谱尼测试	0. 9	2023-06-30	2023-07-07	2023-07-10
301059. SZ	金三江	0. 9	2023-03-07	2023-03-13	2023-03-14
300721. SZ	怡达股份	0. 9	2023-03-17	2023-03-22	2023-03-23
300750. SZ	宁德时代	0. 8	2023-04-18	2023-04-25	2023-04-26
605117. SH	德业股份	0. 8	2023-05-17	2023-05-22	2023-05-23

续表

证券代码	简　称	每股送转增股	实施公告日	股权登记日	除权除息日
301356. SZ	天振股份	0. 8	2023-06-06	2023-06-12	2023-06-13
301071. SZ	力量钻石	0. 8	2023-06-02	2023-06-08	2023-06-09
301153. SZ	中科江南	0. 8	2023-04-22	2023-04-28	2023-05-04
603876. SH	鼎胜新材	0. 8	2023-05-31	2023-06-05	2023-06-06
300761. SZ	立华股份	0. 8	2023-05-16	2023-05-22	2023-05-23
300990. SZ	同飞股份	0. 8	2023-05-26	2023-06-01	2023-06-02

资料来源：同花顺 iFind 数据库。

（三）股票分割

股票分割是指将一张面值较大的股票换成几张面值较小的股票。它不会改变现有股东的所有权比例，仅仅改变流通股票的数量，因而不会改变公司的现金流量，也不会改变股东权益总额。但是，股票价格会随着股票数量的增加而下降。

公司采取股票分割的原因是希望其股票价格保持在一个特定的变动范围内。如果股票价格的上升超出了该范围，实施股票分割就可以使股价回落到该范围内。假设某公司希望其股票价格在 20～40 元之间的范围内波动，如果股票价格上升到 50 元，通过一分为二的股票分割，股票数量将增加 1 倍，从理论上讲，股票价格将回落到 25 元。

那么，为什么公司希望股票价格的变动保持在一定范围之内？由于股票的购买限制在一定数量之上（最低 100 股），股票价格过高，将会限制小额投资者的进入，从而影响股票的流动性。

（四）股票回购

股票回购是指股份公司用现金从股东手中买回本公司发行在外的股票的行为。股票回购是除现金股利分配外，公司向股东分配现金的另一种方式。其常用方式有三种：

（1）公开市场回购（open market repurchase）。它是公司在资本市场上以股票当前市场价格购买自己股票的方式。在这种公开市场回购中，公司无须披露其购买身份。尽管公司不必公开在资本市场上购买股票的意向，但必须遵守有关禁止操纵股票价格和内幕交易的规定。从灵活性来看，公开市场购买方式使公司能更加自由地选择股票回购的时间和数量。该方式通常用于小额股票回购。

（2）要约回购（tender offer）。它是公司在回购期间、向所有股东以某一价格回购一定数量股票的一种方式。在这种回购方式下，公司需明确说明公司回购股票的价格，计划回购的股票数量以及回购期间。为了吸引股东卖出他们的股票，公司通常会进行溢价回购。这种方式主要用于大额股票回购。

(3) 目标回购(targeted repurchase)。它是指公司以协商价格向特定股东尤其是大股东回购一定数量股票的一种方式。这种方式没有前两种的应用面广,但作为加强对公司控制权的一种途径而被经营者所采用。另外,向个别大股东回购股票的价格通常低于要约回购价格,法律费用也较低。

既然股票回购和现金股利都是以现金的方式进行支付的,在回购价格和回购比例适当的前提下,股票回购与现金股利的效果应该差不多。[例 11-1]将为我们提供一个证明。

[例 11-1] 假设某公司的相关财务数据如下:

税后利润	4 亿元
股票数	10 亿股
每股收益(EPS)	0.4 元
市盈率(P/E)	25
每股股价	10 元
多余现金	1 亿元

公司考虑将多余的现金 1 亿元分配给股东。如果用现金股利的形式发放,由于股票数量为 10 亿股,每股股票可得到 0.1 元(1/10)的现金股利。如果采用股票回购的支付方式,其回购价定为 10.1 元(10+0.1),那么,应回购的股票数量为:

回购股票数=多余现金÷回购价格=10 000÷10.1=990(万股)

股票总数大约减少了 990 万股,还剩余 99 010 万股,于是,股票回购后的每股收益为:

$EPS^* = 40\,000 \div 99\,010 = 0.404$(元/股)

假设股票回购后的市盈率不变,则回购后的每股股价应为:

$P^* = 0.404 \times 25 = 10.1$(元)

这个价格即等于股票的回购价格。也就是说,在其他条件一定的情况下,如果发放现金股利,则所有的股东可以得到每股 0.1 元的现金,而最终每股价值为 10.1 元。如果进行股票回购,愿意出售股票的股东可按每股 10.1 元的价格出售股票;不愿意出售股票的股东虽未得到 10.1 元的现金,但其手持股票的市场价格已上升为 10.1 元。

由上例可知,现金股利与股票回购从理论上讲是等价的。然而,对于股东而言,现金股利和通过股票回购派发股利还是有区别的。其原因有以下四个。

第一,两种股利方式的税赋不一样。现金股利方式是直接获得现金收入,并需支付所得税;而股票回购方式是通过出售股票以资本利得的方式获得现金收入,因而可以免税或只需支付极低的税赋。

第二，采用股票回购，对于股东而言有一个选择的机会，即选择出售股票或者保留股票；而支付现金股利只能被动地接受并且要付税。

第三，公司通常将股利视为对股东的承诺，轻易不愿意减少现有股利，而股票回购则不会被看作是一种承诺。因此，当公司的现金流量长期稳定增长时，公司可能会提高其股利。相反，当公司现金流量只是暂时的，公司通常会回购其股票。

第四，公司实施股票回购，对于股东而言还存在信息不对称的问题。因为回购价格由公司管理层确定，股东只能被动地接受回购价格，或者拒绝出售股票。

不过，股票回购可以作为一种防御敌意收购的措施，而且还可以起到提高资金利用效率的作用。但由于股票回购不可避免地会引起股票价格的波动，并涉及内幕交易，许多国家对上市公司回购股份都规定了十分严格的条件。我国2018年最新《公司法》规定公司不得收购本公司股份，但是，有下列情形之一的除外：(1)减少公司注册资本；(2)与持有本公司股份的其他公司合并；(3)将股份用于员工持股计划或者股权激励；(4)股东因对股东大会做出的公司合并、分立决议持异议，要求公司收购其股份；(5)将股份用于转换上市公司发行的可转换为股票的公司债券；(6)上市公司为维护公司价值及股东权益所必需的。

二、股利的信息意义

在存在信息不对称的情况下，外部投资者怎样才能获取有关公司盈利状况的信息？怎样才能区分有盈利的公司和没有盈利的公司呢？股利就是传递信号的一种方式。投资者虽然无法掌握公司经营的真实情况，但可以通过公司经营者的行为去获悉。因为他们知道，报告的业绩优良，而且支付大量的现金股利，这样的公司才真正具有很强的盈利性。

当然，短期内公司可以夸大利润，并挤出现金发放大量的股利，但这种行为很难长期持续下去，因为公司没有实现真正的盈利，就不可能有足够的资金来发放现金股利。如果一家公司选择高股利的政策，但没有足够的现金来支持，公司最终将不得不削减投资计划，或者进行新的债务或权益融资，其结果都是要付出代价。因此，如果公司没有很强的盈利性，没有足够的现金流量，经营者就不会支付很高的现金股利。

既然公司具有了较高的盈利水平，而现金股利的支付在一定程度上使投资者相信这种盈利的真实性，那么，对投资者来说，增加现金股利是好消息，将会引起股价上升；而削减现金股利则是坏消息，会引起股价下跌。但值得注意的是，投资者并不是因为公司的现金股利水平而兴奋，他们关心的是现金股利的变化，而现金股利的变化被视为公司未来盈利水平变动的重要标志。

与现金股利一样,股票回购也是一种以现金形式支付的股利方式。但不同的是,股票回购往往只是一次性事件。因此,公司宣布回购计划并不表示它承担了一个增加盈利,以支付更多现金的长期义务,这样,股票回购计划的公布与支付现金股利就有可能包含着不同的信息。

公司进行股票回购,可能是因为积累了大量的自由现金流量,或者是想提高其负债水平,这两种情况本身都不是好消息,但投资者宁愿公司返还自由现金流量,也不愿意公司把资金浪费在一些无利可图的投资上。同时,投资者也知道有大量负债的公司也不大可能去浪费现金。因此,股票回购也可能传递积极的信号,反映公司经营者对未来的信心。

第二节　股利政策理论

一、股利无关论

股利无关论认为投资收益取决于投资决策的风险性和现金流量,如果不考虑税收,投资者就不会在意投资收益是以股利的形式还是以资本利得的形式获得。

除了不考虑税收的影响外,股利无关论还建立在以下假设条件的基础上:

(1) 不考虑股票的交易成本。如果投资者通过出售股票获得现金时存在交易成本,则急需现金的投资者就会产生股利偏好。

(2) 投资者不存在股利偏好和资本利得偏好。

(3) 公司的投资决策不受股利决策的影响,公司经营活动产生的现金流量与采取何种股利政策无关。

(4) 公司的留存利润投资于净现值为零的项目而不是投资于净现值小于零的项目上。

在上述假定条件下,公司支付过多或过少的股利对公司的市场价值或股票价格都不会产生影响。

(一) 股利政策之一:股利等于现金流量

假设A公司今年产生了100万元的税后息前利润,以后每年将以5%的速度递增。目前,扣除折旧后的资本支出为50万元,假设其年增长率也是5%,公司的资本成本为10%,公司的流通股票数量为105万股。假设公司每年将自由现金流量全部支付股利,那么,公司的价值计算如下:

公司自由现金流量=$EBIT$(1－税率)－(资本支出－折旧)－营运资本支出变动额

$$=100-50=50(\text{万元})$$

$$\text{公司价值}=\frac{\text{公司自由现金流量}\times(1+\text{增长率})}{\text{加权平均资本成本}-\text{增长率}}=\frac{50\times1.05}{0.1-0.05}=1\ 050(\text{万元})$$

$$\text{股票价格}=\frac{\text{公司价值}}{\text{流通股票数量}}=\frac{1\ 050}{105}=10(\text{元})$$

由于公司将自由现金流量全部支付股利，故股利支付额为 50 万元。

$$\text{每股股利}=\frac{\text{公司自由现金流量}}{\text{流通股票数量}}=\frac{50}{105}=0.476(\text{元})$$

每股总价值＝每股股价＋每股股利＝10＋0.476＝10.476(元)

（二）股利政策之二：股利大于现金流量

为了考察股利政策对公司价值的影响，现假设 A 公司支付 100 万元的股利。由于公司的自由现金流量只有 50 万元，短缺的 50 万元必须通过其他途径来筹集。如果公司可以在无发行成本和信息完全的情况下发行新股，这样，公司价值将保持不变。因为公司价值完全由投资项目产生的现金流量来决定，与股利的支付没有关系。因此，新股发行后，公司老股东可以分享的公司价值将只有 1 000 万元(1 050－50)。那么，增加股利支付后老股东可以获得的价值又会是多少呢？

公司价值＝1 050(万元)

发行新股后老股东的公司价值＝1 050－50＝1 000(万元)

$$\text{股票价格}=\frac{1\ 000}{105}=9.524(\text{元})$$

$$\text{每股股利}=\frac{100}{105}=0.952(\text{元})$$

每股总价值＝9.524＋0.952＝10.476(元)

从上述计算可以发现，当股利增加时，老股东在公司价值上的损失为其获得的股利增量所弥补。实际上，如果公司的经营现金流量不受股利政策的影响，公司价值也不会受股利政策的影响，股东不会关心股利政策，因为他们在任何股利支付方式下得到的总价值(股票＋股利)是相同的。

（三）股利政策之三：不支付股利

现在考察另一种股利方式。假设 A 公司不分配股利，而是将 50 万元的自由现金流量留存在公司。在不支付股利的情况下，股东的价值又是多少？

公司价值＝未来自由现金流量的价值＋留存利润

$$=1\ 050+50=1\ 100(\text{万元})$$

$$\text{股票价格}=\frac{1\ 100}{105}=10.476(\text{元})$$

上述分析表明，在一个完美的世界里，股利政策是无关的。也就是说，公司经营者无论提高或降低现在的股利，都不能改变公司价值。尽管公司价值不随股利政策的变化而变化，但并不意味着股票价格不会受到影响。事实上，支付的股利越多，股票价格的下降就越多，上述的股利政策之二已证明了这一点。

股利无关论的假设条件表面看来十分苛刻，以至于不加检验就被拒绝。但这个理论毕竟包含了一个重要信息，即一个投资于劣等项目的公司不可能通过支付较高的股利来恢复其在投资者心目中的印象。另外，公司也不应该放弃优良项目，以提高股利的支付。

二、税差理论

上述股利无关论是在没有考虑税收、没有交易成本和无不确定性的假设条件下提出来的，但它忽略了许多现实因素。

实际上，股东收到现金股利时要按普通收入纳税，而资本利得所适用的税率通常较低，有些国家（如中国）还未对资本利得进行征税。另外，收到现金股利时就需缴税，而资本利得税可以延迟到股票卖出，资本利得实现时才需缴纳。投资者可以选择何时卖出股票，也就可以选择何时支付资本利得税，时间拖得越长，所应缴纳的资本利得税的现值就越小。这样，对于投资者而言，股利收入的实际税率要高于资本利得的实际税率。

在考虑个人所得税的情况下，税差理论认为，支付股利将使投资者蒙受税收损失，从而降低公司价值并减少投资者的税后收益。因此，公司应当将其用于发放股利的资金留存起来或者进行股票回购。如果公司采取了这样的支付政策，就可以把股利转为资本利得，从而可以减少投资者的纳税额，那么，支付少额股利或不支付股利的政策就应该受到所有应税投资者的欢迎。

此外，支持税差理论的人还认为，为发放现金股利而不得不进行再融资，尤其是再发行股票的公司犯了严重的错误，因为那样做不仅增加了投资者的税额，而且增加了公司的融资成本。

三、一鸟在手理论

一鸟在手理论最初表现为股利重要论，后经威廉姆斯（Williams）、林特勒（Lintner）、华特（Walter）和戈登（Gordon）等发展成为一鸟在手理论。

一鸟在手理论认为股利政策与公司价值息息相关，支付的股利越多，公司股票价格越高，公司价值越大。

该理论认为，由于投资者一般是风险厌恶型的，宁可现在得到较少的股利，也不愿承担较大的风险等到将来获得较多的股利，故投资者将偏好投资现在发放较多股利的公司股票。另外，有些投资者比较喜欢高额的现期现金流量，如果他们手持低股利的股票，为了取得所需要的资金，就不得不出售手中的股票，但出售股票将发生佣金和其他交易费用；而投资高股利股票则不会发生这些直接现金费用。另外，有些无须支付大量税收的投资者并不关心与股利相关的纳税损失，他们更看重股利分配所产生的现金流量。

在上述因素的影响下，当公司提高其股利支付率时，就会降低投资者的风险，投资者可要求较低的必要收益率，那么公司的股票价格就会上升；如果公司降低其股利支付率或者延付股利，则会增加投资者的风险，投资者必然会要求较高的必要收益率以补偿额外的风险，从而导致公司股票价格的下降。

四、代理成本

虽然股东、债权人和经营者为了共同的利益而组成公司，但其中的一方会通过牺牲他人的利益而获利。债权人希望股东尽可能多地将现金留在公司里，这样当公司面临财务困境时，公司有足够的现金来偿还债权人。与此相反，股东希望将剩余的现金作为股利发放给自己。作为股东代表的经营者，发放股利仅仅是为了不让现金留给债权人，即股利使得债权人的财富转移给了股东。因此，债权人为了保护自己的利益，常常在贷款协议中规定，只有当公司的利润、现金流量和营运资本超过预先约定的水平才能发放股利。

尽管当股东与债权人发生利益冲突时，经营者会站在股东一方，但在其他情况下，经营者会牺牲股东的利益来追求自身利益最大化。尤其是当公司拥有充足的自由现金流量时，经营者更容易追求私自利益目标。而如果将剩余现金流量以股利形式发放，可以减少经营者浪费企业资源的可能性，从而降低代理成本。

代理理论的观点同样适用于股票回购。作为股东代表的经营者，通过股票回购可以像股利一样不把现金留给债权人。作为股东代表的董事会，通过股票回购也可以减少经营者挥霍现金的可能性。因此，根据代理成本理论，公司或者提高股利，或者进行股票回购，但不应保留现金。

五、追随者效应

上述分析表明，有些投资者明显偏好现金股利，而有的投资者宁愿放弃现金股利。由于投资者具有多样性，那就不难想象他们通常会投资于股利政策符合自己偏好的公司。处于高税率等级的投资者不希望从股利支付中获得现金流量，因而倾向于投资低股利或零股利支付率的公司。相反，处于低税率等级的投资者以及希望得到现金流量的投资者通常会投资于高股利支付率的公司。这种投资者聚集在满足各自偏好的股利政策的公司的现象,就称为“追随者效应”。

根据追随者效应的观点,公司的任何股利政策都不可能满足所有投资者对股利的要求。公司股利政策的变化,只是吸引了喜爱这一股利政策变化的投资者来购买公司的股票,而另一些不喜爱的投资者则会卖出股票。因此,当市场上喜爱高股利的投资者比例大于发放高股利的公司比例时,高股利公司的股票处于短缺状况,因而其股价会上升;相反,低股利公司的股票价格会下跌。然而,所有公司的股利政策不可能长期固定不变。一旦公司改变股利政策,股利支付率与股东的需求一致时,就没有公司能够通过改变股利政策来影响其股票价格。这实际上是从另一个角度证明了股利无关论。

第三节　股利政策的类型

股利支付方式是指公司的股利以何种形式出现,即股利的具体形态。股利政策是公司在分配股利与留存利润之间的一种权衡,具体内容包括公司对股利支付率与股利支付方式的确定,以及股利支付程序中各日期的确定,即股利宣告日、股权登记日、除息日、股利支付日。

由于留存利润是公司再投资的主要资金来源之一,股利政策直接关系到公司利润中有多少可以留存起来用于公司再投资。在一定的投资水平下,股利支付越多,留存利润就越少,外部融资需求就越大,其结果会提高公司的融资成本,因为一般认为内部融资成本低于外部融资成本;另外,也有可能提高公司的风险,或者导致股东所有权的稀释,甚至带来控制权的不稳定。相反,如果公司融资能力一定,留存利润的多少将直接关系到公司是否能完成投资计划,进而关系到公司预期增长目标的实现。由此可以认为,股利政策与公司的融资决策和投资决策密不可分,互为影响。

下面将分别考察四种不同的股利政策,并分析各自的优缺点。

一、剩余型股利政策

剩余型股利政策是以满足公司的资本需求为出发点,公司利润首先用于满足预期收益率超过资本成本的投资项目的资金需求,当有剩余利润时,再用于发放现金股利。这种股利政策注重扩大再生产,而现金股利是一个被动的剩余额,它的多少取决于公司的投资项目。

剩余型股利政策的优点主要有三点:

(1) 首先考虑用留存利润进行再投资,有助于降低再投资的资金成本。

(2) 留存利润的利用减少了对外部资金的需求,有利于保持合理的资本结构。

(3) 由于公司可以利用低成本的留存利润进行大量净现值大于零的投资项目,其预期现金流量将会增加,故公司的股票价格可能上升,从而可以使投资者获得收益。

然而,剩余型股利政策也有一定的缺陷。由于每期发放的现金股利会受到投资机会好坏的影响,因此,发放的现金股利额极不稳定。尽管投资者可以通过资本利得获取收益,但与现金股利相比,获得资本利得收入的不确定性要大些。

二、稳定股利额政策

稳定股利额政策是公司将每年派发的现金股利固定在某一特定水平上,而在一定时期内,不论公司的盈利状况和财务状况如何,现金股利支付额都保持不变。只有当公司管理层认为未来收益将增加到能满足高股利水平时,才会提高股利支付额;相反,当未来收益不能维持当前的股利水平时,就会减少股利支付额。

在稳定股利额政策下,公司调整股利支付额的行为相对于收益的变化来说是渐进的。在实践中,大多数公司倾向于采取这种股利政策。

稳定股利额政策的优点体现在以下三个方面:

(1) 稳定的股利支付额向市场传递了稳定的信息。假如公司利润减少而不削减股利,实际上是向市场传递了一个信息,即公司管理层相信未来的前景应该比现在要好,这将会影响投资者的预期。因此,稳定股利额政策不会导致股票价格的剧烈波动。

(2) 可以使投资者获得稳定的收益。对于偏好获得现金股利的投资者而言,稳定股利额政策能提供稳定的收入来源,因而具有较强的吸引力。

(3) 可以满足希望获得稳定收益的机构投资者的需求。保险公司、退休养老基金等一些机构投资者,常常需要保证其投资有稳定的收益,只有采取稳定股利额政策的公司才能获得这类机构投资者的青睐。

不过,稳定股利额政策也有两个缺点:

(1) 稳定股利额政策不能完全反映公司当期的经营业绩。这样,投资者就难以从股利政策来判断公司未来的增长情况,从而使公司有可能"欺骗"投资者。

(2) 公司当期收益的增加不能立刻增加股东的收益,还有可能造成属于老股东的收益向新股东转移。假如某公司去年的盈利状况较好,而今年则出现了亏损,那么在稳定股利额政策下,公司就会运用去年的收益来发放今年的股利。

三、固定股利支付率政策

固定股利支付率政策是公司从税后利润中提取固定百分比的部分作为股利分配

给投资者。它与剩余股利政策相反,首先考虑支付股利,然后考虑留存利润。从公司盈利与投资者收益的关系来看,它可以使股利支付与盈利状况保持一种稳定的关系。

但是,固定股利支付率政策有以下几个缺点:

(1) 由于股利随经营状况的变动而变动,不稳定的股利收入容易造成股票价格的异常波动,会给投资者带来经营不稳定、投资风险大的印象。

(2) 增加了公司的财务压力。即使公司的盈利状况很好,但并不意味着公司有充足的现金可用来支付股利。因此,不论公司的财务状况如何,都要支付股利,这使得公司的财务压力较大。

(3) 难以确定固定股利支付率。固定股利支付率定得太低,就无法满足投资者对现金股利的需求;而定得太高的话,又会影响公司的投资资金,因此,确定合理的固定支付率较为困难。

四、低正常股利加额外股利政策

低正常股利加额外股利政策介于稳定股利额政策和固定股利支付率政策之间,即公司每年支付数额较低的固定股利,在利润较多的年份,可以将盈利以额外股利的形式支付给投资者。

这种股利政策的优点是,利润波动性较大的公司在分配股利时有较大的灵活性。一方面,较低的固定股利率可以保证公司有足够的能力支付股利;另一方面,当公司盈利有较大的增长时,也可以将部分盈利回报给投资者。

然而,在这种股利政策下,公司盈利的变化使得额外股利不断变化,从而给投资者造成不稳定的印象。另外,当公司在较长的时期内一直发放额外股利后,投资者可能将额外股利误认为是“正常股利”,而一旦取消额外股利,反而会造成“公司财务状况恶化”的错觉,进而引起股票价格的下跌。

第四节 股利政策的决策

公司在确定股利政策时常常面临两难选择问题。一方面,支付过多的股利会减少公司的再投资资金,导致再投资的融资成本提高,使获得现金股利的投资者缴纳较多的所得税。另一方面,支付过少的股利也会带来一些问题。比如,因支付较少股利而节省的自由现金流量可能会投向不利的投资项目,尤其是当公司管理层与股东利益不一致的时候更是如此。

一、林特纳模型

约翰·林特纳(John Lintner)通过对影响股利支付因素的分析,提出了一个高度简化的股利支付模型,即林特纳模型,该模型成为许多公司制定股利政策的依据。

林特纳认为,公司股利支付的决定取决于以下四个因素:

(1) 公司对股利支付率设定了长期目标。利润稳定的成熟企业发放的现金股利在利润中占的比例往往较高,成长型企业支付的股利则较少。

(2) 管理层更关心股利的变化,而不是股利的绝对水平。这样可以使投资者对公司的发展产生良好的预期。

(3) 股利随长期可持续利润的变化而变化,管理层努力使股利保持稳定,所以股利水平受公司短期收入变化的影响不大。

(4) 管理层不希望股利反复变化,他们尤其担心股利增加后却又不得不再调低下来。

林特纳模型是包含了上述四个因素的股利决定模型。该模型假设公司始终坚持其目标股利发放率,这样,公司下一年支付的股利(DIV_1)就与每股收益(EPS_1)成固定比例,即

$$DIV_1 = \text{目标股利} = \text{目标发放率} \times EPS_1 \tag{11-1}$$

于是,股利的变化为:

$$DIV_1 - DIV_0 = \text{目标发放率} \times EPS_1 - DIV_0 \tag{11-2}$$

由式(11-2)可知,如果公司始终坚持目标发放率不变,那么,只要其利润发生变化,其股利也将不得不做出相应变化。但林特纳在调查中发现,管理层并不希望这样变动,他们相信股东追求的是股利的稳定增长。因此,即使公司可以随利润的增长而调高股利发放额,但他们也只会朝着目标支付水平稍做调整。结果,股利变化将满足下列关系:

$$\begin{aligned} DIV_1 - DIV_0 &= \text{调整比例} \times \text{目标变化} \\ &= \text{调整比例} \times (\text{目标发放率} \times EPS_1 - DIV_0) \end{aligned} \tag{11-3}$$

通常,越保守的公司越倾向于缓慢地靠近目标支付率,即其调整比例越低。

从林特纳模型可以看出,股利一方面依赖于公司当年的利润,另一方面又与上一年的股利水平相联系,而上一年的股利又依赖于当年的利润水平和再前一年的股利支付情况。总之,林特纳模型表明了股利变动与利润之间的关系,即股利变动与当年利润呈正相关关系,与上一年的股利水平呈负相关关系。所以,当年利润水平越高,股利变动额就越大;而上一年的股利支付额越大,股利变动额就越小。

在公司进行股利决策的过程中,林特纳模型具有一定的参考价值。然而,林特纳

模型对公司行为的假定过于简单,也没有考虑到市场的反应。此外,除了公司的行为、市场的因素外,其他影响股利政策的变量在林特纳模型中也没有给予考虑。

二、股利政策的决定因素

(一) 投资机会

当其他条件相同时,如果公司有更多的投资机会,就应该比稳定增长公司发放的股利少。

(二) 盈利的稳定性

盈利不稳定公司的股利支付率一般要低于盈利稳定的公司,因为它很难保持较高的股利支付能力。相反,盈利稳定且易于预测的公司通常用较高比例的盈利发放股利。

(三) 替代资金来源

支付高股利的后果之一是公司不得不增加外部融资来弥补现金短缺和进行再投资。如果公司能以较低的资本成本筹集到资金,就能够用较多的盈利发放股利。

(四) 财务杠杆程度

较高的财务杠杆比率会从两方面减少股利。首先,公司负债越多,就越有可能受到债务合约关于股利政策的限制,这些限制性条款不仅限制现金股利的发放,而且对可以用来发放股利的盈利部分同样进行了限制。其次,进行债务融资要支付利息,这会减少经营者能够支配的自由现金流量。

(五) 信号传递作用

增加股利通常反映未来预期的现金流量会增加,这会引起公司价值的提高,而减少股利作为负面信号与负的收益率相联系。

(六) 股东特征

如果公司的股东偏好股利,那么,该公司通常会以股利方式分配更大部分的盈利。

三、股利支付率的确定

一般而言,股利支付率越高,公司发放的股利越多,对股东和潜在投资者的吸引力就越大,这样,对公司股票的需求就会越来越大,从而使公司股票价格上升。公司的股票价格越高,就越有利于公司的再融资。然而,过高的股利支付率会减少公司的留存利润,而且为维持高股利支付率还可能产生新的外部融资,从而增加资金成本,最终影响公司的未来收益和股东权益。因此,公司进行股利决策时,首先要弄清楚公司在满足未来发展所需的资本支出和营运资本需求后,还有多少可用于发放股利的现金流量,然后再考察公司的投资项目效益。

（一）可用于发放股利的现金流量

为了估算公司能够向股东发放的现金数额，可以从净利润开始分析，并通过以下三个步骤计算得出现金流量。

第一步，资本支出应从净利润中扣除，因为它们表示现金流出。另外，折旧并没有引起现金变化，那么，折旧费应重新计入现金流量。

第二步，营运资本的增加被看作是现金流出，而其减少被看作现金流入。由于我们考察的是对现金流量的影响，故在分析中只考虑非现金营运资本的变化。

第三步，公司现有债务的偿还代表现金流出，而发行新债是现金流入。

这样，可用于发放股利的现金流量就是满足所有资金需求之后剩下的部分，即股权自由现金流量，其计算公式为：

$$\text{股权自由现金流量}=\text{净利润}-(\text{资本支出}-\text{折旧})-\text{非现金营运资本变动额}+(\text{发行的新债}-\text{偿还的旧债}) \tag{11-4}$$

资本支出和营运资本变动所需的资金既可以来自于公司留存利润，又可以由负债提供。假定 δ 是资本支出和营运资本中债务融资的比例，那么，满足资本支出和营运资本需要后股东可获得的现金流量为：

$$\text{股权自由现金流量}=\text{净利润}-(1-\delta)(\text{资本支出}-\text{折旧})-(1-\delta)\text{非现金营运资本变动额} \tag{11-5}$$

但实际上，许多公司支付的股利会低于股权自由现金流量，其原因在于：

（1）对于经营者来说，保留现金比将现金用于支付股利更有利。经营者常常觉得有必要将资金积累起来形成一个金融缓冲器（financial cushion），以备在盈利急剧下降时缓解资金上的压力。

（2）公司可能难以确定其未来的资金需求，从而会选择保留一些现金用于预期外的投资项目和资金需求。

（3）公司的盈利有可能不稳定，保留现金有助于防止股利的波动。

（4）债权人可能对支付现金股利进行了某种限制，从而阻止公司将取得的现金流量全部支付给股东。

（二）投资项目效益

公司拥有的投资项目收益的高低也会影响股利支付率的确定。在其他条件不变的情况下，有较好投资项目的公司通常在确定股利政策、针对股东要求增加股利和维持股利政策方面有更大的灵活性。

所谓好的投资项目是指项目收益率至少等于最低可接受的收益率的项目。如果现金流量是以股权为基础估计，最低可接受的收益率就是权益资本成本。如果现金流量包括股东和债权人的现金流量，则最低可接受的收益率是指公司的资本成本。

另外，也可以估计每个投资项目产生的预期现金流量，并计算出项目的内部收益率或者净现值，从而评估该项目的质量。不过，分析人员需要获得详细的现金流量估计值和所有可能项目的最低收益率。

衡量项目质量的另一种方法是利用过去投资项目的会计收益率。将会计收益率与权益资本成本或公司资本成本进行比较，就可以确定投资项目的收益是否高于最低可接受的收益率。然而，利用投资收益的历史数据十分不可靠，尤其是当公司正处于重组的过程，或者从一个生命周期阶段向另一个阶段过渡时。因此，有必要仔细考察过去的收益率以寻找未来发展的趋势。

一旦公司发放股利的能力和项目质量得到了度量，就可以确定公司的股利支付率。

［**例 11－2**］　A 公司是以生产中成药和销售中草药为主营业务的公司，普通股股数为 10 000 万股，经营活动一直非常稳定，因此公司一直实施稳定股利额政策，每年现金股利为 0.21 元/股。目前，该公司董事会已经通过了一个 5 年期的投资计划，准备开发生产中药注射剂，为了顺利实施该投资计划，董事会正在考虑改变目前的股利政策。

第一步：测算公司未来剩余的现金量。

公司对中药注射剂项目进行评估，净现值为正，公司决定实施该项目。预计项目需要的投资总额为 27 700 万元。

项目	初始期	第 1 年	第 2 年	第 3 年	第 4 年	第 5 年	总计
每股利润(元)	0.42	0.52	0.64	0.74	0.86	1.00	
可供投资或支付股利的现金(万元)		6 400	7 800	8 900	10 300	11 800	45 200
项目的投资额(万元)		4 000	4 500	5 800	6 400	7 000	27 700
剩余现金(万元)		2 400	3 300	3 100	3 900	4 800	17 500

第二步：确定目标股利支付率。

公司预计未来 5 年的净利润总额为 37 600 万元，而预计剩余现金量为 17 500 万元，占净利润总额的 46.54%。公司过去实施固定股利政策，股利支付率各年变化不大，约为 50%。制药行业公司的股利支付率在 40%～60%之间，因此过去该公司 50%的股利支付率是比较合理的。虽然今后 5 年公司业绩会平稳增长，但要发生大量的投资支出，因此财务经理建议将股利支付率降到 40%～48%之间比较合适。

第三步:分析不同的股利政策,确定年度股利额。

如果公司继续实施现行的稳定股利额政策,每年每股股利为 0.21 元,则公司未来 5 年的股利支付率会逐年降低,且导致公司出现大量的剩余现金。因此,这种股利政策不符合股东利益。

备选股利政策 A 是固定股利支付率政策,维持目前 50%的股利支付率。采用这一政策,5 年中预计发放的股利总额为 18 800 万元,这会导致 1 300 万元的现金缺口,需要从外部筹集资金。

备选股利政策 B 是一个股利额稳定增长、股利支付率约为 46%的股利政策。采用这一政策,不会导致公司出现大量的剩余现金,既能满足股东对股利增长的需求,也不必进行外部筹资。因此,董事会决定采用该股利政策。

项目	初始期	第 1 年	第 2 年	第 3 年	第 4 年	第 5 年	总计
现行股利政策							
每股股利(元)	0.21	0.21	0.21	0.21	0.21	0.21	
股利支付率(%)	50	40.38	32.81	28.38	24.42	21	
剩余现金(万元)		2 400	3 300	3 100	3 900	4 800	17 500
股利支付(万元)		2 100	2 100	2 100	2 100	10 500	
现金结余(万元)		300	1 200	1 000	1 800	2 700	7 000
备选股利政策 A							
每股股利(元)	0.21	0.26	0.32	0.37	0.43	0.5	
股利支付率(%)	50	50	50	50	50	50	
剩余现金(万元)		2 400	3 300	3 100	3 900	4 800	17 500
股利支付(万元)		2 600	3 200	3 700	4 300	5 000	18 800
现金结余(万元)		−200	100	−600	−400	−200	−1 300
备选股利政策 B							
每股股利(元)	0.21	0.24	0.30	0.34	0.39	0.47	
股利支付率(%)	50	46.15	46.86	45.95	46.51	47	
剩余现金(万元)		2 400	3 300	3 100	3 900	4 800	17 500
股利支付(万元)		2 400	3 000	3 400	3 900	4 700	17 400
现金结余(万元)		0	300	−300	0	100	100

四、股利发放日期的确定

公司在制定股利政策时,还需要确定一些必要的日期。

(1) 股利分配预案公布日。首先由公司董事会制定股利分配预案，确定分红的数量、分红的方式，安排召开股东大会或临时股东大会的时间、地点及表决方式，以上内容由公司董事会向社会公布。

(2) 股利分配方案批准及宣布日。董事会制定的股利分配预案必须经过股东大会或临时股东大会讨论。如果未能通过，就要重新修改股利分配预案。如果获得批准，就要公布具体的方案及实施的时间，按规定，股东大会讨论分配预案，该公司股票要停止交易一天。

(3) 股权登记日。凡是在此指定日期收盘之前取得了公司股票，列入公司股东名册的投资者都可以作为老股东，享受公司分配的股利。在此日之后取得股票的股东则无权享受股利。显然，股权登记日是十分重要的。

(4) 除息(或除权)日。上市公司的股票在分红之前其股价中包含着股利因素，在分红时，应当进行除息或除权处理。除息或除权处理一般是在股权登记日的下一个交易日进行，而进行除息或除权的这一天就称为除息日或除权日。

按规定，除息日或除权日的股票应当以除息或除权指导价作为开盘价。计算该开盘价的公式为：

$$\text{除息指导价}=\text{股权登记日收盘价}-\text{每股现金支付额}$$

$$\text{除权指导价}=\frac{\text{股权登记日收盘价}}{1+\text{每股送股数量}} \tag{11-6}$$

公司分配股利并除权后，股价高于除权指导价时称为填权，股价低于除权指导价时称为贴权。填权可以使投资者获利，而贴权则使投资者亏损。

(5) 股利发放日或送股交易日。股利发放日是指将股利支付给股东的日期。送股交易日是指分配的股票股利可以在这一天进行交易。

专栏 11-1　合理的股利支付政策特征

- 随着时间的推移，发放所有的自由现金流。
- 不通过削减正的净现值项目的开支来支付股利或回购股票。
- 只有当公司积累了大量的自由现金流时，才开始进行股利发放。
- 使当前的固定股利发放与长期目标支付率相一致。
- 设定的股利水平应低到足以避免未来成本高昂的外部筹资。
- 采用回购来分配暂时性的现金流增长。

专栏 11-2　我国股息红利税改革历程

改革时点	改革内容	股息红利税率
2005-06-13	股息税减半	10%
2008-01-01	企业所得税税率由 33%降为 25%，提高企业分红空间，间接降低股息税	10%
2013-01-01	股息税差别化征收	持股时间＞1 年，5% 1 月＜持股时间≤1 年，10% 持股时间≤1 月，20%
2015-09-08	暂免征收持股超过 1 年的股息税	持股时间＞1 年，0% 1 月＜持股时间≤1 年，10% 持股时间≤1 月，20%

专栏 11－3　丽珠医药的股票回购

丽珠医药的股票回购

股票回购是指上市公司利用现金等方式，从股票市场上购回本公司发行在外的一定数额的股票的行为。股票回购最早兴起于 20 世纪 70 年代的美国，随后便呈现出快速增长的态势。自 20 世纪 70 年代以来，美国股票回购支出占公司总收入的比例从 1980 年的 4.8%上升为 2000 年的 41.8%，以股票回购代替现金股利的公司所占比例从 1972 年的 31%上升到 2000 年的 80%。股票回购已然成为西方资本市场运作的一种常见的利润分配方式和资本动作手法。然而在我国由于资本市场起步较晚，而且市场机制又欠完善，早期政策又对股票回购进行了限制，股票回购在我国并没有得到非常广泛的运用。1992 年 5 月颁布的《股份公司规范意见》第 32 条规定，公司不得收购亦不得库存本公司股票，1993 年《公司法》第 149 条及上市公司章程指引第 24 条规定，上市公司只能因减少公司资本或者与持有本公司股票的其他公司合并时才可以回购股票。直到 2005 年 6 月 16 日，在 A 股跌破千点关口之际，为了活跃市场交易，调节市场上的供求关系，中国证监会出台了《上市公司回购社会公众股份管理办法(试行)》，该政策出台标志着我国放宽了对流通股回购的限制，从此社会公众股回购不再被限制，此后，2005 年 10 月第三次修订的《公司法》对于公司股票回购方面的规定也进行了一系列修改，允许上市公司回购股份。也就是说，实质上直到 2005 年，我国政府才放开了股票回购。

1. 公司简介

丽珠医药集团股份有限公司成立于1992年,1993年10月28日在深圳证券交易所挂牌上市。公司经营范围以医药为主,兼营化工、食品、房地产、旅业、信息等,现生产的主要产品有丽珠得乐、丽珠肠乐、丽珠康泰必妥等。公司现已发展成为以药物制剂为主体,生物工程、抗生素及第三产业多元化经营的医药综合型股份制企业集团。2008年6月初,丽珠集团宣称,其B股价格被严重低估,为了提振股价,该公司拟以总额不超过1.6亿港元回购部分B股,回购价格不超过16港元/股,约1 000万股。回购股份分别约占公司已发行B股股份和总股本的8.18%和3.27%。丽珠B股在2008年6月19日的收盘价仅为11.7港元,比16港元的回购价溢价幅度达到36.7%。在6月20日的股东大会上,回购案获得了99.72%的高票通过,丽珠集团成为中国市场首个实施B股回购的公司。

2. 股份回购

2008年6月5日,丽珠集团公告,拟通过深圳证券交易所以集中竞价交易方式回购丽珠B股,在回购资金总额不超过1.6亿港元、回购价格不超过每股16港元的条件下,拟回购B股1 000万股,占公司已发行B股股份和总股份的8.18%和3.27%。

2008年9月27日,公司取得国家商务部原则性同意公司回购部分B股并相应减资的相关批复。2008年11月28日,公司取得国家外汇管理局珠海市中心支局同意公司购汇不超过1.6亿港元,用于回购公司部分境内上市外资股的相关批复。

回购资金来源为公司自有资金,回购期限自回购报告书公告之日起12个月,如果在此期限内回购资金使用金额达到最高限额,则回购方案实施完毕,回购期限自该日起提前届满。

本次回购完成后,总股本将由306 035 482股减少为296 035 482股。

2008年12月5日,丽珠集团首次回购的1.8万股B股占公司总股本的比例为0.005 9%,购买的最高价为每股8.98港元,最低价为每股8.90港元,支付总金额为16.13万港元。

2009年9月30日,累计回购B股数量为1 031.36万股,占总股本比例为3.37%,回购的最高价为每股15.85港元,最低价为每股8.38港元。

2009年12月2日是回购计划的最后期限。自2008年12月5日首次实施回购B股方案,丽珠集团以1.16亿港元的资金从二级市场回购1 031.36万股B股,占总股本的3.37%。每股回购价格居于8.38港元至15.85港元之间,平均价为11.25港元。

公司公告称:回购的目的是“增强公众投资者对公司的信心,并进一步提升公司价值,实现股东利益最大化”。回购的直接动因是因为丽珠B股股价持续下跌,已接近每股净资产,公司认为股价被严重低估。

从以上背景资料看,该回购计划总体是成功的。从2008年10月27日的最低价5.44港元升至2009年12月21.28港元的历史高价,一年时间内丽珠B股股价上升了2.91倍。

丽珠集团回购股票的成功之处体现在以下几个方面:

(1) 公开市场的回购有助于提升股票需求量。

股票价格受其供求关系的影响,公司对其自身的股票进行公开回购,可以有力地拉动公司股票的需求,有助于提升股价。丽珠B股股价在短短的10个月内提升了2.91倍。

(2) 股票回购可以改善公司的资本结构。

股票回购可以改善公司的资本结构。股票回购减少了公司的实收资本,适当提高了资产负债率,可以有效发挥财务杠杆的效应。从该公司看,回购后资产负债率增加了1.63个百分点,由此降低了加权平均资本成本。一般而言,只要公司的债务成本低于资产收益率,增加负债的比例便能提高净资产收益率。但如果公司通过借款等方式来提高资产负债率,往往需要一个较长的过程,而通过回购股票则可以在较短的时间内提高财务杠杆,改善公司的资本结构,降低公司的资本成本。

丽珠集团相关财务数据

主要财务指标	回购前	回购后	增减幅度
每股收益(元)	1.66	1.72	3.61%
每股净资产(元)	6.35	6.09	−4.09%
净资产收益率	26.17%	28.22%	2.05%
股东权益(万元)	194 266.41	180 199.69	−7.24%
资产负债率	32.41%	34.04%	1.63%
长期负债率	4.02%	4.22%	0.2%
流动比率(倍)	1.9	1.73	−8.95%
速动比率(倍)	1.51	1.34	−11.26%

(3) 股票回购有助于向市场传递信号。

在股价下降时，公司回购自己的股票可以向市场传递一个积极信号，使投资者看到公司对其自身的发展前景还是看好的。而进行股票回购的前提是公司有充足的现金，进行股票回购的公司也向市场表明公司有充足的现金流、良好的偿债能力等信息。这些正面的信号可以在很大程度上帮助企业维护其股价。

丽珠集团的回购案例有几方面的意义。其一，随着股权分置改革完成，大股东侵占上市公司利益等历史问题的解决，股票回购逐渐显现出其在成熟市场所发挥的作用，被国内上市公司所认识和应用。丽珠的回购有利于稳定股价，提高投资者的信心。其二，丽珠B股回购为B股市场未来发展提供了重要的参考价值。我国的B股市场是在人民币不能自由兑换、外汇管制严格的背景下设立的，初衷是为了通过有限开放资本市场来筹集外资。但是随着H股、红筹股等融资渠道的拓展，国外投资A股市场渠道的增多，尤其是2002年QFII制度推出后，国外投资者可以直接投资A股，B股市场的定位和功能受到了巨大的冲击，逐渐被边缘化。2000年至今B股市场没有一只新股上市，交易规模和参与人数都远远落后于A股。此次丽珠B股回购的做法无疑为B股市场制度性问题的解决提供了重要的启示。丽珠B股的回购如果能够成功实施，将促使更多的公司加强对B股股份回购政策和操作程序的研究，推动此类公司股权结构调整及公司重组。

本章小结

公司可以采用的股利支付方式有现金股利、股票股利、股票分割和股票回购。现金股利和股票回购在给投资者发放现金上可以达到同样的效果，但投资者所要缴纳的税收却有很大的差异。股票股利和股票分割只是增加了流通在外的股票数量，理论上不会改变投资者的收益。

本章介绍了四种股利政策理论，即股利无关论、税差理论、一鸟在手理论和追随者效应。股利无关论认为股利的支付不会影响公司价值；税差理论认为股利有损于大部分投资者的利益，从而会降低公司价值；一鸟在手理论认为股利是有利的；而追随者效应为股利无关论提供了一个依据。

股利政策有四种基本类型，即剩余型股利政策、稳定股利额政策、固定股利支付率政策以及低正常股利加额外股利政策。每种股利政策都有其优缺点，公司应根据自身的投资项目和盈利状况来选择合适的股利政策。

公司在确定股利支付率时，应估算可用于发放股利的现金流量，并评估投资项目的质量。

公司在制定股利政策时，应确定采取的股利政策类型、具体的股利支付方式、股利支付率的大小以及股利的发放日期。

关键术语

现金股利　　股票股利　　股票分割　　股票回购　　股权登记日　　追随者效应
除权日　　除息日　　剩余型股利政策　　稳定股利额政策　　固定股利支付率政策

思考与练习

1. 现金股利和股票回购的区别是什么？

2. 相对于增加股利，公司更不愿意削减股利，为什么会出现这种情况？当公司宣布将削减股利时，对资金市场意味着什么？

3. 实际生活中哪些因素支持高股利政策？

4. 什么是追随者效应？

5. 阐述股利政策的基本类型。

6. 某公司发行在外的股票数量为 1 000 000 股，净利润为 320 000 元，今天宣布发放股利支付率为 100%的股利。一年后公司的预期价值为 20 000 000 元。假设公司资本成本为 12%。

(1) 公司现在的价值是多少？

(2) 根据股利政策，公司股票除息日的价格是多少？

7. E 公司市场的股权价值为 17 亿元，市场流通股票为 0.35 亿股，公司计划通过公开股票回购发放 1.05 亿元。假设是完美资本市场，那么，

(1) 在回购前 E 公司每股价格为多少？

(2) 回购股数为多少？

(3) 在回购后 E 公司每股价格为多少？

8. 假设 Host 股价交易价格为 20 元/股，请问：

(1) 如果 Host 发放 20%的股票股利，则新的股价为多少？

(2) 如果 Host 进行 3∶2 的股票拆分，则新的股价为多少？

(3) 如果 Host 进行 1∶3 的逆拆分，则新的股价为多少？

9. N 公司拥有 3.5 亿元超额现金，公司无负债且拥有 4 亿股股票，每股价格为 10 元。N 公司董事会决定将超额现金作为一次性股利进行支付，请问：

(1) 在完美资本市场中，除息后股票价格为多少？

(2) 如果董事会决定使用现金进行一次性股票回购，在完美资本市场中，回购完成后的股价为多少？

(3) 在完美资本市场中，(1)与(2)相比，哪种政策更有利于公司？

10. K 公司资产的市场价值为 45 100 万元，其中 3 700 万元为现金，公司拥有 16 100 万元负债、1 800 万股股票。假设是完美资本市场，那么，

(1) 当前的股票价格为多少？

(2) 如果 K 公司发放 3 700 万元股利，在股利发放之后的股票价格为多少？

（3）如果K公司用3 700万元进行股票回购，则回购后股票价格为多少？

（4）在交易完成后，新的债务股权比例为多少？

11. H公司每年都支付每股1元的固定股利，假设投资者的股利税率为20%，没有资本利得税，H公司的股票收益率为12%，那么，

（1）H公司的每股价格为多少？

（2）假设管理层突然宣告不再支付股利但将使用现金进行股票回购，则H公司的股价为多少？

12. ABC公司目前的价值为3.7亿元，同时拥有1.3亿元超额现金，公司发行了1 000万股股票且无负债。假设ABC使用超额现金来回购股票，在股票回购之后，消息播出会使ABC公司的价值变成5.7亿元或者1.7亿元，请问：

（1）在股票回购之前ABC的股价为多少？

（2）如果回购之后ABC公司的价值上升，则此时其股票价格为多少？如果回购之后ABC公司的价值下降，则此时其股票价格为多少？

（3）假设ABC公司等到消息播出之后再进行股票回购，如果回购之后ABC公司的价值上升，则此时其股票价格为多少？如果回购之后ABC公司的价值下降，则此时其股票价格又为多少？

（4）你认为股票回购的宣告对股价有何影响？为什么？

13. A公司明年的期望股利收益率为6%；B公司不支付股利，其必要收益率为15%。假设A公司与B公司所处的风险等级相当，资本利得不征税，股利的税率为20%。请问A公司的税前必要收益率为多少？

14. S公司的每股价格为10元，明年公司预期将支付每股0.5元的股利，且股利支付将在未来每年以10%的速度递增，其股票的必要收益率为15%。计算在未来3年内附带股利的股价和除息价。

第十二章　权益融资

本章学习目的

了解首次公开发行股票的发行程序和发行方式。

掌握新股发行价格的确定方法。

理解新股折价发行的可能原因。

理解公开增发和配股发行对股票价格与股东价值的影响。

了解私募发行的优缺点。

了解优先股的主要特征和基本类型。

第一节　公开发行

公司第一次公开发行股票被称为是首次公开发行(IPO)。公开发行的股票一般在承销商的帮助下发售给公众。有时,公司为了扩大生产规模、改善资本结构等,需要增加资金投入而进行增资发行,增资发行包括向原股东配售、第三者配售和公开增发。下面将介绍首次公开发行和增发股票中涉及的问题。

一、首次公开发行股票

(一)IPO 的步骤

IPO 一般由以下步骤构成:

(1)承销前会议。在会议上需要讨论的内容包括融资规模、发现证券的类型;确定承销商;讨论承销合约。然后,取得董事会的批准。

(2)向监管机构提交发行注册登记,印发招股说明书的草案。注册登记中包含了关键的财务数据和公司经营的信息。

(3)证券交易委员会批准发行注册,公司和承销商达成发行价格,承销商分发股票。

(4)交易开始，承销商做市以稳定价格。承销商一般会在发行后的一个月内承担稳定股价的任务，或者从市场上购回股票(在股价下跌时)，或者利用绿鞋条款来弥补手中股票的缺额(在股价上涨时)，维护股票的流动性，并提供公司研究报告。

(二)全面注册制下 IPO 制度

我国 IPO 制度先后经历了审批制、核准制、科创板和创业板的注册制，并于 2023 年 2 月 1 日全面实行股票发行注册制改革。

1. 发行审核

注册制改革后，审核主体由证监会转移至交易所，由交易所进行审核。交易所对发行上市申请文件进行审核，通过提出问题、回答问题等多种方式，督促发行人及其保荐人、证券服务机构完善信息披露，提高信息披露的针对性、有效性和可读性，提升信息披露质量。审核程序包括审核机构审核和上市委员会审议。

证监会主要从国家政策、行业特性等角度对企业进行把关，并增设科技创新咨询委员会、行业咨询专家库等专家顾问机构，增加审核机构的专业性，保持审核尺度一致、稳定；同时，证监会也将主要负责监督制约、督导检查等工作，强化发行人、中介机构与审核机构的责任意识，促进提高 IPO 质量。

2. 交易规则

首先，主板取消了“新股发行市盈率不超过 23 倍”“新股上市首日涨幅限制为 44%，跌幅限制为 36%”的限制。注册制下的主板、科创板和创业板皆放开了上市后前 5 个交易日的涨跌幅限制，以提高市场的定价效率。其次，在限制申报价格范围内，对于无涨跌幅限制的股票，成交价格也由买卖双方在当日产生的实时均价上下 20% 确定，且不得超过当日最高/最低成交价，而主板仍保持原有的日涨跌 10%的限制，有利于保持股票交易价格稳定。

(三)发行方式

1. 承销发行和附权发行

如果公司管理层选择了承销发行，它就能和承销方协商股票发行的条件。股票承销有包销和代销两种方式。

包销是指承销商将发行公司的证券以低于发行价的价格全部购入或者在承销期结束时将售后剩余证券全部自行购入的承销方式。在这种方式下，承销商承担无法卖出证券的风险。证券的买入价和发行价之间的差额就是承销商获得的报酬。有些时候，承销商还会以认股权或追加股票等方式获得非现金报酬。

代销是指承销商代发行公司发售证券，在承销期结束时，将未售出的证券全部退还给发行公司的承销方式。与包销方式不同，承销商无须承担证券无法卖出的风险，同时，他们从卖出去的证券中收取佣金。

我国《证券法》规定，股票发行采用代销方式，代销期限届满，向投资者出售的股票数量未达到拟公开发行股票数量70%的，为发行失败。发行公司应当按照发行价并加算银行同期存款利息返还给股票认购者。很显然，包销的发行方式对发行公司较为有利，因为发行风险全部转嫁给了承销商，但发行费用相对代销而言要高些。

当股票发行规模较大时，承销商承担的风险也相应增大，一家承销商往往难以胜任，此时，要由主承销商和参与承销的投资银行组成承销团进行承销。《证券法》还规定，向不特定对象公开发行的证券票面总值超过人民币5 000万元的，应当由承销团承销。承销团应当由主承销商和参与承销的证券公司组成。主承销商一般由发行公司通过竞标或协商的方式确定。

在附权发行中，每个股东都能获得购买新发行证券的选择权(更精确地说，就是认股权证)。每份股票都附带一份权利。

尽管与附权发行相比，由投资银行承销发行的实际费用要高3～30倍，但是80%以上的股票还是采用了承销发行方式[①]。也许采用承销发行的最合理的理由是，这种方式能有效地监督公司活动，从而给投资者提供了隐含的保证。虽然这些活动花费很高，但这种监督通过提高投资者愿意为公司证券支付的价格而增加了公司的价值。

2. 协议发行和竞价发行

在竞价发行下，发行公司指定其希望发行证券的类型，并邀请投资银行对证券报价。证券报价被公之于众，报价全过程决定哪个投资银行将以什么价格销售这些证券。

在协议发行下，发行公司选择一个或多个投资银行管理发行工作，并与之保持紧密的联系，设计发行条件、确定证券发行的合适时机。

与协议发行相比，竞价发行的发行成本较低[②]。根据测算，实施协议发行的公司的发行成本较高，平均来说是实收款项的1.2%[③]。尽管竞价发行的成本较低，但是采用这种方式的主要是那些要求它们这么做的公司。

这一行为可能是因为竞价发行成本的可变性比协议发行要高。同时，竞价发行无法限制那些未能获得发行合同的投资银行使用公司的信息。所以，信息价值较大的公司认为，协议发行所具有的保密性更有吸引力。另外，与竞价发行相比，协议发行能更

---

① Clifford W. Smith, Jr.. Alternative Methods for Raising Captial: Rights versus Underwritten Offerings. *Journal of Financial Economics*, 5(3), 1997.

② Sanjai Bhagat & Peter Frost. Issuing Costs to Existing Shareholders in Competitive and Negotiated Underwritten Public Utility Equity Offerings. *Journal of Financial Economics*, 15, 1986.

③ Clifford W. Smiths, Jr.. Investment Banking and the Capital Acquisition Process. *Journal of Financial Economics*, 15(1), 1986.

有效地实施监督功能，从而给投资者提供保证。在协议发行中，发行公司对发行条件和时间安排的控制权比较小，因此，投资者对发行者利用信息优势损害投资者利益的担忧也比较小。

（四）新股发行价格的确定

确定正确的发行价格是首次公开发行中最重要也是最困难的工作。发行价格定得太高或太低，发行公司都要面临潜在的成本。如果发行价格定得太高，它可能导致发行失败。假如定价低于真实的市场价值，则发行公司筹集到的资金数额将受影响。因此，在确定发行价格时，既要考虑发行公司的利益，又要考虑投资者的利益，还要顾及股票上市后的表现。

一般来说，申请上市的公司可以参照以下方法确定发行参考价格。

（1）评估公司价值。公司价值的评估方法有很多种，但每种方法都建立在一定的假设基础之上，都有不同的适用范围，所以通常是多种估价方法同时并用。比如折现现金流量的评估方法、股利增长模型，还可以采用价格收益的方式并同时参照同类已公开发行股票的公司进行价值评估。

（2）确定初次发行规模和股份总额。通常，初次发行规模由公司提出申请，证监会最终核定，发行规模的不确定性较小。

（3）计算每股价值。每股价值的计算可由公司的权益价值除以股份总额来确定。而发行者在发行股票时一般会事先确定每股价值，然后确定股份总额。

（4）确定每股发行价格。在计算得出的每股价值的基础上，发行者与承销商再综合考虑各种因素，尤其是公司未来融资能力和当前发行风险两个因素，确定一个价格幅度。通过市场促销征集在各个价位上的需求量，然后根据需求量最终确定发行价格。

2023 年 2 月 1 日全面实行股票发行注册制改革后，首次公开发行股票，可以通过向网下投资者询价的方式确定股票发行价格，也可以通过发行人与主承销商自主协商直接定价来确定发行价格。

（1）直接定价。根据《证券发行与承销管理办法》，首次公开发行股票数量在 2 000 万股（含）以下且无老股转让计划的，可以通过直接定价的方式确定发行价格。需要注意的是，发行人若尚未盈利，则不得采用直接定价方式。

（2）初步询价后定价。网下投资者报价后，发行人和主承销商根据初步询价情况协商确定发行价格。

（3）累计投标询价。累计投标询价机制即新股发行定价采用两段式询价。在第一阶段，发行人和主承销商向网下投资者初步询价后确定价格区间。在第二阶段，发行人和主承销商在初步询价确定的发行价格区间内向网下投资者通过累计投标询价确定价格。

（五）新股发行成本

公开发行证券要发生相应的费用。公司在首次发行股票时面临的发行成本包括承销费用、其他直接费用、间接费用、折价和绿鞋选择权。

承销费用是指因承销商销售股票而所付给的佣金，通常按售出股票的一定比例计算，取决于发行规模、承销方式、发行过程的难易程度、公司价值和当前经济形势等因素。

其他直接费用是指除支付给承销商的佣金以外的其他费用，包括申请过程中发生的申请费用、法律费用、会计费用、投资银行家和财务顾问的咨询费、印刷费等。

间接费用是没有列在招股说明书中的一些费用，包括公司管理者花费的时间和精力等。

新股发行价格通常会低于其实际价值，上市后股票价格往往有大幅度的上升，所以折价对发行公司而言也是一种成本。

绿鞋选择权是发行公司赋予承销商按发行价格购买超额配售的股票的选择权[①]。设置绿鞋选择权的理由是为了满足过多的需求和超额的认购。绿鞋机制的有效期一般持续 30 天，增发的规模在 15%左右。如果股票发行价格低于市场价格，这一选择权就会更有价值，但对于公司来说就是一种发行成本。

（六）新股折价发行

从首次公开发行的价格确定开始，直到所发行的股票在市场上进行首次交易为止，首次公开发行的股票价格行为明确表明，平均发行价在市场预期价的基础上打了明显的折扣。研究发现，首次公开发行平均定价比正常定价低 15%以上（见表 12－1）。然而，一旦股票在市场中开始交易，股东的收益就趋于正常。

表 12－1　定价过低的新证券发行

发行类型	研究者	样本期间	样本数	定价过低的估计值（%）
首次公开发行	Ibbotson（1974）	1960—1969 年	120	11.4
首次公开发行	Ibbotson/Jaffe（1975）	1960—1970 年	2 650	16.8
首次公开发行	Ritter（1984）	1960—1982 年	5 162	18.8
		1977—1982 年	1 028	26.5
		1980—1981 年	325	48.4
首次公开发行	Ritter（1985）	1977—1982 年		

① 绿鞋公司是第一家在证券发行中采用这种做法的公司。

续表

发行类型	研究者	样本期间	样本数	定价过低的估计值(%)
包销			664	14.8
承销			364	47.8
首次公开发行	Chalk/Peavy(1985)	1974—1982 年	440	13.8
包销			415	10.6
承销			82	52
多次新证券发行	Bhagat/Frost(1986)	1973—1980 年	552	−0.3
协议发行			479	−0.25
竞价发行			73	−0.65

资料来源:小唐纳德·H. 丘:《新公司金融:理论与实践》(第 3 版),中信出版社 2007 年版。

由于首次公开发行的市场均衡价具有很大的不确定性,同时有些投资者比其他人拥有更多信息,比如机构投资者相对于个人投资者,那么,当首次公开发行的价格是根据其市场预期均衡价格确定时,就不难证明信息劣势投资者的收益将普遍低于正常收益。如果处于信息优势的投资者相信发行价过低,那么这些投资者将竞相购买,于是承销商就要在投资者之间分配股票数量。然而,如果发行价过高,那么信息优势投资者将不大可能购买所发行的股票,这样股票发行认购就会不足。

在上述过程中,信息劣势投资者普遍获得了较多的定价过高的证券,而获得了较少的定价过低的证券。认识到在竞价过程中处于劣势地位后,为了避免在定价过高的发行中的预期损失,信息劣势投资者只有在首次公开发行的发行价普遍低于他们对市场价格的估计时,才会竞价购买所发行的证券。

因此,为了吸引更多的信息劣势投资者,承销商就必须折价发行。表 12-2 为首次公开发行股票的发行费用统计情况。

表 12-2 中国 A 股上市公司首次公开发行的发行费用占筹资额的比重(1990—2022 年)

筹资金额(亿元)	上市公司数(家)	平均费用率(%)
0～10	4 099	9.11
10～100	909	5.75
100 以上	56	1.80

资料来源:根据同花顺 iFind 数据库整理得出。

二、增发股票

增发股票分为公开增发和配股发行两种方式。

（一）公开增发

公开增发是指不论目前是不是该上市公司的股东，都可以申请购买公司增发的新股。

采用向社会公开募集的方式增发新股时，新股的定价如果不能合理地反映股票的价值，必然会造成新老股东之间的财富转移。

假如某公司发行在外的普通股数量为1亿股，每股价值为15元，则公司的权益价值为15亿元。如果公司按照每股18元的价格公开增发500万股，将可以筹集资金9 000万元。增发后公司的权益总价值将变为15.9亿元，而每股价值变为15.14元（159 000/10 500）。于是，公司原股东的每股价值增加了0.14元，而新股东则每股损失了2.86元，这就产生了新股东向老股东的价值转移。

相反，如果公司按照每股13元的价格公开增发500万股，将可以筹集资金6 500万元。增发后公司的权益总价值将变为15.65亿元，而每股价值变为14.9元（156 500/10 500）。于是，公司原股东的每股价值减少了0.1元，而新股东的每股价值增加了1.9元，从而产生了老股东向新股东的价值转移。

由此可见，公司在进行公开增发时，合理定价就成为确保公司新老股东利益的关键。

2006年4月16日证监会公布了《上市公司证券发行管理办法（征求意见稿）》（以下简称《管理办法》）。按照规定，向不特定对象公开募集股份时，发行价格应不低于公告招股意向书前20个交易日股票均价或前1个交易日的均价。

而关于增发条件，《管理办法》也做出了规定，即上市公司向公众增发新股，其最近3个会计年度的加权平均净资产收益率不低于6%。对于申请非公开发行的上市公司，《管理办法》没有提出任何盈利指标。

（二）配股发行

配股发行是指向现有股东出售普通股。此时，发给每个股东可以在确定的时间里按确定的价格从公司买入确定数量新股的选择权，这种选择权过期将失效。

在配股发行中，认购价格是指允许现有股东付款购买每股股票的价格。一般来说，股东只有当认购价格在配股发行日低于股票市场价格时才会认购配股发行的股票。

1. 配股数量的确定

根据公司需要筹集的资金量以及给定的认购价格，就可以确定购买每一股新股所需要的配股数量。即

$$新股数量=\frac{需筹集的资金}{认购价格}$$

$$购买每一股新股需要的配股数量=\frac{原有的股票}{新股数量}$$

由此可见，认购价格、新股数量和购买每一股新股需要的配股数量是相互联系的。而股东为了得到新股，必须支付认购价格以及相应的配股数量。

2. 配股发行对股票价格和股东价值的影响

公司在进行配股发行时，只要所有股东都按照配股比例认购新股，则新股定价的高低不会影响公司股东财富的变化。

假设某公司已发行在外的普通股数量为 1 000 万股，现行的股票市场价格为 15 元。现公司打算筹集 1 000 万元的权益资金，于是决定按照每股 10 元的价格向原股东进行配股发行。这样，新增的股票数量为 100 万股（1 000/10），而购买每一股新股需要的配股数量为 10 份配股（1 000/100）。配股发行后公司股东权益的总价值变为 16 000 万元（1 000×15+1 000），每股股票价值则为 14.55 元（16 000/1 100）。显然，配股发行后股票价值有所下降。

不过，原有的价格 15 元与新的价格 14.55 元之间的差价反映了一个事实，即原有的股票持有者有权认购新股。0.45 元的这一差价应当等于每股旧股票的配股价值。

那么，配股发行对股东价值产生的影响又会如何呢？如果该公司的某股东在配股发行前持有 100 股股票，其股票价值为 1 500 元（100×15），他还将得到 100 份配股。由于公司的配股发行给予股东按照每股 10 元的认购价格、以 10 份配股买入 1 股新股的选择权，如果该股东按照认购价格买入配售的 10 股新股，他将付出 100 元，而其持有的股票数量将变为 110 股。按照配股后的股票价格计算，该股东新的股票价值为 1 600 元（110×14.55）（忽略四舍五入产生的误差），与他原有的股票价值与新投入的资金之和相同。

由以上分析可知，配股发行后公司股票新的市场价格应当低于配股发行前公司股票的市场价格。而且，认购价格越低，配股发行引起的价格下跌幅度就越大。不过，在一个有效的市场，股东不会因为配股发行而遭受损失。表 12－3 显示了通过 IPO、增发、配股等方式融资的情况。

表 12－3 股票市场融资情况（2002—2022 年）

年 份	融资合计		IPO 或增发		配股	
	上市总数（家）	募集资金（亿元）	家数（家）	募集资金（亿元）	家数（家）	募集资金（亿元）
2002	1 223	600.053 5	67	508.452 4	10	26.795 6
2003	1 285	642.487 0	66	453.508 2	25	74.387 3
2004	1 373	648.858 1	98	353.459 4	24	126.689 5

续表

年　份	融资合计		IPO 或增发		配股	
	上市总数（家）	募集资金（亿元）	家数（家）	募集资金（亿元）	家数（家）	募集资金（亿元）
2005	1 378	330.050 4	15	57.630 7	2	2.620 2
2006	1 421	2 578.058 2	66	1 564.056 0	3	11.522 3
2007	1 530	7 742.375 0	125	4 611.642 8	7	232.546 3
2008	1 604	3 311.050 2	77	1 034.379 9	8	139.496 9
2009	1 700	5 052.912 9	100	1 945.929 5	10	105.969 3
2010	2 063	9 514.998 6	347	4 745.430 3	20	1 487.620 4
2011	2 342	7 848.012 2	281	2 777.349 0	13	372.555 7
2012	2 494	4 632.722 5	154	1 034.319 0	7	121.004 3
2013	2 489	4 185.120 2	1	0.000 0	13	475.727 7
2014	2 613	7 840.597 2	125	668.888 9	13	137.969 8
2015	2 827	14 050.213 6	220	1 630.242 3	6	6 258.532 3
2016	3 052	19 077.366 5	240	1 600.114 5	10	6 305.698 0
2017	3 485	15 335.813 3	437	2 210.703 4	8	180.468 1
2018	3 584	9 466.955 0	105	1 384.529 6	14	210.811 5
2019	3 777	9 988.820 3	201	2 489.808 8	9	133.875 2
2020	4 154	14 034.236 9	394	4 742.301 9	18	512.966 7
2021	4 697	15 475.359 9	522	5 426.676 1	7	493.356 2
2022	5 079	14 342.453 7	424	5 867.925 3	9	615.258 7

资料来源：同花顺 iFind 数据库。

三、公开发行股票的利弊

公开上市并取得股票融资资金对公司来说充满了诱惑力，许多公司花费了大量的财力和人力来进行这一活动，那么股票融资到底能为公司带来什么好处？它又存在哪些弊端？以下对发行股票的利弊进行分析。

（一）股票融资的积极效应

（1）公司通过股票市场筹集到足够的资金，可以支持其投资活动，还有利于公司进行一系列并购投资。而且，对于初次公开上市的公司来说，股票发行还可以为公司带来后续融资的可能性。

（2）股票作为公司的权益资本是一种永久性投入，公司没有偿还股本的义务，使公司可以获得长期稳定的资金来源。同时,公司没有支付股利的法定义务,公司可以根据自身的盈利状况和财务状况灵活地安排利润分配。

(3) 公开上市能够提高公司的知名度,促进公司规范其经营管理,从而有利于增强公司的竞争力。

(4) 公司的客户、供应商或合作伙伴可以通过购买公司的股票,将其自身的利益和公司的发展紧密联系在一起,这有助于稳定公司的经营。

(二) 股票融资的消极效应

(1) 上市公司必须定期和不定期向公众披露公司的财务报表、投资计划以及与公司经营活动有关的重大事项等信息。其目的是减少公司与投资者之间的信息不对称。然而,信息披露会相应降低公司经营活动的隐蔽性,使其竞争对手较容易了解公司的经营动向,给公司的市场竞争地位带来不利的影响。同时还可能引起股票市场价格的短期波动。

(2) 公开发行股票后,新股东的进入将导致原有股东的持股比例下降。同时,新股东还对公司的盈余具有分享权。因此,公开发行股票会稀释原股东的控制权和收益。

(3) 公开发行股票会发生大量的费用。主要包括承销费用、会计师事务所进行审计验资的费用、律师事务所出具法律文件的费用以及其他的必要费用。而在上市后,因受到持续的外部监管也会发生相应的费用。

第二节 私募发行

公司也可以通过私募发行的方式直接将证券出售给投资者,这是与将证券销售给普通公众投资者相对应的另一种选择。由于公开发行股票对公司的要求较为严格,很多公司还无法满足公开发行的条件,尤其是对于刚刚创立或者处于财务困境的公司而言,公开发行股票几乎是不可能的。而私募发行避免了公开发行所需的审核登记程序,为一些公司提供了融资的渠道。

一、私募融资

私募是相对于公开发行而言的,大量私募资本的投资是由机构投资者,如保险公司、信托公司、资产管理公司、私募股权投资基金等金融投资者和其他产业集团的投资部门来进行的。

私募资本市场对于刚刚创立的公司和已经事业有成的公司都很重要,而对于陷入财务困境的公司尤其重要。因为陷入财务困境的公司不太可能公开发行股票,而且也较难利用传统的负债形式，对它们而言，最好的选择就是在私募资本市场上找到合适的投资者。

2003年，中国网通公司成功地进行了私募融资。中国网通没有像中国移动和中国联通一样直接在国外资本市场公开发行股票，而是采用私募融资的方式，向高盛、戴尔电脑、新闻集团、香港新鸿基集团、恒基集团、嘉里集团募集了高达3亿美元的资金，占了网通公司股份的15%，还让新闻集团和高盛进入董事会，大大改善了网通公司的公司治理结构和运作效率①。

二、风险资本

随着小公司的逐渐发展壮大，它们常会面临财务限制，因为它们所能筹集的资金并不能满足其投资和发展的需要。但小公司又很难通过公开发行股票来筹集权益资金，对这些小公司来说，一个替代的办法就是从私人投资者或基金那里以风险资本的形式筹集权益资金。风险资本是私募资本市场的一个重要组成部分。

风险资本是指由投资者个人或群体向私人公司提供以换取公司所有权份额的权益资金。风险投资者对于其投资的公司所要求占有的所有权比例取决于以下几个因素：

（1）风险投资者投入的权益资金数量。风险投资者要求占有的所有权比例最低应等于其投入的风险资金占公司价值的比例。假如风险投资者投入的风险资金为200万元，公司的价值为1 000万元，则风险投资者要求至少持有公司所有权的20%。

（2）替代的筹资来源。除风险资金外，公司还可以从其他渠道筹集资金。如果公司的筹资能力较强，则公司就有可能将风险投资者要求持有的所有权比例压低到上述最低限度以下。如果公司没有其他可能的筹资渠道，公司的所有者将不得不放弃较多的公司所有权以筹集到足够的资金。

另外，公司寻求和接受风险资本的行为是自主的。对于风险投资者和公司双方而言，其目的都在于获取利益。对于公司而言，筹集到的这些资金可以使公司突破财务限制，使其顺利地进行投资和发展。而且，风险投资者还可以向公司提供组织和管理上的指导，甚至还可能帮助公司最终在资本市场上公开发行股票。

同样，风险投资者也会获利。如果风险投资者选择了合适的公司去投资，并在随后提供了良好的组织和管理的建议，他将会得到较多的回报。虽然风险投资者可以从公司本身得到收益，但如果该公司最终能在资本市场上公开发行股票，则风险投资者得到的回报才会达到最大化。表12－4为私募机构投资退出的情况，表12－5为PE/VC融资阶段统计情况。

---

①　盛立军、郑海滨、夏样芳：《中小民营企业私募融资》，机械工业出版社2004年版。

表 12－4　VC/PE 机构退出情况（2015—2018 年）

公司名称	退出时间	持有时长（天）	标的方所属行业	PE/VC 投资机构	退出方式	账面投资回报倍数
Panel A　投资回报率前 10 名						
拍拍赚	2015-01-23	—	互联网软件与服务	经纬投资	M&A	1 641.23
龙滩水电	2015-01-30	5 519	电力	贵州产投	M&A	92.79
鳌投网络	2018-08-17	939	互联网软件与服务	宽毅投资	M&A	67.38
鳌投网络	2016-01-21	—	互联网软件与服务	宽毅投资	股权转让	63.68
梦网科技	2015-03-26	1962	互联网软件与服务	松禾资本	M&A	49.61
车音智能	2018-07-17	—	系统软件	新意资本	M&A	45.25
海容冷链	2018/11/19	2 546	工业机械	博信资本	IPO	140.86
康辰药业	2018-08-27	2 643	西药	北京工投	IPO	82.06
新农股份	2018-12-05	4 237	化肥与农用化工	天堂硅谷资产	IPO	64.2
上海海尔	2015-01-05	773	电子元件	CIII	M&A	41.92
Panel B　投资回报率后 10 名						
昊诚电气	2015-05-08	1 814	电气部件与设备	青云创投	股权转让	−0.733
顶立科技	2015-05-11	496	金属非金属	华菱津杉投资基金	股权转让	−0.804 7
爱康德诺	2017-11-09	561	生物科技	前海南山金发	M&A	−0.816 9
继烨投资	2018-09-04	—	多领域控股	海通开元投资	股权转让	−0.831 6
继烨投资	2018-09-04	—	多领域控股	广州力鼎凯得基金	股权转让	−0.843
爱康德诺	2017-11-09	87	生物科技	太和东方投资	M&A	−0.915 2
永祥股份	2015-11-24	1 819	基础化工	涌源投资	M&A	−1
掌阅科技	2017-09-21	633	出版	国金纵横	IPO	−0.635 5
海天精工	2016-11-07	1 604	工业机械	君润资本	IPO	−0.64
德邦股份	2018-01-16	1 131	航空货运与物流	梅山保税港区佳瑞投资	IPO	−0.692 5

资料来源：Wind 资讯。

表 12－5　PE/VC 融资阶段统计

融资阶段	2020 年		2021 年		2022 年	
	金额（亿元）	数量（个）	金额（亿元）	数量（个）	金额（亿元）	数量（个）
种子投资	147.57	789	263.37	1 037	475.7	1 189
天使投资	159.7	1 185	217.85	1 509	205.97	1 113
战略投资	10 595.58	1 710	9 797.32	2 056	7 231.95	1 547
A 轮	3 346.98	2 746	3 723.3	3 009	2 622.99	1 888
B 轮	2 370.58	1 443	4 367.28	1 643	3 345.48	1 009
C 轮	2 102.81	674	4 090.3	909	1 707.54	451

续表

融资阶段	2020年		2021年		2022年	
	金额(亿元)	数量(个)	金额(亿元)	数量(个)	金额(亿元)	数量(个)
Pre-IPO	344.19	131	2 770.26	215	109.68	38
IPO	6 143.58	479	5 854.07	368	6 258.5	473

资料来源：同花顺 iFind 数据库。

三、私募发行的利弊

（一）私募发行的优点

与公开发行相比，私募发行有以下优点：

（1）发行费用较低。由于不需要中间机构承销以及发行层次较少，私募的代理费用比公开发行的承销费用要低得多。如果发行者与投资者直接协商，就可以避免这种费用。

（2）发行条件具有灵活性。私募投资者能够分析复杂的证券方案，发行者对发行条件加以修改以适应交易各方的要求也变得十分容易，这更能吸引投资者购买。

（3）发行规模具有灵活性。私募市场更适合小规模发行，它不会因为发行规模小而失去对投资者的吸引力。

（二）私募发行的缺点

与公开发行相比，私募发行有以下缺点：

（1）更高的资本成本。由于私募发行的股票不易再转售出去，为了弥补流动性不足，私募发行中的投资者与公开发行的股票投资者相比，会要求更高的收益溢价。

（2）更严格的限制条件。由于私募发行公司的风险一般较大，私募投资者常会提出严格的限制条款，以补偿较大的代理成本。

第三节　优先股筹资

优先股是一种“混合”证券，它将股票和债券的特征结合起来。在公司利润分配和公司破产清算时分配公司资产的权利优先于普通股，但位于债务之后。

一、优先股的特征

优先股有以下几个主要特征：

（1）优先股有优先利润分配权。优先股股东在利润分配上享有优先于普通股股东的权利。优先股的股利支付率一般是事先设定的，通常不会随公司经营业绩的变化而发生增减。

(2) 优先股有优先求偿权。公司破产清算时，在偿还全部债务之后，优先股股东对公司剩余财产的分配顺序优先于普通股股东。

(3) 优先股一般无投票权。优先股股东一般没有表决权，但在涉及与优先股有关的问题时有权参加表决。

(4) 优先股可由公司赎回。优先股与普通股一样没有到期日，但公司在发行时通常会设定赎回条款，从而使公司有权按照规定的价格赎回优先股。

优先股的特征类似于债券，不同于债券的是优先股股利不能在税前支付，从而失去抵扣税金的好处。但公司为什么会发行优先股呢？其原因是公司未能按期支付股利不会导致发行公司违约。有些国家规定，如果优先股股东是公司投资者，它所获得的优先股股利中有70%可以免交所得税。这种税收上的减免优惠使得优先股的收益率通常会低于债券。

二、优先股的类型

与普通股不同，优先股的种类较多，不同类型的优先股所包含的权利有所不同。其分类有以下几种：

1. 累积优先股与非累积优先股

累积优先股是指公司过去未支付的股利可以累积计算，并由以后年度的利润补发。公司只有将累积的优先股股利付清以后，才能发放普通股股利。这是一种常见的、发行范围非常广的优先股。

非累积优先股是指过去未支付的股利不再补发的优先股。若公司某年度有盈利，则优先股股东可以优先于普通股股东获取股利；若该年度的盈利不够支付优先股股利，则所欠部分不累积计算，也不在以后年度的盈利中予以补发。公司一般很少发行这种股票。

2. 参与优先股与非参与优先股

参与优先股是指优先股股东在获取定额股利后，还有权与普通股股东一起参与剩余利润的分配。也就是说，当公司利润增加时，优先股股东除按固定股利率获得股利外，还可分得额外股利。由于参与分配的方式和比例不同，参与优先股还可分为全部参与分配的优先股和部分参与分配的优先股。前者是指优先股股东有权与普通股股东共享本期剩余利润；后者是指优先股股东有权按规定额度与普通股股东共同参加本期利润分配。

非参与优先股是指优先股股东只按固定股利率获取股利，不能参与剩余利润的分配。

3. 可转换优先股与不可转换优先股

可转换优先股允许股东在未来一定时期内、按一定价格将优先股转换成公司的普通股或公司债券。可转换优先股使其股东在公司经营状况不好时受到保护，而在公司盈利时可以享受更多的好处。不过，这类优先股在出售时价格较高，使公司可以筹集到更多的资金。

不可转换优先股是指不具有转换成公司普通股或公司债券权利的优先股。

4. 可赎回优先股与不可赎回优先股

可赎回优先股是指公司可以在未来某一时期按规定价格赎回的优先股。这种选择权属于发行公司。公司赎回股票的目的主要是为了减轻股息负担，因此，这种优先股的价格低于不可赎回优先股。

不可赎回优先股是指公司无权从持股人手中赎回的优先股。

三、优先股筹资的利弊

发行优先股与其他融资方式相比，有其自身的优缺点。

1. 优先股筹资的优点

（1）优先股没有固定的到期日，不用偿还本金，使公司拥有长期、稳定的资金来源。同时，大多数优先股还附有赎回条款，使得这部分资金的运用具有较大的弹性，也便于控制公司的资本结构。

（2）优先股没有投票权，使公司能够避免优先股股东参与投票，从而保证了普通股股东的控制权。

（3）优先股是公司的权益资本，有利于提高公司的负债能力，也不会像公司债券一样成为公司的强制性约束。当公司盈利不足以支付优先股股利时，公司可以拖欠，不至于加剧公司资金周转的困难。

2. 优先股筹资的缺点

（1）成本较高。债券的利息费用是在税前支付的，可作为公司的应纳税所得额，从而给公司带来节税收益。而优先股股利是从税后利润中支付的，没有抵扣税金的好处，因而成本较高。

（2）优先股的限制较多。发行优先股通常有许多限制条件，如对普通股现金股利支付的限制、对公司借债的限制等。

（3）优先股要求支付固定的股利，当公司盈利下降时，优先股股利将可能成为公司的财务负担。如果不得不延期支付，又将影响到公司的形象。

（4）优先股股东在股利分配、破产清算等方面享有优先权，这使普通股股东在公司经营状况不佳时的利益受到影响。

专栏 12-1 北京证券交易所

2021年9月2日，国家主席习近平在2021年中国国际服务贸易交易会全球服务贸易峰会上的致辞中宣布设立北京证券交易所。这一新的重大战略部署，旨在发挥资本市场更好服务构建新发展格局、推动高质量发展的作用，为进一步深化新三板改革、完善资本市场对中小企业的金融支持体系指明了方向、提供了遵循。

北京证券交易所同步试点证券发行注册制，牢牢坚持服务创新型中小企业的市场定位，尊重创新型中小企业发展规律和成长阶段，提升制度的包容性和精准性。北京证券交易所与沪深交易所、区域性股权市场坚持错位发展与互联互通，发挥好转板上市功能，同时与新三板现有的创新层、基础层坚持统筹协调与制度联动，维护市场结构平衡。努力构建一套契合创新型中小企业特点的涵盖发行上市、交易、退市、持续监管、投资者适当性管理等基础制度安排，补足多层次资本市场支持普惠金融的短板。通过畅通北京证券交易所在多层次资本市场的纽带作用，形成相互补充、相互促进的中小企业直接融资成长路径。着力培育一批专精特新中小企业，形成创新创业热情高涨、合格投资者踊跃参与、中介机构归位尽责的良性市场生态。

专栏 12-2 我国的三板市场

我国的三板市场起源于“股权代办转让系统”。2001年7月，为了解决主板退市股票以及原STAQ、NET系统内存在法人股的历史遗留股票，“代办股份转让系统”正式成立，后被称为“老三板”。当时设立三板市场的一个主要目的是承接主板的退市股票，在特定时期起到化解退市风险、弥补我国证券市场结构性缺陷的作用。

由于承接退市以及历史遗留问题公司，三板不可避免地充斥许多绩差公司，甚至一度被称作“垃圾市场”。由于缺乏富有活力的上市企业，三板市场如何寻找发展的基础？作为柜台市场，三板市场理应具备更好的兼容性，吸引有潜质的中、小企业挂牌交易，成为主板和二板市场的储备资源。

2006 年 1 月，北京中关村科技园“非上市股份有限公司股份报价转让系统”（即“新三板”）正式推出，作为沪深证券交易所主板、中小板及创业板市场的补充。2006 年 11 月，新三板挂牌的北京时代和中科软两家公司定向私募增资成功，标志着三板市场融资功能的起步。2009 年 7 月《证券公司代办股份转让系统中关村科技园区非上市股份有限公司报价转让试点办法》正式实施，新三板实现进一步扩容。2012 年 8 月 3 日，经国务院批准决定扩大非上市股份公司股权转让试点，首批扩大试点新增了上海张江高新技术产业开发区、武汉东湖新技术产业开发区和天津滨海高新区三个地区的中小企业。2013 年 1 月全国中小企业股份转让系统正式挂牌，标志着我国多层次资本市场的建设迈出了新的一步。2013 年 12 月 13 日，为了更加充分发挥全国中小企业股份转让系统的功能，缓解中小企业的融资难困境，国务院发布了《关于全国中小企业股份转让系统有关问题的决定》，这标志着“新三板”正式扩容至全国。2016 年 6 月 27 日起，《全国中小企业股份转让系统挂牌公司分层管理办法（试行）》生效，全国股转公司正式对挂牌公司实施分层管理（当时分为普通层和创新层）。2020 年 6 月 3 日，证监会发布《关于全国中小企业股份转让系统挂牌公司转板上市的指导意见》，新设精选层，明确精选层挂牌满一年可申请转科创板或创业板。2021 年 9 月，随着北京证券交易所的设立，新三板改革进一步得以深化，成为服务创新型中小企业的主阵地。

“新三板”在我国多层次资本市场的定位，是为非上市的高新技术公众公司提供高效、便捷股权转让和投融资平台。“新三板”对企业具有：①宣传功能；②培育功能；③价值发行功能；④融资功能；⑤股权流通交易功能等。

专栏 12－3　王府井的股票融资

1. IPO 融资

王府井的
股票融资

王府井公司前身系北京百货大楼集团，1993 年始进行股份制改组，将原公司净资产折为国家股 13 500 万股，发起人股 2 000 万股，定向募集法人股 500 万股、职工股 3 000 万股，总股份 19 000 万股；同年 10 月调整为 10 112.5 万股，其中国家股 6 750 万股，法人股 1 337.5 万股，职工股 2 025 万股，1 994 年 3 月 4 日首次公开发行 5 000 万股，上市总股份 15 112.5 万股；内部职工股 2 632.50 万股，于 1996 年 4 月 30 日上市交易。

公司发行前3年累计净利润为10 433.7万元人民币，公司发行前3年累计营业收入为29.945亿元人民币。IPO财务规定：发行前3年累计净利润超过3 000万元人民币；公司发行前3年累计营业收入超过3亿元人民币。

截至1993年11月30日，该公司的基本财务比率如下：资产负债率为37.89%；无形资产占净资产的比率为21.2%；流动比率为1.74；速动比率为1.01。IPO中规定：无形资产占净资产的比率不超过20%。

首次发行：

证券代码	600859	证券简称	王府井
上市地点	上交所	发行地区	北京市
承销方式	余额包销	主承销商	华夏证券有限公司
上市推荐人	华夏证券有限公司	发行方式	抽签
发行对象	持有中华人民共和国正式居民身份证的城乡居民	发行量(万股)	5 000
股票面值(元)	1.00	发行价格(元)	8.00
发行费用(万元)	827.97	发行总市值	
募集资金净额(万元)	39 172.03	上市日期	1994-05-06
发行前总股本(万股)	10 112.50	发行后总股本(万股)	15 112.50
发行前每股净资产(元)	2.87	发行后每股净资产(元)	4.50

发行价格=每股税后利润×市盈率

P=(7 030/13 445.8)×15.38 = 8.04(元)

发行后交易首日开盘价：12元

2. 配股

(1) 王府井的普通股配股基本情况

配股日期：1997-08-19

配售股票类型：人民币普通股

每股面值：人民币1元

配售发行量：向全体股东配售55 130 811股

配售价格：每股人民币7.80元

配售比例：10∶2.272

配股前总股数:242 576 027 股

配股后总股数:297 706 838 股

配股前:非流通股 122 026 567 股

流通股 120 549 460 股

配股后:非流通股 149 759 878　增加 27 733 311 股

流通股 147 946 960　增加 27 397 500 股

配股前:每股净资产为 5.41 元,

配股后:每股净资产为 4.75 元。

8 月 18 日:12.19 元,8 月 19 日:11.94 元,8 月 20 日:12.00 元

10 月 10 日: 10.00 元(1997 年 10 月 10 日配股上市)

(2) 对股价的影响

购买每一股新股所需的配股数量为 4.4(242 576 027/55 130 811)份配股。

配股发行后公司股东权益的总价值变为 2 559 681 971 元(120 549 460×12.19+122 026 567×5.41+55 130 811×7.80),每股流通股股票价值变为 11.377 元[(120 549 460×12.19+27 397 500×7.80)/147 946 960],而实际的价格变为 10.00 元。

原有价格 12.19 元与新的理论价格 11.377 元之间的差价 0.813 元等于每股旧股票的理论配股价值。

而原有价格 12.19 元与新的实际价格 10.00 元之间的差价 2.19 元等于每股旧股票的实际配股价值。

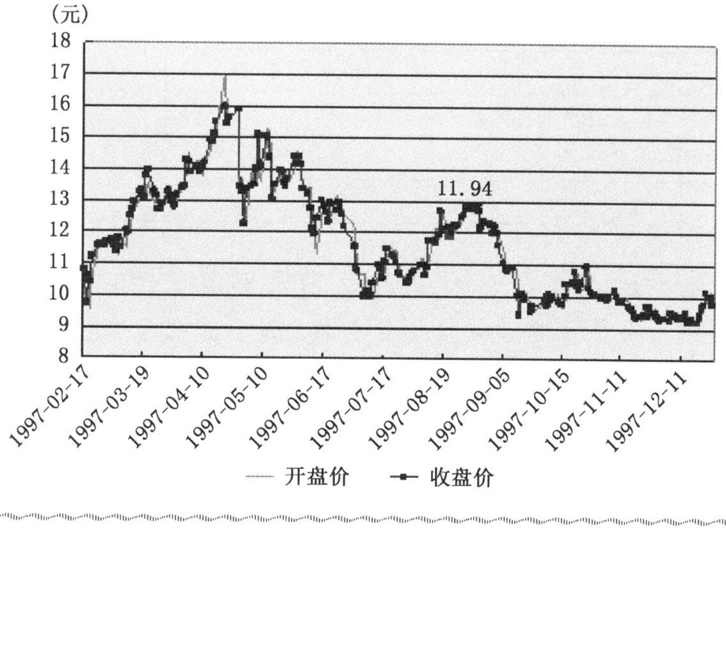

(3) 对于流通股股东价值的影响

从理论层面上看：假设某股东在配股前持有100手可流通股票，其股票价值为121 900元(10 000×12.19)。由于公司的配股发行给予股东按照每股7.80元的认购价格，以10份买入2.272股新股的权利，如果该股东按照认购价格买入配售的新股22.72手(100/10×2.272)，即2 272股，他将付出17 721.6元(7.80×2 272)，而其持有的股票数量变为12 272股。

按照配股后的理论价格11.377元计算，该股东新的股票价值为139 618.544元(12 272×11.377)，与其原有的股票价值与新投入的资金之和139 621.6元(121 900+17 721.6)近似相等(小数点误差)。

以上分析证实，配股发行后公司股票新的市场价格应当低于配股发行前公司股票的市场价格。但是股东的权益并不会因此受损。

然而，实际的情况是：配股完成后，该股东所持有的股票价值变为133 764.8元(12 272×10.9)，与理论价值相差−5 883.7元(133 764.8−139 618.5)。

所以采取配股的股东实际上亏损了。

3. 增发

(1) 王府井的股票增发基本情况

公司向北京王府井国际商业发展有限公司(简称“王府井国际”)和成都工投资产经营有限公司(简称“成都工投”)非公开发行股票的方案于2011年10月17日取得中国证券监督管理委员会核准，公司向王府井国际发行30 016 986股，向成都工投发行15 109 196股，共发行45 126 182股股份，本次非公开发行股票的限售期为36个月。

发行对象	认购数量(股)	限售期(月)
北京王府井国际商业发展有限公司	30 016 986	36
成都工投资产经营有限公司	15 109 196	36
合计	45 126 182	

本次非公开发行新增股份已于2011年10月26日在中国证券登记结算有限责任公司上海分公司办理了登记托管手续。发行完成后公司股份总数增至462 768 088股。股份总数增加摊薄了公司本年度每股收益，同时增加了公司本年度每股净资产。

认购方式：成都工投以其持有的成都王府井百货有限公司13.51%股权作价人民币62 265万元认购北京王府井百货股份有限公司股份。本次发行资产认购与现金认购部分的募集资金总额 1 859 649 960 元，募集资金净额 1 835 466 834 元。其中现金部分为 1 237 000 000 元，扣除发行费用 24 183 126.18 元，募集现金净额为 1 212 816 873.82 元。

募集资金投资项目：募集现金 1 212 816 873.82 元，将用于新开门店、门店装修改造、电子商务、信息系统升级以及补充流动资金。

发行价 41.21 元

发行新股总量 45 126 182 股

本次非公开增发前股份总数 417 641 906 股

增发后股份总数增至 462 768 088 股(417 641 906＋45 126 182)

募集资金总额 1 859 649 960 元

扣除发行费用 24 183 126.18 元

募集资金净额 1 835 466 834 元

其中现金部分为 1 237 000 000 元

扣除发行费用 24 183 126.18 元

募集现金净额 1 212 816 873.82 元。

(2) 增发股票后新老股东的财富转移

公司发行在外的普通股数量为 417 641 906 股，每股价值为 38.98 元，则公司的权益价值为 16 279 681 500 元(417 641 906×38.98)。

公司按照每股 41.21 元的价格非公开增发 45 126 182 股，筹集到的资金总额为 1 859 649 960 元(41.21×45 126 182)，扣除发行费用 24 183 126.18 元，得到筹集资金净额为 1 835 466 834 元。

增发后公司的权益总价值变为 18 115 148 330 元(16 279 681 500＋1 835 466 834)。

每股价值变成 39.15 元(18 115 148 330/462 768 088)。

于是，公司原股东的每股价值增加了 0.17 元(39.15－38.98)，而新股东的每股价值则减少了 2.06 元(41.21－39.15)，这就发生了新股东向老股东的价值转移。

本章小结

本章介绍了首次公开发行股票的发行程序和发行方式。发行方式分为承销发行和附权发行、竞价发行和协议发行，其中，股票承销有包销和代销两种方式。

在确定发行价格时，既要考虑发行公司的利益，又要考虑投资者的利益，还要顾及股票上市后的表现。一般来说，首先要评估公司价值，再确定初次发行规模和股份总额，然后计算出每股价值，据此确定每股发行参考价格。

新股发行成本包括承销费用、其他直接费用、间接费用、折价和绿鞋选择权。绿鞋选择权是发行公司赋予承销商按发行价格买入额外股份的权利。如果股票发行价格低于市场价格，这一选择权就会更有价值，但对于公司来说就是一种发行成本。

增发股票分为公开增发和配股发行两种方式。公司采用公开增发新股时，新股的定价如果不能合理地反映股票的价值，必然会造成新老股东之间的财富转移。而进行配股发行时，只要所有股东都按照配股比例认购新股，则新股定价的高低不会影响公司股东财富的变化。

公司也可以通过私募发行的方式直接将证券出售给投资者，大量私募资本的投资是由机构投资者来进行的，其中，风险资本是私募资本市场的重要组成部分。私募发行与公开发行相比，发行费用更低，发行规模和发行条件更具有灵活性，但私募投资者会要求更高的回报和更严格的限制条款。

优先股是一种混合证券。在公司利润分配和公司破产清算时分配公司资产的权利优先于普通股，但位于债务之后。不过，优先股股东没有投票权。公司发行优先股通常会受到许多条件的限制。

关键术语

首次公开发行　包销　代销　承销发行　附权发行　竞价发行　协议发行
承销费用　折价　绿鞋选择权　公开增发　配股发行　认购价格　私募发行
风险资本　累积优先股　非累积优先股　参与优先股　非参与优先股
可转换优先股　不可转换优先股　可赎回优先股　不可赎回优先股

思考与练习

1. 新股的发行成本有哪些？
2. 简述公开发行股票的优缺点。
3. 包销与代销的区别是什么？
4. 配股的价值是如何决定的？

5. 在什么情况下,私募发行比公开发行有利?

6. 风险投资者要求持有公司所有权比例的高低会受到哪些因素的影响?

7. 优先股有哪些主要特征?

8. 公司发行优先股会面临哪些有利因素和不利因素?

9. 现有 A、B 两家公司准备进行首次公开发行,其中一家的发行价格被低估了 2 元,另一家的发行价格被高估了 1 元,但你不知道究竟是其中的哪一家,具有信息优势的投资者可能会知道是哪一家。你计划购买这两家公司的股票各 5 000 股,那么你可以获得多少利润? 如果价值被低估的发行是配给的,你的认购订单只能获得一半的满足,此时,你又会获得多少利润?

10. C 公司打算通过配股发行来筹集 5 000 万元资金。目前股票价格为 20 元,发行在外的普通股为 2 500 万股。那么,认购价格最低可能为多少? 认购价格最高又可能为多少?

11. G 公司目前发行在外的普通股为 1 亿股,现行的股票价格为 20 元,现计划通过配股发行筹集 2 000 万元的资金,配股的认购价格为每股 18 元。那么,该公司需要发行多少新股? 股东为购买 1 股新股需要多少份配股? 每股旧股的配股权的价值是多少?

12. 假设 H 公司在市场上的流通股股数为 1 000 万股,每股市场价格为 20 元。现在公司打算以配股方式发行新股,配股比为 10 股配 2 股。在认购价格分别为 18 元和 15 元的情况下,公司股票价格和股东的财富分别会受到什么影响?

13. M 公司现有流通股票 1 100 万股,股价为 44 元/股,公司想要进行融资并已宣布进行配股,每位老股东持有的 1 股股票带有一份配股权,公司计划 5 份配股权可以 44 元/股的价格购买 1 股新股。

(1) 假设配股发行成功,此次配股可以融资多少?

(2) 在完美资本市场的条件下,配股后每股股价为多少?

假设公司将原计划改为每份配股权可以 10 元的价格购买 1 股新股。

(3) 新计划可融资多少?

(4) 在新的配股计划下,配股后每股股价为多少?

(5) 对公司股东来说哪种计划更好? 哪种计划可以进行全额融资?

14. W 公司卖出 1 000 万股进行股权增资,公司当前的股价为 44 元/股,在卖出的 1 000 万股股票中,500 万股是公司首次发行的股票,其余 500 万股是风险资本投资人卖出的。假设承销费用为 5%。

(1) W 公司的融资额为多少?

(2) 风险投资人收到多少资金?

15. Y 公司现有流通股 1 100 万股,正计划再次发行 600 万新股,定价为 19 元/股,承销费用为 8%。本次发行对投资者来说十分成功,在交易的第一天股价就上升到 55 元/股。

(1) 公司本次的融资为多少?

(2) 股票发行后公司市场价值为多少?

16. S 公司的创业者最初投资 700 000 元,得到 1 100 万股股票,公司现需要进行第二轮权益融资。一位风险投资家将投资 120 万元并希望在投资完成后拥有公司 13%的股份。

(1) 若风险投资家希望投资完成后拥有 13%的股份,则他需要持有多少股票数量? 此轮融资的潜在股价为多少?

(2) 在投资之后,整个公司的价值变为多少?

第十三章　债务融资

本章学习目的

掌握短期借款成本的计算方法。
掌握商业票据贴现率的计算方法。
掌握商业信用的概念和成本的计算方法。
了解短期融资券的发行方式和特点。
了解债券的种类和合约条款。
掌握债券调换的决策方法。
了解创新债券的类型和含义。

第一节　短期债务融资

企业进行短期性的债务融资一般是为了弥补现金流入相对于支出的突然增加而造成的资金不足，并且，预期在未来的某一时间点上将有现金流入以偿还贷款。由于季节性原因，企业的销售旺季通常会集中在一年的某一段时间内。这样，企业就需要借入短期资金以满足产品的季节性需求，完成季节性销售后，就偿还短期贷款。

短期债务融资的目的还在于避免长期负债，后者可能会使资金出现过剩，造成不必要的浪费。短期负债解决了资金暂时匮乏的问题，从而避免了因留存过剩资金而发生成本的浪费。

企业的大多数短期负债是从金融机构获得的，也可以通过货币市场融资。本节主要介绍短期借款、商业票据、商业信用以及短期融资券四种方式。

一、短期借款

为了给流动资产投资融资，企业可以申请短期借款，即期限在一年以内的借款。

但如果向银行申请贷款，银行的贷款负责人就要调查企业的财务状况和发展计划，而且银行发放贷款后还将监控其经营活动。下面将讨论短期借款的几种形式以及成本的计算方法。

（一）短期借款的协议形式

1. 信用额度

信用额度是银行与借款企业之间达成的在一定期限内的最大借款额的协定。信用额度的期限通常为一年，只要银行发现借款企业的信用可以接受，则还能提供一年的展期。银行一般不希望借款企业用信用额度来满足其长期资金的需要，因此可能会要求借款企业在一段时间内定期地偿还借款。大多数信用额度是非正式的安排，如果借款企业的信用恶化，即使银行曾同意按信用额度提供借款，但银行在法律上没有义务继续提供资金。

例如，银行核定某企业在一年内的信用额度为 100 万元，则该企业可在一年内在限额内向银行申请借款，但累积的借款数额不能超过其 100 万元的信用额度。

2. 周转性贷款协议

周转性贷款协议是指银行与企业签订的具有法律义务、承诺提供不超过某一最高限额的贷款的协定。它是一种正式的信用额度。在协议规定的期限内，借款企业可以自由利用其贷款额度，只要企业的借款总额没有超过最高限额，银行必须满足企业提出的借款要求。而作为回报，借款企业必须支付一笔承诺费，一般是最高限额和实际借款数额之间的差额的 0.25%～0.5%。这笔费用增加了企业的借款成本，也为银行向企业承诺的额外可用的资金提供了补偿。

3. 补偿性余额

补偿性余额是银行要求借款企业在银行账户上保留的借款额一定比例的最低存款余额，通常在借款规模的 10%～20%，是利息费用以外的费用。当企业不得不保持比它所愿意的更高的现金余额时，补偿性余额就增加了企业的借款成本。

（二）短期借款的成本

根据不同的借款方式，短期借款成本的计算方法也有所不同。下面将介绍单利、贴现利率以及有补偿性余额的利率的计算方法。

1. 单利

企业向银行申请短期借款时，银行一般都按单利计算利息。若短期借款为一年期，到期时一次还本付息，则借款的实际利率与名义利率相同；若借款期限小于一年，则实际利率就会高于名义利率。这两者之间的关系式为：

$$r_{实际}=\left(1+\frac{r_{名义}}{m}\right)^{m}-1 \tag{13-1}$$

式中,m 为一年中的借款次数。

[**例 13-1**]　某企业从银行借入一笔 50 万元的资金,借款期限为 3 个月,名义年利率为 3.55%。这笔短期借款的实际利率是多少?

由于借款期限为 3 个月,则 m 为 4,那么,

$$r_{实际}=\left(1+\frac{r_{名义}}{m}\right)^{m}-1=\left(1+\frac{3.55}{4}\right)^{4}-1=3.598\%$$

由计算结果可知,实际利率高于名义利率。

2. 贴现利率

如果银行向企业发放贷款时,先从本金中扣除利息部分,则企业在借款时实际得到的借款金额小于其借款的金额。这时,借款的成本就是实际贴现利率,其计算公式为:

$$r_{实际}=\frac{利息支出}{借款金额-利息支出} \tag{13-2}$$

若借款期限在 1 年以下,实际贴现利率为:

$$r_{实际}=\left(1+\frac{利息支出}{借款金额-利息支出}\right)^{m}-1 \tag{13-3}$$

与单利相反,在计算贴现利率时,期限越短,实际利率越低。

[**例 13-2**]　某企业在贴现的基础上,以 3.55%的名义年利率为一笔 10 万元的 3 个月期限的借款付息,那么,这笔借款的实际利率为:

$$\begin{aligned}r_{实际}&=\left(1+\frac{利息支出}{借款金额-利息支出}\right)^{m}-1\\&=\left[1+\frac{10\times(3.55\%\div4)}{10-10\times(3.55\%\div4)}\right]^{4}-1\\&=3.63\%\end{aligned}$$

3. 有补偿性余额的利率

当利息在计息期末支付并且要求保持补偿性余额时,借款的实际利率就会高于按借款本金计算的利率。补偿性余额减少了实际的借款金额,增加了可用资金的成本。有补偿性余额的实际利率的计算公式为:

$$r_{实际}=\frac{利息支出}{借款金额-补偿性余额}=\frac{名义利率}{1-补偿性余额比例} \tag{13-4}$$

若借款期限在 1 年以下,实际利率为:

$$r_{实际}=\left(1+\frac{利息支出}{借款金额-补偿性余额}\right)^{m}-1 \tag{13-5}$$

[**例 13-3**]　某企业以 3.55%的名义年利率借入一笔 10 万元的资金,期限为 3 个月,银行要求企业保持 10%的补偿性余额。那么,这笔借款的实际利率为:

$$r_{实际}=\left(1+\frac{利息支出}{借款金额-补偿性余额}\right)^m-1$$

$$=\left(1+\frac{10\times(3.55\%\div4)}{10-10\times10\%}\right)^4-1$$

$$=4\%$$

（三）担保

银行经常会要求企业为借款提供担保。如果银行的借款是建立在短期的基础上，它通常要求担保物是诸如应收账款、存货或有价证券之类的流动资产。

常见的情形是，银行要求具体的抵押物。例如，假设从商品发货到货款收回之间有一定的延迟时间，如果急需资金，企业可以将应收账款作为抵押申请贷款。根据应收账款的质量，企业一般能借到它所抵押的应收账款总额 70%～90%的资金。存货也可以作为贷款的担保。如果是易于出售的存货，企业可能借到这些存货的零售价值的 50%～70%。

不过，银行对抵押资产会有所选择，它们希望在企业违约时这些抵押资产易于确认和出售。而且，银行还需要确信抵押品存放安全，借款企业不会出售这些资产。

对于以应收账款为担保的借款，银行通常按基准利率加上一个最高达 5 个百分点的溢价收费。这是因为银行处理应收账款的成本使利率受到了影响。处理成本越高，利率也就越高。不过，这种借款通常不需保持补偿性余额。存货担保借款的利率幅度类似于应收账款。一般而言，抵押的应收账款或存货的质量越高，则支付的溢价就越低。

抵押的主要好处在于企业能借到比无担保时更多的资金。为此，企业也会发生额外的管理成本，并牺牲对其应收账款和存货的某种程度的控制。

二、商业票据

商业票据是获取短期债务资金的另一种途径，通常由具有最佳信用等级的公司按面值折价发行、销售。商业票据的期限一般不超过 270 天，发行票据时，公司无需在证券交易所申请注册登记，但需承诺在到期日按面额购回票据。

商业票据的实际利率的计算公式为：

$$r_{实际}=\frac{面值-贴现额}{贴现额}\times\frac{360}{m} \quad (13-6)$$

式中，m 为商业票据的期限。

［**例 13-4**］　某企业以 3.55%的利率发行了 50 万元的商业票据，期限为 90 天，该商业票据是贴现发行。因此，企业获得的贴现额为 49.56 万元（=50−50×3.55%

÷4)。该商业票据的实际利率为：

$$
\begin{aligned}
r_{实际} &= \frac{面值-贴现额}{贴现额}\times\frac{360}{m}\\
&= \frac{0.44}{49.56}\times\frac{360}{90}\\
&= 3.5513\%
\end{aligned}
$$

商业票据的利率通常低于同期银行贷款利率，但它会带来大量与发行有关的固定成本，这使得商业票据只有在企业需要大量短期资金的情况下才比较合算。

三、商业信用

（一）商业信用的概念

商业信用是一家公司向另一家公司提供的信用。当买方以赊购的方式购入商品时，它并不立即支付购货款，而只是在相应账户上记一笔“应付账款”，一段时间之后才向卖方进行支付。

商业信用是企业短期资金的最大来源。一般而言，只要企业进行赊购活动，都会或多或少地得到一些由商业信用形成的短期资金。而且，商业信用形成的短期资金通常在数量上与企业的生产经营活动成正比，随着企业生产经营规模的扩大，在销售收入增加的同时，其购货金额也会相应增加，而利用的商业信用也将随之增加。由于卖方在信用展期上往往比金融机构更为慷慨，因此，对于小公司而言，商业信用是一项很重要的资金来源。

当提供商业信用时，销售商规定了支付期限，如果能更快地进行付款，销售商往往提供现金折扣。例如，“2/10，n/30”这样的表示方法是指如果买方在 10 天（折扣期）内付款，就能获得 2%的现金折扣，否则应在 30 天（净期限）内支付全额。

（二）商业信用的成本

商业信用的成本取决于信用期限和现金折扣。信用期限是赊购商品的最后付款时间，延长信用期限可以吸引老客户增加购货量和招揽新客户，从而增加公司的销售收入。但为了加速资金周转，尽早收回货款，卖方往往在延长信用期限的同时，规定买方提前付款的折扣率和折扣期限。

如果没有提供现金折扣，或者有现金折扣但公司已享受了现金折扣（即在折扣期内付款），那么公司利用卖方的商业信用没有成本。但若提供了现金折扣，而公司没有利用时，商业信用就有了成本。放弃现金折扣成本的计算公式为：

$$
放弃现金折扣成本=\frac{现金折扣率}{1-现金折扣率}\times\frac{365}{信用期-折扣期} \tag{13-7}
$$

如果信用条件是“2/10,n/30”,则放弃现金折扣产生的成本是:

$$放弃现金折扣成本=\frac{2\%}{1-2\%}\times\frac{365}{30-10}=37.24\%$$

式(13-7)是按照单利计算放弃现金折扣的成本,如果按复利计算,其公式为:

$$放弃现金折扣成本=\left(1+\frac{现金折扣率}{1-现金折扣率}\right)^{\frac{365}{信用期-折扣期}}-1 \quad (13-8)$$

四、短期融资券

短期融资券又称商业票据、短期债券,是由企业发行的一种用于筹集短期资金的无担保短期本票。期限一般在2~9个月之间,最长不超过1年①。2005年5月24日,中国人民银行发布了《短期融资券管理办法》以及《短期融资券承销规程》、《短期融资券信息披露规程》,允许符合条件的企业在银行间债券市场向合格机构投资者发行短期融资券。25日,华能国际、振华港机、中国国际航空、国家开发投资公司以及五矿集团同时公布了短期融资券的发行计划。30日,5家公司发行的全部7只短期融资券开始上市交易②。

(一)短期融资券的发行方式

短期融资券由发行者直接销售给最终投资者的发行方式称为直接销售。进行直接销售的企业通常是经营金融业务或拥有附属金融机构的企业,它们有自己的分支网点,有专门的金融人才,因此可以自己组织推销工作,从而节省了间接发行时付给证券公司的手续费,提高了发行效率。

另一种发行方式是由承销商代销,即间接销售。它是指先由发行人将短期融资券卖给承销商,再由承销商转售给最终投资者。采用这种发行方式需要向承销商支付一定数量的发行费用,成本较高,但可以降低发行风险。

(二)短期融资券的信用评级

短期融资券的评估程序如下所示:

(1)申请评估的企业与评估公司签订委托协议书,并按规定在3天内提供所需全部资料。

(2)协议签订后,评估公司组织评估小组进行调查和研究,并写出评估报告。

(3)评估公司根据企业经营的业务性质,组织专家和部分评估委员对评估报告进行论证和审议,并采用计分的方式对企业发行短期融资券的信用等级做出评定。

---

① 我国《短期融资券管理办法》第13条规定:“融资券的期限最长不超过365天。发行融资券的企业可在最长期限内自主确定每期融资券的期限”。

② 引自2005年6月2日《中国证券报》。

(4) 在此基础上，评估公司进行综合分析，并确定企业短期融资券的等级。

上海远东资信评估公司是我国一家较早从事资信评估业务的公司，该公司将企业短期融资券的等级分为七个级别：A－1＋、A－1、A－2、A－3、B、C、D。各等级的含义分别是：A－1＋表示偿债能力极强，信用程度最好，风险最小；A－1 表示偿债能力令人满意，信用程度好，风险很小；A－2 表示目前有足够能力偿债，信用程度好，风险小；A－3 表示偿债能力脆弱，信用程度好，风险较小；B 表示目前有可能违约，信用程度一般，有一定风险；C 表示其财务状况正在受监察，信用程度还可以，风险大；D 表示没有偿债能力，信用程度最差，不准发行。

（三）短期融资券的特点

1. 融资成本低

短期融资券的成本为利率加上发行费用，一般低于银行短期借款。例如，2005 年《短期融资券管理办法》发布后发行的短期融资券的利率一般为 2.92%，而同期一年期商业银行的贷款利率则为 5.58%，最优贷款利率也在 5.02%的水平。相比直接从银行贷款，5 家首批企业所发行的 109 亿元短期融资券为发行者节省了 2.13 亿元的财务费用①。

不过，前期发行短期融券的企业资质都比较好，因此发行利率也稳定在 3%以内。但是随着发行企业数量和发行规模的扩大，发行者的信用级别开始出现分化，优劣不一。对于那些信用级别不高、向银行贷款时议价能力较差的企业来说，更倾向选择通过发行短期融资券的方式来筹集资金，这也就拉开了不同短期融资券的信用利差。

2007 年进行的一系列宏观调控措施使得短期融资券发行利率有所上升，突破了 6%，但是与贷款利率相比还是处于较低水平。特别是对于那些资信良好的大型企业来说，短期融资券的利率比流动资金贷款低 2 个百分点以上。

2. 筹资数额大

银行向企业提供的短期借款金额有一定的限制，当企业的短期资金需求量较大时，银行短期借款往往不能满足其需求，而短期融资券可以提供较大规模的短期资金。

3. 风险大

短期融资券到期必须归还，一般不会有延期的可能，到期不归还将会导致发行企业陷入财务危机。

4. 弹性小

只有当企业的资金需求达到一定数量时才能使用短期融资券，如果数量小，则不宜采用短期融资券方式。另外，短期融资券一般不能提前偿还，因此，即使企业的资金

① 引自 2005 年 6 月 2 日《中国证券报》。

比较宽裕，也要等到期时才能还款。

第二节　长期负债

一、债券

一般而言，发行债券有几个优点。从财务的角度来看，债券优于银行借款，因为债券投资者数目众多，可以极大地分散公司的风险。发行债券还可以使发行者有机会在所发行的债券上附有一些特别的条款。例如，公司可以发行可转换成普通股的债券（即可转换债券），也可以发行附有商品选择权的债券（商品链接债券）。

（一）债券的分类

根据不同的标准，债券可以分为不同的类别。

1. 有担保债券和无担保债券

有担保债券是指以某种特定财产作为担保而发行的债券，主要有抵押债券、抵押信托债券和保证债券。

（1）抵押债券。是指以土地、房屋、设备等不动产作为抵押担保而发行的债券。当债务人在债务到期不能按时偿还本息时，债券持有者有权处理抵押品作为抵偿。当某一抵押物的价值大于所担保的债券的价值时，其余额部分可以再次作为发行新债券的抵押品，从而产生第一抵押债券和第二抵押债券。第一抵押债券对于抵押品有第一留置权；第二抵押债券对于抵押品有第二留置权，即第一抵押债券清偿后，其余额可以用来偿付第二抵押债券的本息。

（2）抵押信托债券。是以公司拥有的有价证券，如股票和其他债券作为担保品而发行的债券。发行人通常要将作为抵押品的有价证券交给债权人或委托有关信托机构保管，当债务人无力偿债时，由债权人直接处理或由信托机构代为处理抵押品并用于偿债。

（3）保证债券。是指由第三者担保偿还本息的债券。这种债券的担保人一般为其他企业或银行（包括非银行金融机构），个别的是由政府担保。

无担保债券是指发行时无抵押担保品，完全凭企业信用而发行的债券，又称信用债券。这类债券按其信用程度的高低，又可划分为信用债券、附属信用债券和收益债券三种。

（1）信用债券。信用债券发行时没有具体的资产作为担保，仅凭公司的盈利能力作为保证，但是，这类债券的持有者仍受到债券合约规定的各种限制性条款的保护，特别是限制抵押条款,这一条款限制公司将其资产抵押给其他债权人。一般只有信用良好的公司才有可能发行信用债券。

(2) 附属信用债券。是指求偿权次于其他债务的债券。一旦公司破产清算,只有当有担保和其他无担保的债权人得到全部偿付之后,附属信用债券的持有者才有可能从剩余资产中得到偿付,不过其求偿权仍位于优先股股东和普通股股东之前。

(3) 收益债券。是指只有在公司获利时才支付利息给投资者的债券。收益债券具有累积性质,即某一特定年度的未付利息可以累积起来,一旦公司盈利,就须在盈利许可范围内支付累积利息,但累积期限一般不超过3年。这种债券难以保证给予投资者固定收益,但其求偿权处于附属信用债券以及优先股和普通股之前。

2. 可转换债券和不可转换债券

可转换债券是指根据债券合约规定,可以在一定时期内按照事先规定的转换比率或转换价格转换为一定数量的普通股股票的债券。若债券不能转换为公司股票,则为不可转换债券。由于可转换债券给予债权人更多的选择权利,因此其利率要低于不可转换债券。

3. 可赎回债券和不可赎回债券

可赎回债券是发行公司可以按照发行时规定的条款,以一定的条件和价格提前赎回的债券。一般来讲,债券的赎回价格要高于债券面值,高出的部分称为赎回溢价。

可赎回债券关于提前赎回的规定是有利于发行公司的,但同时会损害债权人的利益。因此,为了弥补债权人的损失,可赎回债券的投资收益要高于同等条件下的不可赎回债券。

4. 可回售债券和不可回售债券

可回售债券(puttable bond)是投资者/债权人可以按照债券发行时规定的条款,以一定的条件和价格提前卖出债券给发行企业。一般来讲,债券的回售价格要高于债券面值,高出的部分称为回售溢价。

可回售债券关于提前回售的规定是有利于投资者/债权人的,因为可回售条款等于是给予债权人一个看跌期权,这个期权的出售方是债务人。一般当市场利率上升的时候,在满足回售条件的前提下,投资者会行使回售权,将债券卖回给企业,这样投资者规避了债券继续下跌的风险,获得的资金可以按较高的市场利率重新投资。因此,拥有可回售条款债券的票面利率要高于同等条件下无回售条款债券。

赎回条款和回售条款对于企业债券是对称的,分别用于保护发行企业/债务人和投资者/债权人,我国的企业债券包括可转债等一般都同时拥有赎回和回售条款。

5. 浮动利率债券和固定利率债券

浮动利率债券的利率水平在债券期限内随市场利率的变化而变化。在发行浮动利率债券时，一般会规定相对于某一具有代表性的利率（如上海银行间同业拆借利率Shibor）的溢价水平。

固定利率债券的利率在债券期限内是固定的，并载于债券票面上。表 13 - 1 至表 13 - 3 显示了不同分类情况下的债券发行概况。

表 13 - 1 债券发行统计——按债券类型（1990—2022 年）

类 别	债券数量（只）	债券数量占比（%）	债券余额（亿元）	余额比重（%）
国债	1 487	0.45	602 956.12	13.07
地方政府债	11 469	3.45	456 486.13	9.90
央行票据	1 016	0.31	274 592.82	5.95
金融债	8 250	2.48	743 635.59	16.12
政策性金融债	1 581	0.48	501 724.43	10.88
商业银行债券	1 952	0.59	128 436.87	2.78
非银行金融机构债	4 717	1.42	113 474.29	2.46
企业债	5 587	1.68	63 295.51	1.37
一般企业债	5 439	1.64	62 298.99	1.35
集合企业债	148	0.04	996.52	0.02
公司债	21 046	6.33	200 282.27	4.34
一般公司债	8 007	2.41	99 379.10	2.15
私募公司债	13 039	3.92	100 903.16	2.19
可分离可转债	21	0.01	947.52	0.02
可转债	900	0.27	15 482.00	0.34
可交换债券	386	0.12	4 769.94	0.10
资产支持证券	29 981	9.02	159 739.41	3.46
信贷资产支持证券（ABS）	3 951	1.19	57 157.65	1.24
资产支持票据（ABN）	4 527	1.36	21 371.17	0.46
企业资产支持证券	21 497	6.47	81 190.59	1.76
保险资产支持证券	6	0.00	20.00	0.00
非公开定向债务融资工具（PPN）	9 760	2.94	74 640.59	1.62
中期票据	15 773	4.75	194 654.97	4.22
集合票据	127	0.04	308.42	0.01
短期融资券	34 457	10.37	395 137.66	8.57
一般短期融资券（CP）	9 715	2.92	103 655.61	2.25

续表

类　别	债券数量（只）	债券数量占比（%）	债券余额（亿元）	余额比重（%）
超短期融资券(SCP)	24 742	7.44	291 482.05	6.32
其他债券	1 838	0.55	383.99	0.01
同业存单	189 861	57.13	1 397 420.02	30.30
项目收益票据(PRN)	36	0.01	191.90	0.00
政府支持机构债	258	0.08	26 741.32	0.58
国际机构债	45	0.01	899.60	0.02
标准化票据	62	0.02	75.48	0.00
合　计	332 360	100.00	4 612 641.24	100.00

资料来源：同花顺 iFind 数据库。

表 13-2　债券发行统计——按发行期限（1990—2022 年）

类别	债券数量（只）	债券数量占比（%）	发行总额（亿元）	发行总额占比（%）
1 年以内	240 877	71.17	2 379 916.63	51.60
1～3 年	46 591	13.77	735 166.14	15.94
3～5 年	27 841	8.23	572 741.28	12.42
5～7 年	10 126	2.99	301 126.26	6.53
7～10 年	7 554	2.23	415 309.20	9.00
10 年以上	5 444	1.61	208 251.77	4.51
合计	338 433	100.00	4 612 511.28	100.00

资料来源：同花顺 iFind 数据库。

表 13-3　债券发行统计——按利率类型（1990—2022 年）

类别	债券数量（只）	债券数量占比（%）	发行总额（亿元）	发行总额占比（%）
贴现债券	191 350	57.01	1 750 834.37	38.02
附息债券	96 870	28.86	2 197 392.47	47.71
其中：固定利率债券	65 693	19.57	1 834 130.16	39.82
浮动利率债券	2 500	0.74	82 146.27	1.78
累进利率债券	25 060	7.47	273 471.17	5.94
利随本清债券	47 409	14.13	657 385.74	14.27
合　计	335 629	100.00	4 605 612.59	100.00

资料来源：同花顺 iFind 数据库。

（二）债券的发行

1. 债券的发行条件

根据我国2020年新《证券法》的规定，发行公司债券必须符合下列条件：

（1）具备健全且运行良好的组织机构。

（2）最近三年平均可分配利润足以支付公司债券一年的利息。

（3）国务院规定的其他条件。

此外，发行公司债券筹集的资金必须按照公司债券募集办法所列资金用途使用；改变资金用途，必须经债券持有人会议作出决议；不得用于弥补亏损和非生产性支出。

2. 债券的发行方式

债券的发行方式可以采用私募，也可以采取公开发行方式。私募发行是指发行债券的公司直接向少数特定的购买者发行，而不通过证券发行的中介机构。所以不必向证券管理机构办理发行注册手续，可以降低发行费用。但是，私募发行的范围不大，发行风险也较大，发行公司很可能筹集不到所需的资金。

公募发行是指发行公司通过委托证券发行机构向社会公众发行债券。为了保护公众投资者的利益，公开发行的公司债券要有较高的信用级别，要经过发行申请并得到批准。另外，被委托的证券发行机构一般要与债券发行公司签订委托发行债券的信托合同，合同内容主要包括对债券发行公司的各种限制以及保护投资者利益的规定。

目前我国的企业债券主要分为中央企业债券和地方企业债券（其中按是否是上市公司发行，又可分为上市公司债券和非上市公司债券），在地方企业债中，又有2～10个企业作为集合发行主体的中小企业集合债。在交易方面，我国债券市场形成了银行间市场、交易所市场和商业银行柜台市场三个子市场在内的统一分层的市场体系。中央国债登记结算有限公司作为债券中央托管机构，为中国债券实行集中统一托管，其中，银行间市场是债券市场的主体，债券存量约占全市场95%。这一市场参与者是各类机构投资者，属于大宗交易市场（批发市场）。证券交易所市场是另一重要部分，它由各类社会投资者参与，属于集中撮合交易的零售市场。

（三）债券合约

1. 债券的基本条款

通常，债券的票面价值为100元，亦称作“本金”或“面额”。我国的公司债券一般是按票面价值发行的，即平价发行。

表13－4是中国三峡新能源（集团）股份有限公司发行的2023年度第二期超短期融资券的基本条款。

表 13－4　中国三峡新能源(集团)股份有限公司 2023 年度第二期超短期融资债券的基本条款

债券类型	超短期融资债券	交易市场	银行间债券市场
发行总额(亿元)	20	期限(天)	180
发行日期	2023-07-28	兑付日期	2024-01-27
上市日期	2023-08-01	面值(元)	100
付息日期	2024-01-27	发行价格(元)	100
票面利率(当期)	1.92%～2.12%	利率类型	固定利率
主体信用评级	AAA	评级机构	联合资信评估有限公司
还本方式	到期一次还本付息	招标方式	簿记建档
债券担保	无担保	交易市场	银行间债券市场

数据来源:同花顺 iFind 数据库。

债券买卖双方之间的交易决定了债券的市场价值。同时,债券的市场价值还取决于市场利率水平,因此,它不一定会等于其票面价值。中国的绝大多数公司债券都是每年支付一次利息,许多国际债券一般也是一年付息一次,但美国的债券大多是每半年支付一次利息。债券利息的定期支付是债券发行公司必须跨越的栏杆,如果公司无力支付利息,债权人就可以要求立即清偿债务,而不是等到事态进一步恶化。因此,利息的支付为债权人提供了一定的保障。

2. 偿付条款

(1) 偿债基金

偿债基金是指为清偿债券而设立的由债券信托人管理的账户。通常,债券发行公司每年会向信托人支付一笔款项,信托人从市场上购回公司的债券,或者采用抽签方式随机选择债券并以面值赎回。偿债基金一般有必须支付的强制性基金与由发行人决定是否还款的非强制性基金两种。

对于次级债券,一般要求在债券期限内,支付给偿债基金的资金通常要足以在有效期内分期等额赎回发行的全部债券;而对于优质债券,其偿债基金的要求较低,一般只要在到期时能拿出偿付的资金即可。

偿债基金与定期支付利息一样考验着公司的偿债能力,如果公司无法向偿债基金支付现金,债权人可以要求公司偿还债务。所以,低质量的长期债券通常要有较大的偿债基金。虽然偿债基金会给公司带来财务负担,但它可以降低债券的风险和利率。

(2) 赎回条款

赎回条款赋予债券发行企业在规定的日期或之后,以预先确定的赎回价格回购所有流通在外债券的权利。赎回价格一般被设定为等于或高于债券的面值,以面值的百分比来表示。债券的赎回选择权可以使公司可以在利率下降和信用评级上升的情况下收回高利率债券，也能够使公司有效地防范那些不愿就债券条款重新谈判的债券持有者。

对发行企业来说，可赎回债券提供了一个保障。当利率下降时，发行企业不必被迫支付高额的利息费用，可以赎回高利率的债券而改为发行低利率的债券。但对于投资者而言，这种债券的吸引力低于不可赎回债券。因为当市场利率低于债券持有者当前所得到的息票利率时，可赎回债券的持有者将因为债券被赎回而蒙受损失，面临着再投资风险。因此，可赎回债券的交易价格要比对等的不可赎回债券的价格低。

那么，如何理解其他条款对等的可赎回债券与不可赎回债券之间的价格关系呢？假设某只债券约定在某一特定的赎回日按面值赎回，在赎回日当天，如果债券的市场利率低于息票利率，可赎回债券将被赎回，其价格为债券的面值；如果债券的市场利率高于息票利率，可赎回债券将不会被赎回，则其价格与不可赎回债券的相同。在债券赎回日之前，如果债券的市场利率低于息票利率，投资者预期债券很有可能被赎回，于是其价格与在赎回日到期的对等的不可赎回债券的价格较为接近；如果债券的市场利率高于息票利率，投资者预期债券将不太可能被赎回，于是其价格与对等的不可赎回债券接近。

［**例 13－5**］　某公司按面值 100 元平价发行了息票利率为 6％、5 年期的公司债券，每年付息一次，债券可在 1 年后或其后的任何付息日按面值的 105％赎回。目前该债券的市价为 102 元。那么，该债券的到期收益率 YTM(yield to maturity)和赎回收益率 YTC(yield to call，也称为 redemption yield)分别是多少？

① 债券的现值。

$$B=\sum_{t=1}^{n}\frac{利息_t}{(1+YTM)^t}+\frac{本金}{(1+YTM)^5}$$

$$102=\sum_{t=1}^{5}\frac{6}{(1+YTM)^t}+\frac{100}{(1+YTM)^5}$$

$YTM=5.53\%$

② 若债券在第 1 年就被赎回，其赎回收益率为：

$$102=\frac{6}{1+YTC}+\frac{105}{1+YTC}$$

$YTC=8.82\%$

（3）可转换条款

一些公司债券的条款赋予债券持有者将所持债券转化为普通股的选择权/期权，即按照既定的转换比率将每份债券转化为一定数量的普通股，这种债券被称为可转换债券。

公司发行可转换债券，就相当于赋予债权人一种期权，而期权总是有价值的，因此，可转换债券的价值要比对应的不可转换的普通债券的价值高。如果这两种债券都按照面值发行，则不可转换债券必须提供较高的票面利率。

可转换债券一般附有可赎回(callable)条款以及可回售(puttable)条款，以分别保护发行企业和投资者的利益。当公司正股价格和转债价格持续上升，已经超过转股价格一定幅度并持续一段时间(这也是通常可赎回条款的触发条件)，发行企业可以启动可赎回条款。此时可转债持有者将面临决策：或者选择转换，或者接受被赎回。这样，公司可通过提前赎回债券，以迫使债券持有者提早执行转换，而不是按照自己的意愿(等待更高的股价)进行转换决策。

根据 MM 理论，在完善的资本市场中，融资选择不会影响到公司价值。对发行企业而言，可转换债券较便宜是因为它的利率低，这种看法其实是一种误解。实际上，可转换债券的票面利率低是因为它含有转换期权。

3. 限制性条款

为保护债权人的利益，债券合约中一般都设有限制性条款限制债券发行公司的行为。这些限制性条款主要包括以下几个方面：

(1) 对发行新债的限制。新债的发行会损害原有债券持有者的利益，因为这提高了债券与公司价值的比率。如果公司通过同时发行普通股来保持这一比率的不变，债券持有者就不会反对新债的发行。因此，债券协议常常规定，只有债务与净资产价值的比率维持在一个特定的范围内，公司才能发行新债。或者，债券持有者会要求新债的求偿权顺位必须排在旧债之后，等等。

(2) 对支付现金股利的限制。如果公司给股东支付了大量的现金股利但不是通过增发股票来筹集资金，那么公司用于偿还债务的资产就在减少，因此，债券合约常会对公司现金股利的支付做出限制。

(3) 对资产抵押的限制。所有债券持有者都担心公司可能发行更多的担保债券。抵押债券发行时通常都要限制担保债券的发行总量，但无担保信用债券的发行就无需这样的限制，只要给予信用债券持有者同等的保护即可。

(4) 对公司并购的限制。并购会大大减少公司的现金流量，同时还会增加公司的债务。如果并购不当，也会增加公司的经营风险。这些都将使得现有债权人的利益受到侵害。为了防止这种情况的发生，契约中要对发行公司的并购行为做出限制。

(5) 对租赁的限制。公司除了直接发行债务购买资产外，也可以签订长期协议租赁资产。但对于债权人而言，租金的支付也会减少公司的现金流量，降低债券的求偿权价值。因此，契约中也会含有限制租赁的条款。

（四）债券调换

通过发行新债券取代尚未到期的旧债券，被称为债券调换。那么，公司为什么会进行债券调换呢？其原因有三点：(1)通过发行低利率的新债来降低借款成本；(2)废除限制性债券条款；(3)延长未偿还债券的期限。

1. 税收考虑

所有与换债有关的费用都是可以减税的，与清偿旧债有关的费用在进行债券调换的当年扣除；而与发行新债券有关的费用可在偿还期内摊销。

在债券调换当年可以扣除的费用包括：提前偿债溢价，即提前偿债价格与面值的差额；旧债的发行费用中还未摊销的余额；重复的利息支出，公司常在偿还旧债券之前就发行新债券，这样，从发行新债券到偿还旧债券这一期间就会发生新旧债券的利息重复支出。

2. 债券调换的决策

与公司其他决策一样，只有当换债能增加公司价值时才可以进行债券调换。换债的净现值等于换债产生的现金流量节余额的现值减去税后的交易成本，其计算公式表示为：

$$NPV=\sum_{t=1}^{n}\frac{CF_t}{(1+r)^t}-C \tag{13-9}$$

式中，NPV 为换债的净现值；CF 为每年节约的税后现金流量；r 为新债券的利率；C 为换债所需的税后交易成本。

与换债有关的交易成本主要涉及四种现金流量，即提前偿债溢价、新债发行费用、重复利息支出以及尚未摊销的旧债券发行费用产生的税收抵免。

当 NPV 大于 0 时，公司可以进行债券调换；当 NPV 小于 0 时，不应该进行债券调换；当 NPV 等于 0 时，债券调换进不进行无所谓。

[例 13-6]　某公司现有未偿还的可赎回债券 10 000 万元，该债券的息票年利率是 12%，每年付息一次，剩余期限为 10 年。契约规定提前赎回需支付溢价 5%。目前，债券还有未摊销的发行费用 50 万元。

由于市场利率下降，现在公司准备发行利率为 10%的新债券赎回旧债券，新债的发行费用为 100 万元，换债还将产生 30 天的利息重复支付。公司所得税率为 25%。那么，该公司是否应该进行债券调换？

① 计算债券调换带来的税后交易成本。

C ＝税后的提前支付溢价＋税后重复利息支出＋新债的发行费用

　　－未摊销的旧债发行费用的节税额

$$=10\,000\times5\%\times(1-25\%)+10\,000\times12\%\times\frac{30}{360}\times(1-25\%)+100-50\times25\%$$

＝537.5（万元）

② 计算每年节约的现金流量。

旧债券的年税后现金流量＝税后利息支出－发行费用摊销的节税额

$$=10\ 000\times 12\%\times(1-25\%)-\frac{50}{10}\times 25\%$$

$$=898.75(\text{万元})$$

新债券的年税后现金流量＝税后利息支出－发行费用摊销的节税额

$$=10\ 000\times 10\%\times(1-25\%)-\frac{100}{10}\times 25\%$$

$$=747.5(\text{万元})$$

每年节约的现金流量＝旧债券的年税后现金流量－新债券的年税后现金流量

$$=898.75-747.5$$

$$=151.25(\text{万元})$$

③ 计算换债的净现值。

$$NPV=\sum_{t=1}^{n}\frac{CF_t}{(1+r)^t}-C$$

$$=\sum_{t=1}^{10}\frac{151.25}{(1.1)^t}-537.5$$

$$=391.87(\text{万元})$$

由于换债得到的净现值大于零，所以该公司应该进行债券调换。

（五）债券筹资的利弊

企业发行债券有利有弊，所以在发行前应权衡利弊，以做出最佳的融资选择。

1. 债券筹资的优点

（1）资金成本低。与股票相比，企业发行债券的成本较低，一是债券发行费用较低，二是债券利息在所得税前支付，可以为企业带来节税收益，故企业实际负担的债券成本一般低于发行股票的成本。

（2）保证控制权。债券持有者不直接参与公司的经营管理，故债券筹资不会分散企业的控制权。

（3）便于调整资本结构。公司通过发行可转换债券，或在发行债券时规定可提前赎回债券，有利于公司在必要的时候调整资本结构，保持负债与权益的最佳比例。

2. 债券筹资的缺点

（1）财务风险大。公司发行债券要承担定期还本付息的责任，若经营状况不佳，会影响到公司的偿债能力，从而使公司面临财务危机，甚至有可能导致破产。

（2）筹资数量有限。利用债券筹资通常会受到发行额度的限制。我国《公司法》规定，企业发行在外的债券累计总额不得超过其净资产的 40%。另外，当公司的负债比率超出一定限度后，债券筹资的成本将会增加。

（3）限制条件严格。发行债券的限制条件通常比长期借款和租赁的限制条件严格，这在一定程度上限制了公司的经营决策，甚至可能影响到公司以后的筹资能力。

二、长期借款

长期借款是指企业向银行或其他金融机构借入的、期限在一年以上的借款，主要用于固定资产投资、更新改造以及研究开发投资等方面，是企业筹集长期资金的一种重要方式。长期借款按是否提供担保可分为担保借款和信用借款。目前，我国企业从金融机构借入的长期资金基本上都是担保借款。

与债券融资方式相比，使用借款具有以下优势：

（1）借款可以为信息不对称问题提供可能的解决方案。对于某一借款企业，与外部投资者相比，银行如果对该企业的未来发展前景了解很多，那么就会对其未来具有很大的信心，这样，银行就可以通过贷款定价来反映它们所具有的这些信息优势。对于那些与银行有业务往来，而没有债券评级资格的公司而言，与公开发行证券的融资成本相比，银行借款的融资成本要低些。

（2）银行能比较好地监督借款企业。银行贷款一般都有详细的限制性条款，这些条款通常都是针对借款企业的特定问题和投资机会确定的。当企业向银行贷款时，如果贷款银行和企业之间具有存款关系或者其他业务关系，那么企业的借款成本就可能降低，因为银行已经拥有了评估企业信用水平的有用信息。

（3）借款有利于维护企业投资机会的保密性。企业一般不希望向公众披露贷款银行所需的所有信息。假如一家企业正在为一个涉及新的市场战略的投资机会筹集资金，若竞争者在其公司战略实施之前对此有所了解，那么，公司战略计划的成功实施就可能受到影响，从而会影响其预期收益乃至公司价值。而向银行借款可以使企业保持它的经营战略计划不对外泄露。

（4）利用借款可以使企业避免发行证券所需的昂贵费用以及审批手续等带来的长时间的等待过程。不过，借款筹资也要花费成本，而发行证券的固定成本虽然比较大，但可变成本却很低。所以，借款更适合于中小型的融资，或者说，证券的发行规模使企业不足以从规模经济中获益时，进行借款更为有利。

三、债券的创新

当债券的基本特征之一发生改变时，便产生了创新的债券。传统的债券具有固定的利息支付、固定的偿还计划和固定的到期日，这些特征中任意一个特征的变化都会导致创新债券的诞生[①]。

创新债券的产生主要是为了达到三个目的：(1)管理投资者和发行公司所面临的利率风险；(2)降低投资者在信息不对称情况下购买债券所面临的信息成本；(3)提高金融资产的可交易性。

例如，与商品价格相链接的债券是通过在公司预期现金流量下降时降低利率支付，以降低财务困境成本，并把风险转移到愿意承担风险的市场参与者。而资产支持证券则定位于通过提高流动性和降低交易成本等更直接地使投资者获益。另外，创新的债券还能在一个单独的交易中实现以前可能要通过复杂交易才能实现的目的。如双重货币债券是固定利率债券和以外汇定价的远期协议的组合。

（一）利息支付方面的创新债券

改变固定的利息支付而产生的创新债券包括：浮动利率票据(floating rate note)、拍卖利率票据(auction rate note)、再次交易票据(remarketed notes)、流动收益选择权票据(liquid yield option notes，简称 LYONs)、逐步增长和逐步下跌票据(step-up and step-down notes)、多种支付形式票据(payment-in-kind notes)等。

浮动利率票据的利息支付等于某一特定的利率指数再加上反映发行公司风险和证券流动性之间差价的和。拍卖利率票据通过周期性拍卖的过程，把利息支付与发行公司当前的市场利率联系起来。再次交易票据请一个再次交易机构，根据发行公司的现行市场利率来重新安排利息支付。流动收益选择权票据既是可请求即售证券，又是可请求即付证券、可转换证券和零息证券。逐步增长和逐步下跌票据是按照预先确定的方案提高或降低支付的证券，其中，逐步增长固定利率票据的息票利率在未来一定期限内以某一特定数额稳步提高，而逐步增长浮动利率票据的息票利率在未来一定期限内则以渐增的数额稳步提高；逐步下跌票据的情况正好相反。多种支付形式票据向发行公司提供了以现金或其他证券支付利息的选择权。

（二）偿付方面的创新债券

对偿还安排做出改变而产生的创新债券包括：能转换成发行公司另一种证券的证券[如强制性可转换证券(mandatory convertible securities)]、能转换为发行公司以外

---

① K. A. Carrow and J. J. McConnell. A Survey of US Corporate Financing Innovations：1970～1997. *Journal of Applied Corporate Finance*，12，1999.

的其他公司所发行证券的证券[如可调换债务(exchangeable debts)]、与商品价格相连接的证券[如商品指数优先证券(commodity indexed preferred securities)]以及与股票指数相连接的证券。可调换债务允许投资者把证券转换成第三方的股票,但不能是发行公司的股票。

(三)到期日方面的创新债券

改变到期日而产生的创新债券包括:不到期的债券[如永续浮动利率票据(perpetual floating rate notes)]、可售回给发行公司的选择权的债券[如可请求即售的债券(puttable bonds)]、可延长债券期限的选择权的债券[如可延期债券(extendable bonds)]。

永续浮动利率票据的期限没有限制,并且利息支付与利率指数相联系。可请求即售的债券不是具有通用的证券出售权(a general put),就是具有有限的证券出售权(a limited put)。通用证券出售权为投资者提供了在证券到期日之前,以一定价格把债券售回给发行公司的选择权。而有限证券出售权的实现可能有具体条件,只有满足这些条件时证券才能售回给发行公司,同时还对可售回的证券数量做出了规定。可延期债券使投资者能够延长债券的持有期限。

专栏 13-1 中国能源的可续期公司债券

中国能源建设股份有限公司是国家创新型企业,具备显著的科技创新属性,为了偿还公司债务,优化公司债务结构,于 2023 年 6 月 26 日公布了有关公开发行科技创新公司债券的公告,公告中详述了本次公司债券发行的发行对象、发行总额、票面利率及发行方式等内容,具体见下表:

中国能源的可持续公司债券

债券类型	科技创新可续期公司债券	主承销商	中信建投证券股份有限公司
发行总额(亿元)	10	期限(年)	3
起息日期	2023-06-29	到期日期	2026-06-29
最新信用评级	AAA	评级机构	上海新世纪评估有限公司
发行价格(元)	100	面值(元)	100
票面利率	3.08%	利率类型	固定利率
息票品种	附息	付息频率	每年付息一次
计息方式	单利	承销方式	承销团余额包销
发行方式	簿记建档发行	发行对象	专业投资者中的机构投资者
上市日期	2023-07-06	发行日期	2023-06-27

另外，该债券为可续期公司债券，存在以下不同于普通公司债券的特殊发行条款：

1. 发行人续期选择权

本期债券以每3个计息年度为1个重新定价周期，在每个重新定价周期末，发行人有权选择将本期债券期限延长1个周期（即延长3年），或选择在该周期末到期全额兑付本期债券。发行人续期选择权的行使不受次数的限制。发行人将于本期约定的续期选择权行使日前至少30个交易日，披露续期选择权行使公告。若行使续期选择权，发行人将在续期选择权行使公告中披露：(1)本期债券的基本情况；(2)债券期限的延长时间；(3)后续存续期内债券的票面利率或利率计算方法。若放弃行使续期选择权，发行人将在续期选择权行使公告中明确将按照约定及相关规定完成各项工作。

2. 递延支付利息选择权

本期债券附设发行人递延支付利息选择权，除非发生强制付息事件，否则本期债券的每个付息日，发行人可自行选择将当期利息以及按照本条款已经递延的所有利息或其孳息推迟至下一个付息日支付，且不受任何递延支付利息次数的限制。前述利息递延不属于发行人未能按照约定足额支付利息的行为。发行人决定递延支付利息的，将于付息日前10个交易日发布递延支付利息公告。

3. 强制付息事件

付息日前12个月内，发生以下事件的，发行人不得递延当期利息以及按照约定已经递延的所有利息及其孳息：(1)向普通股股东分红（按规定上缴国有资本收益除外）；(2)减少注册资本。

4. 利息递延下的限制事项

若发行人选择行使递延支付利息选择权，则在延期支付利息及其孳息未偿付完毕之前，发行人不得有下列行为：(1)向普通股股东分红（按规定上缴国有资本收益除外）；(2)减少注册资本。

5. 票面利率调整机制

重新定价周期适用的票面利率调整为当期基准利率加上初始利差再加上300个基点。如果发行人行使续期选择权，本期债券后续每个周期的票面利率调整为当期基准利率加上初始利差再加上300个基点。当期基准利率为重新定价周期起息日前250个工作日由中国债券信息网（或中央国债登记结算有限责任公司认可的其他网站）公布的中债银行间固定利率国债收益率曲线中，待偿期与本期债券基础期限一致的国债收益率算术平均值（四舍五入计算到0.01%）。

6. 发行人赎回选择权

除发行人因税务政策、会计准则变更进行赎回外，发行人没有权利也没有义务赎回本期债券。发行人如果进行赎回，将以票面面值加当期利息及递延支付的利息及其孳息(如有)向投资者赎回全部本期债券。赎回的支付方式与本期债券到期本息支付相同，将按照本期债券登记机构的有关规定统计债券持有人名单，按照债券登记机构的相关规定办理。

专栏 13-2 宝武钢铁的可交换债融资

中国宝武钢铁集团有限公司为了偿还公司债务，优化公司债务结构，并尽可能节省公司利息费用，于 2017 年 11 月 21 日公布了有关公开发行可交换公司债券的公告，公告中详述了本次公司债券发行的发行对象、发行总额、票面利率及发行方式等内容，具体见下表：

债券类型	可交换公司债券	主承销商	中国国际金融股份有限公司
发行总额(亿元)	150	期限(年)	3
起息日期	2017-11-24	到期日期	2020-11-24
最新信用评级	AAA	评级机构	中诚信证券评估有限公司
发行价格(元)	100	面值(元)	100
票面利率	1%	利率类型	固定利率
息票品种	附息	付息频率	每年付息一次
计息方式	单利	承销方式	承销团余额包销
发行方式	网下面向合格投资者询价配售		
上市日期	2017-12-28	发行日期	2017-11-24

2017 年 12 月 4 日，中国宝武钢铁集团有限公司公布了本次债券的发行结果：

通过采取网下面向《公司债券发行与交易管理办法》规定的合格投资者询价配售的方式，最终确定的票面利率为 1%，债券发行规模为 150 亿元，债券期限为发行首日起 3 年，发行价格为 100 元/张。

(一) 可交换债券主要条款

1. 可交换债券换股的有关规定

换股的起止日期，自本期债券发行结束满12个月后的第一个交易日起至本期债券到期日止，即自2018年11月29日起至2020年11月24日止；初始换股价格为10元/股。

在本期可交换债券发行后，当该公司因派送股票股利、转增股本、增发新股或配股、派送现金股利等使股份或者股东权益发生变化时，将进行换股价格的调整。

2. 换股价格向下修正条款

本期债券没有设置换股价格向下修正条款。如果预备用于交换的股票在债券发行后价格持续下跌，则可能导致可交换债券的换股价值发生不利变化，从而给投资者带来相应的风险。

3. 到期赎回条款

在公司可交换债券期满后5个交易日内，公司将以面值的103%的价格向持有人赎回全部未换股的可交换债券。如果在换股期内，当未换股余额不足3 000万元时，公司有权决定按面值加当期应计利息的价格赎回全部未换股的可交换债券。

4. 回售条款

本期债券没有设置有条件回售条款，如果预备用于交换的股票价格持续下跌且低于换股价格，可能出现投资者无法通过将债券回售给公司来保障投资利益的风险。

（二）换股价格的调整

由于宝钢股份于2018年6月向全体A股股东派发了现金股利每股0.45元，根据《中国宝武钢铁集团有限公司公开发行2017年可交换公司债券募集说明书》，将本期可交换债券的换股价格自2018年6月8日起由10元/股调整为9.55元/股。

（三）对公司财务状况的影响

1. 对公司资产负债率的影响

可交换债券发行完成并且募集资金运用后，公司的资产负债率不会发生变化。而且，由于长期债权融资比例有较大幅度提升，反而能有效改善公司的债务结构。

2. 对公司财务成本的影响

由于公司日常生产经营资金需求量较大，而宏观调控政策的变化可能会增加公司资金来源的不确定性，从而可能增加公司资金的使用成本。由此，采用较低的固定利率发行的可交换债券就有利于锁定公司的财务成本。同时,公司还能获得长期稳定的经营资金,减轻短期偿债压力。

3. 对公司短期偿债能力的影响

当可交换债券发行完成且募集资金运用后,公司的流动比率则可以从2017年6月30日的0.78倍提升至0.82倍,从而使得公司的流动比率有所改善,短期偿债能力有所增强。

本章小结

短期借款有三种协议形式,即信用额度、周转性贷款协议和补偿性余额。银行通常会要求企业为短期借款提供担保,担保物一般是应收账款、存货或有价证券之类的流动资产。另外,本章介绍了短期借款成本的计算方法,分别是单利计算法、贴现利率以及有补偿性余额的利率计算法。

商业票据通常按面值折价发行,期限一般不超过270天。本章还介绍了商业票据实际利率的计算方法。

商业信用是企业短期资金的重要来源,其成本取决于信用期限和现金折扣。

短期融资券是一种无担保的短期本票,其融资成本一般低于银行短期借款,可以满足较大的短期资金需求。

债券的发行可以采用公募也可以采取私募形式。债券的基本条款中需说明债券的票面利率、计息方式、有无担保等内容,我国企业发行的债券一般是有担保的。长期债券的条款还包括偿债基金和赎回条款。还有的长期债券可能提前赎回,但公司往往不得不支付赎回溢价。为了降低债券利率,公司还可以进行债券调换。

近年来,国际债券市场出现了不少创新的债券,有利息支付方面的创新债券、偿还安排方面的创新债券以及到期日方面的创新债券。

关键术语

短期借款　商业票据　商业信用　现金折扣　信用期限　短期融资券
信用额度　周转性贷款协议　补偿性余额　私募发行　公募发行　偿债基金
赎回条款　限制性条款　债券调换　浮动利率票据　拍卖利率票据
再次交易票据　流动收益选择权票据　逐步增长和逐步下跌票据
多种支付形式票据　强制性可转换证券　可调换债务　商品指数优先证券
永续浮动利率票据　可请求即售的债券　可延期债券

思考与练习

1. 短期借款有哪几种协议形式？它们之间有何区别？

2. 短期融资券有何特点？

3. 债券的私募和公募发行之间有什么区别？

4. 什么是偿债基金？偿债基金对发行公司有什么有利之处和不利之处？

5. 赎回条款对发行公司而言有何好处？

6. 什么是债券调换？公司为什么要进行债券调换？

7. 某公司刚刚发行随时可赎回的年利率为5%的10年期债券，每年付息一次，债券价值为103元，则到期收益率为多少？赎回收益率为多少？

8. R公司将需要540 000元贷款，贷款利率为10.1%(每年复利)，年底支付，且需要贷款面值1.03%的贷款费用，且每年年初支付，则这一贷款安排的有效年利率为多少？

9. 一年期1 000元的银行贷款，以下情况下有效年利率为多少？

(1) 贷款年利率为5.8%，按月复利。

(2) 贷款年利率为5.8%，按月复利，补偿性余额为9.9%(不支付利息)。

(3) 贷款年利率为5.8%，按月复利，贷款初始费用为1.04%。

10. N公司从银行借款13 000元，根据贷款条款，公司必须在3年贷款期内每3个月支付银行585元利息，本金在贷款到期时一次性偿还，则N公司支付的有效年利率为多少？

11. M公司发行了面值为1 500 000元的商业票据，期限为6个月，当公司出售此商业票据时会收到净收入1 467 660元，则M公司商业票据的有效年利率为多少？

12. 某公司为了购买原材料，以8%的年利率从银行获得一笔短期借款20万元，期限为3个月。

(1) 如果期末一次性还本付息，这笔短期借款的实际成本是多少？

(2) 如果银行要求该公司在银行账户上保持10%的补偿性余额，那么这笔借款的实际成本是多少？

(3) 如果这是一笔贴现借款，即公司必须事先支付利息，则该借款的实际成本又是多少？

13. A公司为了满足营运资金的需要，以10%的年利率从银行借款100万元，期限为6个月，且需要事先支付利息。同时，银行还要求该公司在账户上保持10%的补偿性余额。那么，这笔短期借款的实际成本是多少？

14. B公司现有7 000万元的未偿债券，利率为12%，剩余期限为10年，若提前赎回需支付5%的溢价。公司打算发行7 000万元的10年期、利率为10%的新债券，对现有债券进行调换。新债券的发行成本为50万元，旧债券还未摊销的费用为35万元。公司的所得税率为25%。假设没有重复利息支出，公司对未偿债券进行调换的净现值为多少？

15. S公司准备发行一份可赎回的债券，面值为100元，期限为10年，且从明年起可以赎回，赎回溢价为8元。目前一年期的债券市场利率为8%，估计利率下降至5%的可能性为30%，上升至10%的可能性为20%，保持8%不变的可能性有50%。那么，该债券的票面利率为多少才能以面值出售？

第十四章　租赁和项目融资

本章学习目的

了解租赁的概念和类型。
掌握承租人的租赁购买决策方法。
掌握出租人的租赁购买决策方法。
掌握租金的计算方法。
了解项目融资的特征和主要参与者。

第一节　租　赁

在企业的融资活动中,长期租赁很常见。租赁通常会涉及两方当事人:资产的使用者被称为承租人;承租人定期将租金偿付给资产的所有者,即所谓的出租人。

一些出租人是设备的生产厂家,还有一些是商业银行和独立的租赁公司。有的租赁公司不仅是出租人,而且还是租赁经纪人(协调租赁交易)。

本节将介绍租赁的分类,并对其利弊进行分析,同时还将重点介绍租赁的决策方法。

一、租赁的类型

(一) 租赁的概念

租赁(lease)是一项出租契约,是指资产的所有者(即出租人)把使用资产的权利让渡给另一方(即承租人),以换取租赁合同规定的固定收入。因此租赁也被视为一种债务工具。出租人和承租人订立的合同规定了承租人可以或必须使用租赁资产的时间;哪一方负责维护出租资产;承租人是否有权在租赁期满后购买租赁资产,以及按什么价格购买该资产。

（二）经营租赁

经营租赁（operation lease）又称为业务租赁，是融资租赁的对称，是为了满足经营使用上的临时或季节性需要而发生的资产租赁。经营租赁是一种短期租赁形式，它是指出租人不仅要向承租人提供设备的使用权，还要向承租人提供设备的保养、保险、维修和其他专门性技术服务的一种租赁形式。经营租赁协议通常是短期的，租赁期限通常比资产的实际寿命期要短，而且租赁费的现值往往远低于资产的实际价格。

经营租赁具有以下特点：

（1）承租人根据需要可随时向出租人提出租赁资产的需求。

（2）在租赁期内，有新设备出现或不需要租用设备时，承租人可按规定提前解除租赁合同，这对承租人比较有利。

（3）出租人提供专门服务。

（4）租赁期满或合同中止时，租赁设备由出租人收回。

（5）租赁期较短，不涉及长期的固定义务，而出租人在一次租赁期内只能收回租赁设备的部分投资，一个设备需要经过多次出租才能收回投资并产生利润。

（6）由于租赁期短，出租人承担租赁设备的风险，并负责设备的维修保养等服务，故收取的租赁费较高。

（三）融资租赁

融资租赁（finance lease）又称设备租赁，是指实质上转移与资产所有权有关的全部或绝大部分风险和报酬的租赁。租赁期一般等于租赁资产的使用寿命，租赁费的现值能覆盖资产价格。融资租赁通常不能撤销，在租赁期满后，承租人可以较低的价格再租或以优惠价格购入该资产。融资租赁使承租人承担了大部分资产风险。

1. 融资租赁的特点

融资租赁是设备租赁的基本形式，以融通资金为主要目的。其特点是：

（1）不可撤销。这是一种不可解约的租赁，在基本租期内双方均无权撤销合同。

（2）完全付清。在基本租期内，设备只租给一个用户使用，承租人支付租金的累计总额为设备价款、利息及租赁公司的手续费之和。承租人付清全部租金后，设备的所有权即归于承租人。

（3）租期较长。基本租期一般相当于设备的有效寿命。

（4）承租人负责设备的选择、保险、保养和维修等；出资人仅负责垫付货款，购进承租人所需的设备，按期出租，以及享有设备的期末残值。

2. 融资租赁的形式

融资租赁按其业务的不同特点，又可分为以下三种形式：

（1）直接租赁。承租人选定所需的资产，再要求租赁公司从生产厂家购买，同时与租赁公司签署一份合约，这种形式的租赁被称为直接租赁。

（2）售后租回租赁。公司将自己拥有的资产卖出，再从购买者那里租回该资产，这种先售后租的方式常见于不动产的处置。在售后租回的协议下，资产的所有者一般按市价将该资产售出。购买者取得了该资产的所有权，因而取得了与资产所有权有关的税额减免并享受资产的残余价值。作为定期支付租赁费的交换，售后租回者得到了在租赁期内使用该资产的权利。

（3）杠杆租赁。出租人靠借款筹集购买资产的部分资金，以租赁合约担保这笔贷款。这种安排并不改变承租人的义务。

3. 融资租赁的会计处理

根据《企业会计准则第 21 号——租赁》（2018 年修订），承租人不再将租赁区分为经营租赁或融资租赁，而是采用统一的会计处理。除采用简化处理的短期租赁和低价值资产租赁外，承租方对所有租赁均确认使用权资产和租赁负债，并分别计提折旧和利息费用。租赁资产均记入资产负债表内，与旧准则下的融资租赁会计处理类似。而出租人租赁仍分为融资租赁和经营租赁两大类，具体处理与旧准则类似，分别采用不同的会计处理方法。

另外，一项租赁属于融资租赁还是经营租赁取决于交易的实质，而不是合同的形式。如果一项租赁实质上转移了与租赁资产所有权有关的几乎全部风险和报酬，出租人应当将该项租赁分类为融资租赁。一项租赁存在下列一种或多种情形的，通常分类为融资租赁：

（1）在租赁期届满时，租赁资产的所有权转移给承租人。

（2）承租人有购买租赁资产的选择权，所订立的购买价款预计将远低于行使选择权时租赁资产的公允价值，因而在租赁开始日就可以合理确定承租人将会行使这种选择权。

（3）即使资产的所有权不转移，租赁期也占租赁资产使用寿命期限的大部分时间。

（4）出租人在租赁开始日的最低租赁收款额现值，几乎相当于租赁开始日的租赁资产公允价值。

（5）租赁资产性质特殊，如果不作较大改造，只有承租人才能使用。

如果一项租赁存在下列一项或多项迹象的，也可能分类为融资租赁：

（1）若承租人撤销租赁，撤销租赁对出租人造成的损失由承租人承担。

（2）资产余值的公允价值波动所产生的利得或损失归属于承租人。

（3）承租人有能力以远低于市场水平的租金继续租赁至下一期间。

［**例 14-1**］　某公司当前的资产负债表如下：

单位:亿元

现金	1	债务	5
固定资产	14	股权	10
资产总额	15	债务与股权总额	15

公司现需要增加10台医疗器械,其价格为1亿元。医疗器械设备的增加主要有三种可能的选择途径:(1)借款1亿元购入设备;(2)通过融资租赁租入设备;(3)通过经营租赁获得。在上述三种情况下,该公司的资产负债表会发生怎样的变化?

对于(1)和(2)两种途径,医疗器械设备成为公司的新资产,不论是借款还是融资租赁的方式,都将使公司负债增加。新的资产负债表为:

现金	1	债务	6
固定资产	15	股权	10
资产总额	16	债务与股权总额	16

此时,公司的负债权益比从0.5倍(=5/10)提高到0.6倍(=6/10)。

对于第(3)种途径,通过经营租赁方式取得的资产不在资产负债表中列示,租金也不被视为负债,公司的财务杠杆比率保持不变。

二、租赁决策

(一) 租赁与购买:从承租人的角度考虑

融资租赁的承租人通过签订租赁合约,在租赁期内按期支付租金获得资产的使用权。从现金流量的表现形式上看,与承租人事先借款购买资产,然后再逐年归还借款本息的做法是完全一致的。显然,承租人需要在借款购买与融资租赁之间进行选择。

租赁与购买决策是通过比较这两种交易下现金流的现值(或者等价地计算两种交易的增量现金流的净现值)而做出的。租赁相对于购买设备所产生的增量现金流包括:支付的租金;支付租金的抵税额;设备购买成本;折旧的抵税额;因购入设备而产生的任何其他营业费用,如维修费用;设备使用期末时的残值。

要计算租赁决策的现值,就要确定资本成本,而适当的资本成本取决于现金流量的风险。租金为公司的固定支付义务,如果公司未能支付租金而导致租赁违约,出租方会追索剩余的租金,甚至收回租赁资产。从这个意义上讲,租赁类似于以租赁资产为抵押物的担保贷款。因此,租金支付的风险不高于有担保债务,故以公司的税后借款利率作为折现率对租金进行折现是合理的。

［**例 14－2**］　A 公司需要购置一台起重机，购买价格为 100 万元。预计起重机可以使用 10 年，期末无残值，公司将在 10 年内采用直线折旧法对起重机提取折旧。不过，现有一家租赁公司 B 愿意出租这台起重机，并要求该公司在 10 年中每年年初支付租金 15 万元。A 公司的借款利率（税前）为 5%，公司所得税率为 25%。那么，A 公司是租赁还是购买起重机呢？

表 14－1 列示了 A 公司购买设备以及在租赁合同下的现金流量。

表 14－1　　单位：万元

年	购买方案		租赁方案		租赁相对于购买的增量现金流
	设备成本	折旧×t	租金	租金×$(1-t)$	
0	－100		－15	－11.25	88.75
1		2.5	－15	－11.25	－13.75
2		2.5	－15	－11.25	－13.75
3		2.5	－15	－11.25	－13.75
4		2.5	－15	－11.25	－13.75
5		2.5	－15	－11.25	－13.75
6		2.5	－15	－11.25	－13.75
7		2.5	－15	－11.25	－13.75
8		2.5	－15	－11.25	－13.75
9		2.5	－15	－11.25	－13.75
10		2.5			－2.5

① 基于 *NPV* 方法的租赁决策。

利用表 14－1 的现金流量分别计算 A 公司的租赁和购买的成本现值为：

$$PV_{租赁}=CF_0+\sum_{t=1}^{9}\frac{CF_t}{[1+r(1-T_c)]^t}$$

$$=-11.25+\sum_{t=1}^{9}\frac{-11.25}{(1+0.05\times0.75)^t}$$

$$=-95.86(万元)$$

$$PV_{购买}=CF_0+\sum_{t=1}^{10}\frac{CF_t}{[1+r(1-T_c)]^t}$$

$$=-100+\sum_{t=1}^{10}\frac{2.5}{(1+0.05\times0.75)^t}$$

$$=-79.47(\text{万元})$$

也可以计算租赁相对于购买的增量现金流现值，即

$$NPV_{\text{租赁}-\text{购买}}=CF_0+\sum_{t=1}^{10}\frac{CF_t}{[1+r(1-T_c)]^t}$$

$$=88.75+\sum_{t=1}^{9}\frac{-13.75}{(1+0.05\times0.75)^t}+\frac{-2.5}{(1+0.05\times0.75)^{10}}$$

$$=-16.39(\text{万元})$$

② 基于 IRR 方法的租赁决策。

$$NPV_{\text{租赁}-\text{购买}}=CF_0+\sum_{t=1}^{10}\frac{CF_t}{(1+IRR)^t}$$

$$=88.75+\sum_{t=1}^{9}\frac{-13.75}{(1+IRR)^t}+\frac{-2.5}{(1+IRR)^{10}}=0$$

通过计算可以得知，租赁相对于购买的增量现金流的内部收益率 IRR 为 8%，意味着租赁就相当于以 8% 的税后利率借款，而 A 公司为其债务支付的税后利率为 3.75%[5%×(1−0.25)]。因此，租赁对于 A 公司不具有吸引力。

由于租赁起重机的成本现值高于借款购买，或者，租赁的融资成本高于税后借款成本，因此 A 公司应该采用借款购买的方式。

上述分析假设租赁和购买时公司面临的风险是一样的，但有时这两种选择带来的风险是有差异的。

贷款人与出租人之间对现金流量的要求权有先后区别。与出租人相比，贷款人对属于他们的那部分现金流量（利息费用和本金）通常有优先要求权。因此，可以认为，租赁费比与债务有关的现金流量具有更高的风险，因而其费用应高于债务税后成本。

（二）租赁与购买：从出租人的角度考虑

前面从承租人的角度考察了租赁与购买的决策。对出租人来说，他们的判别标准则不过是将度量的对象颠倒过来。只要出租人和承租人处在相同的纳税等级，承租人的任何一笔现金流出都将对应出租人的一笔现金流入，因此，只有出租人亏损时承租人才能盈利，反之亦然。但如果承租人的税率低于出租人，两者就有可能实现双赢，而且随着税率差异的增大，租赁利益也会随之提高。

从出租人的角度进行租赁和购买分析必须将租赁费用看作是收入，同时还要考虑任何与所有权有关的税收利益因素（如折旧）。此外，如果出租人借款购买资产（即杠杆租赁），还需考虑杠杆带来的减税效应。

通常，出租人的现金流量包括以下内容：租金即经营收入；租金应纳税额；设备购买成本；设备维护和服务费用；折旧抵税额；在租赁期末取得租赁资产的残值。

这些现金流量必须利用能反映它们风险的折现率进行折现。租金(经营收入)应用承租人的税后债务成本进行折现,这是因为承租人的违约风险决定了出租人是否能得到租金收入。其他现金流量应以出租人的资本成本为折现率进行折现。在大多数情况下,对出租人都采用同一折现率,且为税后利率。如果出租人和承租人的违约风险差不多,就不会出现严重问题,但若两家公司有不同的违约风险特征,就会产生错误估计。

[**例 14－3**]　在[例 14－2]中,起重机的购买价格为 100 万元,期末无残值。B 公司在 10 年内采用直线折旧法对起重机提取折旧,B 公司在 10 年中每年年初将得到租金 15 万元。若 B 公司的所得税率为 25%,且 B 公司的税前债务资本成本为 8%。那么,B 公司的租赁现值为多少?它是否应该出租这一设备?

表 14－2 列示了 B 公司租赁和购买方案的现金流量。

表 14－2

单位:万元

年	设备成本	折旧×t	租金收入	租金收入×$(1-t)$	增量现金流
0	－100		15	11.25	－88.75
1		2.5	15	11.25	13.75
2		2.5	15	11.25	13.75
3		2.5	15	11.25	13.75
4		2.5	15	11.25	13.75
5		2.5	15	11.25	13.75
6		2.5	15	11.25	13.75
7		2.5	15	11.25	13.75
8		2.5	15	11.25	13.75
9		2.5	15	11.25	13.75
10		2.5			2.5

利用表 14－2 的现金流量计算 B 公司租赁的净现值为:

$$NPV_{出租人}=CF_0+\sum_{t=1}^{10}\frac{CF_t}{[1+r(1-T_c)]^t}$$

$$=-88.75+\sum_{t=1}^{9}\frac{13.75}{(1+0.05\times0.75)^t}+\frac{2.5}{(1+0.05\times0.75)^{10}}$$

$$=16.39(万元)$$

在该例中,租赁为出租人提供了正的净现值。而且,出租人 B 公司的现金流与承租人 A 公司的现金流正好相反。总的来看,对于这项租赁没有任何益处。因为承租

人的增量现金流 NPV 为 -16.39 万元，而出租人的 NPV 为 16.39 万元，两者合并的净现金流 NPV 为 0。

（三）租金的确定

在租赁筹资方式下，承租企业要按合同规定支付租金。租金的数额和支付方式对承租企业的财务状况产生直接的影响，因此是租赁决策的重要依据。

1. 租金的决定因素

融资租赁每期支付租金的多少，取决于以下几个因素：

（1）租赁资产的购置成本，包括资产的买价、运杂费和途中保险费等。

（2）租赁资产的预计残值。

（3）资产租赁期间的利息，是指租赁公司为购买租赁资产进行融资而应付的利息。

（4）租赁手续费，包括租赁公司承办租赁的营业费用以及一定的盈利。租赁手续费的高低一般无固定标准，可由承租人与租赁公司协商确定，按资产购买成本的一定比率计算。

（5）租赁期限。租赁期限的长短影响租金总额，从而影响每期租金的数额。

（6）租金的支付方式。一般而言，租金支付次数越多，每次的支付额就越小。租金的支付方式有以下三种：按支付间隔期分为年付、半年付、季付和月付；按在期初和期末支付，分为先付租金和后付租金；按每期支付金额分为等额支付和不等额支付。

2. 租金的计算方法

租金的计算方法有很多种，在我国融资租赁实务中，一般采用等额年金法和平均分摊法。

（1）等额年金法。该方法是将一项租赁资产在未来各租赁期内的租金按一定的折现系数予以折现，使其总额等于租赁资产的成本。在这种方法下，通常要根据利率和手续费确定一个租赁费率，作为折现率。其计算公式为：

$$R=\frac{C}{A_r^T} \tag{14-1}$$

式中，R 为每年支付的租金；C 为租赁资产成本；A_r^T 为 T 期后付年金现值系数；T 为支付租金次数；r 为租赁费率。

［例 14-4］ 某公司于 2023 年 1 月 1 日从租赁公司租入一台复印机，其价值为 5 万元，租期为 5 年，预计租赁期满时无残值。假设租赁费率为 7%，那么该公司每年年末应支付多少租金？

利用等额年金法，计算该公司每年末支付的租金为：

$$R=\frac{C}{A_r^T}=\frac{10}{A_{0.07}^5}=2.44(\text{万元})$$

（2）平均分摊法。首先确定租赁期间的利息和手续费，再加上资产购置成本，按支付次数平均支付。其计算公式为：

$$R=\frac{(C-S)+I+F}{T} \tag{14-2}$$

式中，R 为每次支付的租金；C 为租赁资产成本；S 为租赁资产的预计残值；I 为租赁期间的利息；F 为租赁手续费；T 为租赁期限。

［**例 14－5**］　某公司于 2023 年 1 月 1 日从租赁公司租入一台挖土机，其价值为 100 万元，租期为 10 年，预计租赁期满时的残值为 10 万元。假设年利率为 5%，租赁手续费为设备价值的 2%，那么该公司每年年末应支付多少租金？

利用平均分摊法，计算该公司每年末支付的租金为：

$$\begin{aligned}R&=\frac{(C-S)+I+F}{T}\\&=\frac{(100-10)+[100\times(1+5\%)^{10}-100]+100\times2\%}{10}\\&=15.49(\text{万元})\end{aligned}$$

三、租赁的利弊

（一）租赁的优点

（1）利用税收优惠。出租人拥有租赁出去的资产，可以从应税利润中扣除折旧。如果出租人能比资产使用者更好地利用折旧的节税效应，例如出租人适用的税率高于承租人，那么出租人就可以在保留设备所有权的条件下，适当地降低租赁费，将部分税金好处让利给承租人。对于正在发生亏损的公司而言，由于没有能力享受源于购买资产的应税收益额减免，往往会选择租赁而不是购买资产。

（2）降低交易成本。一般来说，签署一份租赁合约的成本要远低于转移一项资产所有权的成本。这样，使用简单的租赁合约，就可以使公司“贷放”小额资金，而无须花费大量的调查、管理或交易成本。因此，租赁为小公司提供了相对便宜的融资渠道。

（3）减少风险。一些租赁合约允许承租人在租期内更换资产或资产升级。当公司不明确其所需资产或技术更新很快时，这种风险转移是很重要的。当所需使用资产的期限短于资产寿命期时，这种风险转移也很有用；就交易时间和成本而言，购入和卖出资产的费用是昂贵的。同样，一些租赁带有撤销选择权，对于那些不太清楚自己所需资产以及时间长度的公司而言，这种选择权也是很有价值的。

(4) 发掘新资金来源。有些企业，由于各种原因不能从外部筹集大量资金，例如负债比率过高，此时，采用租赁可以使企业在资金不足而又急需资产时，不必付出大量资金就能及时得到所需资产。

(5) 保存借款能力。一些融资租赁并不体现在企业的资产负债表上，因此不会增加企业的负债，不改变企业的资本结构，也不会削弱企业的借款能力。

(二) 租赁的缺点

租赁有两个主要缺点。首先，承租人丧失了与资产所有权有关的税额减免。其次，承租人通常必须放弃资产残值。潜在的承租人应仔细分析失去这些收益的成本，这样才能判断租赁是否比借款买入资产更合适。

另外，对于出租人而言，租赁带给出租人的税收好处在一定程度会被抵消，这是因为租赁收入的全部金额都是应税所得。因此，只有当租赁收益的现值高于租赁成本的现值时，租赁才是有益的。

四、融资租赁与银行分期付款的区别

融资租赁与银行分期付款的区别主要表现在以下几个方面：

(1) 银行分期付款是一种买卖交易，买者不仅获得了所交易物品的使用权，而且获得了物品的所有权。而融资租赁则是一种租赁行为，尽管承租人实际上承担了由租赁物引起的成本与风险，但从法律上讲，租赁物所有权名义上仍归出租人所有。

(2) 融资租赁和银行分期付款在会计处理上也有所不同。融资租赁中租赁物所有权属出租人所有，因此，作为出租人资产纳入其资产负债表中，并对租赁物计提折旧，而承租人将租赁费用计入生产成本。而银行分期付款购买的物品归买主所有，因而列入买方的资产负债表并由买方负责计提折旧。

(3) 融资租赁和银行分期付款在税务上也有区别。融资租赁中的出租人可将计提的折旧从应计收入中扣除，而承租人则可将计提的折旧费从应纳税收入中扣除。而在银行分期付款中，买方可将计提的折旧费从应纳税收入中扣除，还能将所花费的利息成本从应纳税收入中扣除。

(4) 在期限上，银行分期付款的付款期限往往低于交易物品的经济寿命期限，而融资租赁的租赁期限则往往和租赁物品的经济寿命相当。因此，同样的物品采用融资租赁方式比采用分期付款方式所获得的信贷期限要长。

(5) 银行分期付款不是全额信贷，买方通常要即期支付贷款的一部分；而融资租赁则是一种全额信贷，它对租赁物价款的全部甚至运输、保险、安装等附加费用都提供资金融通。虽然融资租赁通常也要在租赁开始时支付一定的保证金，但这笔费用一般比银行分期付款所需的即期付款额要少得多(例如在进出口贸易中买方至少需现款支付15%的贷款)。因此,同样一件物品,采用融资租赁方式提供的信贷总额一般比银行分期付款交易方式所能够提供的要大。

(6) 融资租赁与银行分期付款交易在付款时间上也有差别。后者一般在每期期末,通常在分期付款之前还有一定的宽限期,融资租赁一般没有宽限期,租赁开始后就需支付租金,因此,租金支付通常在每期期初。

(7) 融资租赁期满时租赁物通常留有残值,承租人一般不能对租赁物任意处理,需办理交换手续或购买等手续。而银行分期付款的买者在规定的分期付款后就拥有了所交易的物品,可以任意处理之。

(8) 融资租赁的对象一般是寿命较长、价值较高的物品,如机械设备等。

第二节 项目融资

项目融资意味着债务由项目而不是由项目的发起公司来支撑。不过,项目融资的负债比较高,而高负债比的合理性就在于债务的支撑不仅有项目的资产,而且还有消费者、供应商、政府以及项目的所有者共同提供的一系列协议和担保。下面将介绍项目融资的特征、主要参与者,并对项目融资的利弊进行分析。

一、项目融资的特征

项目融资可以说各不相同,但它们还是有一些共同的基本特征:

(1) 为项目单独设立一家公司。

(2) 项目公司的大部分股权由项目经理或项目发起人持有,因而承担项目失败的风险。

(3) 项目公司拟订一系列复杂的协议,以在承包商、供应商以及客户之间分散风险。

(4) 详细的协议安排和政府担保使项目所需的大部分资本来自银行或其他私募借款成为可能。

(5) 项目公司的负债权益比很高,一旦违约,贷款者只能从政府或股东那里获得有限的补偿。

根据上述这些特征,就可以对项目融资和传统的借贷融资进行区分。与项目融资相比,在传统的借贷融资中,项目本身通常不单独组成公司,融资的契约安排不那么复杂,债务权益比也不那么高,并且在违约的情况下,贷款者的大部分贷款额可以通过处置借款者的资产得到补偿。

二、项目融资的参与者

在典型的项目融资中参与者比较多，除了项目公司和贷款者之外，还有一个或更多的项目发起人、承包人、供应商、主要客户以及政府等。

(一) 发起人和投资者

为了实施项目，需要建立一个独立运营的公司。一般来说，该公司的控股权由一个或多个项目发起人持有，他们通常参与项目的建设和管理。其他股权持有者可能是与项目有业务关系的公司，比如客户和供应商，或者是金融投资者。项目发起人承担项目完成、运营和维护的风险。

(二) 贷款者

项目所需资金的很大一部分通常是以债务的形式，从银行或者特定的贷款机构筹集而来，偶尔也会从债券市场筹集。

项目贷款者要求项目公司提供一般的保证，包括保证贷款的安全。而且，贷款者希望项目公司保证不把用于偿还债务的现金支付给股东。因此，贷款金额可能与项目产品相关联，并且任何超过债务偿还需要的收入都可能被存入“回收”(reclaim)账户，以供以后的收入不足以偿还债务时提取使用。

(三) 承包商

项目的主要承包商通常持有项目公司相当一部分股权。其他承包商可能也持有项目公司的股权，但其持股比例通常很低。主要承包商最有能力保证项目工程在既定的成本预算内按计划完成，因此，它通常会签订全承包合同。

(四) 供应商和客户

一旦项目设施建立起来并投入运行，项目公司就需要购买其所需要的原材料，并出售其所生产的产品或其所提供的服务。当项目存在一个主要的供应商时，这个供应商需要签订合同来保证它不会滥用可能拥有的垄断力量，并保证提供的产品具有质量保证。

当项目所生产的产品只有为数不多的潜在客户时，通过签订长期销售合同，收入风险将被转移给这些客户。但当项目所生产的产品具有众多客户时，与这些客户签订长期购买合同就不太可能。在这种情况下，只有当政府保证对投资者的最低支付时，通过项目融资来吸引私人部门参与融资才是有可能的。

三、项目融资的利弊

(一) 项目融资的优点

在某些情况下，项目融资具有显著的优点：

(1) 风险分担。项目发起人可以争取一位或多位共同投资合伙人来分担权益风险。财务危机的成本很高,因而这种风险分担是有益的。如果一项资本预算项目相对于公司现有资产的投资组合来说过于庞大,以至于公司独自进行该项目会把潜在的破产风险提高到不能接受的程度,那么就应该考虑风险分担。在某些情况下,项目发起人可以把风险转移给供应商、客户以及(在一定程度上)借款人。

(2) 扩大负债能力。以项目为基础进行融资,而不是利用公司总体信用来筹资,可以使公司达到的杠杆作用度高于完全靠公司自身为项目筹资时的杠杆作用度。这是因为与项目有关的合同安排把部分营业风险和财务风险转移给了其他主体。

(3) 更低的负债成本。假设项目生产的产品的购买者或其他参与者的信用状况比项目发起人更好,那么,利用购买者等参与者的信用筹资,而不是利用发起人的信用筹资,会带来更低的负债成本。

(二) 项目融资的缺点

项目融资所含的交易成本很高,这是因为采用项目融资时的合同安排通常都很复杂,一般要付出很高的法律费用。此外,由于代理成本较高,贷款人一般要求获得收益率溢价,才愿意接受这种以合同保证形式而不是一家公司直接的付款承诺提供的信用支持。

专栏 14-1　银行系租赁公司的飞机租赁

随着各大公司资产规模的不断扩大,2013 年融资租赁市场又开始了增资扩股。2013 年 5 月 15 日,工银金融租赁有限公司(以下简称"工银租赁")与波音民机集团公司和波音金融公司(以下简称"波音")签署了《战略合作备忘录》。根据该备忘录,双方同意在原有的飞机金融服务合作的基础上,将合作范围扩展到飞机销售和租赁业务的全球网络支持、航空市场信息共享以及飞机售后服务支持等多个领域。这意味着未来融资租赁与制造业结合将是一个趋势。制造业希望把租赁公司打造成第二个产品销售渠道。首先,租赁企业会有稳定的业务来源,合作和收益可以得到保障;其次,与航空公司不同,租赁企业还可以获得飞机残值收入。

2013 年中国航空公司净增的飞机约在 210 架左右。按照租赁行业提供 60% 机队的保守数字来测算,每年中国内地的飞机租赁市场需求都在一百架以上。但在很长一段时间里,中国的飞机租赁市场都是由外资企业占据较大份额。由于没有外汇储备,中国的租赁公司只能为航空公司提供人民币售后回租业务。随后,中国的租赁公司开创了保税租赁创新,即所谓的"中国 SPV" 模式。之后,市场份额开始逐年上升。截止到2013年5月，天津东疆保税区共完成164架飞机的租赁业务。

中国银行业协会金融租赁专业委员会披露的数据显示，2013年一季度末，20家金融租赁公司总资产达到8 443.38亿元，比去年同期增长40%左右，20家公司同时实现净利润36.32亿元。到2013年一季度末，金融租赁公司经营杠杆已超过12.5倍的监管红线。然而，融资渠道单一是所有租赁公司面临的共同问题。2013年5月12日，工银租赁首只金融租赁企业资产证券化产品"工银租赁专项资产管理计划"未能如期发行。这对于租赁公司而言，暂时还无法进行多元化的融资。

专栏14－2 中联重科的融资租赁

将融资租赁业务放入上市公司，再通过发行股票以及银行贷款支撑融资租赁业务，进而带动工程机械产品的销售，这是中联重科与三一重工最大的区别之一。

中联重科融资租赁公司是中国大陆唯一兼具外资融资租赁公司资质和内资融资租赁试点企业资质的融资租赁公司。它可以为中联重科生产的混凝土机械、工程起重机械、建筑起重机械等产品的销售提供融资租赁服务。2007年该公司通过融资租赁方式实现设备销售超过5亿元；2008年、2009年、2010年，这一数据则分别为24亿元、94亿元、170亿元。截至2011年底，中联重科的融资租赁公司总资产约为142亿元，是国内最大的厂商系租赁公司。

1. 融资租赁快速扩张

数据显示，2011年四季度，中联重科实现收入131.2亿元，同比上升58%，环比上升45%；实现净利润21亿元，同比上升37%，环比上升58%。而三一重工和徐工机械在2011年下半年的业绩增速均出现明显下滑，各项财务指标甚至在四季度出现恶化。中联重科之所以取得逆势增长，主要源于其促销活动以及开展的融资租赁业务。

根据财务报表中的数据，中联重科的应收账款、应收票据和其他应收款高达136亿元，是净利润的1.7倍；而三一重工的应收账款、应收票据和其他应收款累计达131亿元，是净利润的1.5倍；不过，中联重科还有128亿元的长期应收款，长期应收款对应的是开展融资租赁形成的应收账款。

然而，中联重科的营业收入和净利润并未持续增长下去。2012 年和 2013 年，公司的净利润分别为 75.3 亿元、39.5 亿元，但应收账款、应收票据和其他应收款却分别高达 217.4 亿元、292.35 亿元。由此看来，快速扩张的融资租赁业务只是给公司带来了市场份额的增加，并未实现持续的盈利增长。

2. 融资租赁物权形同虚设

中联重科的融资租赁模式为，租赁公司按照客户的需求和选择意愿，通过自有资金从厂商购买产品，客户先期支付约 15%的首付和保证金，然后在租赁期限内每月向租赁公司支付租金。

由于工程机械产品售价通常超过百万元甚至达到千万元，通过融资租赁一方面可以满足中小企业以及个人客户的采购需求，同时也可以扩大厂商的销售。

不过在国外，承租人一般需要支付 30%的保证金，而国内租赁公司甚至很难收取承租人 20%的保证金，尤其是厂商系租赁公司。在行业竞争日趋激烈的情况下，为了完成销售目标，保证金比例不断下调。

另外，国外二手设备的再制造和翻新产业发达，如果最后承租人因无法支付租金出现违约，租赁公司将二手设备回收后，更换关键零部件，整体翻新，其价值可以达到原值的 75%左右。这样，租赁公司可以通过物权的增值变现来保障债权，进而通过物权和债权的退出来实现盈利。

而国内存在的问题是，由于受制于二手设备出厂标准和估值问题，缺乏真正的二手设备市场，租赁期结束后形成的二手设备无法真正进入市场流通，从而造成给租赁资产债权提供保障的物权，实际形同虚设。

过去厂商为维持销售额增长推出的激进促销，让许多资信状况弱的个人以及中小企业做出了超前投资，这可能成为未来融资租赁债权回收的大问题。

本章小结

租赁可分为经营租赁和融资租赁，而融资租赁又分为直接租赁、售后租回和杠杆租赁三种。

在分析租赁和购买决策时，公司应将租赁与借款购买资产的成本现值进行比较，从中选择成本较低的一种方式。在计算成本现值时，有关租赁和借款购买资产的现金流量应用税后债务成本折现。

从出租人的角度进行租赁与购买决策时，只是将考察的对象颠倒过来。只要出租人和承租人处在相同的纳税等级，承租人的任何一笔现金流出都将对应出租人的一笔现金流入，因此，只有出租人亏损时承租人才能盈利，反之亦然。如果出租人和承租人的税率不同，租赁可能使两者都受益。

在确定租金时，可以采用等额年金法和平均分摊法。等额年金法考虑了资金的时间价值，平均分摊法没有考虑资金的时间价值。

项目融资的负债比较高，是因为债务的支撑不仅有项目的资产，而且还有消费者、供应商、政府以及项目的所有者共同提供的一系列协议和担保。项目融资有利于扩大公司的负债能力，并在各参与者之间进行风险分担，降低了负债成本，但会带来较高的交易成本。

关键术语

出租人　承租人　经营租赁　融资租赁　直接租赁　售后租回租赁　杠杆租赁　等额年金法　平均分摊法　项目融资

思考与练习

1. 什么是经营租赁？什么是融资租赁？两者的主要区别是什么？

2. 租赁的主要有利之处和不利之处是什么？

3. 项目融资的基本特征有哪些？

4. 项目融资的优点和缺点有哪些？

5. 假设无风险利率为2.45%，每月付息，如果一台价值230万元的机器能够以每月31 500元的租金租入5年，则在无风险的完美市场中，要使出租人达到盈亏平衡，该机器的剩余价值为多少？

6. ABC公司需要一台起重机，它可以花1 000万元购买或从租赁公司租用。租赁条款要求该公司每年年初支付租金150万元，设备租赁期为10年。预计设备使用期满时的残值为10万元，并在10年内利用直线折旧法计提折旧。假设租赁公司适用的所得税率为25%，ABC公司的所得税率为25%，借款利率为5%。

(1) 对于ABC公司而言，租赁的净现值为多少？

(2) 对于租赁公司而言，租赁的净现值为多少？

7. DE公司需要10台计算机，正在考虑是购买还是租赁。这两种方式的详细资料如下：

(1) 每台计算机的购买价格为10 000元，使用寿命期为5年，期末无残值，且在5年内按直线折旧法提取折旧。每年计算机的维护费为500元。

(2) 公司可以每年2 500元租入一台计算机，且年末支付租金，出租人负责计算机的维护。

假设公司的借款利率为5%，公司所得税率为25%。请问该公司应该采用租赁还是借款购买该设备？

8. 一项资产的价值为475 000元，3年内以直线法计提折旧，3年后无残值，公司所得税率为25%，适用的年利率为5%，请问：

(1) 该项资产的租金为多少才能使得出租人与承租人达到盈亏平衡？

(2) 假设承租人不缴纳税，出租人的公司所得税为 25%，那么租金范围为多少时可以使得这项租赁对双方均有利？

9. 现有一项资产的购买价格为 500 000 元，使用期限为 5 年，期末没有残值，用直线折旧法计提折旧。若租用该项资产，每年需支付租金 120 000 元，且在每年末支付。假设公司所得税率为 25%，有担保债券的利率为 10%。那么，

(1) 对于承租人来说，每年的现金流出为多少？

(2) 对于承租人来说，该项租赁的净现值为多少？

(3) 当每年支付的租金为多少时，租赁该资产与购买该资产对于承租人来说无差异？

10. S 公司正在评估是租赁还是购买一台新机器。机器的购买价格为 150 万元，在 5 年内以直线折旧法计提折旧，期末无残值。而且，银行将提供利率为 10%的全额贷款，要求本金分期偿还，本金和利息都在每年末支付。如果进行租赁的话，每年的租金额为 40 万元，并在年末支付。假设公司所得税率为 25%。

(1) S 公司应该购买还是租赁该机器？

(2) 当租金为多少时，S 公司才达到盈亏平衡？

第十五章　衍生工具的应用

本章学习目的

了解远期与期货、互换、期权等金融衍生产品。
掌握金融衍生产品在公司风险管理和资本预算中的应用。

衍生产品是以基础产品或其他衍生品为其标的物而构造出来的金融工具，衍生品的价值取决于标的物的价值。衍生品的标的物可以是金融资产，也可以是普通商品、农产品、金属、石油，甚至可以是任何不可人为操纵的一个变量。衍生品是可以用来改变公司风险暴露的工具，通过运用衍生品，公司可以减少或者避免不必要的风险暴露，甚至可以将风险暴露转换为其他形式。例如，公司可以借助衍生品进行套期保值来减少风险暴露。但是，如果使用不当，衍生品也可以为公司带来额外的风险。利用衍生品进行投机交易活动的风险很大。

基本衍生品一般分为三类：远期与期货、期权和互换。远期与期货的性质相似，通常划分为一类衍生品。本章首先对这三类产品逐一进行介绍，然后再具体介绍期权估价方法以及在资本预算中的应用。

第一节　远期与期货

一、远期

远期合约简称远期，是最基本的一类衍生品。它是交易双方在当前达成的、在未来某一时间按事先约定的价格买卖某一资产的协议，合约中的买卖价格称为交割价格。一份远期合约交易的标的资产的数量并不固定，每份交易数量由交易双方自行约定。远期交易的多头方是指在未来某一特定时间以事先确定的价格购买合约标的资产的一方;同样,远期交易的空头方则是指在未来某一特定时间以事先确定的价格出售合约标的资产的一方。

在远期合约到期时,我们经常看到此时合约交易资产的市场价格与合约的交割价格不一致。如果远期合约到期日记为 T,远期合约中标的资产的交割价记为 K,在合约到期日标的资产的市场价格记为 S_T,则合约多头方的盈亏可以表示为 $S_T - K$;空头方的盈亏为 $K - S_T$。这个盈亏仅仅表示与不签订远期合约相比,签订远期合约后多空双方可能的盈亏,并不表示在签订合约时双方是否获利。事实上,我们一般认为,如果远期合约的签约双方签订的是所谓"公平合约",即签约双方在签约的瞬间签订的是公平合约,则在双方签约时合约的价值应该是零,签约的任何一方不会因为签订这份合同而瞬时获得财务利益。

在日常经济活动中,远期合约是经常可以看到的一个产品。例如,你现在(3 月 1 日)在装修新居,希望以 5 000 元的价格购买长虹 46 英寸的液晶数字电视机,但目前市场上的这个产品已经销售一空。不过,商店保证在 4 月 1 日可以提供给你需要的液晶电视机,你可以和商店签一份合同,在 4 月 1 日购买电视。这时,你就签订了一个远期合约,合约规定,在 4 月 1 日你付 5 000 元给商家,商家交给你一台长虹 46 英寸的液晶数字电视机。

远期合约是签约双方必须执行的合同。在购买液晶电视机的例子中,在 4 月 1 日,商店必须提供给消费者所购买的液晶电视机,而消费者必须支付电视机的货款。与现金交易不同,现金交易是即时交易,即选择需要的货物,然后一手交钱一手交货,也称现货交易。远期合约提供的是现在选择货物并签订合同、将来进行钱货交易的交易方式。

在签订远期合约时,通常都认为这个合约是公平的,也就是说,这个合约是在充分竞争的市场中形成的,合约中的交割价格对不同的签约者是一样的,我们称这个公平的交割价格为远期价格。可以认为,在公平远期合约刚刚签订的瞬间,公平的远期合约价值应该等于零,签约的双方不会因为签了这个合约而获利。

[**例 15-1**] 假设当前宝钢股份的市场价格是 10.00 元/股,现在签一份远期合约,3 个月之后可以按照远期价格 F 购买 1 手(100 股)宝钢股份股票。如果当前市场无风险借、贷利率相同,年利率都是 5%(连续复利)。1 手宝钢股份当前的市场价值为 $10 \times 100 = 1\ 000$ 元,1 000 元资金按照当前市场利率放贷 3 个月后的本息为 $1\ 000 \times e^{5\% \times 3/12} = 1\ 012.578$,则远期价格 $F = 10 \times 100 \times e^{5\% \times 3/12} = 1\ 012.578$ 元。也就是说,远期价格就是当前股票市场价值(现货价格)按照市场利率放贷到远期交割时的本息之和。如果签约双方按照这个价格签订 1 手宝钢股份的远期合约,这份商业协议对双方是公平的,合约价值等于零。

如果市场中有人愿意以 $F=1\ 013.00$ 元的价格签订购买 1 手宝钢股份的 3 个月的远期协议，则投资者获得一个无风险套利的机会。套利交易过程如下：投资者借钱 1 000 元，借期 3 个月；用借来的钱购买 1 手宝钢股份的股票；以市场价 $F=1\ 013.00$ 元签一份 3 个月后卖出 1 手宝钢股份的远期合约（远期空头）。三笔交易结束之后，投资者仅仅需要持有股票耐心等待 3 个月时间，然后履行远期合约、偿还贷款，可以获得 $1\ 013.00-1\ 012.578=0.422$ 元无风险收益。

如果市场中有人愿意以 $F=1\ 012.00$ 元的价格签订购买 1 手宝钢股份的 3 个月的远期协议，则投资者获得一个无风险套利的机会。套利交易过程如下：投资者借 1 手宝钢股份的股票；卖出宝钢股份股票，获得收益 1 000 元；将卖空宝钢股份股票的 1 000 元放贷 3 个月；以市场价 $F=1\ 012.00$ 元签一份 3 个月后买进 1 手宝钢股份的远期合约（远期多头）。三笔交易结束之后，投资者仅仅需要耐心等待 3 个月时间，然后履行远期合约、偿还借来的宝钢股份股票，可以获得 $1\ 012.578-1\ 012.00=0.578$ 元无风险收益。

在[例 15－1]中，我们隐含假设远期合约有效期内宝钢股份不分红。如果宝钢股份在远期合约有效期内分红，则需要在股票价格中剔除分红，用复权后的股票价格计算远期价格。

[例 15－2] 假设在市场中可以自由借贷美元和人民币，人民币与美元可以自由兑换，当前人民币对美元的汇率 $S=7.00$ 元/美元，当前一年期人民币无风险借、贷利率 $r=8\%$，一年期美元无风险借、贷利率 $r_f=10\%$，连续复利计息。则一年期人民币对美元的外汇远期合约的远期价格 $F=Se^{rT}e^{-r_fT}=Se^{(r-r_f)T}=7.00\times e^{(8\%-10\%)\times 1}=6.861\ 391$ 元，式中 $T=1$ 表示一年的时间。

如果市场中有人愿意以 $F=7.10$ 元/美元的价格签订一年期人民币对美元远期协议，则投资者获得一个无风险套利的机会。套利交易过程如下：投资者借人民币 7 000 元，借期 1 年；用借来的人民币兑换 1 000 美元；将这笔美元放贷，贷款期限 1 年；以市场价 $F=7.10$ 元/美元签一份 1 年后卖出美元的远期合约，将美元贷款的本息全部卖出。四笔交易结束之后，投资者仅仅需要持有所有资产（负债）耐心等待 1 年时间，然后履行远期合约、偿还人民币贷款，可以获得 $7\ 000\div S\times e^{10\%\times 1}\times 7.10-7\ 000\times e^{8\%\times 1}=7\ 000\times(1\div 7\times e^{10\%\times 1}\times 7.10-1\times e^{8\%\times 1})=263.704$ 元无风险收益。

如果市场中有人愿意以 $F=6.60$ 元/美元的价格签订一年期人民币对美元远期协议，则投资者获得一个无风险套利的机会。套利交易过程如下：投资者借 1 000 美元，借期 1 年；用借来的美元兑换 7 000 元人民币；将这笔人民币放贷，贷款期限 1 年；以市场价 $F=6.60$ 元/美元签一份 1 年后卖出人民币的远期合约，将人民币贷款的本息全部卖出。四笔交易结束之后，投资者仅仅需要持有所有资产（负债）耐心等待 1 年时间，然后履行远期合约、偿还美元贷款，可以获得 $1\ 000 \times S \times e^{8\% \times 1} \div 6.6 - 1\ 000 \times e^{10\% \times 1} = 1\ 000 \times (S \times e^{(8\% - 10\%) \times 1} \div 6.6 - 1) \times e^{10\% \times 1} = 1\ 000 \times (6.861\ 391 \div 6.6 - 1) \times e^{10\% \times 1} = 43.769\ 96$ 美元无风险收益。

在[例 15 - 1]中，如果股票分红，则可以类比[例 15 - 2]中的外币远期，外币是生息资产，与分红的股票相似。因为分红的缘故，远期价格的计算需要调整。具体的调整方法见[例 15 - 2]。

二、期货

期货是期货合约的简称。与远期类似，期货合约也是交易双方现在约定在未来某一时间、按照约定的价格买卖某一资产的协议。期货合约中将来购买资产的一方称为期货的多头方，多头的交易对手称为空头方。在期货合约到期时，合约双方的盈亏变化也与远期相似。

与远期价格类似，我们有期货价格。期货价格就是签订期货合约时使期货合约价值为零的合约交割价格，这是公平的交割价格。期货合约签订后，合约到期时间、交割资产和交割价格写在合约中，且不会因为时间的变化而变化。

在任一时刻，我们都可以签订给定到期时间、交割资产的期货合约。对已经签订的期货合约，设想如果我们能够重新谈判、签订相同到期期限和交割资产的期货合约，我们通常会发现，这时的期货价格与原来合约中的交割价格就不一样了，或者说，签订合约一段时间后，原来的期货合约就有了价值。

在期货市场中，我们经常看到各种期货价格。例如，我们看到在上海期货交易所 0812 铜期货的每天的期货价格，这个期货价格是指在 2008 年 12 月交割的铜期货合约在每天的期货价格。显然，0812 铜期货合约的期货价格每天都在变化。

期货价格和交割价格最大的区别在于，每一份期货合约的标的资产的交割价格会在合约签订时确定，不会随着时间的变化而变化。在期货合约到期时，签约双方按照这个价格进行交易。而期货价格是期货合约签约时的公平合约交割价格，在不同的时间签订相同到期日和相同标的资产的期货合约，期货价格通常是不同的。

从概念上看，远期合约和期货合约是一样的。但是，在应用时，期货和远期不完全相同。远期合约是签约双方私下的约定，合约的签订不涉及第三方，不同交易对手签订的远期合约内容可以有非常大的差异。期货合约被看作是标准化的远期合约，在交易所上市交易，交易双方是不确定的，期货合约交易者并不知道交易对手是谁。每份合约标的资产的交割规模是固定的，合约的交割月份也是规定的。在期货合约中，可能还规定标的资产的质量、交割地点等，仅仅交割资产的价格没有规定。在合约规定的交割月份之前，多空双方可以对合约进行买卖。因为期货是标准化的合约，所以具有很好的流动性，而远期的流动性就相对比较低。

远期是机构自愿签订的合约，没有第三方参与，也没有第三方强制双方履行合约。因此，远期合约存在对手风险，即签约双方都存在违约的可能。而期货合约是在交易所交易，交易所作为期货交易的第三方，对期货交易双方收取保证金。交易所通过收取保证金确保期货交易双方履行合约，故而期货交易的交易对手信用风险比远期低，一般假设期货交易不存在对手违约风险。期货交易双方仅仅存在很低的期货交易所风险。

［**例 15-3**］ 假设当前中国中车的市场价格是 12.00 元/股，现在签一份期货合约，3 个月之后可以按照期货价格 F 购买 10 手(1 000 股)中国中车股票。根据中国中车董事会公告，在 3 个月之内中国中车将分红，分红的红利现值为 2.00 元/股。如果当前市场无风险借、贷利率相同，年利率都是 5%(连续复利)。10 手中国中车当前的市场价值为 12×1 000＝12 000 元，剔除红利后的股票现值为 10 000 元。10 000 元资金按照当前市场利率放贷 3 个月后的本息为 $10\ 000\times e^{5\%\times 3/12}=10\ 125.78$ 元。如果不考虑保证金因素的影响，则期货价格 $F=10\times 1\ 000\times e^{5\%\times 3/12}=10\ 125.78$ 元。如果市场期货价格低于 10 125.78 元，则投资者可以卖空中国中车股票、签 3 个月期货多头获取无风险套利的机会。反之，如果市场期货价格大于 10 125.78 元，则投资者可以买进中国中车股票、签 3 个月期货空头获取无风险套利的机会。

［**例 15-4**］ 假设当前黄金的市场价格为 400 元/克，一个套利者能够以每年 10%的利率借入资金。如果假设黄金的储存保管费为 50 元/次，持有黄金不会带来任何利息收入。一手黄金期货合约交易 1 000 克黄金，则黄金的一年期期货价格为 $(400\times 1\ 000+50\times 1)\times e^{10\%\times 1}=442\ 123.625\ 8$ 元。

如果市场黄金期货价格为 442 124 元(大于 442 123.625 8 元)，说明黄金期货价格贵、黄金现货便宜。投资者可以借钱买黄金现货、做空期货获利。反之，如果市场黄金期货价格相对便宜，则投资者可以卖空黄金现货、卖空收入放贷、做多期货获利(这里的讨论忽略了保证金和借贷利率差异的影响)。

由于期货交易需要保证金，远期合约不需要保证金，在现实世界中的期货价格和远期价格实际上并不相同，商品期货价格与商品远期价格的差别可能较大，而金融期货价格与金融远期价格的差别比较小。不过，在简单的应用和分析中，我们经常不区分远期价格和期货价格，认为期货价格等于远期价格。下面我们不再区分期货和远期，而认为它们是一样的。

［**例 15-5**］ 当前铜的市场价格为 46 500 元/吨，如果当前市场无风险借、贷利率相同，年利率都是 5%(连续复利)，存储铜没有成本。一张铜期货合约交易 25 吨铜，一年期铜的期货价格为 1 222 102.65 元，这时，铜期现市场没有套利机会。

如果一年期铜期货价格大于 1 222 102.65 元，铜现货价格相对便宜，铜期货价格相对贵，市场存在套利机会，投资者借钱买铜期货市场卖铜可以获得无风险套利利润。

如果一年期铜期货价格小于 1 222 102.65 元，铜现货价格相对贵，铜期货价格相对便宜。不过，这时期现市场可能不存在套利机会。因为为了实现套利利润，投资者需要借现货铜卖出进行交易，而铜属于重要原材料，对持有现货铜的机构有使用价值，持有现货铜的机构可能不愿意出借现货铜给投资者做卖空交易，致使套利交易无法进行。

在[例 15-4]中，黄金属于投资资产，任何时候投资者都可以进行买空卖空交易，因此，无论期货价格相对现货便宜还是贵，投资者都可以进行套利交易。因为套利交易总是可以顺利执行，最终黄金的期货价格和现货价格维持比价关系。而在[例 15-5]中，铜具有使用(消费)价值，持有现货铜的机构通常是铜的生产商和以铜为生产原料的企业(如格力电器)，当铜的现货价格相对期货价格比较贵、市场存在可能的套利机会时，投资者通常不可能从这些企业中借到现货铜去卖空。因为铜的生产企业更愿意高价销售现货铜，而铜的消费企业(如格力电器)需要使用铜生产产品，也不愿意为了出借现货铜而暂停企业生产。对于实体企业而言，停产的损失非常大。因此，具有使用(消费)价值的商品期货价格可以相对很便宜、现货价格可以相对很贵，这时，市场中依然没有套利交易行为，期货与现货价格偏离可以持续很久。

三、套期保值

期货(远期)合约的一个重要应用就是套期保值。公司可以运用套期保值来降低或者避免公司的经营风险。套期保值可以分为多头套期保值和空头套期保值。下面通过例子来说明这两种套期保值。

[例 15-6] XB 农场在 6 月份预期到 9 月底能够收获 50 吨大豆，XB 农场有两种选择：

(1) 签订出售大豆的远期(期货)合约。在 6 月 1 日，大连期货交易所 9 月份大豆期货价格每吨 5.40 元，每手 10 吨，XB 农场可以签订 5 份期货合约。XB 农场交割大豆的成本很低，可以认为不需要交割成本。

(2) 在目前(6 月份)不做任何期货交易，仅仅在大豆成熟后收获大豆，按照当时的市场价格出售大豆。由于现在不知道 9 月份大豆的市场价格，这个交易策略的风险比较大。如果到时大豆价格上升，则 XB 农场将获利；反之，如果大豆价格下降，则 XB 农场有损失。

在这个例子中，XB 农场是做空头套期保值，我们称策略 1 为空头套期保值策略。在此策略下，不论将来大豆市场行情如何变化，XB 农场都能得到确定的大豆种植收入。策略 2 为非套期保值策略，不打算利用期货市场来减少风险。

虽然套期保值策略似乎很实用，但并不是所有的人都做套期保值交易。那些不了解套期保值的机构，当然不会进行套期保值。但是，如果机构对将来大豆价格的变化趋势有私有信息，例如，如果XB农场预期9月份大豆价格远远超过5.40元，则XB农场就不会将9月份大豆价格锁定在5.40元。

套期保值通常有成本。期货交易需要保证金和佣金，套期保值团队也需要运营成本。由于套期保值带来的收益可能远远低于套期保值成本，因此，小公司通常不从事套期保值业务。

［**例15-7**］ DY公司已经与零售连锁店签订了长期的豆油销售合同，需要在9月30日提供豆油，交割日期和交割价格已经确定。DY公司在7月份购买大豆生产豆油，该公司可以通过以下两种方式之一得到大豆。

(1) 根据公司需要按照当时的市场价格购买大豆。由于DY公司不知道将来购买大豆的市场价格，而豆油的销售价格已经确定，不能将未来大豆价格不利变化的成本进行转嫁，故该公司面临大豆价格变化的风险。

(2) 购买期货合约。DY公司可以根据自己对大豆的需求购买期货合约，通过购买期货合约锁定大豆的购买成本，这样就可以避免大豆将来价格变化的风险。

这里的策略2称为多头套期保值策略。因为DY公司购进期货合约，在期货市场上进行多头交易。

四、利率期货

利率期货合约以债券作为可交割工具。由于国债的期货合约极为普遍，下面将以它为例来讨论利率期货。在全球金融期货市场中，美国国债的期货合约交易最为普遍。美国国债期货合约在芝加哥期货交易所交易，合约交割资产是美国国债，期货合约一般允许合约出售者选择在交割月内的任何一个营业日进行交割。由于国债期货是将来买卖国债的合约，实际上就是将来进行资金借贷的合约，将来买国债的一方贷出资金，然后获得国债的利息和本金；而将来卖国债的一方借入资金，以后按照期货合约规定的国债利息和本金支付现金流。

利率期货合约的重要应用，就是进行套期保值、避免或者降低利率风险。我们分别举例说明利率期货合约在管理利率风险、公司融资成本中的应用。

［**例15-8**］ GH公司是一家对客户提供抵押贷款的专业银行，在4月1日，GH公司承诺于6月1日向客户提供1 000万美元的贷款，贷款利息是年息10%，期限为20年。对这样一个业务，GH公司可以有不同的选择。

(1) 直接准备资金1 000万美元，在6月1日贷给客户。这样，GH公司在4月1日就需要准备1 000万美元的自有资金，承担这笔贷款业务的所有风险和收益。

(2) 签订美国国债期货合约为 6 月 1 日的贷款融资。因为每份期货合约的可交割工具是 10 万美元,GH 公司需要签 100 份期货合约空头。

如果 GH 公司采用第一种策略,则 GH 公司需要具有资金 1 000 万美元,在将来支付贷款时,还面临利率变化的风险。例如,在 6 月 1 日抵押贷款的利率可能高于 10%,也可能低于 10%。如果在 6 月 1 日市场抵押贷款利率高于 10%,GH 公司将损失部分利息收入。因为,如果不签订这样的贷款合同,GH 公司可以按照更高的利率贷款,获得更高的收益。如果市场抵押贷款利率低于 10%,GH 公司则将获得额外的利息收入。

如果 GH 公司采用第二种策略,则 GH 公司既不需要用自有资金做贷款用途,也不必承担利率变化的风险,获得确定性的收益。只要国债的利息支出小于贷款的利息收入,GH 公司就可以获得稳定的低风险收益。不过,该策略的风险在于其客户可能违约。如果 GH 公司的贷款不出现违约情况,则公司的收益就没有风险。

在实际应用中,GH 公司的远期贷款合约可能没有期限完全匹配的期货合约。例如,如果 GH 公司的远期贷款合约开始于 5 月 1 日,因为市场不存在 5 月 1 日开始的国债期货合约,没有与远期贷款合约期限完全匹配的期货合约,GH 公司就无法使远期贷款合约与期货合约完全对冲。若采取第二种策略,就必须用与远期贷款合约不同期限的期货合约进行对冲,这样,对冲合约的风险就比较大。

在这个例子中,GH 公司为了避免将来可能的利率风险,利用期货合约进行对冲。这样的交易策略,与农产品、金属、石油等期货合约的套期保值交易策略相似。

当然,利率期货合约也可以为公司将来可能的融资提供服务。

[**例 15-9**]　目前,DK 公司计划于 12 月 1 日在 SHHZ 地区建设一个新的工厂,除公司的自有资金外,预计新工厂建设需要借入资金 1 000 万元。鉴于当前的经济环境处于加息周期,为了避免在工厂开工建设时融资成本的不确定性,DK 公司现在可以签订一个利率期货(或者利率远期)合约,在 12 月 1 日那天卖出总值 1 000 万元的期货(远期)。通过这个交易,DK 公司可以确保在 12 月 1 日那天建设新工厂的融资成本。

第二节　互　换

互换是互换合约的简称。互换合约是两个机构之间达成的协议,协议规定双方按照约定的时间交换约定的现金流量。显然,互换合约可以看成是一系列远期合约的组合,每次现金流的交换可以视为一个远期 。互换合约交换现金流的时间间隔通常为 6

个月,即每过 6 个月交换一次现金流,两个交换现金流的时间节点成为一个期间,收到现金流的时间节点表示一个期间的结束,也是下一个期间的开始。交换现金流时间间隔是 3 个月的互换合约也比较常见。常见的互换有利率互换和货币互换。

一、利率互换

利率互换是两个机构签订的协议,指在一定的期限内,协议的一方在约定的时间按照合约规定的固定利率和名义本金向另一方支付利息,同时得到另一方按照合约规定的浮动利率和名义本金支付的利息。

合约中浮动利率可以有多种选择。在中国银行间市场中,互换的基准利率有 FDR(全国银行间同业拆借中心推出的银银间回购定盘利率,目前包括 FDR001、FDR007 和 FDR014 三个品种)、SHIBOR(上海银行间拆借利率)、一年期定期存款利率、贷款基准利率等,即同时存在多个互换基准利率。在欧美金融市场中,LIBOR(伦敦同业银行拆借利率)曾是最常用的基准利率。在互换合约中,LIBOR 曾被广泛被用作参考的浮动利率。例如,如果合同中指明,浮动利率定为 6 个月期的、年利率为 LIBOR+0.5%,则说明贷款期限被分成 6 个月的期限,每个期间开始时浮动利率设定为当前 6 个月期的 LIBOR 年利率+0.5%,利息在每个期间结束时支付。在国内外互换市场中,利率互换中双方通常并不实际交换名义本金,利息也不需要全额交换,而只需将浮动利率与固定利率的差额部分乘上名义本金所得到的数额支付给“获利”方即可。

利率互换可以用来转换公司的资产和负债,将浮动利率的资产(债务)转换为固定利率的资产(债务)。而货币互换可以转换资产和负债的货币种类,以规避汇率风险或满足监管要求。

下面的例子说明了如何利用互换来转换某项负债。

[**例 15-10**] 如果 A 公司以年 5.2%的固定利率借入 10 亿元的资金,B 公司以 LIBOR+80 个基点的浮动利率借入 10 亿元,A 公司希望支付浮动利率,而 B 公司希望支付固定利率。通过如图 15-1 所示的互换,A 公司可将 5.2%的固定利率贷款转换为 LIBOR+20 个基点的浮动利率贷款,B 公司可将 LIBOR+80 个基点的浮动利率贷款转化为 5.8%的固定利率贷款。

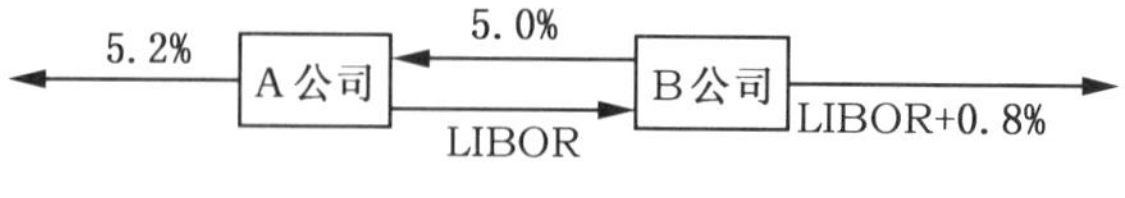

图 15-1

经过互换后,A公司和B公司的现金流量。

A公司:

支付5.2%的年利率给外部贷款者;

支付LIBOR年利率给互换对手;

收到互换对手5%的年利率。

B公司:

支付LIBOR加0.8%的年利率给外部贷款者;

收到互换对手LIBOR的年利率;

支付互换对手5%的年利率。

有时,互换还能够利用金融市场的不完善,利用公司的市场地位获得利益。

[**例15-11**]　A公司和B公司分别向银行申请贷款的利率报价如表15-1所示。A公司和B公司都希望得到1 000万元的贷款,贷款期限是10年。A公司想借入与6个月LIBOR相关的浮动利率资金,B公司想按固定利率借款。

表15-1

	固定利率	浮动利率
A公司	10%	6个月期LIBOR+0.3%
B公司	11.2%	6个月期LIBOR+1%

由于A公司在市场上以固定利率借款时支付的利率是10%,比B公司以固定利率借款支付的利率11.2%少1.2%;而A公司以浮动利率借款支付的利率是6个月期LIBOR+0.30%,比B公司以浮动利率借款支付的利率仅仅少了0.7%,那么,A公司以固定利率借款时有相对优势,而B公司以浮动利率借款时有相对优势,所以可以考虑利率互换计划。即,A公司按照固定利率10%借入1 000万元,B公司按照浮动利率6个月期LIBOR+1%借入1 000万元,然后双方按照图15-2所示方式互换贷款。

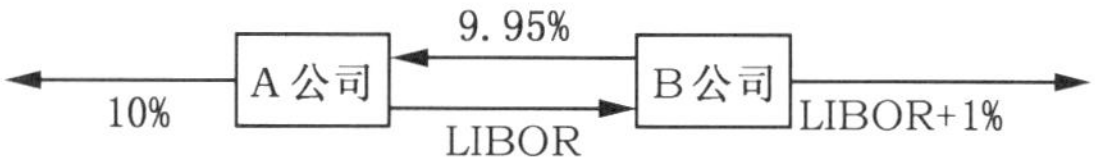

图15-2

这个互换的预期总收益=相对劣势总成本-相对优势总成本

=(11.2%+0.3%)-(10%+1%)=0.5%

这个利率互换能够成立的前提是在固定利率市场和浮动利率市场上,A公司和B公司能够得到计划中的合约。只有B公司能够连续以LIBOR+1%的浮动利率借入资金时，它付出的利率才为10.95%(见表15-2)。如果市场条件发生变化，如公司的信用评级出现变化，则B公司有可能得不到希望的浮动利率贷款合同。

表15-2 A公司和B公司直接贷款与互换贷款的利率支付比较

A公司支付利率		B公司支付利率	
直接贷款	互换	直接贷款	互换
6个月期LIBOR+0.3%	6个月期LIBOR+0.05%	11.2%	10.95%

采用这种互换可以降低公司的融资成本，但有时想要找到合适的交易对象并不是一件容易的事，因此往往需要借助于中介机构，事实上与中介机构签订互换合约，这就会提高公司的融资成本。不过，由于存在互换交易对手公司的信用风险，以及存在自身寻找交易对手的搜寻成本，公司在签订互换合约时，借助中介机构还是比较有利的。

二、货币互换

基本的货币互换是将以一种货币支付本金和利息的贷款与以另外一种货币支付本金和利息的贷款进行交换。通常，互换的本金部分与按照当前汇率计算的价值几乎等价。而在利率互换中，本金通常不交换。

产生货币互换的原因很多。例如，在分割的货币借贷市场上，不同机构获得贷款的成本不同。于是，双方各自在"相对优势"的货币借贷市场上获得贷款，再进行本金互换并支付使用贷款的利息，从而降低融资成本。随着金融市场全球一体化的发展，货币互换的这种原始动机正在减弱，但作为调整资产组合风险头寸的工具，货币互换仍然具有很大的市场。

与利率互换不同的是，货币互换需要交换本金和使用本金发生的利息。本金在货币互换有效期的开始时交换，一般按互换开始时的汇率交换本金，互换结束时再将本金换回(与结束时的实际汇率无关)。而利息则是将本金乘以互换规定的利率所得到的数额进行全额交换。

[**例15-12**] 2001年3月1日，A公司想借100万英镑，而B公司想借140万美元，期限都是3年，当前外汇市场上1英镑兑换1.4美元。A公司和B公司在英镑和美元借贷市场的借贷利率状况如表15-3所示。

表15-3

借款利率	美 元	英 镑
A公司	8%	11.6%
B公司	10%	12%

由于A公司借入美元支付的利率是8%，比B公司借入美元支付的利率10%少2%，而A公司借入英镑的利率是11.6%，比B公司借入英镑支付的利率12%仅仅少0.4%。因此，A公司在美元的借贷市场上有相对优势，B公司在英镑的借贷市场上有相对优势，两家公司可以考虑货币互换计划。具体做法是：A公司借入140万美元，B公司借入100万英镑，然后双方互换贷款本金和利息。

互换的预期总收益＝相对劣势总成本－相对优势总成本

＝(10%＋11.6%)－(8%＋12%)＝1.6%

A公司和B公司为了避免汇率风险，可以通过金融中介进行互换，如图15－3所示。

图15－3

显然，与没有互换相比，通过货币互换，互换双方均取得利益(见表15－4)。

表15－4 A公司和B公司直接贷款与互换贷款的利率支付比较

A公司支付英镑的利率		B公司支付美元的利率	
直接贷款	互换	直接贷款	互换
11.6%	11%	10%	9.4%

有时，互换合约也可以用来进行资产管理以满足金融监管的要求。

[**例15－13**] 假设有一家地方国有银行HB进行了一项海外投资项目，项目未来的预期现金流量如表15－5所示。

表15－5

时　间	现金收入(万美元)
2005-03-01	75
2006-03-01	100
2007-03-01	175

由于政府外汇管理规则的要求，HB银行不能持有外币资产和负债，需要进行货币互换以满足监管的要求。于是，HB银行可以与另外一家金融中介机构签订如下的互换合约：在2005年3月1日，用75万美元交换621万元人民币；2006年3月1日用100万美元交换800万元人民币；2007年3月1日用175万美元交换1 365万元人民币。

与远期交易和期货交易一样，互换交易是基本的零和交易。也就是说，市场使交易双方都以公正的水平确定价格，且在交易敲定的时刻，任何一方都没有实质性的讨价还价或者遭受损失。例如，在利率互换中，价格是在考虑各方信用等级的前提下，以对债权人公平的固定利率和浮动利率来确定的。在货币互换中，互换合约的价格是合约有效期内将出现的汇率的市场期望值的平均。

第三节 期 权

期权是一份经济合约，签约双方承诺，一方拥有在某一确定时间以某一确定的价格购买或出售合约标的资产的权利。当拥有权利的一方行使权利时，对方必须履行相应的义务。

其中，拥有权利的一方称为期权合约的多头方，其头寸称为多头。对手方称为空头方，其头寸称为空头。合约中确定的价格称为交割价格，也称执行价格或敲定价格。合约到期日称为交割日期，也称到期日、执行日或期满日。

根据期权行权方式的不同，期权分为美式期权和欧式期权。美式期权在期权到期日之前的任何交易日都可以执行，欧式期权是仅仅在期权到期日才可以执行的期权。还有一种百慕大期权则介于两者之间，是在期权到期日之前的一段时间内可以执行的期权。

由于期权合约赋予期权多头方权利，同时没有为这个权利承担义务，多头方需要支付一定的费用，这样才公平。购买期权的费用称为期权费，期权的多头方称为期权的(购)买方，期权的空头方称为期权的卖方。根据期权买方的权利，期权可以分为看涨期权和看跌期权。看涨期权赋予期权买方在期权到期日或到期日之前以事先确定的价格买入一定标的资产的权利。看跌期权与其相反，期权买方有权在期权到期日或到期日之前以事先确定的价格卖出一定标的资产。

如果我们记 S_T 为期权合约到期日的期权合约标的资产价格，T 为期权合约到期时间，X 为期权的执行价格，则欧式期权合约在到期日的损益如表 15－6 所示。

表 15－6 欧式期权的损益

	看涨期权	看跌期权
多头	$\max(S_T-X,0)$	$\max(X-S_T,0)$
空头	$-\max(S_T-X,0)=\min(X-S_T,0)$	$-\max(X-S_T,0)=\min(S_T-X,0)$

期权的内在价值是期权标的资产的市场价格与标的资产的执行价格之间的差额。

对于看涨期权，当期权标的资产的市场价格高于执行价格时，内在价值为正，反之为负。对于看跌期权，当期权标的资产的市场价格低于执行价格时，内在价值为正，反之为负。如图 15－4 所示，内在价值为正的期权称为实值期权，内在价值为负的期权则是虚值期权。期权除了内在价值之外，还有一个时间价值，期权的内在价值和时间价值之和构成了期权的价值，也是期权公平的期权费。

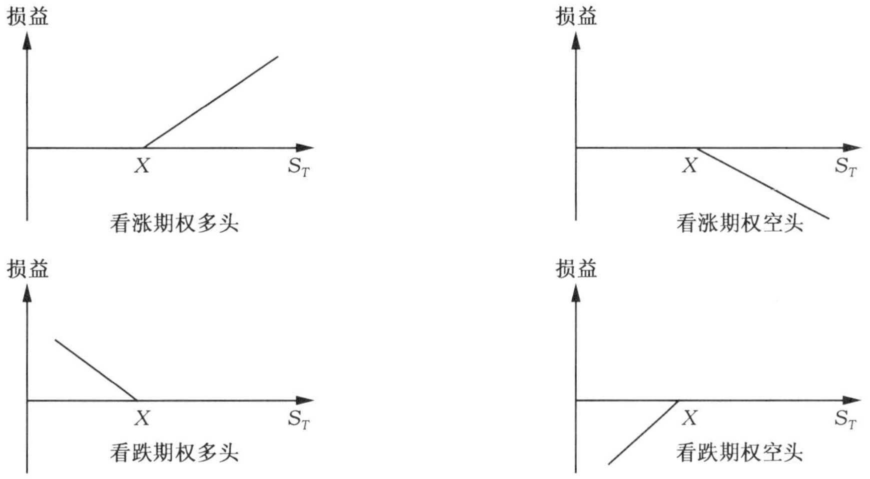

注：X为执行价格，S_T为到期时资产价格。

图 15－4　看涨期权与看跌期权到期日的损益

在期权的具体运用中，往往是将基本的期权合成在一起，构造出结构复杂的期权。利用期权构造的金融衍生品是相当多的，因此期权的应用也就相当广泛。

需要说明的一点是，期权的价格或者说期权的价值不是标的资产的价格，而是期权费。标的资产的价格会影响到期权的价格，但两者是不同的，标的资产的价格仅仅是影响期权价值的一种因素。

［**例 15－14**］　记 t 表示当前时间，c 表示到期日为 T、行权价为 K 的欧式看涨期权价格，p 表示到期日为 T、行权价为 K 的欧式看跌期权价格，当前（t 时）期权标的资产股票价格记为 S。假设 t 到 T 的无风险借贷利率相同，记无风险利率为 r，则 $c+Ke^{-r(T-t)}=p+S$。

这是因为，如果 $c+Ke^{-r(T-t)}\neq p+S$，则 $|(c+Ke^{-r(T-t)})-(p+S)|>0$。将 $c+Ke^{-r(T-t)}$ 视为看涨期权 c 与债券的组合，将 $p+S$ 视为看跌期权 p 与股票 S 的组合，用这两个组合构造多空资产组合，在 T 时刻，分别假设股票价格大于行权价 K 和不大于行权价 K，简单计算可以发现这个多空组合的价值等于零。于是，在 $c+$

$Ke^{-r(T-t)} \neq p+S$ 的条件下，市场存在无风险套利机会。常识告诉我们，在正常的市场中无风险套利机会不存在。因此，$c+Ke^{-r(T-t)} \neq p+S$ 一定不成立。

$c+Ke^{-r(T-t)}=p+S$ 称为欧式看涨期权和欧式看跌期权价格平价关系。简单对平价关系变形，可以得到一些有趣的结论。例如，$c=p+S-Ke^{-r(T-t)}$ 表示欧式看涨期权可以由欧式看跌期权与股票多头、债券的空头组合复制，$-S=p-c-Ke^{-r(T-t)}$ 表述股票空头可以由欧式看跌期权多头、欧式看涨期权空头和债券空头复制，等等。

一、期权价值的影响因素

期权价值的影响因素有很多，最主要的影响因素有以下几种：

(1) 当前标的资产的市场价格 S_0。看涨期权的价值随市场价格的上升而上升，看跌期权的价值随市场价格的上升而下降。以股票期权为例，合约到期(T)时，看涨期权的盈利是 $\max(S_T-X,0)$（在这里计算盈利时，暂不考虑期权费的影响），S_T 越高，买方的盈利就越大，那么所要支付的期权费用也就越高。相反，看跌期权的盈利是 $\max(X-S_T,0)$，S_T 越高，买方盈利就越少，那么期权费用也就越低。而当前 S_0 越高，则 S_T 越高。

(2) 执行价格 X。看涨期权的价值随执行价格的上升而下降，看跌期权的价值随执行价格的上升而上升。这一点从上述例子就可以看出，在此不再赘述。

(3) 有效执行期(期权合约剩余期限)T。如果期权的标的资产在期权合约有效期内不分红，则对于美式期权，期权的剩余期限 T 越长，美式期权的持有者(多头方)被赋予更多的机会，相应地，期权价值就越大。欧式期权的价值与期权剩余期限之间的关系不确定。

(4) 波动率 σ。波动率 σ 越大，期权价值就越高。σ 越大，标的资产未来价格变动的不确定性越大，对于期权的买方而言，波动带给他的损失是有限的，即期权费；而获取的收益可能会变大，所以期权的价值就会上升。

(5) 无风险利率 r。看涨期权的价值随 r 的上升而上升，看跌期权的价值随 r 的上升而下降。看涨期权的购买者仅在他们执行期权时才支付执行价格，当 r 上升时，因延迟支付而可以获得利差收益，因而看涨期权的价值会变大，看跌期权的价值会变小。另一方面，利率的上升还会使股票价格下降，这又提高了看跌期权的价值，降低了看涨期权的价值。

对于股票期权，还有一种影响因素：期权有效执行期内预计可获得的股息收入。红利会降低看涨期权的价值，增加看跌期权的价值。因为在除息日，股票的价格会下降，这就使得看涨期权的价值减少，看跌期权的价值增加。

二、期权估价方法

如果允许自由买空卖空资产，没有交易费用，也没有税收，所有证券都是完全可分离的，在有效期内股票没有红利支付，市场不存在无风险套利机会，证券交易是连续的，无风险利率是常数，于是，布莱克(Black)和舒尔茨(Scholes)给出了欧式看涨、看跌期权的定价公式(BS公式)。如果我们用 c 表示欧式看涨期权的价格、p 表示欧式看跌期权的价格，则

$$c=SN(d_1)-Xe^{-rT}N(d_2) \tag{15-1}$$

$$p=Xe^{-rT}N(-d_2)-SN(-d_1) \tag{15-2}$$

其中，$d_1=\dfrac{\ln(S/X)+(r+\sigma^2/2)T}{\sigma\sqrt{T}}$，$d_2=\dfrac{\ln(S/X)+(r-\sigma^2/2)T}{\sigma\sqrt{T}}=d_1-\sigma\sqrt{T}$，$r$ 为无风险利率，T 为期权的到期时间，X 为期权的执行价格，S 为期权标的资产的当前价格，σ 为 S 的波动率，$N(x)$是均值为零、标准差为1的正态随机变量的分布函数。

如果期权的标的资产在期权有效期内支付红利，而且红利与基础资产的价格成比例(连续红利)，支付的连续红利率记为 y，则BS定价公式应改为：

$$c=Se^{-qT}N(d_1)-Xe^{-rT}N(d_2) \tag{15-3}$$

$$p=Xe^{-rT}N(-d_2)-Se^{-qT}N(-d_1) \tag{15-4}$$

这时，$d_1=\dfrac{\ln(S/X)+(r-y+\sigma^2/2)T}{\sigma\sqrt{T}}$，$d_2=\dfrac{\ln(S/X)+(r-y-\sigma^2/2)T}{\sigma\sqrt{T}}=d_1-\sigma\sqrt{T}$

三、期权定价理论在资本预算中的应用

进行资本预算时，我们用投资项目的净现值作为决策依据，如果项目的净现值大于零，则该项目是值得投资的。但是，值得投资的项目是否就一定需要马上进行呢？这需要比较分析项目中隐含的期权价值。本节利用BS期权定价公式分析实物期权的价值。在应用期权定价公式时，我们必须考虑BS定价公式成立的条件。也就是说，我们必须考虑以下一些因素的影响。

首先，这些实物期权的标的资产是非交易资产，不存在一个经常交易这类资产的市场，资产价格也不是连续变化的，因此，估计这个项目的价值和方差很困难。应用BS公式对期权定价，可能低估期权的价值。

其次，期权标的资产的方差在期权有效期内也可能不是常数，由于实物期权的有效期通常有数年，因此，假设方差为常数也可能导致错误地估计期权价值。

再次，BS公式假设期权是瞬时执行的，而实物期权不可能在瞬时执行。例如，建设一个工厂需要一段时间才能够完成。因此，实物期权的真实有效期通常小于名义有

效期。这是我们应用期权定价公式时也必须考虑的问题。

下面,我们通过一些例子来解释期权定价理论在资本预算中的应用。在本书的第六章我们介绍了几种实物期权,即推迟项目的期权、扩张项目的期权和放弃项目的期权。下面将运用期权定价公式来估计这几种实物期权的价值。

[例 15-15] 推迟项目的期权

假设一家公司拥有一种新药 20 年的专利权,药品开发的初始投资是 1.5 亿元,生产新药后产生的现金流量的现值为 1 亿元,现金流量现值的方差为 0.03。假设 20 年期的无风险利率为 10%,请分析这个专利的价值。

是否进行新药的生产,即公司推迟项目的期权,就是一个看涨期权。在这个期权中,基础资产就是进行新药的生产,其现金流量的现值是 1 亿元;该期权的执行价格就是进行新药项目的初始投资 1.5 亿元,基础资产的方差就是现金流量现值的方差 0.03,期权的有效期就是专利的 20 年期限,市场无风险利率为 10%。

将项目推迟到净现值为正时才执行会引致成本,这个成本是由项目权利的时限决定的,每推迟一年就意味着获得现金流量的年份少了一年。如果项目未来每年的现金流量是相同的,则推迟执行项目的成本(负担收益率)为 0.05(1/20,是项目期限的倒数),这个成本可以解释为期权基础资产的红利支付,于是,推迟期权的连续红利率为 5%。根据 BS 定价公式,可以计算出 $d_1=1.154\ 84$,$d_2=0.380\ 243$,因此,推迟项目的期权价值为:

$$c=1.0e^{-0.05\times 20}N(d_1)-1.5e^{-0.1\times 20}N(d_2)=0.190\ 664(\text{亿元})$$

[例 15-16] 扩张项目的期权

假设一家百货连锁公司计划在上海开设一家分店,开设分店的成本是 1 亿元,预期这个店的现金流量的现值为 0.8 亿元。开设这家分店后,百货公司拥有在未来 5 年内任何时间将其扩大为大型百货商店的期权,扩张的成本为 2 亿元。仅仅当预期现金流量的现值超过 2 亿元时,公司才会进行扩张。目前扩张产生的预期现金流量仅为 1.5 亿元,项目扩张产生的现金流量的方差为 0.08。市场 5 年期无风险利率为 6%。请分析这个扩张期权的价值。

这个扩张期权是看涨期权,期权的标的资产就是项目扩张后产生现金流量的现值,如果立即执行,则现金流量的现值为 1.5 亿元,方差为 0.08。期权的执行价格就是扩张成本 2 亿元,期权的有效期就是扩张期权的 5 年期限,无风险利率为 6%,这里没有延迟成本。根据 BS 定价公式,可以计算出 $d_1=0.335\ 704$,$d_2=-0.296\ 751$,因此,扩张期权价值为:

$$c=1.5N(d_1)-2.0e^{-0.06\times 5}N(d_2)=0.379\ 226(\text{亿元})$$

这个期权价值可以加到初始项目的净现值中。

分店项目的初始净现值＝0.8－1.0＝－0.2(亿元)

具有扩张期权的分店的净现值＝－0.2＋0.379 226＝0.179 226(亿元)

[例 15-17] 放弃项目的期权

假设一家公司正在考虑投资一个10年期的房地产项目，初始投资是1亿元，项目预期现金流量的现值为1.1亿元，在未来的10年时间里公司拥有随时将项目转让给合伙人的权利。如果公司放弃这个项目，可以获得0.5亿元的收入，项目现金流量现值的方差为0.06，10年期无风险利率为7%。请分析这个放弃期权的价值。

这个放弃期权是个看跌期权，我们且假设公司仅仅在第10年末决定是否放弃这个项目，这样，这个放弃期权是欧式看跌期权。当房地产项目收益不理想时，公司主动放弃这个项目。期权的基础资产是这个项目的现金流量，当前基础资产的价值为1.1亿元，基础资产的方差是0.06，期权的有效期是10年，根据BS定价公式，可知 $d_1=2.308\ 889$，$d_2=1.534\ 292$，因此，放弃期权的价值为：

$$p=0.5e^{-0.07\times10}N(-d_2)-1.1N(-d_1)=0.003\ 991(\text{亿元})$$

于是，具有放弃期权的项目的当前价值为0.103 991亿元(项目净现值加期权价值)。

实物期权的思想，可以广泛应用于自然资源需要立即开采或延迟开采的分析，产品专利权的估价分析，以及其他许许多多的推迟项目、扩张项目或者放弃项目的分析。但是，在应用期权定价公式估价这些实物期权时，我们必须注意期权定价公式成立的条件，这样才能够准确判断这些期权的价值，为公司财务分析与决策服务。

本章小结

本章系统介绍了远期与期货、套期保值、互换、期权等金融衍生产品的概念。

本章讲述了金融衍生产品在公司风险管理与资本预算中的应用。考虑到资本预算中的不确定性，我们介绍了期权定价理论在几种实物期权分析中的运用。

关键术语

远期　期货　利率期货　套期保值　互换　利率互换　货币互换　期权
推迟项目的期权　扩张项目的期权　放弃项目的期权

思考与练习

1. 请解释远期与期货。

2. 请解释如何运用远期或期货进行套期保值。

3. 请给出利率期货的例子，利率期货有哪些用途？

4. 请给出互换的例子，互换有哪些用途？

5. 什么是欧式期权？什么是看涨期权？什么是看跌期权？

6. 影响期权价值的因素有哪些？

7. 请举例说明资本预算中的推迟工程项目的期权、扩展工程项目的期权和放弃工程项目的期权。

8. Black-Scholes 期权定价公式的条件是什么？

9. 看涨期权和看跌期权的价值（期权费）和哪些因素有关？

10. 如果你将在下个月收到数目不菲的年终奖金，并希望将奖金投资于长期公司债券。你相信当前公司债券的收益率很吸引人，并且担心债券价格在随后的几周之内会上升，简述你如何使用金融期货来规避风险。

11. 在到期日之前，平价看跌期权的时间价值（　　）。

A. 是正的　　B. 等于股票价格减去执行价格

C. 是负的　　D. 等于零

E. 上述说法都不对

12. 持有期货多头头寸的投资者在交割日（　　）商品，持有空头头寸的投资者在交割日（　　）商品。

A. 出售；商品　　B. 出售；出售

C. 购买；购买　　D. 购买；出售

E. 协商价格；支付价格

13. 假设一家公司拥有一种新产品 15 年专利权，新产品开发的初始投资是 1.2 亿元，生产新产品的现金流现值为 0.8 亿元，现金流现值方差为 0.04。我们假设 15 年期的无风险利率为 10%。请分析这个专利的价值。

14. 假设一家连锁超市计划在上海开设一家连锁分店，开设连锁分店的成本为 1.4 亿元，预期这家分店的现金流的现值为 1 亿元。开设这家分店后，百货公司拥有在未来 4 年内任何时间继续开设连锁超市的期权，开设连锁超市新店的成本为 1.8 亿元。仅仅当预期的现金流现值超过 1.8 亿元时，公司才会进行扩张。目前扩张产生的预期现金流仅为 1.4 亿元，项目扩张产生的现金流的方差为 0.08。市场 4 年期无风险利率为 6%。请分析这个扩张期权的价值。

15. 假设一家公司正在考虑投资一个 10 年期的房地产项目，初始投资为 2 亿元，预期项目现金流的现值为 2.5 亿元，在未来的 10 年时间里公司拥有随时将项目转让给合伙人的权利，如果公司放弃这个项目，可以获得 0.8 亿元的收入，项目现金流的方差为 0.06，10 年期无风险利率为 7%。请分析这个放弃期权的价值。

16. 假设当前中国中车的市场价格是 15.00 元/股，现在签一份远期合约，6 个月之后可以按照

远期价格 F 购买 1 手(100 股)中国中车股票。如果当前市场无风险借、贷利率相同,6 个月借、贷的年利率都是 6%(连续复利)。请计算远期价格,并说明在什么条件下市场存在套利机会？如何实现套利收益？

17. 假设当前日元对美元的汇率是 100.00 日元/美元,当前一年期日元无风险借、贷利率 $r=4\%$,一年期美元无风险借、贷利率 $r=6\%$,连续复利计息。请计算一年期日元兑美元的外汇远期合约的远期价格。

18. 假设当前中国中车的市场价格是 15.00 元/股,现在签一份期货合约,6 个月之后可以按照期货价格 F 购买 1 手(100 股)中国中车股票。如果当前市场无风险借、贷利率相同,6 个月借、贷的年利率都是 6%(连续复利)。根据中国中车董事会公告,在 6 个月之内中国中车将分红,分红的红利现值为 2.00 元/股。请计算期货价格。

19. 假设当前黄金的市场价格为 450 元/克,一个套利者能够以每年 10%的利率借入资金。如果假设黄金的储存保管费为 100 元/次,持有黄金不会带来任何利息收入。请计算一年期黄金期货价格。

20. 当前铜的市场价格为 55 000 元/吨,如果当前市场无风险借、贷利率相同,年利率都是 5%(连续复利),存储铜没有成本。一张铜期货合约交易 25 吨铜,一年期铜的期货价格为 1 222 102.65 元。请计算一年期铜期货价格,如果当前市场铜期货价格为 57 800 元,市场是否有套利机会?

21. 记 t 表示当前时间,c 表示到期日为 T、行权价为 K 的欧式看涨期权价格,p 表示到期日为 T、行权价为 K 的欧式看跌期权价格,当前(t 时)期权标的资产股票价格记为 S。假设 t 到 T 的无风险借贷利率相同,记无风险利率为 r,请用欧式期权和债券复制股票。

第十六章　认股权证和可转换债券

本章学习目的

了解认股权证的主要特征。

掌握认股权证的价值评估方法。

了解可转换债券的主要特征。

掌握可转换债券的价值评估方法。

了解公司发行可转换债券的原因。

理解可转换债券与认股权证的差异。

许多企业在发行债券时会采用债券与认股权证的组合形式，或者选择可转换债券的形式。认股权证给予其持有者购买公司其他证券的权利，而可转换债券则使其持有者享有用此债券来交换其他证券的权利。本章主要讨论这些金融产品的特征以及如何定价等问题。

第一节　认股权证

一、认股权证的概念和特征

认股权证（warrants）是公司发行的一种长期买入期权，其持有者可以在规定的时间内按照事先确定的价格购买一定数量的公司普通股，但它本身不是股票，既不享受股利收益，也没有投票权。由于认股权证具有买入股票的权利，有时也称为认购权证。认股权证一般是附在公司债券或优先股上与它们共同发行，但认股权证在发行后，就与公司债券或优先股相分离，单独流通与交易。

认股权证指定基础普通股、股票的数量、执行价格和到期日，它通常具有以下几个特征：

(1) 认股权证上应规定执行价格，该价格可以是固定的，也可以按普通股的市场行情进行调整。由于认股权证是一种股票买入期权，所以当发行公司发放股票股利或股票分割，执行价格就应进行相应的调整。比如，某公司认股权证规定的普通股认购价格为每股 10 元，若公司进行了 1 变 2 拆分，则原认股权证对应的股票认购价格也相应降为每股 5 元。

(2) 每份认股权证所能认购的普通股股数是固定的，其数目应在认股权证上写明。当认股权证持有者行使认股权时，应把认股权证交回给公司。

(3) 认股权证上应规定认股权证的有效期限，超过有效期限后，认股权证就会失效。尽管也有无期限的认股权证，即永久有效的认股权证，但多数认股权证是有期限限制的。

二、认股权证的价值评估

(一) 认股权证的价值

认股权证的价值源自投资者预期股票价格将超过执行价格，从而产生投资的盈利机会。若这一预期不存在，认股权证就不具有任何价值。

认股权证的价值会受到所认购股票的市场价格、权证规定的认购价格(即执行价格)、距认股权证到期日的时间长短、市场利率、是否分配现金股利等因素的影响。

认股权证的价值由理论价值和时间价值两部分构成。理论价值(theoretical value of the warrant)又称为认股权证的底价，在不考虑稀释效应的情况下，认股权证的理论价值 TV_w 由下式决定：

$$TV_w = q \times (S_0 - X) \tag{16-1}$$

式中，TV_w 为认股权证的理论价值；q 为每份认股权证可认购的普通股数量；S_0 为普通股当前的市场价格；X 为认购价格(或执行价格)。

假设某公司为认股权证确定的执行价格为 10 元，普通股当前的价格为 15 元，每份认股权证可以认购 1 股普通股，则认股权证的理论价值为：

$TV_w = q \times (S_0 - X) = 1 \times (15 - 10) = 5$(元)

认股权证的理论价值是其出售时的最低价格。与股票一样，认股权证可以在交易所进行交易，这样，它们也就相应地具有市场价值。认股权证的市场价值通常要高于其理论价值，否则就会出现无风险套利机会。因为当认股权证的市场价值跌至其理论价值之下时，套利者将买入认股权证并予以执行，同时又卖出股票，由此获得无风险收益。随着认股权证购买压力的不断加大，市场价值将上升至其理论价值，套利行为将因无利可图而停止。

与一般股票期权一样，认股权证的市场价格要高于其理论价值(底价)，这两者之间的差即为认股权证的时间价值。认股权证的时间价值主要受权证距到期日的时间长短和标的股票价格的波动性大小的影响。距到期日的时间越长，股票价格的波动性越大，在认股权证有效期内标的股票价格上升的机会越多，投资者获利的机会也越大，认股权证的时间价值也就越高；反之，认股权证的时间价值就越低。

(二) 股权稀释对认股权证的价值影响

如果认股权证没有不同寻常的特征，股票也没有现金股利的支付，那么认股权证的价值就可以利用布莱克—舒尔茨(Black-Scholes)模型进行评估。但是，如果认股权证的标的资产是支付现金股利的股票，模型的应用就有问题了。事实上，认股权证的持有者没有股利的分享权，只要支付现金股利，认股权证的持有者就会有所损失，因为现金股利会引起股价下跌，从而降低认股权证的价值。

由于 Black-Scholes 期权定价模型假设股票没有支付现金股利，因此对于支付现金股利的公司所发行的认股权证，在运用该模型时需要根据股利因素进行调整。另外，认股权证的执行将会引起股票数量的增多，这意味着公司的资产与利润将由更多的股份来分摊。也就是说，出现了股权稀释。因此，在评估认股权证的价值时需要考虑股权的稀释问题。

假设认股权证执行前公司的普通股数量为 N，认股权证的数量为 M，每份认股权证可以认购 q 股股票，认购价格为 X，认股权证执行前公司的股东权益价值为 V_0。如果认股权证被执行，则公司需按认购价格 X 增发 M_q 股新股。于是，公司的股东权益价值将变为 $V_1=V_0+M_qX$，公司的股份数量将上升至$(N+M_q)$，公司的股票价格将变为：

$$S_1=\frac{V_0+M_qX}{N+M_q} \tag{16-2}$$

由于认股权证的执行增加了股票数量，所以在利用期权定价模型为买进期权定价以后，再调整其价值以反映稀释效应。具体调整方法为：

$$\text{调整后的认股权证价值}=\text{买进期权价值}\times\frac{\text{现有的股票数量}}{\text{现有的股票数量}+\text{新增的股票数量}} \tag{16-3}$$

[**例 16-1**]　某公司发行了附有认股权证的分离交易的可转债 1 000 万张，可转债的面值为 100 元，每张可转债可获得 1 份认股权证。在认股权证行权期内，每 2 份认股权证可认购 1 股公司普通股，行权价格为 20 元，认股权证的有效期是 2 年。公司

的股票价格为 25 元，发行在外的普通股数量为 80 000 万股。股票价格的年标准差为 12%，无风险收益率为 3%。用 Black-Scholes 模型计算该认股权证的价格。

用 Black-Scholes 模型计算该期权的价值，其结果为：

$$d_1=\frac{\ln\frac{S}{X}+(r+\frac{1}{2}\sigma^2)t}{\sigma\sqrt{t}}=\frac{\ln\frac{25}{20}+(0.03+\frac{1}{2}\times0.12^2)\times2}{0.12\times\sqrt{2}}=1.7533$$

$$d_2=d_1-\sigma\sqrt{t}=1.7533-0.12\times\sqrt{2}=1.5836$$

$$N(d_1)=0.9602,\quad N(d_2)=0.9433$$

$$c=SN(d_1)-Xe^{-rt}N(d_2)=25\times0.9602-20\times e^{-0.03\times2}\times0.9433=6.24(\text{元})$$

由于认股权证的执行会增加股票数量，所以需要考虑执行所包含的稀释效应。调整价值的计算如下：

新增的股票数量$=1\,000\times1\times0.5=500$(万股)

$$\text{认股权证的价值}=6.24\times\frac{\text{现有的股票数量}}{\text{现有的股票数量}+\text{新增的股票数量}}$$

$$=6.24\times\frac{80\,000}{80\,000+500}$$

$$=6.20(\text{元})$$

然而，该例并没有考虑股利支付的情况。由于股利的支付会降低股票价格，从而引起买入期权价值的下降，所以需要调整股利支付带来的稀释作用。

假设股票的股利收益率在期权的有效期内为 y(股利/股票的价值)，那么，Black-Scholes 模型可以根据股利因素进行如下调整：

$$c=Se^{-yt}N(d_1)-Xe^{-rt}N(d_2)\tag{16-4}$$

式中，$d_1=\frac{\ln\frac{S}{X}+(r-y+\frac{1}{2}\sigma^2)t}{\sigma\sqrt{t}}$，$d_2=d_1-\sigma\sqrt{t}$。

三、发行认股权证的原因

认股权证的价格以普通股的价格为基础来确定，所以它被看作是另一种权益资金的形式。那么，为什么公司会采用认股权证而不是普通股的方式来筹集权益资金呢？其原因有以下几点。

首先，在企业发行债券或优先股时，给予投资者认购普通股的权利，可以有效地刺激投资者的投资欲望，使企业较容易筹集到资金。

其次，从认股权证本身来看，在发行期内并不会对公司造成财务负担，如利息或现金股利的支出，还可以得到相对宽松的筹资条件。由于认股权证具有价值，企业在发行债券时可以适当地降低利率，从而减少相应的现金支出。因此，对于一家高速成长的公司而言，发行认股权证是一个较好的融资方式，尤其是当公司的现金流量较低或者根本没有现金流量时。

再次，当认股权证的认购权被行使时，就增加了企业的资金来源。

最后，增发普通股会对控制权产生稀释作用。而发行认股权证既可以筹集到公司所需的权益资金，公司目前又可以不增发新股从而可以避免控制权的稀释。

第二节 可转换债券

一、可转换债券的概念和特征

可转换债券是指持有者可按一定的转换价格或转换比率将债券转换为公司普通股的债券。在债券发行时将之转换为普通股并不会给债券持有者带来利益，但当股票价格升高时，转换便成了一个有吸引力的选择。公司一般通过给债券附有可转换条款的方式来降低债券的利率。

转换比率表示每张债券可转换的普通股股数，用可转换债券的面值除以转换价格即可得出。转换价格是指可转换债券的持有者在行使转换权的有效期内，将可转换债券转换为普通股的价格。例如，唐钢股份公司发行期限为 5 年的可转换债券，面值 100 元，规定可按每单位 20.8 元的价格转换为公司的普通股，20.8 元即为转换价格，而转换比率则为 4.807 7(100/20.8)。

可转换债券除了具有与普通债券相同的票面利率、到期日和选择性赎回特征外，它还具有以下转换特征：

(1) 它可以在到期日前的任一时间以规定的转换价格转换成普通股，转换价格通常高于发行时股票的价格。也就是说，转换选择权在发行时是一个虚值。

(2) 转换价格通常会由于股票分割、股票股利或认股权发行而加以调整。

(3) 债券持有者将债券转换后就不能获得债券的利息收入，因此持有者很少在利息支付日前自愿进行转换。

二、可转换债券的价值评估

可转换债券的持有者同时拥有一份债券和一份公司普通股的看涨期权，他们可以在债券到期日前的任一时间按规定的转换价格将可转换债券转换成普通股，因此，可转换债券的价值取决于三个部分：普通债券价值、转换价值和期权价值。

（一）普通债券价值

可转换债券的普通债券价值是指在债券不具有任何转换特征的前提下，在市场上将其出售的价格。它取决于利率水平和违约风险的大小。为了确定债券的现值，首先找到与可转换债券信用评级相同的普通债券的到期收益率，以它作为折现率，再用普通债券的定价公式进行计算。即

$$\text{债券价值}=\sum_{t=1}^{n}\frac{\text{利息}_t}{(1+r_B)^t}+\frac{\text{本金}}{(1+r_B)^n} \tag{16-5}$$

［例 16－2］　2023 年 7 月，孩子王发行了面值为 100 元的可转换债券，该债券 6 年后到期。债券的票面利率是：第一年年息为 0.3%，第二年为 0.5%，第三年为 1%，第四年为 1.5%，第五年为 1.8%，第六年为 2%。同期企业债的到期收益率为 6.3%。那么，孩子王公司发行的可转换债券的普通债券价值是多少？

由式(16－5)可知，

$$\begin{aligned}\text{债券价值}&=\sum_{t=1}^{n}\frac{\text{利息}_t}{(1+r_B)^t}+\frac{\text{本金}}{(1+r_B)^n}\\&=\frac{0.3}{1.063}+\frac{0.5}{1.063^2}+\frac{1}{1.063^3}+\frac{1.5}{1.063^4}+\frac{1.8}{1.063^5}+\frac{2}{1.063^6}+\frac{100}{1.063^6}\\&=74.76(\text{元})\end{aligned}$$

若债券到期收益率上升，则可转换债券的普通债券价值就下降；若债券到期收益率下降，则可转换债券的普通债券价值就会上升。但不论其基础股票的价值如何下跌，可转换债券的市场价值永远不会跌至其普通债券价值 74.76 元以下。也就是说，其普通债券价值是可转换债券的保底价值。

（二）转换价值

可转换债券的价值也取决于转换价值。转换价值是指可转换债券如果能以当前的股票价格立即转换为普通股时所取得的价值。其计算公式为：

$$\text{转换价值}=\text{股票当前价格}\times\text{转换比率} \tag{16-6}$$

［例 16－3］　假定孩子王发行可转换债券时的股票价格为 11 元，并规定了转换价格为 11.63 元，那么，该可转换债券的转换价值计算如下：

$$\text{转换比率}=\frac{\text{可转换债券的面值}}{\text{转换价格}}=\frac{100}{11.63}=8.598\,5$$

$$\text{转换价值}=\text{股票当前价格}\times\text{转换比率}=11\times8.598\,5=94.58(\text{元})$$

转换价值是可转换债券出售的最低价格，若可转换债券的市场价格跌至其转换价值之下，就会出现无风险套利。如果孩子王的可转换债券的市场价格为 90 元，其转换价值为 94.58 元，投资者会买进可转换债券，并立即将其转换为股票，再把股票出售，

从而获利 4.58 元。然而，市场的这种不完善性不会持续很久，无风险套利会使得可转换债券的价格恢复到转换价值之上。

因此，可转换债券具有两个价值底线，即普通债券价值和转换价值。转换价值是由公司的基础股票价格所决定。

（三）期权价值

可转换债券的价值通常会高于普通债券价值和转换价值。之所以会发生这种情况，是因为可转换债券的持有者不必立即转换，他们可以通过等待并在将来利用普通债券价值与转换价值中的较高者来选择对自己有利的策略。这种通过等待而得到的选择权（期权）也有价值，它使得可转换债券的价值高于普通债券价值和转换价值。

转换期权是以基础股票为标的买进期权，它的价值取决于所有影响买进期权价值的变量，即基础股票的价格、转换比率、可转换债券的期限、股票价格的方差以及无风险利率水平。

[**例 16-4**]　假定 2023 年 7 月孩子王发行的可转换债券具有以下特征：

（1）债券的面值为 100 元，有 1 000 万张债券流通在外，于 2029 年 7 月到期。

（2）2024 年 1 月—2029 年 7 月间的任一时间，每张可转换债券可按 11.63 元的价格进行转换。

（3）2023 年 7 月，股票价格为 11 元，股票价格的标准差为 0.5。

（4）债券的票面利率是：第一年为 0.3%，第二年为 0.5%，第三年为 1%，第四年为 1.5%，第五年为 1.8%，第六年为 2%。

（5）同期企业债的到期收益率为 6.3%，无风险利率为 3%。

（6）公司流通在外的股票有 600 000 万股。

利用期权定价模型计算可转换债券的价值。

① 计算普通债券的价值。

$$
\begin{aligned}
\text{债券价值} &= \sum_{t=1}^{n} \frac{\text{利息}_t}{(1+r_B)^t} + \frac{\text{本金}}{(1+r_B)^n} \\
&= \frac{0.3}{1.063} + \frac{0.5}{1.063^2} + \frac{1}{1.063^3} + \frac{1.5}{1.063^4} + \frac{1.8}{1.063^5} + \frac{2}{1.063^6} + \frac{100}{1.063^6} \\
&= 74.76\text{（元）}
\end{aligned}
$$

② 计算转换期权的价值。

用 Black-Scholes 模型为该期权定价，其结果为：

$$
d_1 = \frac{\ln \dfrac{S}{X} + \left(r + \dfrac{1}{2}\sigma^2\right)t}{\sigma \sqrt{t}} = \frac{\ln \dfrac{11}{11.63} + \left(0.03 + \dfrac{1}{2} \times 0.5^2\right) \times 6}{0.5 \times \sqrt{6}} = 0.7139
$$

$d_2 = d_1 - \sigma\sqrt{t} = 0.713\ 9 - 0.5 \times \sqrt{6} = -0.510\ 9$

$N(d_1) = 0.762\ 3,\quad N(d_2) = 0.304\ 7$

$c = SN(d_1) - Xe^{-rt}N(d_2)$

$= 11 \times 0.762\ 3 - 11.63 \times e^{-0.03 \times 6} \times 0.304\ 7 = 5.43$（元）

由于可转换债券的执行会增加股票数量，所以需要考虑执行所包含的稀释效应。调整价值的计算如下：

$$转换比率 = \frac{可转换债券的面值}{转换价格} = \frac{100}{11.63} = 8.598\ 5$$

新增的股票数量 $= 1\ 000 \times 8.598\ 5 = 8\ 598.5$（万股）

$$调整后的\ c = 5.43 \times \frac{现有的股票数量}{现有的股票数量 + 新增的股票数量}$$

$$= 5.43 \times \frac{600\ 000}{600\ 000 + 8\ 598.5} = 4.75（元）$$

转换期权的价值 $= 4.75 \times 8.598\ 5 = 40.84$（元）

③ 计算可转换债券的价值。

可转换债券的价值＝普通债券的价值＋转换期权的价值

$= 74.76 + 40.84$

$= 115.60$（元）

三、发行可转换债券的原因

可转换债券具有低票面利率与可转换为公司普通股的特征，而这两个特征正是公司发行可转换债券的主要原因。

首先，对于公司而言，发行可转换债券比发行普通债券的成本要低。这是因为可转换债券的票面利率低于普通债券的票面利率，而且，公司将可转换债券的转换选择权部分视为权益，而将直接债券部分视为可转换的负债，由于选择权具有价值，从而降低了负债的利率。

其次，对于高速成长但目前的现金流量并不太高的公司而言，发行可转换债券相对于发行普通债券而言是一个具有吸引力的选择。高成长和高风险的结合可以增加转换选择权的价值，从而降低债券利率并可以减轻公司现金流量的压力。

最后，可转换债券可以减少公司权益投资者和债券投资者之间的矛盾。权益投资者可以通过进行高风险的投资项目和借入新债来剥夺债券投资者的财富，而可转换债券的存在可以使债券投资者利用转换选择权使自己成为权益投资者，从而避免成为财富剥夺的对象。

四、可转换债券与认股权证的差异

可转换债券与认股权证有很多相似之处，但两者之间也存在一些差异，具体表现为以下几点：

第一，认股权证大多是与公司债券或优先股捆绑发行的，但发行后认股权证可以脱离公司债券或优先股单独交易，而可转换债券的债券和期权是捆绑在一起的，不能分散出售。

第二，认股权证可以独立发行，并不一定要与其他债券一起捆绑发行。例如，有些公司给予高管人员的股票期权虽然不称作认股权证，但它们实际上就是认股权证。公司还可以把它们的认股权证直接出售给投资者。

第三，认股权证在执行时需要用现金购买股票，而可转换债券在转换时只是将债券换成了普通股，并不需要额外支付现金。这意味着认股权证的执行和可转换债券的转换对公司现金流量和资本结构产生的影响有所不同。

第四，认股权证与可转换债券的税负有些差异。

五、强制转换

公司通常会保留以事先约定的价格买回或赎回可转换债券的权利。这种赎回条款使发行公司可以在转换价值超过赎回价格的任何时候，迫使债券持有者将债券转换成股票，这就是强制转换。大部分可转换债券契约要求公司在赎回日之前通知债券持有者，通常是提前 30 天，在该通知期内，债券持有者必须选择是将债券转换成股票，还是把债券交换给公司，以获得对应于赎回价格的现金。

一般而言，可转换债券的市场价值总是高于其转换价值，除非转换选择权将要过期。市场价值和转换价值的差异反映了转换选择权的时间价值。如果基础股票不支付股利，无论转换价值多高，可转换债券持有者都不会自愿将其转换。即使支付现金股利，如果转换后其所获得的股利低于他们现在得到的利息，他们也不会自愿地转换。

假如基础股票的市场价格高于赎回价格，公司要求提前赎回可转换债券会刺激持有者进行转换，因为将债券进行转换比交出债券并获得赎回的现金更有利。对于公司而言，最优的赎回策略应该是使股东受益。如果转换价值低于赎回价格，债券的赎回将使财富从股东转移到债券持有者手中。如果转换价值高于赎回价格，债券持有者就会将其转换。因此，只有一项策略可以使股东价值最大化而使债券持有者的价值最小化，即：公司应在转换价值等于其赎回价格时进行赎回。

然而，当转换价值达到赎回价格时，公司并不总是赎回可转换债券，它们通常等到转换价值超过赎回价格许多时才会赎回债券。这是因为债券持有者有 30 天的时间来决定是把债券转换成股票还是按赎回价格获取现金。在这30天内，如果股价下跌，则会迫使转换价值低于赎回价格，债券持有者就会交出他们的债券以换取现金，而不是进行转换。此时，公司不得不付出现金。所以，公司通常会等到转换价值高出赎回价格达到一个合理的差额时才会进行赎回。

专栏16-1 我国证券市场累计发行权证明细

名称	正股简称	认购/认沽权证	股本/备兑权证	行权方式	行权价格（元）	行权比例	上市首日参考价（元）	首发数量（亿份）
鞍钢JTC1	鞍钢股份	认购权证	备兑权证	百慕大式	3.386	1	1.093	1.131
五粮YGC1	五粮液	认购权证	备兑权证	百慕大式	4.898	1.402 3	0.889	2.978 7
侨城HQC1	华侨城A	认购权证	股本权证	百慕大式	6.958	1	11.219	1.495 2
钢钒GFC1	攀钢钢钒	认购权证	股本权证	百慕大式	3.266	1.209	1.216	8
深发SFC1	深发展A	认购权证	股本权证	百慕大式	19	1	11.472	2.086 8
深发SFC2	深发展A	认购权证	股本权证	百慕大式	19	1	12.819	1.043 4
国安GAC1	中信国安	认购权证	股本权证	百慕大式	35.5	0.5	6.352	0.957 1
中兴ZXC1	中兴通讯	认购权证	股本权证	百慕大式	78.13	0.5	10.216	0.652
钢钒PGP1	攀钢钢钒	认沽权证	备兑权证	欧式	3.16	1.534 9	1.526	2.333 4
万科HRP1	万科A	认沽权证	备兑权证	百慕大式	3.638	1	0.389	21.402 9
Z华菱JTP	华菱管线	认沽权证	备兑权证	百慕大式	4.718	1	1.161	6.331 8
五粮YGP1	五粮液	认沽权证	备兑权证	百慕大式	5.627	1.402 3	1.327	3.131 5
深能JTP1	深圳能源	认沽权证	备兑权证	百慕大式	6.692	1	1.007	4.376 8
中集ZYP1	中集集团	认沽权证	备兑权证	百慕大式	7.302	1.37	1.026	4.241 1
钾肥JTP1	盐湖钾肥	认沽权证	备兑权证	百慕大式	15.1	1	0.862	1.2
宝钢JTB1	宝钢股份	认购权证	备兑权证	欧式	4.2	1	0.688	3.877
武钢JTB1	武钢股份	认购权证	备兑权证	百慕大式	2.62	1	0.484	4.74
包钢JTB1	包钢股份	认购权证	备兑权证	百慕大式	1.94	1	0.321	7.149 1
邯钢JTB1	邯郸钢铁	认购权证	备兑权证	百慕大式	2.73	1	0.646	9.257 1
首创JTB1	首创股份	认购权证	备兑权证	百慕大式	4.4	1	0.475	0.6
万华HXB1	烟台万华	认购权证	备兑权证	百慕大式	6.38	1.409 7	8.163	0.565 8
雅戈QCB1	雅戈尔	认购权证	备兑权证	百慕大式	3.66	1	2.568	0.906 6
长电CWB1	长江电力	认购权证	股本权证	百慕大式	5.35	1	2.321	12.280 1
国电JTB1	国电电力	认购权证	备兑权证	百慕大式	4.77	1	1.1	1.510 7
伊利CWB1	伊利股份	认购权证	股本权证	百慕大式	7.97	1	10.51	1.549 4
马钢CWB1	马钢股份	认购权证	股本权证	百慕大式	3.33	1	0.708	12.65

名　称	正股简称	认购/认沽权证	股本/备兑权证	行权方式	行权价格（元）	行权比例	上市首日参考价（元）	首发数量（亿份）
中化 CWB1	中化国际	认购权证	股本权证	百慕大式	6.52	1	1.521	1.8
云化 CWB1	云天化	认购权证	股本权证	百慕大式	17.95	1	6.619	0.54
武钢 CWB1	武钢股份	认购权证	股本权证	百慕大式	9.91	1	3.058	7.275
深高 CWB1	深高速	认购权证	股本权证	百慕大式	13.85	1	3.341	1.08
日照 CWB1	日照港	认购权证	股本权证	百慕大式	14.25	1	2.567	0.616
上汽 CWB1	上海汽车	认购权证	股本权证	百慕大式	27.43	1	8.918	2.268
南航 JTP1	南方航空	认沽权证	备兑权证	欧式	7.43	0.5	0.44	14
茅台 JCP1	贵州茅台	认沽权证	备兑权证	欧式	30.3	0.25	0.149	4.318 8
海尔 JTP1	青岛海尔	认沽权证	备兑权证	百慕大式	4.29	1	0.461	6.073 6
雅戈 QCP1	雅戈尔	认沽权证	备兑权证	百慕大式	4.09	1	0.187	6.346 3
万华 HXP1	烟台万华	认沽权证	备兑权证	百慕大式	9.22	1.409 7	1.172	0.848 6
原水 CTP1	原水股份	认沽权证	备兑权证	百慕大式	4.9	1	0.812	2.804 3
包钢 JTP1	包钢股份	认沽权证	备兑权证	百慕大式	2.37	1	0.48	7.149 1
沪场 JTP1	上海机场	认沽权证	备兑权证	欧式	13.36	1	2.252	5.677 2
招行 CMP1	招商银行	认沽权证	备兑权证	百慕大式	5.45	1	0.436	22.413 4
机场 JTP1	白云机场	认沽权证	备兑权证	百慕大式	6.9	1	0.988	2.4
武钢 JTP1	武钢股份	认沽权证	备兑权证	百慕大式	2.83	1	0.822	4.74

专栏 16－2　可转债和可交换债的发行情况（1990—2022 年）

时　间	可转换		可交换债	
	发行只数	发行总额（亿元）	发行只数	发行总额（亿元）
1990				
1991				
1992	1	5.00		
1993				
1994				
1995				
1996				
1997				

时　间	可转换		可交换债	
	发行只数	发行总额(亿元)	发行只数	发行总额(亿元)
1998	2	3.50		
1999	1	15.00		
2000	2	28.50		
2001				
2002	5	41.50		
2003	16	185.50		
2004	12	209.03		
2005				
2006	7	43.87		
2007	10	106.48		
2008	5	77.20		
2009	6	46.61		
2010	8	717.30		
2011	9	413.20		
2012	5	163.55		
2013	8	544.81	1	2.57
2014	13	320.99	5	59.76
2015	3	98.00	29	250.67
2016	11	212.52	71	674.29
2017	48	949.11	80	1,172.84
2018	83	792.66	28	464.74
2019	150	2 707.41	60	824.15
2020	228	2 781.66	43	476.39
2021	119	2 828.47	33	421.60
2022	148	2 190.13	36	422.94

资料来源：同花顺 iFind 数据库。

专栏16-3 唐钢股份有限公司的可转换债券条款

赎回条款

当可转换公司债券进入转股期后，公司股票在任意连续30个交易日中的收盘价不低于当期转股价格的130%时，董事会有权决定按面值加当期应计利息的价格赎回全部或部分未转股的可转换公司债券。发行人每年可按以上约定条件行使一次赎回权，但若在首次满足赎回条件不实施赎回的，当年不得再行使赎回权。此外，当本次发行可转换公司债券未转股余额不足3 000万元时，董事会有权决定按面值加当期应计利息的价格赎回全部未转股的可转换公司债券。公司于可转债期满后5个工作日内按可转债票面金额的110%加当期利息，赎回尚未转股的全部可转债。

回售条款

自发行结束之日起满6个月后，如果公司股票任意连续30个交易日的收盘价低于当期转股价格70%，可转换公司债券持有人有权将其持有的全部或部分债券以面值加当期利息的价格回售给公司。可转换公司债券持有人在每个计息年度内可在上述约定条件首次满足时行使回售权一次，但若首次不实施回售的，该计息年度将不得再行使回售权。附加回售条款：本次发行可转换公司债券募集资金投资项目的实施情况若根据中国证监会相关规定属于改变募集资金用途的，可转换公司债券持有人有权以面值加上当期应计利息的价格向本公司回售可转换公司债券。

转股条款

本次可转换公司债券发行之后，公司因送红股、转增股本、增发新股、配股(不包括因可转换公司债券转股增加股本)使公司股本发生变化时，董事会将按下述公式进行转股价格的调整：送股或转增股本：$P=P_0/(1+n)$；增发新股或配股：$P=(P_0+A\times k)/(1+k)$；上述两项同时进行时：$P=(P_0+A\times k)/(1+n+k)$。其中：初始转股价为$P_0$，送股或转增股本率为$n$，增发新股、配股比率为$k$，增发新股、配股的价格为$A$，调整后的转股价格为$P$。公司派息时不对转股价格进行调整。在本次可转换公司债券发行之后，如因分立、合并使公司股本发生变化时，公司董事会有权按照公允原则并根据上述调整条件出现的先后顺序对转股价格进行调整。

特别向下调整条款

在可转换公司债券的存续期间，当公司股票在任意30个连续交易日中至少

20个交易日的收盘价格不高于当期转股价格的85%时，董事会有权提出转股价格向下修正方案并提交公司股东大会表决。上述方案须经出席会议的股东所持表决权的三分之二以上通过方可实施。股东大会进行表决时，持有本公司可转换公司债券的股东应当回避。修正后的转股价格应不低于本次股东大会召开日前20个交易日公司股票交易均价和前一个交易日的均价，同时修正后的转股价格不低于最近一期经审计的每股净资产和股票面值。若在上述交易日内发生过转股价格调整的情形，则落在转股价格调整日前的交易日按调整前的转股价格和收盘价计算，落在转股价格调整日及之后的交易日按调整后的转股价格和收盘价计算。董事会或股东大会行使向下修正转股价格的权利在每个计息年度内合计不得超过一次。

本章小结

认股权证是公司发行的一种长期买入期权，认股权证的价值源自投资者预期股票价格将超过执行价格，从而产生投资的盈利机会。在不考虑稀释效应的情况下，认股权证的理论价值由股票的当前价格、执行价格和每份认股权证可认购的普通股数量决定。认股权证的理论价值是其出售时的最低价格。认股权证在执行时需要用现金购买股票。

在对认股权证进行定价时，需要考虑到认股权证的持有者不能享受任何股利。同时，还要考虑认股权证的执行带来股权稀释的问题。

可转换债券是指持有者可按一定的转换价格或转换比率将债券转换为公司普通股的债券，它可以在到期日前的任一时间以规定的转换价格转换成普通股。可转换债券在转换时只是将债券换成了普通股，并不需要额外支付现金。

可转换债券的价值取决于普通债券价值、转换价值和期权价值。其中，普通债券价值和转换价值是可转换债券的价值底线。在给转换期权定价时，也需要考虑转换引起的股权稀释问题，而且可转换债券的持有者不能享受股利。

关键术语

认股权证　　可转换债券　　转换价格　　转换比率　　转换价值　　期权价值
赎回条款　　回售条款　　转股条款　　强制转换

思考与练习

1. 什么是认股权证？认股权证的执行为什么会引起股权稀释？

2. 什么是可转换债券？什么是转换比率？

3. 可转换债券的价值由哪些要素组成？

4. 公司为什么要发行可转换债券？

5. 可转换债券与认股权证的区别是什么？

6. 某认股权证给予投资者一项权利：一份认股权证可以每股 41 元的执行价格购买 3 股普通股，现在股票的市场价格为 47 元，则认股权证的最低价值为多少？

7. 某公司发行在外的普通股有 1 000 万股，股票现在的价格为 40 元。现在公司宣布发行 100 万份认股权证，每份认股权证的持有者可以认购 1 股普通股。认股权证的期限为 5 年，执行价格为 50 元。该公司股票年收益的标准差为 30%，股票的股利收益率为 2.5%，5 年期国债的利率为 4.18%。每份认股权证的价值为多少？

8. 假如你拥有债券的面值为 10 000 元，转换比率为 400，则转换价格为多少？

9. 某公司发行了面值为 100 元、票面利率为 3%的可转换债券，债券的期限是 5 年，同期债券的到期收益率是 7%。该可转换债券可在到期前的任一时间进行转换，转换价格为 30 元。该公司普通股的当前价格为 28 元。

(1) 这份可转换债券的转换比率是多少？

(2) 转换价值是多少？

(3) 当股价为多少时，转换价值等于债券价值？

10. 某公司现有一种面值为 100 元、票面利率为 5%、到期期限为 10 年的可转换债券，转换价格为 28 元，同期债券的到期收益率为 6%。如果该公司的股票价格为每股 32 元，那么该可转换债券的最低价格为多少？如果股票价格为每股 24 元，该可转换债券的最低价格又是多少？

11. 某公司发行了期限为 5 年、面值为 100 元的可转换债券 1 000 万份。在到期前的任何时间，每份债券可按照 25 元的价格转换成普通股。债券的息票率为 2.5%，同期企业债的到期收益率为 6%。公司发行在外的股票数量为 3 亿股，当前的股票价格为 37 元，股票价格的标准差(年)为 37%。5 年期国债的利率为 4.18%。

(1) 确定转换期权的价值。

(2) 估计普通债券部分的价值。

第十七章　财务计划

本章学习目的

了解财务计划模型的构成要素。
掌握外部资金需求的确定方法。
理解内在增长率和持续增长率的含义。
掌握增长率的确定方法。
理解经营周期和现金周期的相关概念。
了解短期财务政策的内容。

财务计划就是为企业未来的发展变化制定方针和政策，这些方针包括明确企业的财务目标，分析企业目前财务状况与既定目标之间的差距，指出企业为达到目标应采取的行动。良好的财务计划包括有关流动性、营运资本、存货、资本预算、资本结构以及股利等方面的政策和决策的各个部分。

本章既介绍长期财务计划又介绍短期财务计划。短期财务计划与长期财务计划之间最重要的区别是现金流量的时间分布，短期财务决策涉及一年或更短时间内的现金流入与流出。

第一节　长期财务计划

一、财务计划模型

（一）财务计划

财务计划首先考虑企业的产品开发计划和销售目标，在编制财务计划时会要求提出三种不同情况下的发展计划。

（1）最佳情形的发展计划。该计划要花费巨额的资本投资，推出新产品，扩大市场份额。

（2）一般情形的发展计划。该计划将使企业成长的速度与市场规模的扩大同步，不会以牺牲竞争对手的市场份额为代价。

（3）最差情形的发展计划。该计划所需的资本投资最低，为经济形势出现最糟糕的情况而制定。

为了明确发展计划的财务影响，还需要进行未来现金流量的预计。如果可能的经营现金流量不足以支撑计划的现金股利支付以及净营运资本和固定资产上的投资，那么企业需要确信它能通过借款或增发股票来补充资金。

在制定财务计划时，不能只考虑最可能发生的财务结果，还要计划意想不到的情况。比如，先在最可能发生的环境下考虑计划的结果，然后进行敏感性分析，每次针对一种假设条件的变化。当然，也可以针对多种可能的情形进行场景分析。

（二）财务计划模型的组成部分

企业的财务计划一般包括几个基本要素，比如基本经济假设、销售收入预测、预测财务报表、资金需要量、融资需求等。

销售收入预测是制定财务计划的出发点，而基本经济假设又是预测的出发点。基本经济假设是对计划期间相关经济环境的状态和变化的假设。在基本经济假设的基础上，通过制定目标利润得到销售收入的预测。

从销售预测出发，考察为实现预测的销售收入所需要的投资资金以及日常经营活动所需的营运资金需求，为进行这些投资所需要筹集的资金，编制预测财务报表。

由于投资需求、融资需求和利润分配的相互影响，预测资产负债表会出现不平衡，这就需要通过外部资金需求进行调整。

（三）外部资金需求的确定

销售的增长离不开应收账款、存货和固定资产的增量投入，为了增加销售，企业必须具有一定的资金。一些短期资金来源于销售收入的增加，因为应付账款，应付工资和应付税金会随着销售收入的增加而增加；还有些资金来源于留存收益；其他所需资金则从其他途径取得，如增量借款。

确定外部资金需求量的公式为：

外部资金需求量＝资产的增加额－负债的增加额－留存收益的增加额

$$EFN=(A/S)\Delta S-(L/S)\Delta S-M\times S_1\times(1-d) \tag{17-1}$$

式中，EFN 为外部资金需求量；A/S 为每增加一单位销售收入所需的资产额；L/S 为每增加一单位销售收入所产生的负债；ΔS 为计划的销售变动额；M 为销售利润率；

S_1 为计划的销售额；d 为股利支付率。

［**例 17－1**］ A 公司 2022 年的固定资产为 10 000 万元，销售收入为 15 000 万元。公司预测下一年的销售将增加 1 000 万元，短期负债增加额为销售收入的 2%，销售利润率为 6%，股利支付率为 40%。那么，该公司所需的外部融资量为多少？

由以上数据可知，公司所需的外部融资量为：

$$EFN = (A/S)\Delta S - (L/S)\Delta S - M \times S_1 \times (1-d)$$
$$= 10\,000/15\,000 \times 1\,000 - 0.02 \times 1\,000 - 0.06 \times 16\,000 \times (1-0.40)$$
$$= 70.67（万元）$$

从计算结果可以看出，A 公司需要增加投入 666.67 万元的资产来支持其销售增长，随着销售收入增长的自然性短期负债提供了 20 万元的资金，留存收益提供了 576 万元的资金，这样，公司需从外部筹集的资金为 70.67 万元。

我们也可以用增长率来表示这个公式。A 公司的预期销售增长相当于原来销售收入的 6.666 7%。如果净资产与销售收入保持固定的比例，那么随着销售收入的提高，净资产也相应需要增加 6.666 7%的新投资，则

新增投资＝增长率×初始资产

＝6.666 7%×10 000

＝666.67（万元）

$$EFN = 6.666\,7\% \times 10\,000 - 0.02 \times 1\,000 - 0.06 \times 16\,000 \times (1-0.40)$$
$$= 70.67（万元）$$

这意味着如果 A 公司的资产与销售收入之间的比例保持不变，公司如果希望增加 6.666 7%的销售收入，就需要再筹集 70.67 万元来提高生产能力。

由式（17－1）可以看出，计划的销售增长率、实现单位销售收入所需的资产量、销售利润率以及公司股利政策都会影响公司的外部资金需求量。增加销售收入往往需要增加投入资产，如果计划的销售增长率很低，则依靠公司留存收益和自然性负债就可满足销售增长对资金的需求，无须从外部筹集资金。但如果计划的销售增长率很高，销售收入增长对资产增长的要求超出了留存收益和自然性负债的资金供应能力，就需要从外部筹集资金。而且，在其他条件一定的情况下，需要增加的资产量越大，对外部资金的需求就越大。同时，如果公司发放的现金股利较多，则留存收益就会减少，那么对外部资金的需求就会增大。不过，销售利润率越高，相同的销售收入产生的利润就越大，公司的内部积累能力就越强，在同等情况下，对外部资金的需求就会越低。

二、增长率的确定

公司应该以什么样的速度增长呢？这取决于几个因素，即特定增长水平下的投资

额、公司的销售利润率、对待风险的态度以及筹资的能力和意愿。

公司完全依靠内部融资，不进行任何形式的外部融资时所能获得的增长率，称为内在增长率(internal growth rate)。其表达形式为：

$$\begin{aligned}\text{内在增长率}&=\frac{\text{留存收益}}{\text{资产}}=\frac{\text{留存收益}}{\text{净利润}}\times\frac{\text{净利润}}{\text{权益}}\times\frac{\text{权益}}{\text{资产}}\\&=\text{再投资比率}\times\text{权益收益率}\times\frac{\text{权益}}{\text{资产}}\end{aligned}\tag{17-2}$$

如果能够满足以下条件，公司可以在不向外部筹集资金的情况下获得更高的增长率：

(1) 将更大比例的利润用于再投资；

(2) 获得更高的权益收益率(ROE)；

(3) 保持较低的资产负债率。

如果一家公司的增长资金完全来自于内部(即留存收益和自然性的短期负债)，那么经过一段时间后公司的权益将增长，由于并未增加长期债务资金，所以公司的财务杠杆会下降。如果公司想继续保持原有的负债权益比，它就需要发行新债。

持续增长率(sustainable growth rate)是指公司在不增加财务杠杆的情况下，利用内部和外部资金所能达到的最高增长率，它只取决于再投资比率和权益收益率，即

$$\begin{aligned}\text{持续增长率}&=\text{再投资比率}\times\text{权益收益率}\\&=\text{再投资比率}\times\frac{\text{净利润}}{\text{销售收入}}\times\frac{\text{销售收入}}{\text{资产}}\times\frac{\text{资产}}{\text{权益}}\end{aligned}\tag{17-3}$$

由式(17-3)可以得知，提高公司的持续增长率取决于以下几个因素：再投资比率、销售利润率、资产周转率以及负债权益比。提高再投资比率可以增加内部权益资本的投入，从而提高公司的持续增长率。提高销售利润率可以提高公司每单位销售收入产生内部权益资本(即净利润)的能力，而提高资产周转率可以提高每单位资产带来的销售收入，减少新增销售收入对资产增量的要求。此外，提高资本结构中债务资本所占的比例，也可以提高公司的持续增长率。但这种持续增长率的提高对股东的影响与前面三种情况不同。在前面三种情况下，公司的资本结构未变，股东承担的财务风险也没有发生变化。

另外，公司也可以仅依靠增加债务资金来实现增长率的提高。不过，如果公司不能提高其资产利用效率或者盈利能力，仅仅通过增加债务资金提高负债权益比来实现公司的增长，这将使公司的债务负担加重，甚至有可能引起财务困境的发生，这种增长是不可能持久的。所以，公司应在资本结构保持一定的情况下提高持续增长率。

[**例 17-2**]　B公司将再投资率确定为2/3。假设公司2022年的股东权益为

10 000 万元，资产为 18 000 万元，净利润为 1 500 万元。如果公司不希望筹集新的资金，则其增长率是多少？如果公司希望保持目前的资产负债率不变，则其增长率又是多少？

由以上数据可知：

权益收益率 ROE＝1 500/18 000＝15％

权益/资产＝10 000/18 000＝0.56

内在增长率＝再投资率×ROE×权益/资产

＝2/3×0.15×0.56

＝5.6％

如果公司保持目前的资产负债率不变，

持续增长率＝再投资率×ROE

＝2/3×0.15

＝10％

因此，该公司若想提高其预期增长率，不仅需要增加负债，而且需要提高负债权益比。

第二节 短期财务计划

一、净营运资本

净营运资本通常也称营运资本，是公司流动资产与流动负债的差额。

（一）流动资产

流动资产是指以现金形式或短期内（通常少于 1 年）可变现形式存在的资产。

现金与有价证券是公司拥有的流动性最强的资产，现金包括货币、活期存款和定期存款，而主要的有价证券则为商业票据和国债。

应收账款是一项重要的流动资产。当一家公司赊销产品时，就产生了应收账款，当公司把应收账款收回后，应收账款便转换成现金。

另一项重要的流动资产为存货，存货一般是原材料、在产品或正等待销售和装运的产成品。公司对存货进行投资，不仅要承担储藏费用、损耗和过期风险，而且还要承担资金的机会成本。而持有存货的好处往往是间接的，比如，如果需求出人意料的旺盛，大量的产成品存货降低了“缺货”的可能。因为厂商仅持有少量的成品很可能会缺货，从而不能及时完成订单。同样，大量的原材料存货降低了意外的缺货导致公司停产或使用更贵的替代材料的可能。

（二）流动负债

流动负债是指预期在1年内到期的负债。

公司主要的流动负债往往就是应付账款，即应向其他公司偿付的款项。公司推迟付款就相当于向供应商借款，所以一些资金临时性短缺的公司有时通过延期付款的方式来缓解资金压力。

为了获取流动资产投资的资金，公司可能依赖于多种短期贷款。商业银行和其他金融机构通常是这类贷款的最大来源。而预期在年内到期的任何长期负债都被归为流动负债，不过它与应付账款有本质的区别，即它可以借入新的长期债务进行清偿。

此外，公司在经营过程中，一般会存在应付给雇员的应付工资和福利费以及应交税金，这些也构成了公司的流动负债。

二、经营周期和现金周期

短期财务涉及公司的短期经营活动，如购买原材料、支付货款、生产和销售产品以及回收现金等。由于原材料购入款的支付与产品销售的现金回收并不在同一时间发生，这通常会导致现金流入与现金流出的不同步。

图17-1显示了一家制造业企业的经营周期和现金周期。

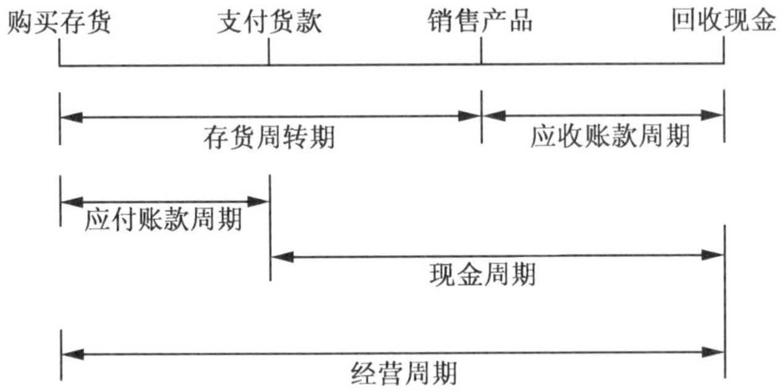

图17-1 经营周期和现金周期示意

经营周期是指取得存货、进行销售和收取货款所花费的时间长度。经营周期等于存货周转期和应收账款周期长度之和。存货周转期是取得和销售存货所需的时间。应收账款周期是收取货款所需的时间。

$$经营周期=存货周转期+应收账款周期 \tag{17-4}$$

$$存货周转期=\frac{平均存货}{销售成本/365}=\frac{365}{存货周转率} \tag{17-5}$$

$$应收账款周期=\frac{平均应收账款}{销售收入/365}=\frac{365}{应收账款周转率} \quad (17-6)$$

现金周期，又称现金周转期，是指从购买存货支付现金到从应收账款上收回现金这一期间的长度。应付账款周期是公司在购买各种资源（如原材料和劳动力）的过程中延期支付的时间长度。

$$\begin{aligned}现金周期&=经营周期-应付账款周期\\&=存货周转期+应收账款周期-应付账款周期\end{aligned} \quad (17-7)$$

$$应付账款周期=\frac{平均应付账款}{销售成本/365}=\frac{365}{应付账款周转率} \quad (17-8)$$

在实际中，存货周转期、应收账款周期和应付账款周期分别用存货天数、应收账款天数和应付账款天数来衡量。

［**例 17-3**］　假设 C 公司 2021 年的销售收入为 5 600 万元，销售成本为 2 450 万元，存货为 700 万元，应收账款为 1 200 万元，应付账款为 1 100 万元；2022 年的销售收入为 6 400 万元，销售成本为 2 800 万元，存货为 800 万元，应收账款为 1 000 万元，应付账款为 1 050 万元。计算该公司的经营周期和现金周期。

① 存货。

$$平均存货=\frac{700+800}{2}=750（万元）$$

$$存货周转率=\frac{销售成本}{平均存货}=\frac{2\ 800}{750}=3.73（次）$$

这表明在一年中存货周转了 3.73 次。

$$存货天数=\frac{365}{3.73}=97.86（天）$$

② 应收账款和应付账款。

$$平均应收账款=\frac{1\ 200+1\ 000}{2}=1\ 100（万元）$$

$$应收账款周转率=\frac{销售收入}{平均应收账款}=\frac{6\ 400}{1\ 100}=5.82（次）$$

$$应收账款天数=\frac{365}{5.82}=62.71（天）$$

$$平均应付账款=\frac{1\ 100+1\ 050}{2}=1\ 075（万元）$$

$$应付账款周转率=\frac{销售成本}{平均应付账款}=\frac{2\ 800}{1\ 075}=2.6（次）$$

$$应付账款天数=\frac{365}{2.6}=140.38(天)$$

③ 经营周期和现金周期。

经营周期＝存货天数＋应收账款天数＝97.86＋62.71＝160.57(天)

现金周期＝经营周期－应付账款天数＝160.57－140.38＝20.19(天)

三、现金预算

现金预算预计和汇总了计划期内的现金流入量和流出量，从中可以看出月度或季度现金余额以及用于弥补现金短缺的短期借款额。正的现金流量能够增加现金，减少未还借款或被用于其他经营活动；而负的现金流量则相反。

现金预算是短期财务计划的基本工具。它提供了一个标准，可用来检验公司以后的业绩表现，还可以提醒财务管理者注意将来的现金需求缺口。

（一）现金流入

大多数现金预算都以销售预算为基础，因为许多现金流量都与销售相关。从销售中取得的现金流量取决于销售收入和现金销售与信用销售的比例，而信用销售中的现金回收时间由信用条件和支付方式决定。

现在来看一个现金预算的例子。ABC 公司的现金流入主要来自家具的销售收入，但在销售收入变成现金以前，它们还只是应收账款，所以现金最终来自应收账款的收回。假设季度销售收入中有 60%在同一季度里变成现金，其余的 40%作为应收账款在下一个季度转为现金。在这一假设条件下，该公司的现金回收预测如表 17－1 所示。

表 17－1 单位：万元

	第一季度	第二季度	第三季度	第四季度
期初应收账款	15	19	23	27
销售收入	60	70	80	80
应收账款回收：	56	66	76	80
当期销售收入(60%)	36	42	48	48
前期销售收入(40%)	20	24	28	32
期末应收账款	19	23	27	27

在预测应收账款的回收情况时，常用的计算公式为：

$$期末应收账款=期初应收账款+销售收入-应收账款回收 \quad (17-9)$$

表 17－1 给出了该公司的预期现金来源。应收账款的回收是现金的主要来源，但不是唯一来源，现金的其他来源还包括资产销售、投资收入和长期融资等。

（二）现金流出

下面再考虑现金流出。如表 17－2 所示，它们可以分为四种类型：

（1）应付账款的支付。公司需要偿付原材料、零部件等的费用。现金流预测假设这些费用都及时地得到偿付，但有时付款却可能延后一段时间。延期付款是短期资金的一个来源，但对于大多数公司而言是昂贵的来源，因为延期可能使公司失去及时偿付时所能得到的价格折扣。

（2）工资、管理费及其他费用，包括所有其他定期偿付的经营活动费用。

（3）资本支出。这是为购买长期资产的现金支付。

（4）税金、利息和现金股利，包括尚未偿付的长期负债的利息以及支付给股东的股利。

表 17－2　ABC 公司的现金来源　　单位：万元

	第一季度	第二季度	第三季度	第四季度
现金来源：				
应收账款回收	56	66	76	80
来源总额	56	66	76	80
现金运用：				
应付账款的支付	44	40	35	30
工资、管理费及其他费用	20	20	20	20
资本支出	22	1.5	3	4
税金、利息和现金股利	2.5	3	3.5	3.5
运用总额	88.5	64.5	61.5	57.5
净现金流量	－32.5	1.5	14.5	22.5

四、短期财务政策的制定

公司在制定短期财务政策时，主要考虑流动资产的投资规模和为流动资产筹资的策略。

（一）流动资产投资水平的确定

流动资产持有量的高低直接影响公司的收益和风险，确定流动资产的最优水平要求识别不同的短期财务政策所导致的成本大小。

宽松的短期财务政策要求公司持有较高的流动资产，以满足较高水平的流动性要求。这种政策可以保证债务的到期偿还，及时供应生产用的材料以及向客户提供产品，从而保证经营活动的平稳进行。然而，现金和有价证券等流动性强的资产只能给公司带来较少的收益甚至没有收益，反而会增加公司的持有成本。

紧缩的短期财务政策要求公司最大限度地减少持有现金和有价证券等流动性强的资产，同时尽量减少存货的投资。不过，流动资产的减少会增加公司到期无法偿债的风险，还可能因存货短缺而导致停产。

在确定流动资产投资水平时，需要在随投资水平上升而上升的成本与随投资水平上升而下降的成本之间进行权衡。随流动资产投资水平上升而上升的成本称为置存成本；随流动资产投资水平上升而下降的成本称为短缺成本。

置存成本有两种：一种是持有流动资产的机会成本，另一种是维持该资产而花费的成本。短缺成本也存在两种：一种是交易成本或订购成本，交易成本是将资产转化为现金的成本，订购成本是订购存货的成本；还有一种是与存货有关的成本，包括失去销售、丧失客户的成本以及中断生产的成本。

持有流动资产的总成本由置存成本和短缺成本的大小决定。如图 17－2 所示，总成本曲线的最低点所对应的 CA^* 即为流动资产的最优水平。如果置存成本低而短缺成本高，最优的政策要求持有大量的流动资产，即应采取宽松的短期财务政策。如果置存成本高而短缺成本低，最优的政策就是紧缩的短期财务政策，即应持有少量的流动资产。

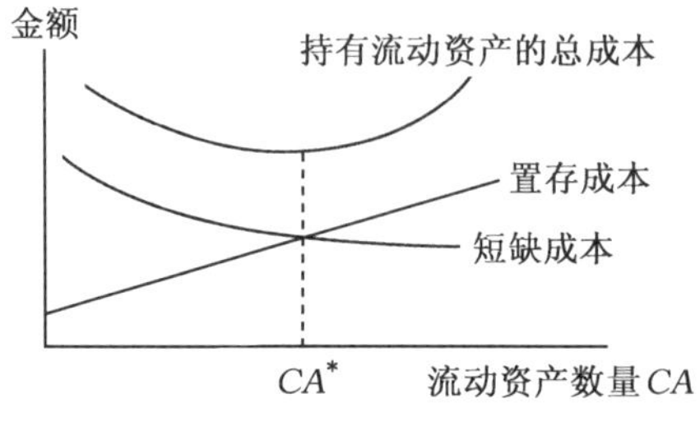

图 17－2　持有流动资产的成本

（二）流动资产的融资策略

公司在日常经营活动中必须保持足够的流动性，同时也希望能获取高收益。现金的流动性强，但不能带来收益；固定资产可能会带来正的净现值，但其流动性很差。为了满足流动性和收益性的要求，公司在制定短期财务政策时，需要根据风险和收益的匹配原则，选择一个最佳的流动资产的融资策略。匹配原则表明，短期资金需求应该由短期债务融资来支持，长期资金需求应该由长期资金来源提供。如图 17－3 所示。

1. 适中型融资策略

在流动资产中一部分资产随着销售和生产呈季节性或周期性变化，公司用具有相

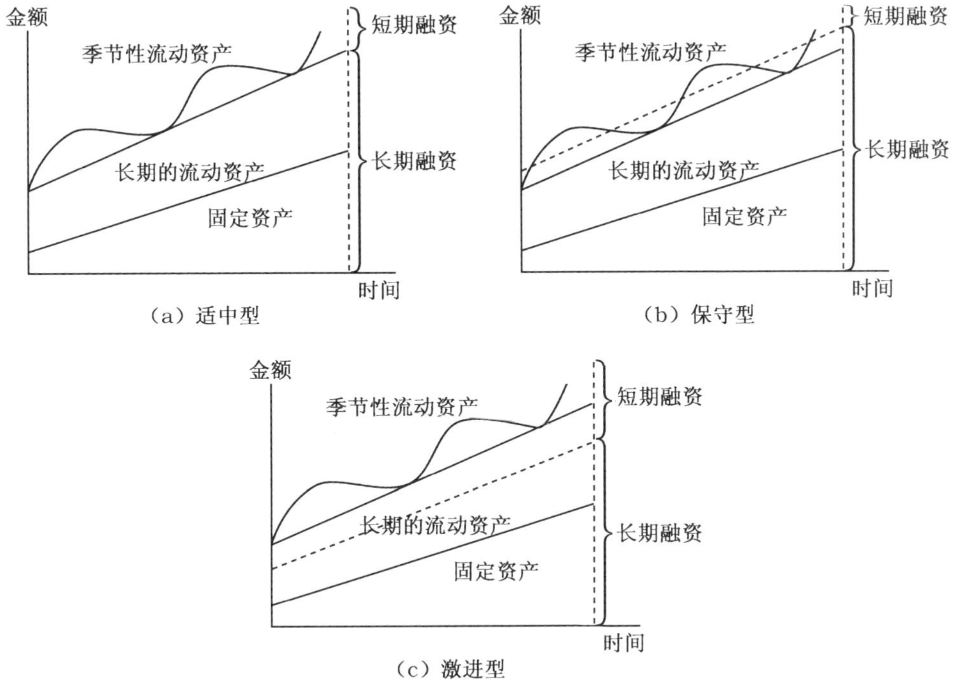

图 17－3 流动资产的融资策略

同到期日的流动资产和流动负债为其季节性的资金变化融资。另外一部分资产在营运资本周转过程中不断改变形态，在存货、应收账款和现金之间转换，但总量不随时间改变。这部分流动资产保持了它的长期占用，它们只随销售收入的变化而变化，所以一般用长期资本来满足。如图 17－3(a)所示，短期融资(包括应付账款、银行借款、商业票据)反映了流动资产的季节性波动。在这一融资策略下，短期融资在季节性的低点时数额为零。

2. 保守型融资策略

在适中型策略下，公司用短期资金为其季节性流动资产筹资。公司假定资金总能被筹集到，而且资金成本也不会大幅上升。但如果总体经济状况变差或者公司自身的环境恶化，公司可能就不太容易获得资金，或者是以很高的成本获得资金。为了防止信用丧失或者成本上升的风险，公司应利用较多的长期资金，而对短期融资则使用得很少。

图 17－3(b)显示了保守型融资策略。公司全部的长期资产、长期占用的流动资产和一部分季节性流动资产都用长期资金筹集，公司很少使用短期债务资金来满足季节性需求。如果这一政策得以有效地实施，则公司必然会在那些要求很少或不需要暂时性流动资产投资的时期内，获得剩余现金。此时，公司的管理者可能将多余的资金

用于非生产性投资，比如，投资于有价证券，或者为他们自己发放额外的津贴。

3. 激进型融资策略

一般而言，长期资金的成本高于短期资金。这样，遵循匹配原则有利于最小化公司的交易成本。但如果公司不遵循匹配原则，用短期债务为长期占用的流动资产融资，结果将会怎样呢？短期债务到期时，公司将不得不重新借款，而新的借款将产生额外的交易成本，并且以再次签订贷款合约时的市场利率计息，这将使公司受到利率风险的影响。部分或全部使用短期债务为长期占用的流动资产融资的策略，称作激进型融资策略。这种融资策略要求公司尽量寻求流动负债筹资来源，除了季节性流动资产外，一部分长期占用的流动资产也依赖于短期负债，见图 17－3(c)。这种政策可以降低公司的资金成本，然而，公司可能要在其短期债务到期时进行再融资，从而增加公司筹资的困难和风险。这种融资策略主要适用于长期资金来源不足，或短期负债成本较低的公司。

本章小结

在制定财务计划时，首先要预测销售收入，再考虑资金需要量和融资需求。由于投资需求、融资需求和利润分配的相互影响，通常还需要通过外部资金需求等调节变量来进行调整。

外部资金需求量由资产、自然性负债和留存收益的增加额来确定，计划的销售增长率、实现单位销售收入所需的资产量、销售利润率以及公司股利政策都会影响公司的外部资金需求量。

公司的增长率取决于特定增长水平下的投资额、公司的销售利润率、对待风险的态度以及筹资的能力和意愿。其中，内在增长率是指公司完全依靠内部融资，不进行任何形式的外部融资时所能获得的增长率。而持续增长率是公司在财务杠杆不变时，利用内部和外部资金所能达到的最高增长率。

现金预算是短期财务计划的基本工具，从现金预算表中可以看出月度或季度的现金余额以及用于弥补现金短缺的短期借款额。

在确定流动资产投资规模时，可以选择采用宽松的短期财务政策或者紧缩的短期财务政策。另一方面，在为流动资产投资筹集资金时，可以采用的策略有适中型融资策略、保守型融资策略以及激进型融资策略。

关键术语

财务计划　　财务计划模型　　外部资金需求量　　内在增长率　　持续增长率

经营周期　　现金周期　　现金预算　　置存成本　　短缺成本

思考与练习

1. 财务计划模型的组成部分有哪些？

2. 什么是内在增长率？什么是持续增长率？

3. 什么是经营周期和现金周期？两者之间的区别是什么？

4. 当存货周转率提高，应收账款周转加快，应付账款递延期增加时，现金周期会有什么变化？

5. 流动资产的融资策略有哪几种？它们的不同之处有哪些？

6. 某公司年末会计报表上部分数据为：流动负债 80 万元，流动比率为 2.5，速动比率为 1.2，销售成本 200 万元，年初存货 96 万元，则本年度存货周转次数为(　　)。

A. 1.8 次　　B. 2 次　　C. 2.5 次　　D. 1.45 次

7. 在存货周转天数一定的条件下，经营周期的长短主要取决于(　　)。

A. 平均收账期　　B. 生产周期

C. 流动资产周转天数　　D. 速动资产周转天数

8. A 公司目前的资产总额为 1 000 万元，销售收入为 1 800 万元，销售利润率为 10%，现有的流动负债为 200 万元。公司计划下一年的销售收入达到 2 200 万元，并保持销售利润率不变，股利支付率为 30%。请问该公司下一年的外部资金需求量是多少？

9. C 公司目前的销售收入为 200 万元，净利润为 15 万元，债务总额为 70 万元，权益总额为 30 万元。公司当年支付的现金股利为 3 万元，那么：

(1) 公司的持续增长率是多少？

(2) 如果按照该比率增长下去，且债务权益比保持不变，公司在下一年的外部资金需求量是多少？

10. 假设 M 公司期初和期末资产负债表和利润表的有关信息如下。计算该公司的经营周期和现金周期。若公司可将其存货周转期降低 10 天，那么公司的短期融资需求将会发生怎样的变化？

单位：万元

	期初	期末
销售收入		20 000
销售成本		14 000
应收账款	1 600	2 000
存货	1 300	1 500
应付账款	700	800

第十八章　营运资本管理

本章学习目的

了解公司持有现金的目的。
掌握目标现金余额的确定。
了解现金加速回收和延期支付的方法。
掌握存货水平的确定。
掌握信用决策的分析方法。
了解平均收账期和账龄分析表的运用。

第一节　现金管理

每个公司都必须留有部分现金以供只能用现金支付的事项的需要。持有现金可以带来方便和灵活性，但它同时也产生了成本，因为现金本身不会为公司带来收益。一些公司持有如国债之类的有价证券，由于有价证券的流动性很强，公司可以在现金和有价证券之间迅速并以较低的成本进行转换，因此通常将现金和有价证券放在一起加以管理。

一、现金需求

持有现金有三种基本动机：(1)交易需求；(2)预防性需求；(3)投机性需求。

交易需求仅指原材料、工资、税收、利息等日常支付对现金的需求。现金的交易需求是由于现金流入和流出的不平衡而产生的。交易平衡的现金需求取决于公司的规模，公司越大，交易也越多。现金的交易需求还取决于现金流入和流出的相对时机，现金流入和流出越接近，公司运营所需的现金就越少。另外，季节性因素也会影响交易性现金需求，例如，零售公司往往在年末几个月保持较高的现金余额。

预防性需求是为了满足没有预料到的现金需求而要求的安全边际。现金流入和流出越不确定，预防性的现金余额就应越大。满足预防性的现金需求会受公司外部融资能力的影响，容易以较低成本从外部借入资金的公司往往不会为不预测因素持有大量现金。

投机性需求是在利用未预料到的有利可图的机会时产生的现金需求。投机性现金需求对于拥有长期投资项目的公司而言并不是重要的因素；而对于那些面临短期盈利机会，且须尽快利用这些机会，否则便会在竞争中损失的公司，投机性需求则是一个重要的影响因素。例如，财务公司需要从短期交易机会中盈利，这些机会随时在金融市场中出现，所以它必须持有现金以便抓住这些盈利机会。

二、目标现金余额的确定

确定现金余额的传统方法是比较持有现金和有价证券的成本。持有现金的成本是预期利息即机会成本，而有价证券也会产生固定成本。对于面临流动性需要的公司而言，它们必须手头持有现金或有价证券，当现金不足时就需要经常出售证券以满足需求，从而产生超过维持较低现金所得收益的交易成本。

图 18－1 描绘了持有现金的成本。随着现金余额的增加，交易成本将随之下降，但同时，持有现金的机会成本也会随之提高。在机会成本与交易成本的交叉处即为总成本曲线的最低点，它所对应的现金余额 C^* 就是目标现金余额。

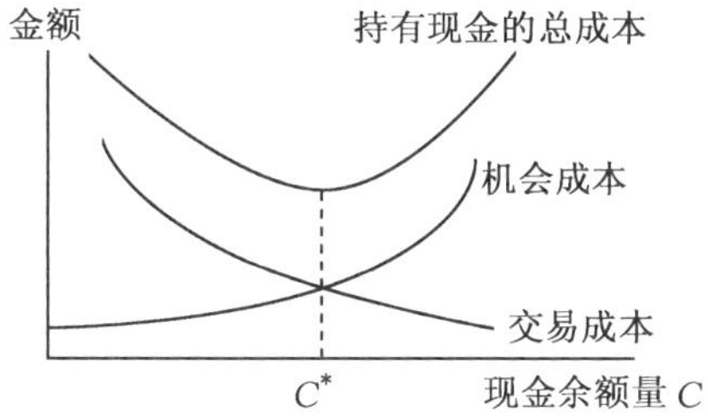

图 18－1　持有现金的成本

（一）Baumol 模型

在确定目标现金余额时，一种方法是利用 Baumol 模型权衡持有现金的成本与收益。该模型假定，公司能够确定其未来的现金需求；现金支付在整个期间内是平均分布的；利率即持有现金的机会成本是固定的；公司每次将有价证券转化为现金所支付的交易成本固定不变。

如图 18－2 所示，Baumol 模型下的现金余额呈锯齿状。假设公司期初的现金余额为 C，随着现金的使用，公司的现金余额逐步降为零。然后公司出售价值为 C 的有价证券来补充现金，此后，这一过程不断重复。经过一段时间后，平均的现金余额将为 $C/2$。

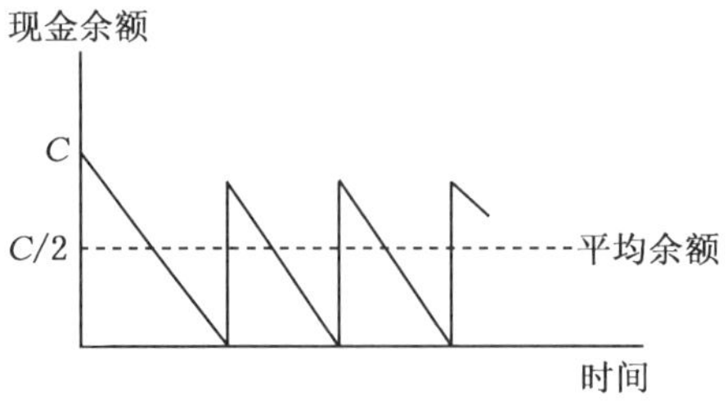

图 18－2　Baumol 模型下的现金余额

如果市场利率为 i，出售有价证券的固定成本为 F，年交易量为 T，那么，持有现金的总机会成本就是平均现金余额与利率的乘积，即

$$\text{机会成本}=i\times\frac{C}{2} \tag{18－1}$$

交易成本可以通过计算一年内公司出售有价证券的次数而确定，其计算公式为：

$$\text{交易成本}=F\times\frac{T}{C} \tag{18－2}$$

那么，总成本即为机会成本与交易成本之和，其计算公式为：

$$\text{总成本}=i\times\frac{C}{2}+F\times\frac{T}{C} \tag{18－3}$$

通过对式(18－3)的现金余额求导并令导数等于零，得到最佳现金余额 C^*，即

$$C^*=\sqrt{\frac{2FT}{i}} \tag{18－4}$$

最佳现金余额是交易成本和年交易量的增函数，是年利率的减函数。不过需要注意的是，该模型假设公司耗尽其所有的现金，实际上大多数现金流出和现金流入是同时并存的。

［**例 18－1**］　假设某公司明年需要 500 000 元的现金。如果把现金投资于有价证券，每年可获取 10%的收益率。将有价证券转换为现金的交易成本每次为 500 元。在 Baumol 模型下，这对公司意味着什么？

公司的最佳现金余额 $C^*=\sqrt{\frac{2FT}{i}}=\sqrt{\frac{2\times500\times500\ 000}{0.1}}=70\ 710.68$(元)

机会成本$=i\times\frac{C}{2}=0.1\times\frac{70\ 710.68}{2}=3\ 535.53$(万元)

交易成本$=F\times\frac{T}{C}=500\times\frac{500\ 000}{70\ 710.68}=3\ 535.53$(万元)

总成本＝3 535.53＋3 535.53＝7 071.06(元)

$$有价证券的交易次数=\frac{500\ 000}{70\ 710.68}=7.07(次)$$

(二) Miller-Orr 模型

Miller-Orr 模型引入了现金流入量和流出量,假设净现金流量(现金流入量减去流出量)服从正态分布,它主要为那些现金流入和流出不确定的公司确定现金余额的上限和下限(见图 18－3)。

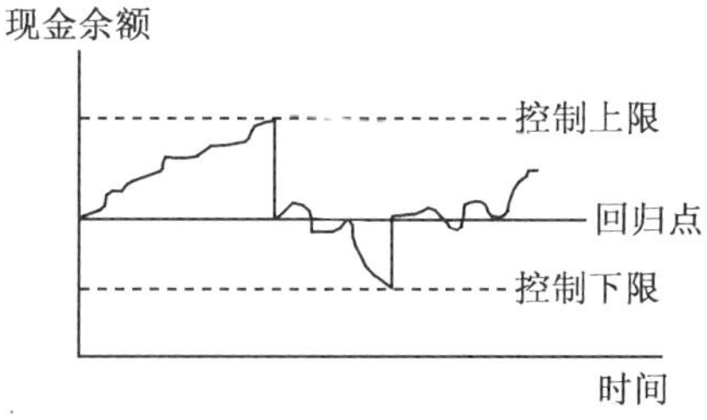

图 18－3 Miller-Orr 模型下的现金余额

Miller-Orr 模型有两个控制界限和一个回归点。控制下限由模型的外部因素决定,控制上限超过下限 $3Z$ 个单位。模型还使用了超过下限 Z 个单位的回归点,它是公司的现金余额达到控制界线时返回的目标。

只要现金余额降到控制下限,公司就出售价值为 Z 的有价证券,从而使现金余额上升至回归点。如果现金余额升到控制上限,公司将购买价值为 $2Z$ 的有价证券,并使现金余额降至回归点。

控制下限由模型以外的因素决定,控制上限和回归点取决于控制下限和 Z。变量 Z 则取决于每次的交易成本 F、每期的利率 i 以及日净现金流量的标准差 σ。Z 的计算公式为:

$$Z=\left[\frac{3F\sigma^2}{4i}\right]^{\frac{1}{3}} \tag{18-5}$$

如果给定控制下限 L,则控制上限、回归点和平均现金余额可分别表示为:

回归点＝$Z+L$

控制上限 $H=3Z+L$

$$平均现金余额=\frac{4}{3}Z+L$$

增加每次的交易成本或现金流量的变动额会导致 Z 值以及控制上下限之间差额的增大。相应地,利率上升会导致 Z 值以及控制上下限之间差距的减小。

［例 18－2］ 假设某公司每天净现金流量的标准差估计为 10 000 元，公司在现金和有价证券之间进行转换的交易成本每次为 500 元，有价证券的年收益率为 10%。由于流动性的需求，公司的现金持有量下限为 100 000 元。在 Miller-Orr 模型下，该公司的现金控制上限、回归点和平均现金余额分别是多少？

由于现金流量的波动是每天发生的，所以将年利率转换成日利率来计算 Z。

$$Z=\left[\frac{3F\sigma^2}{4i}\right]^{\frac{1}{3}}=\left[\frac{3\times 500\times 10\ 000^2}{4\times(0.1/365)}\right]^{\frac{1}{3}}=51\ 535.68(\text{元})$$

然后再计算控制上限、回归点和平均现金余额。

回归点 $=Z+L=51\ 535.68+100\ 000=151\ 535.68$(元)

控制上限 $H=3Z+L=3\times 51\ 535.68+100\ 000=254\ 607.04$(元)

平均现金余额 $=\frac{4}{3}Z+L=\frac{4}{3}\times 51\ 535.68+100\ 000=168\ 714.24$(元)

三、现金的收支管理

公司若要缩短从支付购货款到收回应收账款这一现金周期，减少短期融资的数额，就有必要加速应收账款的回收，同时延长应付账款的付款期。因此，有效的现金管理就是，加速现金的回收、实时控制现金支出、提高现金流入与流出的匹配程度。

（一）加速回收

为了加速现金回收并缩短回收时间，可以采用电汇、缩短赊账购货的期限等方法。

现在，支票的使用正在减少，公司间的支付正逐渐电子化。电子支付系统可分为两种，即总结算系统和净结算系统。在总结算系统中，每一业务都分开来结算；而在净结算系统中，所有的业务指令集中在一起，然后在一天结束时结清所有的账户余额。

对于那些与开户银行、客户和供应商都有“连线”的公司来说，电子支付系统有如下优点：首先，货币电子化交割使交易记录的保存和一些例行的交易都易于自动处理。其次，交易的边际成本很低。再次，可以显著减少浮差，即公司账面余额与公司的银行存款余额之间的差额。电子转移不产生任何浮差，这样可以大大降低成本。

另外，缩短赊账购货的期限也可以加速现金回收。例如，公司给客户的信用条件是“1/10，n/45”，即客户赊账购货时在 10 天内付款可享受 1%的现金折扣，但最迟需在第 45 天付款。为了尽快收回应收账款，公司可以缩短赊账期限，如从 45 天付款提前至 30 天，不过这种做法可能会导致失去一些客户。此外，可以提高现金折扣，如“2/10，n/45”，即客户在 10 天内付款可得 2%的现金折扣。这样，客户为获得 2%的折扣而可能提前在 10 天内付款，但这会减少公司的销售收入。

（二）延期支付

加速收款是现金管理的一种方法，而延期支付则是另一种方法。

公司用赊购方式购买原材料，可以尽量享受供应商给予的信用条件，将付款期延至信用期的最后一天。此外，在不影响公司商业信用的前提下，可推迟应付账款的支付，以缩短现金周期。

另外，公司有时使用汇票而不是支票来进行支付。汇票不同于支票，因为汇票不是向银行支取，而是向出票人即公司支取。当汇票被送至公司开户银行要求收回现金时，在进行支付前，银行必须向出票人提示承兑。在承兑汇票后，公司向银行存入支付汇票的现金。由于在汇票提示付款后，公司才需将现金存入银行，所以公司在使用汇票付款时，支付账户中所需保持的存款余额相对较少。

第二节　存货管理

在经营管理过程中，大多数公司都会确立并维持一定的存货。对于制造公司，存货一般是原材料、中间产品和完工产品。对于财务公司，存货则是一些证券。下面将讨论公司持有存货的动因、成本以及应维持什么样的存货水平。

一、存货持有的动因

存货的种类不同，持有存货的动因也不同。一般而言，公司持有存货的动因有以下三点。

第一，持有原材料存货是为了保证生产经营的顺利进行。原材料存货的持有量取决于许多因素，包括原材料的订货速度和交货速度，速度越快，所需存货就越少。

第二，中间存货的增加。随着生产过程的复杂化和延长，中间产品存货也会增加。

第三，产出时间和顾客需求使公司持有完工产品存货。如果公司没有足够的完工产品存货，当顾客不愿等待而转向购买竞争对手的产品时，公司就要承担损失销售量的风险。完工产品存货的多少取决于：

(1) 向顾客供应订货所需的时间。如果不能及时以较低的成本供应所需产品，公司就要维持较多的完工产品存货。

(2) 生产产品的多样化。相对于只有单一或几种产品的公司，销售多种产品通常需要较多的完工产品存货。

(3) 竞争力。当竞争对手能以同等价格向顾客提供类似产品或完全可替代产品时，如果公司没有足够的存货就会蒙受销售量的损失。

二、存货的成本

持有存货的成本主要包括存货的取得成本、储存成本和缺货成本。

取得成本是指为取得某种存货而支出的成本，它又细分为购置成本（或采购成本）和订货成本。购置成本是存货本身的价值，由买价、运杂费等构成，购置成本一般与采购数量成正比。订货成本是指为订购存货而发生的成本，一般与订货数量无关，而与订货次数有关。公司要想降低订货成本，就需大批量采购，以减少订货次数。

储存成本是指为保持存货而发生的成本，包括存货占用资金的利息、仓库费用、保险费用、存货破损以及变质损失等。储存成本通常与存货的订购次数无关，而与存货的数量有关。

缺货成本是指由于存货供应中断而造成的损失，包括材料供应中断造成的停工损失、产成品库存缺货造成的拖欠损失以及丧失销售机会的损失。

三、存货水平的确定

公司持有太多的存货会导致大量的储存成本，从而影响公司价值的提高；而存货不足又会导致销售损失或较高的订购成本，因为公司必须补充存货。下面将介绍三种确定存货水平的方法。

（一）经济订货批量模型

一个简单而有用的存货管理模型是经济订货批量（EOQ）模型。该模型假设存货以固定的速度 S 被消耗（在完工产品的情况下，S 指产品销售的速度），无论每次订货的数量是多少，订货成本都是固定的数额 F，整个期间内每件存货的储存成本是 C。同时，模型还假设存货以相同的速度使用或销售，并能进行存货的及时补充。

由于公司不允许出现缺货，即每当存货数量降至零时，下一批订货便会随即全部购入，故不存在缺货成本。那么，存货的总成本由订货成本和储存成本组成。订货成本等于每次订货成本 F 与每年订货次数的乘积。每年的订货次数是年使用量除以订货批量，即 S/Q。储存成本是每件存货的储存成本 C 与平均存货量 $Q/2$ 的乘积。因此，存货总成本的表达式为：

$$\text{存货总成本}=\text{订货成本}+\text{储存成本}=F\times\frac{S}{Q}+C\times\frac{Q}{2} \qquad (18-6)$$

图 18－4 显示了存货总成本与订货成本和储存成本的关系。

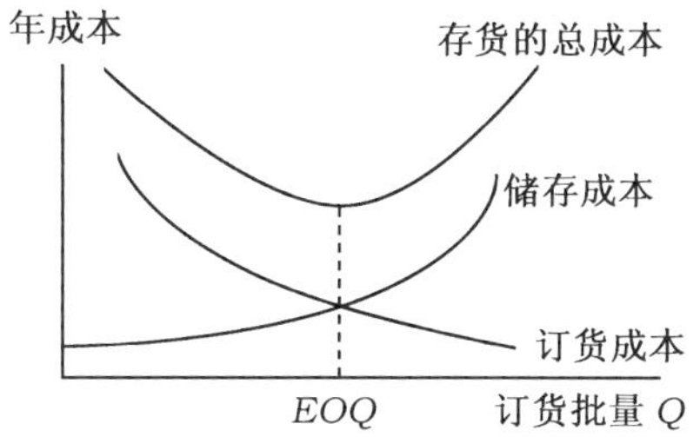

图 18-4　EOQ 模型的年成本

随着订货批量的增加，储存成本逐渐上升，而订货成本则随之下降。当这两种成本相等时存货总成本最低，此时的订货批量就是经济订货批量 EOQ。EOQ 的计算公式为：

$$EOQ=\sqrt{\frac{2FS}{C}} \tag{18-7}$$

[**例 18-3**]　假设某公司每年销售打印机 1 000 台。每次的订货成本是 400 元，每台打印机的年储存成本是 80 元。那么，该公司的经济订货批量、平均存货水平、存货的相关成本分别是多少？

$$EOQ=\sqrt{\frac{2FS}{C}}=\sqrt{\frac{2\times400\times1\ 000}{80}}=100(台)$$

$$平均存货水平=\frac{Q}{2}=\frac{100}{2}=50(台)$$

$$每年的订货次数=\frac{S}{Q}=\frac{1\ 000}{100}=10(次/年)$$

$$年订货成本=F\times\frac{S}{Q}=400\times\frac{1\ 000}{100}=4\ 000(元)$$

$$年储存成本=C\times\frac{Q}{2}=80\times\frac{100}{2}=4\ 000(元)$$

$$存货总成本=F\times\frac{S}{Q}+C\times\frac{Q}{2}=400\times\frac{1\ 000}{100}+80\times\frac{100}{2}=8\ 000(元)$$

（二）数量折扣

许多供应商为鼓励更多的订货会提供数量折扣。如果公司的 EOQ 正好超过了折扣要求的数量，就可以得到折扣。但如果 EOQ 低于折扣要求的数量，公司将不得不提高订货量来获得折扣。这就要求公司在更高的存货成本和较低的购买价格之间进行权衡。如果折扣超过了追加的存货成本，就应该增加订货量来获得折扣。为了对这一决策进行分析，我们可以通过增加价格折扣对存货总成本的计算公式进行修

正，即

$$存货总成本=订货成本+储存成本-价格折扣$$

$$=F\times\frac{S}{Q}+C\times\frac{Q}{2}-dS \qquad (18-8)$$

式中，d 为每件的价格折扣。

经济订货批量就是使存货总成本最低的存货水平。式(18－8)显示了更多的订货量及获得价格折扣所带来的成本。

（三）安全存货

经济订货批量模型假定需求量不变、交货时间不变。实际上，每天的需求和交货时间都可能发生变化，按照某一订货批量和再订货点发出订单后，如果需求增大或松或延迟，就会发生缺货或供货中断。

为防止在交货期内存货不足，可在每日平均消耗量乘以交货期确定的订货点之上额外加上一定数量的存货，这被称为安全存货。这样，如果在交货期内存货消耗超过了平均消耗水平，可以使用安全存货来满足生产经营活动的需要，减少存货短缺的可能，从而降低缺货成本。不过，增加安全存货会加大存货的储存成本。

安全存货在正常情况下是不动用的，只有当存货过量使用或松或延迟时才动用。因此，再订货点的公式为：

$$R=交货时间\times平均日需求+安全库存量 \qquad (18-9)$$

$$安全库存量=(预计每天最大耗用量-平均每天正常耗用量)\times订货提前期 \qquad (18-10)$$

第三节　应收账款管理

许多公司向客户提供信用，从而扩大销售量和利润。然而，提供信用会产生成本，公司在售出产品时记录销售收入，但在客户支付款项前并未取得销售货款，因而赊销和应收账款也像存货一样占用资金。

一、销售条件

销售条件是指授予信用的期限、现金折扣和折扣期限等。信用期限是公司为客户规定的最长的付款期限，现金折扣是客户在折扣期限内付款可以得到的价格优惠，折扣期限是公司为客户规定的可以享受现金折扣的付款期限。例如，某客户被授予的信用条件是“2/10，n/30”，这表明客户要在30天内付款，如果客户是在10天内付款，就能享受销售价格2%的现金折扣。

为了鼓励客户在最后期限前付款，通常的做法是向立即付款的客户提供现金折扣。不过，销售条款有很强的行业特征。例如，出售耐用品的公司可能允许购买者在1个月内付款；而那些出售非耐用品的公司，则一般要求客户在1周内付款。类似地，如果客户从事的行业风险较小，或成交量很大，或客户需要一定的时间来确认产品的质量，抑或产品难以在短期内转销，那么卖方一般会允许客户推迟一段时间付款。因此，公司在设置信用期限时需要考虑客户不付款的可能性、销售金额的大小以及商品容易腐坏或破损的程度。

二、信用分析和信用决策

（一）信用分析

虽然通过比较公司的总体成本和收益可以确定是否提供信用和放宽信用的程度，但提供信用的同时一般要伴随着诸如向谁提供信用、提供什么条件的信用等决策，公司通常根据信用分析对这些问题做出决策。信用分析的目的是确定客户能否取得信用和以什么样的条件取得信用。

进行信用分析时需要了解客户的信用状况，通常可利用的信息渠道有：客户的财务报表；专业机构提供的信用分析；调查客户的经营活动来了解客户的信用状况；在许可的情况下从银行获取一些信息。

在典型的信用分析中，一般要求客户提供有关信用5C的信息，即客户的品德、能力、资本、担保和条件，将这些信用特征与客户过去的信用可靠性相联系分析。品德是指客户履行债务的意愿；能力是指客户的支付能力；资本是指由公司的财务比率反映的资产构成状况；担保是指客户为其应付账款提供的资产担保能力；条件是指客户的经营状况。

（二）信用决策

信用决策分析与其他财务决策分析一样，只要NPV为正，就应该给予信用。对于信用给予决策，NPV的计算公式为：

$$NPV=\frac{pR}{(1+r)^t}-C \tag{18-11}$$

式中，R为销售收入，p为付款的概率，pR为预期的付款额；r为适当的折现率；C为0时点的赊销投资，该投资额可能是产品销售成本和销售佣金。

由式(18-11)可知，授予信用的决策取决于以下四个因素：

(1) 提供信用时的预期收入pR；

(2) 提供信用时的当期成本C；

（3）客户付款概率 p；

（4）适当的折现率 r。

三、应收账款政策

当公司决定向客户提供信用并确定赊销条件后，就需要制定政策，以对付那些拖欠债务和推迟付款的客户。这两类客户的行为都会产生成本，拖欠债务的客户会使公司形成坏账以及其他与收回的货物有关的成本，延期付款的客户会使公司在应收账款和增加利息成本上占用更多的现金。计算平均收账期，考察应收账款的账龄，可以度量应收账款的质量，应收账款的账龄越大，质量越差，违约可能性就越大。

（一）平均收账期

平均收账期度量收回应收账款所需的平均天数，常被用来指赊销天数或应收账款天数。其定义为：

$$\text{平均收账期}=\frac{\text{应收账款}}{\text{平均日销售额}} \tag{18-12}$$

式中，平均日销售额为一段时间内的平均销售额，等于年销售额除以 365 天。

平均收账期反映了公司回收应收账款时间的长短。平均收账期短，反映公司的信用政策和收账政策较紧，货款回收较快；平均收账期长，反映公司的信用政策和收账政策较松，货款回收较慢。

（二）账龄分析表

账龄分析是指根据客户对公司负债的时间长短将公司应收账款进行分类，账龄分析提供了分解应收账款的方法。

表 18－1 显示了不同拖欠期的应收账款及其在全部应收账款中所占的比例。表中 75％的应收账款处在 60 天的信用期限内，还有一部分超出了 60 天，表明有些客户拖欠款项。

表 18－1　应收账款账龄分析表

应收账款账龄（天）	占应收账款百分比（％）
0～15	38
16～30	20
31～60	17
61～90	15
90 以上	10
合　计	100

平均收账期和应收账款账龄表是分析公司应收账款政策的重要工具，它们的变化

可以反映公司收款速度的变化。但在有些情况下，即使客户的付款方式没有发生变化，平均收账期和应收账款也会随销售收入的变动而变动，从而造成客户付款方式发生变化这一假象，因此在使用时需要注意。

本章小结

公司持有现金有三个动机，即交易需求、预防性需求和投机性需求。确定现金余额的传统方法是比较持有现金和有价证券的成本。Baumol 模型和 Miller-Orr 模型提供了确定目标现金余额的方法。

现金的收支管理从加速现金回收和控制现金支出两个方面来进行，以提高现金流入与流出的匹配程度。为了加速现金回收并缩短回收时间，可以采用电汇、缩短赊账购货的期限等方法。另一方面，公司应尽量享受供应商给予的信用条件，同时采用汇票而不是支票的方式进行支付，这样可以达到延迟支付的目的。

为了进行有效的存货管理，公司需要确定适当的存货水平。经济订货批量模型、数量折扣和安全存货是确定存货水平的常用方法。存货总成本最低时的存货水平即为最佳存货水平。

关键术语

交易需求　预防性需求　投机性需求　目标现金余额　Baumol 模型
Miller-Orr 模型　浮差　存货管理　购置成本　订货成本　储存成本
缺货成本　经济订货批量　安全存货　销售条件　平均收账期　账龄分析

思考与练习

1. 公司持有现金的动机是什么？
2. 存货成本有哪些？
3. 什么是经济订货批量？它使什么成本最小？
4. 什么是安全存货？其目的是什么？
5. 机会成本与现金的持有量成(　　)变化。
A. 反比例　B. 正比例　C. 不成比例　D. 以上都不正确
6. 信用标准一般可用(　　)表示。
A. 坏账损失率　B. 信用期限　C. 折扣期限　D. 赊销额
7. 某企业的现金周转率为 6 次，则其现金周转期为(　　)天。
A. 30　B. 40　C. 50　D. 60

8. 企业在确定为应付紧急情况而持有的现金数额时，不需要考虑的因素是(　　)。

A. 企业愿意承担风险的大小　　B. 企业临时性筹资能力的强弱

C. 金融市场投资机会的多少　　D. 企业对现金流量预测的可靠程度

9. 在其他因素不变的情况下，企业采用积极的收账政策，可能导致的后果是(　　)。

A. 坏账损失增加　　B. 应收账款投资增加

C. 收账费用增加　　D. 平均收账期延长

10. 某公司每年以稳定比率耗完现金 30 万元。如果将现金投资于有价证券可获得 10%的年收益，每次将有价证券兑换成现金的交易成本为 100 元。利用 Baumol 模型估计该公司的最佳现金余额。

11. 一家公司每日现金流量的标准差为 10 000 元，年利率为 10%，每次将有价证券转换成现金需花费 100 元。如果公司的最低现金余额为 50 000 元，利用 Miller-Orr 模型计算该公司的平均现金余额和控制上限。

12. 某公司每年预期的销售数量为 10 000 件，每次订货费用为 1 000 元，每件的储存成本为 500 元，计算该公司的经济订货批量。

参考文献

1. Altman, E. I.. A Further Empirical Investigation of the Bankruptcy Cost Question. *Journal of Finance*, 39(4), 1984.

2. Bhagat, Sanjai & Peter Frost. Issuing Costs to Existing Shareholders in Competitive and Negotiated Underwritten Public Utility Equity Offerings. *Journal of Financial Economics*, 15, 1986.

3. Brealey, Richard A. and Steward C. Myers and Alan J. Marcus, *Fundamentals of Corporate Finance*, 3rd. McGraw Hill, 2001.

4. Jensen, Michael. Agency Costs of Free Cash Flow, Corporate Finance and Takeovers. *American Economic Review*, 76(2), 1986.

5. Jensen, Michael and William H. Meckling. Theory of the Firm: Managerial Behavior, Agency Costs and Ownership Structure. *Journal of Financial Economics*, 3, 1976.

6. Modigliani. F and M. H. Miller. The Cost of Capital, Corporate Finance and the Theory of Investment, *American Economic Review*, 48(3), 1958.

7. Myers, Stewart C.. Determinants of Corporate Borrowing. *Journal of Financial Economics*, 5, 1977.

8. Myers, Stewart C. and Nicholas S. Majluf. Corporate Financing and Investment Decisions when Firms Have Information that Investors do not Have. *Journal of Financial Economics*, 13, 1984.

9. Ross, Stephen A., R. W. Westerfield and J. F. Jaffe. *Corporate Finance*. 7th, McGraw Hill, 2007.

10. Smith, Clifford W.. Alternative Methods for Raising Capital: Rights versus Underwritten Offerings. *Journal of Financial Economics*, 5(3), 1977.

11. Smith, Clifford W.. Investment Banking and the Capital Acquisition Process. *Journal of Financial Economics*, 15(1), 1986.

12. Weiss, Lawrence A.. Bankruptcy Resolution: Direct Costs and Violation of Priority of Claims. *Journal of Financial Economics*, 27, 1990.

13. White, M. J.. Bankruptcy Costs and the New Bankruptcy Code. *Journal of Finance*, 38(2), 1983.

14. Titman, S. and R. Wessels. The Determinants of Capital Structure Choice. *Journal of Finance*, 43(1), 1988.

15. 乔纳森·伯克、彼得·德马佐著，姜英兵等译:《公司理财》(第三版)，中国人民大学出版社2014年版。

16. 理查德·A. 布雷利、斯图尔特·C. 迈尔斯、弗兰克林·艾伦著，赵英军等译：《公司财务原理》（第10版），机械工业出版社2013年版。

17. 陈琦伟：《公司金融》（第二版），中国金融出版社2004年版。

18. 爱斯华斯·达莫德伦著，荆霞等译：《公司财务：理论与实务》，中国人民大学出版社2001年版。

19. 马克·格林布莱特、施瑞丹·蒂特曼著，贺书婕等译：《金融市场与公司战略》，中国人民大学出版社2003年版。

20. 格罗佩利、埃森·尼克巴克特：《公司财务》，上海人民出版社2004年版。

21. 托马斯·E. 科普兰、J. 弗雷德·温斯顿、库尔迪普·萨斯特里著，柳永明等译：《金融理论与公司政策》（第4版），上海财经大学出版社2007年版。

22. 李曜：《公司金融》（第2版），高等教育出版社2022年版。

23. 李曜、刘莉亚、邓辛：《公司金融》（第2版），中国人民大学出版社2019年版。

24. 刘爱东：《公司理财》，复旦大学出版社2006年版。

25. 刘力：《公司财务》，北京大学出版社2007年版。

26. 刘莉亚、何博、刘晓磊：《公司金融实务与案例》，上海财经大学出版社2011年版。

27. 斯蒂芬·A. 罗斯、伦道夫·W. 威斯特菲尔德、杰弗利·F. 杰富、布拉德福德·D. 乔丹著，吴世农等译：《公司理财》（第11版），机械工业出版社2017年版。

28. 小唐纳德·H. 丘、思腾思特公司著，朱荦等译：《新公司金融：理论与实践》（第3版），中信出版社2007年版。

29. 盛立军、郑海滨、夏样芳：《中小民营企业私募融资》，机械工业出版社2004年版。

30. 汤谷良、韩慧博、祝继高：《财务管理案例》（第2版），北京大学出版社2012年版。

31. 让·梯若尔著，王永钦等译：《公司金融理论》，中国人民大学出版社2007年版。

32. 夏光：《财务管理案例习题集》，机械工业出版社2008年版。

33. 杨雄胜：《高级财务管理》，东北财经大学出版社2004年版。

34. 王安兴：《金融工程学》，上海财经大学出版社2006年版。

思考与练习答案

第二章　货币的时间价值

6. B

7. C

8. C

9. FV＝12 762.82(元)

10. (1)FV＝127 628.16(元)

(2)FV＝128 203.72(元)

(3)FV＝128 335.87(元)

11. PV＝68 058.32(元)

12. r＝7.720 8%

13. EAR＝3.04%

$r_{半年}$＝1.51%

14. EAR＝8.16%

t＝8.84(年)

15. PV＝5 787.04(元)

16. PV＝9(元)

17. (1)月利率＝0.83%

月还款额＝2 865.69(元)

(2)月利率＝0.25%

月还款额＝2 695.30(元)

18. PV＝4 579.71(元)

FV＝6 154.74(元)

19. 月利率＝0.42%

C_1＝1 468.96(元)

20. 月利率＝0.58%

月还款额＝7 729(元)

21. (1)200 000 元

(2)PV＝170 145.80(元)

(3)PV=125 000(元)

(4)PV=134 200(元)

(5)PV=166 666.67(元)

22. $r_{半年}$=2.5%

$r_{月}$=0.412 4%

PV=53 056.76(元)

23. (1)PV=120 679.09(元)

(2)PV=132 737.18(元)

24. PV=195 206.04(元)

FV=467 822.62(元)

25. 4 年学费的现值:

PV=63 400(元)

学费在 0 时点的现值:

PV_0=22 221.31(元)

C_1=3 261.13(元)

26. 贷款现值 PV_0=43 680.88(元)

CF_5=45 909.05(元)

27. PV_0=87 824 797.29(元)

28. PV_0=7 692.31(元)

29. 两年的年利率 r=10.25%

CF_1=7 964.53(元)

30. (1)PV_0=2 994.75(元)

(2)PV_1=2 967.46(元)

PV_2=2 932.39(元)

PV_{10}=2 286.58(元)

PV_{19}=335.96(元)

31. $PV_{租金}$=800 520(元)

$PV_{售价}$=1 738 580(元)

因此,最多愿意支付的金额是 2 539 100 元。

第三章 证券估值

12. PV=893.43(元)

13. (1)PV=898.49(元)

(2)PV=1 101.51(元)

(3)$PV=1\ 000$(元)

当息票率低于市场利率时,债券理论价值(价格)低于债券面值;当息票率高于市场利率时,债券理论价值(价格)高于债券面值;当息票率等于市场利率时,债券理论价值(价格)等于债券面值。

14.

期限	债券价格(元)	到期收益率	远期利率
1	94.34	5.43%	
2	89.85	5.5%	5.00%
3	84.76	5.67%	6.00%
4	79.22	6.00%	7.00%

说明:计算一年期的远期利率,即在今天看第二年、第三年、第四年的 1 年期利率。

15. 每年支付一次利息的假设下,债券价值:

$PV=89.57$(元)

每年支付二次利息的假设下,债券价值:

$PV=89.41$(元)

16. 利息每半年支付一次,债券价值:

$PV_0=103.72$(元)

$PV_1=102.83$(元)

$PV_2=101.91$(元)

$PV_3=100.97$(元)

17. 一年期的即期利率 $r_1=2.04\%$

二年期的即期利率 $r_2=2.06\%$

该息票债券的无套利价格为 115.40 元。

如果该付息债券的市场价格是 116 元(超过 115.40 元),则可以卖空付息债券,买进 0.1 份一年期、1.1 份二年期债券,可以获得 0.6 元的无风险套利。

如果该付息债券的市场价格是 115 元(低于 115.40 元),则可以卖空 0.1 份一年期、1.1 份二年期债券,买进付息债券,可以获得 0.4 元的无风险套利。

18. $PV_0=96.62$(元)

19. $P_0=27$(元)

20. 公司股价为 38.40 元

21. $PV=33.54$(元)

第四章　资本预算决策方法

3. A

4. D

5. B

6. A

7. (1)项目 A 的回收期=2.84(年)

　　项目 B 的回收期=2(年)

　　项目 C 的回收期=3(年)

(2)B

(3)A、B 、C

(4)B、C

　　$NPV_A = -423.74$(元)

　　$NPV_B = 2\ 695.10$(元)

　　$NPV_C = 2\ 063.04$(元)

8. $AI = 60$

$AAR = 43.75\% > 25\%$

9. $IRR = 5\% < 10\%$

10. $IRR = 12.5\%$

11. $IRR = 9\%$

12. (1)$NPV_{A1} = 752.07$(元)

　　$NPV_{B1} = 925.62$(元)

　　$NPV_{A2} = 166.67$(元)

　　$NPV_{B2} = 555.56$(元)

(2)$IRR_A = 23\%$

　　$IRR_B = 41\%$

(3)B

13. $PI_A = 1.67$

$PI_B = 1.5$

$PI_C = 1.15$

$PI_D = 1.2$

$PI_E = 1.2$

$PI_F=1.2$

应该选择的项目是A、B、E或者A、B、D、F。

14. $NPV=13$(万元)

15. $NPV=32\ 147.07$(元)

16. $NPV=-3\ 333\ 333.33$(元)

17. (1) $NPV_A=25.82$(万元)

$NPV_B=49.67$(万元)

运用净现值法可判定项目B更优。

(2) $PI_A=1.52$

$PI_B=1.1$

运用盈利指数法则判定项目A更优。

18.

单位:元

项目	0	1	2	3	4
A	−2 000	500	700	900	1 100
现金流现值	−2 000	462.96	600.14	714.45	808.53
B	−2 000	1 000	850	650	450
现金流现值	−2 000	925.93	728.74	515.99	330.76

项目A的折现回收期=3.28(年)

项目B的折现回收期=2.67(年)

19. (1)项目A:

当 $IRR=15\%$ 时,

$NPV_A=-23.98$(元)

当 $IRR=14\%$ 时,

$NPV_A=83.8$(元)

可见,IRR 处于14%和15%之间,运用插值法,则

$IRR_A=14.78\%$

(2)项目B:

当 $IRR=7\%$ 时,

$NPV_B=-131.41$(元)

当 $IRR=6\%$ 时,

NPV_A=200.86(元)

可见,IRR 处于 6%和 7%之间,运用插值法,则

IRR_B=6.6%

运用内部收益率法则进行选择,项目 A 看起来更优,因为其内部收益率高于项目 B。但一项正确的决策还应考虑项目的适当折现率。

第五章 资本预算中的一些问题

4.(1)CF =31.25(万元)

(2)NPV=18.47(万元)

(3)折旧节税收益=5

PV=18.96(万元)

5.下表为该项目的营运资金需求:

单位:元

年份	0	1	2	3	4	5
收入		150 000	165 000	181 500	199 650	219 615
存货	12 000	13 200	14 520	15 972	17 569.2	0
应收账户净额		7 500	8 250	9 075	9 982.5	10 980.75
净营运资本	12 000	20 700	22 770	25 047	27 551.7	10 980.75

6.PV_0=3 353 190(元)

7. 新设备的净投资支出=−170(万元)

新设备增加的折旧节税收益的现值:

PV=30.725(万元)

旧设备减少的折旧节税收益的现值:

PV=9.478(万元)

C=24.21(万元)

8.CF=15.688(万元)

NPV=76.40(万元)

9. 现金流计算如下表：

单位：元

年份	0	1	2	3	4～5	6
销售收入		60 000	70 000	80 000	100 000	100 000
销售成本		−36 000	−42 000	−48 000	−60 000	−60 000
折旧		40 000	40 000	40 000	40 000	40 000
营运资本变动额	−400	−100	0	−200	0	700
投资	−240 000					15 000
现金流	−240 400	27 900	31 000	33 800	40 000	55 700

$NPV=-69\ 432.7$(元)

公司不应该进行这个新项目。

10. $NPV_A=447.75$(万元)

$NPV_B=614.50$(万元)

$NPV_C=1\ 500$(万元)

11. $r_{实}=5.769\%$

$NPV_A=8\ 261.18$(元)

$NPV_B=-22\ 877.54$(元)

12. (1)$NPV_A=168\ 595.04$(元)

$NPV_B=185\ 860.26$(元)

(2)$C_A=97\ 116.96$(元)

$C_B=74\ 732.71$(元)

13. $PV_4=1\ 289\ 571.43$(元)

$PV_0=756\ 238.03$(元)

14. 旧机器的成本现值：

$NPV_{旧}=14\ 066.6$(元)

新机器的成本现值：

$NPV_{新}=20\ 934.22$(元)

旧机器的约当年均成本 $EAC=4\ 437.55$(元)

新机器的约当年均成本 $EAC=3\ 924.01$(元)

由于新机器的约当年均成本小于旧机器，该公司应该重置现有机器。

15. (1)置换机器新增的 $EBITDA=18\ 000$(元)

新增的折旧费用=5 000(元)

1—5 年新增的 FCF＝14 750(元)

(2)新机器的购买成本＝－100 000(元)

出售旧机器的税后收入＝56 250(元)

第 0 年的 FCF＝－43 750(元)

(3)置换机器的净现值 NPV＝15 142.47(元)

16. 现金流计算如下表:

单位:元

	0	1～4	5
销售收入		450 000	450 000
变动成本		270 000	270 000
固定成本		36 000	36 000
折旧		60 000	60 000
税后利润		63 000	63 000
投资	－300 000		75 000
净营运资本变动	－10 000		10 000
总现金流	－310 000	123 000	208 000

项目的最高竞价 NPV＝209 049.3(元)

第六章 资本预算中的不确定性分析

4. (1)会计盈亏平衡点＝80 000(瓶)

(2)等价年度成本＝17.7(万元)

净现值的盈亏平衡点＝121 067(瓶)

5. 机器的最高售价 I_0＝339 575.16(元)

6. 如果项目不进行市场调查,期望的净现值:

$E(NPV)$＝230 000(元)

如果公司进行市场调查,时点 2 的期望净现值:

$E(NPV_2)$＝340 000(元)

将该净现值折现到时点 0,同时扣除调研费用,则该项目的净现值:

$E(NPV)$＝221 046(元)

进行市场调查的净现值要低于不采用市场调查的净现值,因此,不应该进行市场调查。

7.

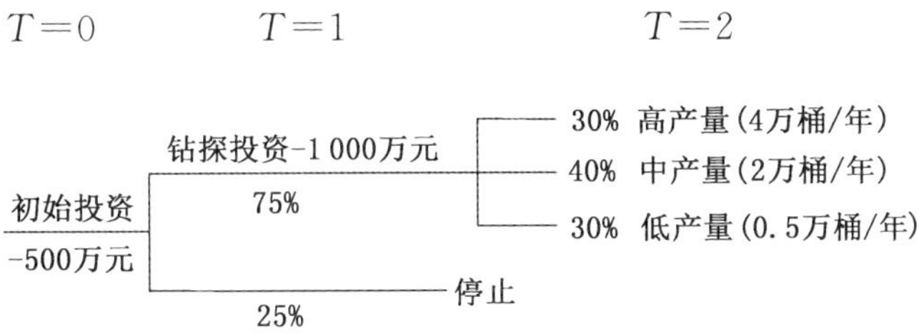

高产量下的年现金流量=868.75(万元)

中产量下的年现金流量=418.75(万元)

低产量下的年现金流量=81.25(万元)

$NPV_{高}$=3 669.94(万元)

$NPV_{中}$=1 055.60(万元)

$NPV_{低}$=−905.16(万元)

高产量的概率=0.225

中产量的概率=0.3

低产量的概率=0.225

NPV =813.76(万元)

8. 如果项目的市场需求高,则现金流的现值:

$PV_{高}$=3 352.16(万元)

如果市场需求少,第 1 年的现金流将为 400 万元,之后将以 2 000 万元的价格出售设备。在这种情况下,项目现金流的现值:

$PV_{低}$=2 086.96(万元)

市场需求高的可能性为 60%,市场需求低的可能性为 40%,考虑了放弃期权的净现值:

NPV==346.08(万元)

9. (1)项目的净现值:

NPV=−5 000(元)

第 1 年后,忽略了放弃期权,期望现金流:

$E(CF)$=12 000(元)

(2)如果在第 1 年后市场需求乐观,该项目未来现金流的现值为 120 833.33 元,高于中止价值,公司将会继续该项目;

如果市场需求量少,未来现金流的现值仅为 16 666.67 元,公司将中止项目并以 80 000 元的价格售出资产。

包含了放弃期权的时点 0 的净现值:

NPV=6 309.52(元)

第七章　收益和风险

8. A

9. A

10. A、D

11. $\bar{R}_A = 16.5\%$

$\bar{R}_B = 4.75\%$

$\sigma_A^2 = 0.035\ 28$

$\sigma_b^2 = 0.122\ 22$

12. 股票 A 的预期收益率为 9.6%

市场组合的预期收益率为 7.8%

股票 A 的标准差为 11.467%

市场组合的标准差为 7.720%

股票 A 的收益率与市场组合的收益率的协方差为 0.004 013

相关系数为 0.453 32

股票 A 的贝塔系数为 0.673 3

投资者的投资组合预期收益率为 8.16%

投资者的投资组合方差为 0.009 939

13. 构造一个组合，假设股票 X 的比例为 a，股票 Y 的比例为 $1-a$，该组合的方差：

$a \times 0.4-(1-a)\times 0.2=0, a=1/3$

14. 证券市场线(SML)：

$E(R_i)=7\%+8.75\%\beta_i$

证券	预期收益率	方差	相关系数	贝塔
1	0.07	0.022 5	0.00	0.00
2	0.14	0.040	0.96	0.80
3	0.10	0.122 5	0.60	0.343
4	0.07	0.000	0.00	0.00

第八章　资本成本与资本预算

5. A

6. B

7. B

8. A

9. $\beta_A = 0.8$

$\beta'_S = 2.4$

10. 公司的资产贝塔值：

$\beta_A = 0.855$

新权益贝塔值：

$\beta_S = 1.59$

11. (1)经营杠杆$_{(上)} = 0.529$

经营杠杆$_{(桂)} = 1.073$

经营杠杆$_{(韶)} = 0.641$

经营杠杆$_{(华)} = 1.503$

(2)略

12. (1)$\frac{B}{S}_{(青)} = 0.195$

$\frac{B}{S}_{(华)} = 0.565$

$\frac{B}{S}_{(渝)} = 0.254$

$\frac{B}{S}_{(上)} = 0.415$

行业平均$\frac{B}{S} = 0.357$

行业平均 $\beta_S = 0.9$

行业 $\beta_A = 0.663$

私人公司的 $\beta_S = 0.862$

(2)略

13. $r_S = 21\%$

$r_{WACC} = 13.125\%$

14. $r_{WACC} - r'_{WACC} = 0.8\%$

15. (1)$r_{WACC}=10.48\%$

(2)$r_{WACC}=9.71\%$

16. $\beta_A=1.17$

$\beta_S=1.68$

$r_S=18.44\%$

$r_B=6.2\%$

$r_{WACC}=14.36\%$

17. $r_s=17\%$

$NPV=9.24$(万元)

18. 项目 A：

$r_A=11.4\%$

$NPV_A=7.26$(万元)

项目 B：

$r_B=17\%$

$NPV_B=-22.05$(万元)

项目 A 应该被接受，因为其净现值为正(其内部收益率 *IRR* 大于其必要报酬率)。项目 B 不应该被接受，因为其净现值为负(其内部收益率 *IRR* 小于其必要报酬率)。

19. (1)部门 A：

$r_A=11\%$

$V_A=909.09$(万元)

部门 B：

$r_B=15\%$

$V_B=4\ 166.67$(万元)

(2)$\beta_S=1.16$

$r_A=14\%$

没有用，因为该公司的各个部门或者风险较高或者风险较低。

20. (1)因为债务是无风险的，因此债务贝塔等于 0，公司的资产贝塔：

$\beta_A=0.9$

(2)$r_S=15.8\%$

$r_{WACC}=12.975\%$

(3)$NPV=8.29$(万元)

第九章　资本结构

7. D

8. B

9. C

10. D

11. $r_S=11.75\%$

新 $r_S=13\%$

12. $r_0=25\%$

$r_S=14.45\%$

$r_{WACC}=10.65\%$

13. (1) $V_U=15\%$

$V_L=1\ 125$(万元)

$V_L=625$(万元)

$r_S=19.2\%$

(2)无杠杆时：

$r_{WACC}=15\%$

有杠杆时：

$r_{WACC}=13.33\%$

(3)略

14. $r_S=10.18\%$

15. (1) $S=4\ 545.45$(万元)

(2) $S=2\ 450.21$(万元)

(3) $r_0=10\%$

$r_S=14.28\%$

(4)无杠杆时：

$r_{实}=-49.4\%$

有杠杆时：

$r_{实}=-95.92\%$

16. (1) $P_0=63$(元)

(2) $P_0'=43$(元)

(3) $r_S=7.814\%$

$r'_S=10.11\%$

17. $S=460\ 000$(元)

$V_L=560\ 000$(元)

18. $V_U=375\ 000$(元)

$V_L=395\ 000$(元)

19. $V_L=10\ 250$(万元)

$S=9\ 250$(万元)

20. (1)无杠杆时：

$V_U=9\ 000$(万元)

(2)有杠杆时：

$V_L=9\ 956.50$(万元)

21. (1)节税收益=10(万元)

(2)$PV=100$(万元)

(3)$PV=61.45$(万元)

(4)若负债是永久的，则

$PV=125$(万元)

若负债是 10 年期的，则

$PV=67.1$(万元)

22. (1)$P_0=15$(元)

$r_s=18\%$

(2)$V_U=300$(万元)

$EBIT=48$(万元)

(3)在公司重组宣告后，目前权益价值为 133.33 万元，公司的股价将变为：

$P_0=13.33$(元)

(4)$r_S=15\%$

23. 股东将不会接受该项目。

24. (1)$PV=125$(万元)

$T^*=32.89\%$

(2)$PV=164.45$(万元)

25. $V_U=510$(万元)

$V_L=537.89$(万元)

第十章 杠杆企业的资本预算

4.(1)$\frac{B}{S}_{(账)}=1$

$\frac{B}{S}_{(市)}=0.08$

(2)$r_S=14.9\%$

$r_{WACC(账)}=11.95\%$

$r_{WACC(市)}=14.46\%$

NPV(全权益)=−17.97(万元)

NPV(负债)=0.81(万元)

APV=−17.16(万元)

6.(1)发行成本=9(万元)

APV=−9(万元)

(2)NPV(债务)=12 000(元)

APV=12 000(元)

7.(1)NPV(项目)=−625(万元)

(2)APV =−569.44(万元)

8.(1)NPV(项目)=−152.50(万元)

NPV(债务)=169.51(万元)

APV=17.01(万元)

(2)APV=−22.99(万元)

9.$r_{WACC}=13.75\%$

NPV=2 363.64(万元)

10.(1)$r_s=21\%$

(2)LCF=371.25

S=1 505.08(万元)

11.V_L =11 378.95(万元)

12.(1)V_U=2 941.18(万元)

(2)V_L=3 088.24(万元)

(3)B=689.66(万元)

(4)$\frac{B}{V}=22.33\%$

(5)V_L=3 088.24(万元)

13.(1)NPV=−52.83(万元)

(2)NPV=−64.13(万元)

14.(1)r_S=14.6%

r_{WACC}=9.78%

V=3 834.36(万元)

由于负债权益比为0.8,B=1 704.16 万元,S=2 130.20 万元。

(2)β_0=0.75

r_0=11%

(3)β_S=1.05

r_s=13.4%

r_{WACC}=10.02%

V=3 742.51(万元)

15.(1)全权益时的净现值:

NPV=584.17(万元)

利息税盾的现值:

$PVITS$=46.77(万元)

APV=630.94(万元)

(2)项目在时点0时的价值等于投资加上调整净现值,即

V_0=1 830.94(万元)

V_1=1 478.24(万元)

V_2=878.66(万元)

第十一章　股利政策

6.(1)V=17 857 142.86(元)

(2)P=17.54(元)

7.(1)P=48.57(元/股)

(2)N=216.18(万股)

(3)48.57(元/股)

8.(1)P_0=16.67(元/股)

(2)P_0=13.33(元/股)

(3)P_0=60(元/股)

9.(1)$DIV=0.875$(元/股)

$P'=9.125$(元)

(2)$P'=10$(元)

(3)两种政策下公司价值相同。

10.(1)$P_0=16.11$(元/股)

(2)$P'=14.06$(元/股)

(3)$P_0=16.11$(元/股)

(4)$\frac{D}{E}'=0.64$

11.(1)$P_0=6.67$(元/股)

(2)$P_0=8.33$(元/股)

12.(1)$P_0=50$(元/股)

(2)$N'=740$(万股),$P_0'=77.03$(元/股)

或 $P_0'=22.97$(元/股)

(3)$P_0'=70$(元/股)

或 $P_0'=30$(元/股)

(4)股票回购的宣告暗示管理层期待好消息或者坏消息已经出现,两者都会对股价造成有利影响。

13.期望资本利得=10.2%

税前收益率=16.2%

14.附息价和除息价为:

年份	附息价	股利	除息价
0			10
1	11.5	0.5	11
2	12.65	0.55	12.1
3	13.92	0.605	13.31

第十二章　权益融资

9.如果能够购买所有认购的 5 000 股,获得的利润为 5 000 元;

如果价值被低估的发行是配给的,只能获得 2 500 股,此时的利润将为 0 元。

10.理论上说,最小认购价格可以尽可能小,只要不为零即可,因此,并不存在最小价格。

最大认购价格为 20 元，因为发行价格不应高于目前的市场价格。

11. 发行新股数量＝111.111 1(万股)

需要的配股数＝90(份)

配股发行后的权益价值＝202 000(万元)

配股发行后的每股股价＝19.98(元)

每股旧股的配股价值＝0.02(元)

12. 发行前权益价值＝20 000(万元)

配股数量＝200(万股)

若认购价为 18 元，则：

新增资金＝3 600(万元)

配股发行后的权益价值＝23 600(万元)

每股股价＝19.67(元)

若认购价为 15 元，则：

新增资金＝3 000(万元)

配股发行后的权益价值＝23 000(万元)

每股股价＝19.17(元)

股东财富不受影响。

13. (1)融资额＝9 680(万元)

(2)每股股价＝44(元)

(3)可融资额＝11 000(万元)

(4)P＝27(元)

(5)如果配股权全部被执行，则两种计划无差异。

在第一种计划下，股东不太可能投标股票，因此第二种计划更可能成功。

14. (1)融资额＝20 900(万元)

(2)20 900 万元

15. (1)融资额＝10 488(万元)

(2)V＝93 500(万元)

16. (1)X＝164.37(万股)

P＝0.73(元/股)

(2)V＝923(万元)

第十三章 债务融资

7.(1)r_B=4.62%

(2)$r_{赎}$=1.94%

8.r=11.23%

9.(1)r=5.96%

(2)r=6.44%

(3)r=6.997%

10.r=19.25%

11.r=4.41%

12.(1)$r_{实}$=8.24%

(2)$r_{实}$=9.19%

(3)$r_{实}$=8.42%

13.$r_{实}$=12.11%

14.NPV=343.78(万元)

15.债券的票面利率应为7.98%。

第十四章 租赁和项目融资

5.PV=586 848.60(元)

6.(1)ABC公司：

$NPV_{租赁}$=−168.78(万元)

(2)租赁公司：

$NPV_{租赁}$=168.78(万元)

7.NPV=−4 796.25(元)<0,故选择购买。

8.(1)$C_{租}$=174 363.69(元)

(2)$C_{租}$=174 424.07(元)

9.(1)CF=115 000(元)

(2)NPV=34 723.24(元)

(3)$C_{租}$=131 443.10(元)

10.(1)NPV=−1.72(万元)

由于净现值为负,因此购买机器比租赁要更优。

(2)$C_{租}$=39.43(万元)

第十五章 衍生工具的应用

10. 现在签国债期货(利率期货)多头,期货合约到期时间与拿到奖金时间一致,期货合约规模与拟购长期公司债券一样。利用期货合约规避利率风险。

11. A

12. D

13. c=0.088 8(亿元)

14. c=0.306(亿元)

15. 放弃项目的价值=0.502 12(亿元)

16. 远期价格 F=1 545.681 801(元)

17. F=98.019 87(元)

18. 期货价格 F=1 339.590 894(元)

19. 黄金的一年期期货价格=49 732 801.83(元)

20. 一年期铜期货价格=57 819.910 3(元)

一张一年期铜期货合约价值=1 445 497.758(元)

如果当前市场铜期货价格为 57 800 元,小于一年期铜期货理论价格,即铜期货价格相对便宜、铜现货价格相对贵。这时,市场中未必存在无风险套利机会,因为借铜现货卖空的交易可能无法进行。

21. 根据欧式看涨期权和欧式看跌期权平价关系,$c+Ke^{-r(T-t)}=p+S$,因此,$S=c+Ke^{-r(T-t)}-p$,即欧式看涨期权多头、欧式看跌期权空头和债券组合。可以复制期权标的资产股票。

第十六章 认股权证和可转换债券

6. TV_w=18(元)

7. 认股权证的价值=6.85(元)

8. 转换价格=25(元)

9. (1)转换比率=3.333 3

(2)转换价值=93.33(元)

(3)债券价值=83.6(元)

P=25.08(元)

10. 当股票价格为 32 元时:

转换价值＝114.28(元)

当股票价格为 24 元时：

转换价值＝85.71(元)

11.(1)转换期权的价值＝69.53(元)

(2)债券价值＝85.26(元)

第十七章　财务计划

6. B

7. A

8. EFN＝23.78(万元)

9.(1)持续增长率＝40%

(2)EFN＝－4.8(万元)

10. 经营周期＝69.4(天)

现金周期＝49.8(天)

当存货周转期降低 10 天时，公司的短期融资需求将会减少 383.30 元。

第十八章　营运资本管理

5. B

6. A

7. D

8. C

9. A

10. e^*＝24 494.90(元)

11. 平均现金余额＝90 184.33(元)

控制上限 H＝140 414.75(元)

12. EOQ＝200(件)

手机微信扫描右方二维码，

获取思考与练习的详解。